国家社科基金
后期资助项目

朱熹《论语》诠释学研究

Interpretation of Zhu Xi's Study of
The Analects of Confucius

乐爱国 著

中国社会科学出版社

图书在版编目（CIP）数据

朱熹《论语》诠释学研究／乐爱国著.—北京：中国社会科学出版社，2023.4

ISBN 978 – 7 – 5227 – 1696 – 1

Ⅰ.①朱⋯　Ⅱ.①乐⋯　Ⅲ.①《论语》—研究　Ⅳ.①B222.25

中国国家版本馆 CIP 数据核字（2023）第 052879 号

出 版 人	赵剑英
责任编辑	韩国茹
责任校对	张爱华
责任印制	王　超

出　　版	中国社会科学出版社
社　　址	北京鼓楼西大街甲 158 号
邮　　编	100720
网　　址	http：//www.csspw.cn
发 行 部	010 – 84083685
门 市 部	010 – 84029450
经　　销	新华书店及其他书店
印　　刷	北京君升印刷有限公司
装　　订	廊坊市广阳区广增装订厂
版　　次	2023 年 4 月第 1 版
印　　次	2023 年 4 月第 1 次印刷
开　　本	710×1000　1/16
印　　张	22.5
字　　数	403 千字
定　　价	128.00 元

凡购买中国社会科学出版社图书，如有质量问题请与本社营销中心联系调换
电话：010 – 84083683
版权所有　侵权必究

国家社科基金后期资助项目
出版说明

后期资助项目是国家社科基金设立的一类重要项目，旨在鼓励广大社科研究者潜心治学，支持基础研究多出优秀成果。它是经过严格评审，从接近完成的科研成果中遴选立项的。为扩大后期资助项目的影响，更好地推动学术发展，促进成果转化，全国哲学社会科学工作办公室按照"统一设计、统一标识、统一版式、形成系列"的总体要求，组织出版国家社科基金后期资助项目成果。

全国哲学社会科学工作办公室

目　录

前　言 ……………………………………………………… (1)

一　"仁"：从"爱人"到"爱之理，心之德" ……………… (15)
　　（一）汉唐诸儒论"仁" ……………………………… (16)
　　（二）以"性""情"言"仁""爱" ………………………… (20)
　　（三）"仁者，爱之理，心之德" ………………………… (25)
　　（四）余论 …………………………………………… (31)

二　"道"："事物当然之理" ………………………………… (35)
　　（一）由言"道"而讲"理" ……………………………… (36)
　　（二）"道者，事物当然之理" ………………………… (40)
　　（三）"逝者如斯夫"言道体 …………………………… (46)
　　（四）"吾道一以贯之"言道之体用 …………………… (50)
　　（五）余论 …………………………………………… (53)

三　"吾道一以贯之"与"忠恕违道不远" ………………… (56)
　　（一）问题的提出 …………………………………… (57)
　　（二）"一以贯之"即"一本万殊" …………………… (60)
　　（三）"忠恕本未是说一贯" …………………………… (64)
　　（四）"忠恕"与"升一等说" …………………………… (67)
　　（五）余论 …………………………………………… (71)

四　"夫子之言性与天道" …………………………………… (74)
　　（一）汉唐诸儒的解读 ……………………………… (74)
　　（二）性与天道"夫子罕言之" ………………………… (77)

（三）"圣门教不躐等" ……………………………………（80）
　　（四）清儒的解读 …………………………………………（83）
　　（五）余论 …………………………………………………（85）

五　"孝弟"："仁之本"还是"为仁之本" …………………………（87）
　　（一）"为仁之本"与"为人之本" ………………………（88）
　　（二）"仁是体，孝弟是用" ………………………………（91）
　　（三）"所谓孝弟，乃是为仁之本" ………………………（95）
　　（四）明清时期的讨论 ……………………………………（98）
　　（五）余论 …………………………………………………（102）

六　"己欲立而立人，己欲达而达人" ……………………………（105）
　　（一）汉唐诸儒的解读 ……………………………………（106）
　　（二）"以己及人"与"推己及人" ………………………（109）
　　（三）"仁""恕"有别 ……………………………………（112）
　　（四）余论 …………………………………………………（115）

七　"克己复礼为仁" …………………………………………………（120）
　　（一）汉唐诸儒的解读 ……………………………………（121）
　　（二）"克，胜也"与"克，能也" ………………………（124）
　　（三）"克己复礼"与"存天理灭人欲" …………………（128）
　　（四）克己与复礼"不是做两截工夫" ……………………（133）
　　（五）余论 …………………………………………………（137）

八　"未知，焉得仁" …………………………………………………（141）
　　（一）"未知，焉得仁"与"未智，焉得仁" ……………（142）
　　（二）仁包"义礼智"与智藏"仁义礼" …………………（144）
　　（三）清儒的讨论 …………………………………………（149）
　　（四）余论 …………………………………………………（151）

九　"五十而知天命，六十而耳顺" ………………………………（155）
　　（一）汉唐诸儒的解读 ……………………………………（156）
　　（二）"知其然"与"知其所以然" ………………………（158）
　　（三）"不思而得"与"不勉而中" ………………………（163）

（四）余论 ……………………………………………………（167）

十　"博学于文，约之以礼" ………………………………………（171）
　　（一）"博之以文，然后约之以礼" ……………………………（171）
　　（二）"博文约礼亦非二事" ……………………………………（175）
　　（三）王阳明的《博约说》 ……………………………………（178）
　　（四）"博约一贯"或"博约合一" ……………………………（181）
　　（五）余论 ……………………………………………………（183）

十一　"贫而乐"与"孔颜之乐" …………………………………（185）
　　（一）从"贫而乐"的不同解读说起 …………………………（186）
　　（二）"颜回之乐"与"乐道" …………………………………（189）
　　（三）"私欲克尽，故乐" ………………………………………（193）
　　（四）余论 ……………………………………………………（196）

十二　"君子和而不同，小人同而不和" …………………………（202）
　　（一）"君子""小人"与"和""同" ……………………………（202）
　　（二）"和者，无乖戾之心；同者，有阿比之意" ……………（205）
　　（三）后世的讨论 ……………………………………………（208）
　　（四）余论 ……………………………………………………（210）

十三　"礼之用，和为贵" …………………………………………（213）
　　（一）"和，即乐也"与"和，谓乐也" ………………………（214）
　　（二）"和者，从容不迫之意" …………………………………（217）
　　（三）"以和顺于人心"与"发而皆中节谓之和" ……………（222）
　　（四）余论 ……………………………………………………（225）

十四　"无为而治者，其舜也与" …………………………………（228）
　　（一）"无为而治者，圣人德盛而民化" ………………………（229）
　　（二）"为政以德，则无为而天下归之" ………………………（233）
　　（三）清儒的讨论 ……………………………………………（237）
　　（四）余论 ……………………………………………………（240）

十五 "民可使由之，不可使知之" ……………………… (242)
  （一）"不可使知之"与"百姓日用而不知" ……………… (242)
  （二）"不能使之知其所以然也" ……………………… (246)
  （三）清儒的解读 ……………………………………… (249)
  （四）余论 ……………………………………………… (252)

十六 "唯上知与下愚不移" …………………………………… (257)
  （一）汉唐诸儒的解读 ………………………………… (257)
  （二）"'惟上智与下愚不移'，非谓不可移" …………… (259)
  （三）"曰不移而已，不曰不可移也" …………………… (262)
  （四）"不是不可移，只是不肯移" ……………………… (266)
  （五）余论 ……………………………………………… (269)

十七 "唯女子与小人为难养也" …………………………… (272)
  （一）汉唐诸儒的解读 ………………………………… (272)
  （二）"此小人，亦谓仆隶下人也" ……………………… (275)
  （三）"庄以莅之，慈以畜之" ………………………… (278)
  （四）对后世的影响 …………………………………… (280)
  （五）余论 ……………………………………………… (283)

十八 "父为子隐，子为父隐，直在其中" ……………… (286)
  （一）"父子相隐"与"事父母几谏" ……………………… (287)
  （二）"父子相隐，天理人情之至也" …………………… (291)
  （三）"父子相隐，本非直，而'直在其中'" ………… (295)
  （四）后世的讨论 ……………………………………… (297)
  （五）余论 ……………………………………………… (300)

十九 "自行束脩以上" ……………………………………… (303)
  （一）束脩：是"礼"还是"十五岁以上" ………………… (303)
  （二）"脩"与"束" ……………………………………… (308)
  （三）"束脩"之理 ……………………………………… (311)
  （四）余论 ……………………………………………… (313)

二十 "子罕言利与命与仁" ………………………………（316）
　（一）"子罕言利"与"利者义之和" ……………………（317）
　（二）"惟合于义，则利自至" ……………………………（320）
　（三）"不是不言，又不可多言" …………………………（324）
　（四）后世的解读 …………………………………………（327）
　（五）余论 …………………………………………………（333）

结　语 …………………………………………………………（336）

主要参考文献 …………………………………………………（341）

前　言

今人解读《论语》，应当了解历代经学家对于《论语》的诠释，[①]尤其要研究宋代朱熹所撰《论语集注》，[②]思考其中所存在的学术问题和新意，弄清朱熹对于前人的吸取与超越，并进一步研究后来的不同反响，从而对朱熹《论语》学作出阐释。

朱熹（1130—1200年），字元晦、仲晦，号晦庵、晦翁，别号紫阳、考亭。自幼读《论语》《孟子》；[③]九岁时，抄读二程门人尹焞的《论语解》；[④]十三四岁时，随父亲朱松读程颢、程颐之书；后来又"历访师友"，三十岁时，"遍求古今诸儒之说，合而编之"，草成《论语集解》；[⑤]三十四岁时，修改《论语集解》，"尽删余说，独取二先生及其门人朋友数家之说，补缉订正"，而成《论语要义》，同时又为了便于童子的学习，而

[①] 程树德于1943年出版的《论语集释》"凡例"中说："《论语》注释，汉时有孔安国、马融、郑玄、包咸诸家，魏则陈群、王肃亦有义说。自何晏《集解》行，而郑、王各注皆废。自朱子《集注》行，而《集解》及邢、皇二《疏》义废。朱子至今义八百余年，加以明、清两代国家以之取士；清初名儒代出，著述日多，其间训诂义理多为前人所未及，惜无荟萃贯串之书。兹篇窃本孔氏'述而不作'之旨，将宋以后诸家之说分类采辑，以为研究斯书之助，定名曰《论语集释》。"（程树德：《论语集释》，中华书局2014年版，第1册，"凡例"）该书征引书目共680种，其中《论语》类127种，"四书"类76种。

[②] 关于朱熹，钱穆说："在中国历史上，前古有孔子，近古有朱子，此两人，皆在中国学术思想史及中国文化史上发出莫大声光，留下莫大影响。旷观全史，恐无第三人堪与伦比。"（钱穆：《朱子新学案》，九州出版社2011年版，第1册，第1—2）邓广铭说："朱熹是中国十二世纪内一个最渊博的学者，……他对儒家传统文化造诣之高深，在宋以前的儒家无人能与之比拟，在宋以后的元明清诸代儒家也无人能与之比拟。"（邓广铭：《我对束著〈朱子大传〉的评价》，《邓广铭全集》第10卷，河北教育出版社2005年版，第188页）

[③] 束景南：《朱熹年谱长编》（卷上），华东师范大学出版社2001年版，第33页。

[④] 束景南：《朱熹年谱长编》（卷上），第50页。

[⑤] 束景南：《朱熹年谱长编》（卷上），第248页。

成《论语训蒙口义》;① 四十三岁时，修订《论语要义》而有《论语精义》，并编成《论孟精义》；后改名"要义"，"集义"，又"以《精义》太详，说得没紧要处，多似空费工夫"，而作《论语略解》。② 宋淳熙四年（1177年），朱熹四十八岁时，完成《论语集注》和《论语或问》，以及《孟子集注》和《孟子或问》，《大学章句》和《大学或问》，《中庸章句》和《中庸或问》。③ 淳熙九年（1182年），朱熹五十三岁时，首次将所撰《大学章句》《中庸章句》《论语集注》《孟子集注》集为一编，而有《四书章句集注》，④ 自此有了与"五经"相对应的"四书"。⑤

此后，朱熹对包括《论语集注》在内的《四书章句集注》多有修改。据《朱子语类》载，朱熹于庆元三年（1197年）六十八岁时，曾训导门人曾祖道，曰："某所解《语》《孟》和训诂注在下面，要人精粗本末，字字为咀嚼过。此书，某自三十岁便下工夫，到而今改犹未了，不是草草看者，且归子细。"⑥ 可见，朱熹晚年仍不断地对《论语集注》作出修改，字字句句一一斟酌，终于成就了"添一字不得，减一字不得"，"不多一个

---

① （清）王懋竑：《朱熹年谱》，中华书局1998年版，第24页。
② （宋）黎靖德编：《朱子语类》卷19，中华书局1986年版，第2册，第439页。
③ 束景南：《朱熹年谱长编》（卷上），第585页。
④ 束景南：《朱熹年谱长编》（卷上），第731页。《文渊阁四库全书·四书章句集注》"提要"曰："《大学》古本为一篇，朱子则分别经传，颠倒其旧次，补缀其阙文。《中庸》亦不从郑注分节，故均谓之《章句》。《论语》《孟子》融会诸家之说，故谓之《集注》，犹何晏注《论语》裒八家之说，称《集解》也。"（《景印文渊阁四库全书》，台湾商务印书馆1986年版，第197册，第1—2页）
⑤ 朱熹曾说："某要人先读《大学》，以定其规模；次读《论语》，以立其根本；次读《孟子》，以观其发越；次读《中庸》，以求古人之微妙处。"[（宋）黎靖德编：《朱子语类》卷14，第1册，第249页]《文渊阁四库全书·四书章句集注》"提要"曰："定著'四书'之名，则自朱子始耳。原本首《大学》，次《论语》，次《孟子》，次《中庸》，后刊本以《大学》《中庸》篇页无多，并为一册，遂移《中庸》于《论语》前。明代科举命题，又以作者先后移《中庸》于《孟子》前。然非宏旨所关，不必定复其旧也。"（《景印文渊阁四库全书》，第197册，第1页）
⑥ （宋）黎靖德编：《朱子语类》卷116，第7册，第2799页。朱熹还说过："某旧年思量义理未透，直是不能睡。初看子夏'先传后倦'一章，凡三四夜，穷究到明，彻夜闻杜鹃声。"[（宋）黎靖德编：《朱子语类》卷104，第7册，第2615页]又据宋人张洪、齐䰅《朱子读书法》说："黄勉斋著《论语通释》至'吾之于人也，谁毁谁誉'章而曰：先师之用意于《集注》一书，愚尝亲见之。一字未安，一语未顺，覃思静虑，更易不置。或一二日而未已，夜坐或至三四更。如此章，乃亲见其更改之劳。对坐至四鼓，……"[（宋）张洪、齐䰅：《朱子读书法》，《景印文渊阁四库全书》，第709册，第372页]

字，不少一个字""如称上称来无异，不高些，不低些"[①] 的传世经典。[②]

朱熹的《论语集注》基于《论语要义》。他在《论语要义目录序》中说：

> 《鲁论语》二十篇，《古论语》二十一篇，《齐论语》二十二篇，魏何晏等集汉魏诸儒之说，就《鲁论》篇章考之《齐》《古》，为之注。本朝至道、咸平间，又命翰林学上邢昺等取皇甫侃疏约而修之，以为《正义》，其于章句训诂、名器事物之际详矣。熙宁中，神祖垂意经术，始置学官，以幸学者。而时相父子，逞其私智，尽废先儒之说，妄意穿凿，以利诱天下之人而涂其耳目，一时文章豪杰之士，盖有知其非是而傲然不为之下者。顾其所以为说，又未能卓然不叛于道，学者趋之，是犹舍夷貉而适戎蛮也。当此之时，河南二程先生独得孟子以来不传之学于遗经，其所以教人者，亦必以是为务。然其所以言之者，则异乎人之言之矣。
>
> 熹年十三四时，受其说于先君，未通大义而先君弃诸孤。中间历访师友，以为未足，于是遍求古今诸儒之说，合而编之。诵习既久，益以迷眩，晚亲有道，窃有所闻，然后知其穿凿支离者固无足取，至于其余，或引据精密，或解析通明，非无一辞一句之可观。顾其于圣人之微意，则非程氏之俦矣。隆兴改元，屏居无事，与同志一二人从事于此，慨然发愤，尽删余说，及其门人朋友数家之说，补缉订正，以为一书，目之曰《论语要义》。盖以为学者之读是书，其文义名物之详，当求之注疏，有不可略者，若其要义，则于此其庶几焉。学者第熟读而深思之，优游涵泳，久而不舍，必将有以自得于此。本既立矣，诸家之说有不可废者，徐取而观之，则其支离诡谲、乱经害性之说，与夫近世出入离遁、似是而非之辨，皆不能为吾病。呜呼！圣人

[①] （宋）黎靖德编：《朱子语类》卷19，第2册，第437页。

[②] 至于《论语或问》以及《孟子或问》，朱熹说："《论孟集注》后来改定处多，遂与《或问》不甚相应，又无功夫修得《或问》，故不曾传出。今莫若且就正经上玩味，有未通处参考《集注》，更自思索为佳，不可恃此未定之书，便以为是也。"[（宋）朱熹：《晦庵先生朱文公别集》卷62《答张元德》（7），朱杰人等编：《朱子全书》，上海古籍出版社、安徽教育出版社2010年版，第23册，第2988页] 然而，考察朱熹《论语》学，又不能不读《或问》。朱熹说："某向来作《或问》，盖欲学者识取正意。观此书者，当于其中见得此是当辨，此不足辨，删其不足辨者，令正意愈明白可也。"[（宋）黎靖德编：《朱子语类》卷121，第8册，第2928页]

之意,其可以言传者具于是矣,不可以言传者,亦岂外乎是哉!①

在这篇序文中,朱熹对《论语》的由来以及以往学者对于《论语》的各种解读作了简要的叙述,尤其对魏何晏《论语集解》、南北朝皇侃《论语义疏》、北宋邢昺《论语注疏》以及北宋诸儒对《论语》的诠释作了阐述;在此基础上,还叙述了编撰《论语要义》的原因、过程和方法。

朱熹生活的时代所流行的各种《论语》诠释的版本,以何晏《论语集解》为最早。②《论语集解·叙》曰:"汉中垒校尉刘向言:《鲁论语》二十篇,皆孔子弟子记诸善言也。太子太傅夏侯胜、前将军萧望之、丞相韦贤及子玄成等传之。《齐论语》二十二篇,其二十篇中,章句颇多于《鲁论》。琅琊王卿及胶东庸生、昌邑中尉王吉皆以教授。故有《鲁论》,有《齐论》。鲁共王时,尝欲以孔子宅为宫,坏,得《古文论语》。《齐论》有《问王》《知道》,多于《鲁论》二篇,《古论》亦无此二篇,分《尧曰》下章'子张问'以为一篇,有两《子张》,凡二十一篇。篇次不与《齐》《鲁论》同。安昌侯张禹本受《鲁论》,兼讲《齐》说,善者从之,号曰《张侯论》,为世所贵。包氏、周氏《章句》出焉。《古论》唯博士孔安国为之训解,而世不传,至顺帝时,南郡太守马融亦为之训说。汉末,大司农郑玄就《鲁论》篇章考之《齐》《古》,为之注。近故司空陈群、太常王肃、博士周生烈皆为《义说》。前世传授,师说虽有异同,不为训解。中间为之训解,至于今多矣。所见不同,互有得失。今集诸家之善,记其姓名,有不安者颇为改易,名曰《论语集解》。"③这里所谓"集诸家之善"的"诸家",北宋邢昺《论语注疏》曰:"何晏时,诸家谓孔安国、包咸、周氏、马融、郑玄、陈群、王肃、周生烈也。"也就是说,何晏《论语集解》是集诸家《论语》解读之大成。

---

① (宋)朱熹:《晦庵先生朱文公文集》卷75《论语要义目录序》,朱杰人等编:《朱子全书》,第24册,第3613—3614页。
② 何晏《论语集解》认为,西汉孔安国为《古论语》训解,而世不传。王肃《孔子家语·后序》说:"子国乃考论古今文字,撰众师之义,为《古文论语训》十一篇。"[(魏)王肃注:《孔子家语》(下册),上海新文化书社1934年版,第108页] 对此,清儒多有怀疑。但是,清马国翰《玉函山房辑佚书》辑孔安国《论语孔氏训解》十一卷。[(清)马国翰辑:《玉函山房辑佚书·经编论语类》,《续修四库全书》,上海古籍出版社2002年版,第1202册,第638—677页] 今有学者撰《论语学史》,说:"《论语孔氏训解》是迄今尚存的最古老的《论语》注本,也是儒家经典中'行于世'的最早注本。"[唐明贵:《论语学史》,中国社会科学出版社2009年版,第135页]
③ (魏)何晏集解,(宋)邢昺疏:《论语注疏·序》,(清)阮元校刻:《十三经注疏》,中华书局2009年版,第5册,第5332—5334页。

何晏《论语集解》之后，南北朝皇侃以《论语集解》为底本而撰《论语义疏》；北宋邢昺也以《论语集解》为底本，在皇侃《论语义疏》基础上，进一步修定而成《论语正义》（后称《论语注疏》）。

对于这些诠释，朱熹认为，"其于章句训诂、名器事物之际详矣"，肯定其中的章句训诂以及对名器事物的解释。但是，后来他又认为，秦、汉以来，圣学不传，就是由于"儒者惟知章句训诂之为事，而不知复求圣人之意，以明夫性命道德之归"①，指出汉魏儒者只是局限于章句训诂之不足。他还说："圣人教人，只是个《论语》。汉魏诸儒只是训诂，《论语》须是玩味。"② 认为诠释《论语》，仅有汉魏诸儒的训诂是不够的，还需要通过"玩味"体会圣人之意。

朱熹之所以编撰《论语要义》，还与北宋诸儒对《论语》的解读有关。当时，除了邢昺《论语正义》，又有王安石父子解《论语》③ 以及程颢、程颐对于《论语》的诠释。朱熹认为，王安石解《论语》"尽废先儒之说，妄意穿凿，以利诱天下之人而涂其耳目"，而只有二程的《论语》诠释，"独得孟子以来不传之学于遗经"。

朱熹推崇二程对于《论语》的诠释，并且认为，其他诠释，或"穿凿支离者固无足取"，越读越"迷眩"，或"非程氏之傅"；于是尽删余说，独取二先生及其门人朋友数家之说，写成《论语要义》。

后来，朱熹又对所撰《论语要义》作了修订，并进一步结合《孟子》以及北宋诸儒的诠释，编成《论孟精义》（又名《语孟集义》）。在《语孟集义序》中，他说：

> 《论》《孟》之书，学者所以求道之至要，古今为之说者，盖几百有余家。然自秦、汉以来，儒者类皆不足以与闻斯道之传。其溺于卑近者，既得其言而不得其意；其骛于高远者，则又支离踬驳，或乃并其言而失之，学者益以病焉。宋兴百年，河洛之间，有二程先生者出，然后斯道之传有继。其于孔子、孟氏之心，盖异世而同符也。故其所以发明二书之说，言虽近而索之无穷，指虽远而操之有要，使夫读者非徒可以得其言，而又可以得其意；非徒可以得其意，而又可以

---

① （宋）朱熹：《晦庵先生朱文公文集》卷75《中庸集解序》，朱杰人等编：《朱子全书》，第24册，第3640页。
② （宋）黎靖德编：《朱子语类》卷19，第2册，第434页。
③ 全祖望说："荆公尝自解《论语》，其子雱又衍之。"〔（清）黄宗羲原著，（清）全祖望补修：《宋元学案》卷98《荆公新学略》，中华书局1986年版，第4册，第3260页〕

并其所以进于此者而得之。其所以兴起斯文，开悟后学，可谓至矣。间尝搜辑条流，以附本章之次，既又取夫学之有同于先生者，若横渠张公、范氏、二吕氏、谢氏、游氏、杨氏、侯氏、尹氏，凡九家之说，以附益之，名曰《论孟精义》，以备观省。①

朱熹重视《论语》《孟子》，曾有论曰："《论语》之言，无所不包，而其所以示人者，莫非操存涵养之要。七篇之指，无所不究，而其所以示人者，类多体验充扩之端。夫圣贤之分，其不同固如此，然而体用一源也，显微无间也，是则非夫先生之学之至，其孰能知之？呜呼！兹其所以奋乎百世绝学之后，而独得夫千载不传之传也欤！"② 同时，朱熹又关注秦汉以来诸儒对于《论语》《孟子》的诠释，对其中之不足作了评析。他还说：

汉、魏诸儒正音读、通训诂、考制度、辨名物，其功博矣。学者苟不先涉其流，则亦何以用力于此？而近世二三名家，与夫所谓学于先生之门人者，其考证推说，亦或时有补于文义之间。学者有得于此而后观焉，则亦何适而无得哉！特所以求夫圣贤之意者，则在此而不在彼尔。③

对于汉魏诸儒的《论》《孟》诠释，朱熹既肯定其在训诂、考据方面的价值，又指出其在求得圣贤之意方面的不足。在朱熹看来，诠释《论》《孟》，需要在训诂、考据上下功夫，否则无法求得孔孟之意，但是又不可仅仅停留于训诂、考据，还需要在义理上下功夫，所谓"求夫圣贤之意者，则在此而不在彼"。

朱熹推崇二程对《论》《孟》的诠释，认为二程继孔孟之道，同于"孔子、孟氏之心"，发明《论》《孟》之本义，"使夫读者非徒可以得其言，而又可以得其意；非徒可以得其意，而又可以并其所以进于此者而得之"。因此，朱熹所编《论孟精义》，以二程的诠释为主，同时附张载、范

---

① （宋）朱熹：《晦庵先生朱文公文集》卷75《语孟集义序》，朱杰人等编：《朱子全书》，第24册，第3630页。
② （宋）朱熹：《晦庵先生朱文公文集》卷75《语孟集义序》，朱杰人等编：《朱子全书》，第24册，第3630—3631页。
③ （宋）朱熹：《晦庵先生朱文公文集》卷75《语孟集义序》，朱杰人等编：《朱子全书》，第24册，第3631页。

祖禹及二程门人吕希哲、吕大临、谢良佐、游酢、杨时、侯仲良、尹焞等九家的诠释。①

由此可见，朱熹撰《论语要义》，编《论孟精义》，最后在吸取历代诸家注释的基础上完成了《论语集注》②，其原因在于他不满足于汉魏诸儒对于《论语》所做的训诂、考据，而要求像二程那样"求夫圣贤之意"，这也就构成了朱熹《论语》学的重要特点。对于儒家经典的诠释，朱熹特别强调要像二程那样阐发义理，他说："汉儒一向寻求训诂，更不看圣贤意思，所以二程先生不得不发明道理，开示学者，使激昂向上，求圣人用心处。"③ 他的《读论语孟子法》引述程颐所说："读书者当观圣人所以作经之意，与圣人所以用心，圣人之所以至于圣人，而吾之所以未至者，所以未得者，句句而求之，昼诵而味之，中夜而思之，平其心，易其气，阙其疑，则圣人之意可见矣。"④ 又说："此条，程先生说读书，最为亲切。今人不会读书是如何？只缘不曾求圣人之意，才拈得些小，便把自意硬入放里面，胡说乱说。故教它就圣人意上求，看如何。"⑤ 一方面要像汉魏诸儒那样"正音读、通训诂、考制度、辨名物"，而不能"把自意硬入放里面"，另一方面又要像二程那样阐发义理，"观圣人所以作经之意，与圣人所以用心"，而不能仅限于汉魏诸儒的训诂、考据。这就是朱熹《论语》学与汉魏诸儒的差异及对其的超越。⑥

朱熹《论语集注》是在汉魏诸儒对于《论语》所做的训诂、考据以及

---

① 此外，朱熹《论孟精义》还引述程颐与门人周孚先答问。[（宋）朱熹：《论孟精义》，朱杰人等编：《朱子全书》，第7册，第539页]《四书章句集注》注子曰"先行其言而后从之"，引述周氏曰："先行其言者，行之于未言之前；而后从之者，言之于既行之后。"[（宋）朱熹：《四书章句集注》，中华书局2012年版，第57页]"周氏"，即周孚先。
② 朱熹《论语集注》征引的注家，除《论孟精义》中所述之外，还有：胡氏（胡寅）、李氏（李郁）、苏氏（苏轼、苏辙）、吴氏（吴棫）、张敬夫（张栻）、洪氏（洪兴祖）、晁氏（晁说之）、扬雄、马氏（马融）、陆氏（陆德明）、师（李侗）、孔氏（孔安国）、何氏（何晏）、王氏（王安石、王雱）、刘聘君（刘勉之）、邢氏（邢昺）、赵伯循（赵匡）、刘侍读（刘敞）、曾氏（曾几）、黄氏（黄祖舜）、许氏（许慎）、周氏（周孚先）、靳裁之、吴祐，等等。
③ （宋）黎靖德编：《朱子语类》卷113，第7册，第2748页。
④ （宋）朱熹：《四书章句集注》，第45页。
⑤ （宋）黎靖德编：《朱子语类》卷19，第2册，第444页。
⑥ 钱穆说："朱子于经学，虽主以汉唐古注疏为主，亦采及北宋诸儒，又采及理学家言，并又采及南宋与朱子同时之人。其意实欲融贯古今，汇纳群流，采撷英华，酿制新实。……至其直接先秦，以《孟子》、《学》、《庸》羽翼孔门《论语》之传，而使当时儒学达于理想的新巅峰，其事尤非汉唐以迄北宋诸儒之所及。故谓朱子乃是孔子以下集儒学之大成，其言决非过夸而逾量。"[钱穆：《朱子新学案》，第1册，第30—31页]

北宋《论语》学的基础上发展而来,对后世具有很大的影响,这不仅是由于后来《四书章句集注》成为科举考试的教科书,① 而且更在于后世《论语》学无论如何都无法绕开朱熹对《论语》的诠释,都要引述朱熹的诠释,并作出或正面的或负面的分析。清代对于《论语》的诠释,有毛奇龄《四书剩言》和《四书改错》、焦循《论语通释》、梁章钜《论语旁证》、宋翔凤《论语说义》、黄式三《论语后案》、戴望《戴氏注论语》、刘宝楠《论语正义》、简朝亮《论语集注补正述疏》、康有为《论语注》等,这些诠释都与朱熹的诠释有着千丝万缕的联系。

正因为如此,在《论语》诠释上,不可避免地存在着各种观点之间的差异和分歧,甚至矛盾和冲突;既有朱熹的诠释与汉魏诸儒的差异,又有清儒的诠释与朱熹的分歧,归根到底是训诂、考据与阐发义理之间的矛盾。而且,朱熹的《论语》学既强调训诂、考据,又要求在此基础上阐发义理,正体现了这样的矛盾与统一。

20世纪以来,由于学科划分越来越细,《论语》诠释中的训诂、考据与阐发义理分属为不同学科,各种观点之间的差异和分歧更为复杂,甚至出现相互矛盾,且愈加尖锐。因此,现代对于《论语》的诠释,除了既要像汉魏诸儒那样在训诂、考据上下功夫,又要像朱熹那样在阐发义理上下功夫,还要面对以往所遗留的各种理论问题,需要通过深入分析研究,开出新意。

面对当今《论语》诠释中所存在的各种观点之间的差异和分歧,本项目选取《论语》中最能体现其根本思想且历代有着不同诠释又为当今学者最为关注的重要概念和论题,以朱熹的诠释为中心展开论述;从学术思想史的角度,分析朱熹的诠释与汉魏诸儒的异同,以及清儒的诠释与朱熹的分歧与相通,不仅对当今各种观点的来龙去脉作出梳理,而且对其相互差异和矛盾冲突作出解释,着重阐述朱熹以"理""气""心""性"等理学概念对《论语》的诠释,彰显朱熹《论语》学的新意及其对后世的影响,阐发其现代学术价值。

---

① 《文渊阁四库全书·四书大全》"提要"曰:"'四书'自朱子《章句集注》以后,真德秀始采《朱子语录》附于《大学章句》之下为《集编》。祝洙复仿而足之,为《四书附录》。其后,蔡模之《集疏》、赵顺孙之《纂疏》、吴真子之《集成》,皆荟萃众说,以相阐发,而不免稍涉泛滥。惟陈栎《四书发明》、胡炳文《四书通》较为简当。栎门人倪士毅又合二书为一,颇加删正,名曰《四书辑释》。至明成祖永乐中,诏儒臣胡广、杨荣等编纂诸家传注之说,汇成一编,赐名《四书大全》,御制序文,颁行天下学校。于是明代士子为制义以应科目者,无不诵习《大全》,而诸家之说尽废。"[《景印文渊阁四库全书》,第205册,第1—2页]

对于孔子讲"仁",汉唐诸儒继承先秦儒家,主要对"仁者爱人"做了进一步阐述。朱熹继承二程,不仅讲"仁者爱人",而且对孟子所言"仁,人心也"多有发挥,并且认为孟子所言只是说仁在人心,非以人心训仁,进而讲"仁者,爱之理,心之德",认为"仁"是以人之性为体,发用于爱之情,由内而外不断生发的动态过程,兼性情、体用、仁爱、内外于一体,既不是汉唐诸儒"以爱为仁",又不是二程门人"离爱而言仁",因而是"爱之理";同时,仁又具"生意",而包"仁义礼智"四德,贯"恻隐、羞恶、辞让、是非"四端,因而是"心之德",是"人心之全德","本心之全德"。相对于今天对孔子"仁"的解读,或只讲"仁"为外在道德,或只讲"仁"为内在心性,将二者分别开来,朱熹把"仁"界定为"爱之理,心之德",仍具有重要的学术价值。

孔子言"道",朱熹讲"理",并以"理"解释"道",而且以此把《论语》中孔子的"道"界定为"事物当然之理",与"所以然之理"既有区别又相互统一。同时,朱熹又认为,孔子言"逝者如斯夫"是就"道体"而言,"道体"即"无一息之停"的变化;孔子言"吾道一以贯之"是就"道"之体用而言,"道"兼体用、体用不可分离,"至诚无息者,道之体也"。这些思想不仅有助于理解朱熹的"理",而且对于理解孔子的"道"都具有重要参考价值。

朱熹继承二程,对《论语》讲忠恕"一以贯之"及其与《中庸》讲忠恕"违道不远"的相互关系做了深入讨论。既讲"圣人之心,浑然一理",以"一本万殊"解"一以贯之",并认为"忠恕"二字最能体现"一以贯之",又依据《中庸》忠恕"违道不远",讲"忠恕本未是说一贯",但"晓得忠恕,便晓得一贯",又讲"'忠恕违道不远',正是说忠恕。'一以贯之'之忠恕,却是升一等说",从而建立了"天地无心之忠恕""圣人无为之忠恕""学者著力之忠恕"的理论结构。正是在这个结构中,朱熹阐释《论语》讲忠恕"一以贯之"及其与《中庸》讲忠恕"违道不远"的区别,讨论"一以贯之"与"忠恕"既相互不同又相互联系。朱熹的这些思想,尽管受到清儒的反对,但对于今天的经典诠释仍具有重要价值。

对于子贡曰"夫子之言性与天道,不可得而闻也",历代的解读,众说纷纭。汉儒认为,孔子不言性与天道;魏晋南北朝的儒者则把孔子所言与孔子学说之旨区别开来,认为孔子学说之旨在于性与天道,由于其理深微,不可得而闻也。清儒认为,孔子言性与天道在《易传》,又在平日教学中而不言,所以不可得而闻也。与此不同,朱熹强调性与天道"夫子罕言之","学者有不得闻",并不是孔子不言,而是由于性与天道"乃是此理之精微",同时还在于"圣门教不躐等",因而涉及如何识得性与天道、如何教人的问题。现代的解读,仍然停留于孔子是否言性与天道的问题上,而牟宗三的解读则与朱熹完全一致,凸显朱熹的解读具有现代学术价值。

对于《论语》"孝弟也者,其为仁之本与",历来有不同的解读。汉唐时期大都将其解读为"孝是仁之本";唐宋时期还出现了"孝悌也者,其为人之本欤"的文本。朱熹继承二程所谓"为仁以孝弟为本,论性则仁为孝弟之本","仁是性,孝弟是用",明确讲"仁是体,孝弟是用",把仁与孝弟的关系看作体用关系,并由此将该句解读为"所谓孝弟,乃是为仁之本",而不是"孝是仁之本"。这些观点对于理解仁及其与孝的关系,具有重要的意义。

对于孔子所言"己欲立而立人,己欲达而达人",历来有不同解读。汉唐诸儒讲"仁""恕"无别,将"己立立人,己达达人"解读为"仁",而与孔子所言"己所不欲,勿施于人"之"恕"统一起来;朱熹讲"仁""恕"有别,将"己立立人,己达达人"解读为"以己及人"之"仁",而与"己所不欲,勿施于人"即"推己及人"之"恕"区别开来。今人的解读,大都接受"仁""恕"有别,并在此基础上有所变化,可见朱熹的解读仍具有重要的学术价值。

朱熹解《论语》"克己复礼为仁",将"克"解为"胜","己"解为"身之私欲","克己复礼"解为"胜私欲而复于礼",并由此提出"存天理,灭人欲",同时强调克己不同于复礼,"以复礼为主",以礼为规矩准则,又讲克己与复礼相互统一而不可分开,"不是做两截工夫",因此反对杨简将"克"训为"能",而"无己可克",又反对像佛老那样"克己私了,却空荡荡地"。朱熹的解读,不仅提供了一种解读方案,而且可以由此看出现代对于"克己复礼为仁"的解读,仍有进一步提升的空间。

对于《论语》"未知,焉得仁",历来存在两种不同的解读:其一是孔安国、何晏、皇侃、邢昺以及朱熹把其中的"知"解读为"知晓";其二是郑玄以及王充、班固、徐幹、李充、颜师古把"知"解读为"智"。朱熹在把"知"解读为"知晓"的同时,又对于"仁""智"关系做了深入的探讨,既讲仁包"义礼智",又讲智藏"仁义礼"。清儒大都追随郑玄,将"知"解读为"智",并由此进一步讨论"仁""智"关系。正是历来存在的这种分歧,演化成为现代杨伯峻《论语译注》、钱穆《论语新解》、李泽厚《论语今读》的解读与冯友兰、唐君毅、冯契的解读之间的分歧。

这是当今对于《论语》"未知，焉得仁"的解读，所必须深入思考的问题。

对于孔子所言"五十而知天命，六十而耳顺"，孔安国把"知天命"解为"知天命之终始也"，郑玄把"耳顺"解为"闻其言而知其微旨也"，韩愈、李翱《论语笔解》注"六十而耳顺"为"顺天"。与此不同，朱熹把"四十而不惑"解为知"事物之所当然"；"五十而知天命"解为知"事物所以当然之故"；"六十而耳顺"解为"声入心通"，"不思而得"；"七十而从心所欲不踰矩"解为"随其心之所欲"，"不勉而中"。这一解读，即使在今天看来，都有其合理而深刻之处，且与前人有所不同，有所发明，并由此而发展了儒学。

现代对于孔子所谓"博学于文，约之以礼"的解读，将"博文"与"约礼"分为二事，最初可以追溯到西汉的孔安国。朱熹《论语集注》亦采用同样的观点。然而，与此不同，朱熹晚年却明确提出"博文约礼亦非二事"，后来王阳明又讲"约礼"与"博文"体用一源，都强调将"博文"与"约礼"统为一体。此后，这种观点以"博约一贯"说或"博约合一"说而流行一时，直至清末民初。因此，今天将"博文"与"约礼"分为二事的解读，实际上是回到了朱熹之前，需要作出进一步学术思想史的考辨。

对于《论语》"贫而乐""孔颜之乐"的解读，汉唐诸儒多将其中的"乐"解读为"乐道"，为清儒以及现代不少学者所采纳。与此不同，程朱多讲"自乐"，不赞同把颜回之乐只是简单地解读为"乐道"，反对把"道"当作一物而乐之。朱熹明确将"贫而乐"之"乐"解读为"超乎贫富之外"的"自乐"，同时并不完全反对把颜回之乐解读为"乐道"，认为颜回之乐是心中有"道"，心中有"仁"，自然而乐，既是"自乐"又包含了"乐道"，是"乐道"与"自乐"的统一。因此他讲"唯仁故能乐"，"私欲克尽，故乐"，尤其要求像颜回那样着实做工夫，"博文约礼"，从而真正感受颜回之乐。

史伯讲"和而不同"、晏婴讲"和如羹"，其中的"和"有"和谐"之意，但只是讲先王"和而不同"，要求君王讲"和谐"。汉唐诸儒解《论语》"君子和而不同，小人同而不和"，既有以史伯讲"和而不同"、晏婴讲"和如羹"为依据，而将其中的"和"解为"和谐"，实际上消解了君子与小人的道德对立，又有何晏《论语集解》、皇侃《论语义疏》等突出"君子"与"小人"的道德对立，讲"君子心和""小人所嗜好者同"，君子"心和如一"、小人"为恶如一"。朱熹的解读从心性层面讲"和者，无乖戾之心；同者，有阿比之意"，并进一步讲由公私义利而有

"和"与"同"的对立。朱熹之后，不少儒者既讲何晏或朱熹的解读，从心性层面强调君子与小人在道德品质上的对立，又讲史伯的"和而不同"、晏婴"和如羹"，引申出君子与小人在做事上具有"和"与"同"的差异。这些解读对于今天不少学者将"君子和而不同"的"和"仅仅解读为"和谐"，具有重要的参考价值。

《论语》讲"礼之用，和为贵"，对于其中的"和"的解读，在古代，经历了自皇侃、邢昺从礼乐关系的角度讲"和，即乐也"，"和，谓乐也"，到朱熹从礼有体用的角度讲"和者，从容不迫之意"，再到王夫之讲"'和'者，以和顺于人心之谓"，刘宝楠以《中庸》"发而皆中节谓之和"的过程。在现代，有学者继承清儒的解读而言"事之中节者皆谓之和"，也有学者解读为"调和"或"和谐"。然而，朱熹从体用关系的角度，讲"礼中自有和"，强调礼的自然和缓，内涵自信与淡定，包含了复杂的理论结构，具有丰富的心性意蕴，更为突出人的主体性。

自《论语》讲"无为而治"，历代儒家学者对此作出了不同的诠释。汉唐儒家以"任官得其人"言"无为而治"，又讲"德者无为"。与此不同，朱熹以"恭己""德盛而民化"言"无为而治"，同时又与《论语》"为政以德"结合起来，讲"为政以德，则无为而天下归之"，并将孔子讲"无为"与老子讲"无为"区别开来，从而对《论语》讲"无为"做了系统的论述。清儒更多地汲取朱熹的解读，同时又结合汉唐儒的"任官得其人"。因此，今人对于孔子"无为而治"的解读，不能只是以汉唐儒家的解读为圭臬，而应当对前人的各种解读作出综合的考察，尤其要研究朱熹的解读。

对于《论语》"民可使由之，不可使知之"，古代儒家学者大都反对将孔子此句解读为愚民。郑玄的解读虽有愚民之嫌，但又有顺从于民之意。何晏《论语集解》将此句与《易传》"百姓日用而不知"相联系，而将"不可"解读为"不能"，对后世影响很大。朱熹发挥二程对于愚民说的反对，将"不可使知"之"知"限定于较"当然之理"更为深层的"所以然之理"，为后世所沿袭。清儒推崇汉唐儒者的解读，但也有将"不可使知之"与老子"国之利器不可以示人"相联系，直至民国以来，将孔子此句解读为愚民政策者，越来越占主流，当然仍有不少持反对意见者，对此需要进一步作出辨析。相较之下，在古代儒家学者的诸多解读中，朱熹的解读，不仅反对愚民说，而且较何晏《论语集解》、刘宝楠《论语正义》的解读更为深入。

中国古代对于《论语》"唯上知与下愚不移"之"不移"主要有两种

解读：一是汉唐时期儒家解为"不可移"，一是宋代程颐、朱熹不赞同解为"不可移"，尤其是朱熹明确讲"曰不移而已，不曰不可移也"，"以其不肯移，而后不可移"，对后世影响很大。明代阳明学派对朱熹的解读有所发展，进一步讲"不是不可移，只是不肯移"。直至后来清代戴震也讲"曰不移，不曰不可移"，并为焦循以及刘宝楠《论语正义》所接受。可见，程颐、朱熹将"唯上知与下愚不移"之"不移"并非解为"不可移"的解读，实际上为自宋代而至清代大多数儒家学者所接受，应当作为当今《论语》解读的重要参考。

对于孔子所言"唯女子与小人为难养也"，历来有不同诠释，现代不少学者将该句视为对于女性的歧视。朱熹《论语集注》对孔子所言的诠释，将其中的"小人"解为"仆隶下人"，将"女子与小人"解为"臣妾"，即家里的女仆与男仆，把孔子所言仅限于家的范围，而且还进一步阐述如何与臣妾的相处之道，要求对待臣妾"庄以莅之，慈以畜之"，不仅实现了从汉唐诸儒解"女子"为全称者，到解"女子"为特称者的转化，而且实现了从汉唐诸儒的解读把"女子"归为小人而包含对女性的歧视，到进一步探讨如何与"女子与小人"相处的转化，消解了以往解读中的歧视女性之意。朱熹之后的学者解读孔子所言，重在阐述君子，尤其是有家国者，如何和"女子与小人"的相处之道，实与歧视女性无关。

朱熹对《论语》"父子相隐"做过深入的解读。他在前人各种解读的基础上，不仅认为，父母有道德上的过失，儿子应当采取一种不向外告发而只在家庭内部父子之间进行道德劝谏的处理方式，即"父子相隐"，要求"事父母几谏"，并没有隐瞒父母过失之意，而且从"形而上者谓之道"与"形而下者谓之器"相互贯通的角度，既强调"父子相隐，天理人情之至也"，以为父子相隐是合乎天理人情之事，又进一步提出"父子相隐，本非直，而'直在其中'"，以为父子相隐，本不是直，而只能是"直在其中"，需要在"下气怡色，柔声以谏"，"见志不从，又敬不违，劳而不怨"的过程中展现出正直。朱熹的解读不仅超越了前人，而且对于今天的学术讨论具有重要的参考价值。

对于《论语》所谓"束脩"，朱熹在以往儒家从"礼"的层面进行诠释的基础上，进一步从"理"的层面诠释为"束脩"之理，把"束脩"诠释为"心"，表达为心意；既讲人与人之间的共同性，又要求尊重个体间的差异，既提出"盖人之有生，同具此理，故圣人之于人，无不欲其入于善"的基本原则，又阐发了"不知来学，则无往教之礼，故苟以礼来，则无不有以教之"的待人之道。这不仅在对"束脩"的诠释上超越了以往的诠释，而且对于理解儒家待人之道也颇具新意。

对于《论语》"子罕言利"，历代儒家的解读，莫衷一是。司马迁、郑玄认为"子罕言利"之"利"是不好的；何晏、皇侃乃至邢昺以《易传》"利者义之和"进行解读，讲"天道之利"或"君子之利"与义相互联系，讲"人世之利"或"常人之利"与义的相互对立；朱熹解"子罕言利"，较多讨论利由何而来，以为"惟合于义，则利自至；若多言利，则人不知义，而反害于利"，明确讲"利不是不好"，"利亦不是不好底物事"，对利有更多地肯定，但又讲"计利则害义"，反对"计利"，反对惟利是求，并因而反对"放于利而行"，反对自私自利、损人利己。明清儒者解"子罕言利"，虽然与前人的解读不尽相同，但仍然与《易传》"利者义之和"结合起来，并与朱熹的观点相通。今人解读"子罕言利"大都不与"利者义之和"结合，而较多强调义与利的相互对立，或许可以从朱熹的解读中获得启示。

经典因诠释而发展，因发展而流行。当今社会，儒家经典"四书""五经"的概念早已为人们所接受，而作为"四书"之一的《论语》正越来越多地受到重视，然而，从《论语》诠释的历史发展可以看出，朱熹对《论语》的诠释具有重要的地位和影响，以致于今天的《论语》学习和诠释离不开朱熹的《论语集注》。重要的是，朱熹的《论语》学不只是停留于对经文文字的注释，还要"求夫圣贤之意"。这样的诠释不是拘泥于文字，而是对文字的超越，是对文字背后的"圣贤之意"以及思想体系的建构，是对文字所指向现实世界的形上学的本体论诠释，因而更具有人的主体性，正如朱熹的《读论语孟子法》引述程颐所说："凡看《语》、《孟》，且须熟读玩味。须将圣人言语切己，不可只作一场话说。人只看得此二书切己，终身尽多也。""《论》、《孟》只剩读着便自意足。学者须是玩味，若以语言解着，意便不足。"① 这种不只是"以语言解着"而是从人的主体出发的经典诠释，通过对于经典文本的切己的"玩味"，把古代经典与当下的诠释主体结合起来，不仅具有更大的诠释空间，而且赋予了古代经典以新的生命，使之具有变化和发展的意义，因而能够在时代的巨大变化中仍然保持着经典的魅力和价值，由此亦可以看到朱熹《论语》学的新意及其对于今天的思想发展、社会生活的意义与价值。

---

① （宋）朱熹：《四书章句集注》，第45页。

一 "仁":从"爱人"到
"爱之理,心之德"*

《论语》中孔子讲"仁"甚多,但并没有直接给出一个明确的定义。据《论语·颜渊》载,"樊迟问仁。子曰:'爱人。'"孟子则说:"君子以仁存心,以礼存心。仁者爱人,有礼者敬人。爱人者人恒爱之,敬人者人恒敬之。"(《孟子·离娄下》)此后,"仁者爱人"一说,被不少人看作对于"仁"的定义,而广为流传。朱熹不仅讲"仁者爱人",而且以人的心性言"仁",把"仁"界定为"爱之理,心之德"。蔡元培于1910年出版的《中国伦理学史》中指出:"孔子尝曰:'仁者爱人,知者知人。'又曰:'知者不惑,仁者不忧,勇者不惧。'此分心意为知识、感情、意志三方面,而以知仁勇名其德者。而平日所言之仁,则即以为统摄诸德完成人格之名。"① 胡适于1919年出版的《中国哲学史大纲》(卷上)中说:"'仁者人也',只是说仁是理想的人道,做一个人须要能尽人道。能尽人道,即是仁。……蔡子民《中国伦理学史》说孔子所说的'仁',乃是'统摄诸德,完成人格之名'。这话甚是。"② 冯友兰早年出版的《中国哲学史》依据《论语》"樊迟问仁,子曰'爱人'",指出:"仁以同情心为本,故爱人为仁也。……故仁为人之性情之真的,而又须为合礼的流露也。"③ 因而也赞同蔡元培的观点,说:"惟仁亦为全德之名,故孔子常以之统摄诸德。"④ 冯友兰晚年出版的《中国哲学史新编》仍然说:"孔丘往往把'仁'作为人的完全人格的代名词,有完全人格的人,他称为'仁人'。"⑤

---

* 本章部分内容已以《从孔孟"仁者爱人"到朱熹"仁者,爱之理,心之德"》为题发表于《南昌大学学报》2018年第4期。
① 蔡元培:《中国伦理学史》,东方出版社1996年版,第11页。
② 胡适:《中国哲学史大纲》(卷上),东方出版社1996年版,第99页。
③ 冯友兰:《中国哲学史》(上),《三松堂全集》,河南人民出版社2001年版,第2卷,第315—316页。
④ 冯友兰:《中国哲学史》(上),《三松堂全集》,第2卷,第318页。
⑤ 冯友兰:《中国哲学史新编》,《三松堂全集》,第8卷,第145页。

在这种以"全德"或"人道""人格"界定"仁"的基础上，还有学者进一步以人的内在心性言"仁"是心之全德。马一浮《论语大义》说："仁是心之全德，《易》言之亦曰德之总相，即此实理之显现于发动处者。……仁是性德，道是行仁，学是知仁。"① 熊十力注《论语·里仁》"君子无终食之间违仁"，说："仁者，本心之名。本心备具生生、刚健、炤明、通畅诸德，总括而称之曰仁德，故本心亦名为仁。终食者，一饭之顷。仁心，吾身之主也。"② 梁漱溟说："仁是一个很难形容的心理状态，我且说为极有活气而稳静平衡的一个状态，似乎可以分为两条件：（一）寂——像是顶平静而默默生息的样子；（二）感——最敏锐而易感且很强。能使人所行的都对，都恰好，全仗直觉敏锐，而最能发生敏锐直觉的则仁也。"③

一是从外在的道德所谓"全德"界定"仁"，一是从内在的心性言"仁"；这种分歧，实际上自孟子以来就一直存在，正如钱穆《论语新解》所说："仁即人群相处之大道，故孟子曰：'仁也者，人也；合而言之，道也。'然人道必本于人心，故孟子又曰：'仁，人心也。'本于此心而有此道。……发于仁心，乃有仁道。而此心实为人性所固有。"④

（一）汉唐诸儒论"仁"

孟子不仅讲"仁者爱人，有礼者敬人"，而且还说："仁也者，人也；合而言之，道也。"（《孟子·尽心下》）以为仁是人道。重要的是，孟子还说："仁，人心也。"（《孟子·告子上》）以为仁在于人心。荀子对"仁者爱人"作了解释，说："彼仁者爱人，爱人，故恶人之害之也；义者循理，循理，故恶人之乱之也。"（《荀子·议兵》）据《荀子·子道》载，子路入，子曰："由，知者若何，仁者若何？"子路对曰："知者使人知己，仁者使人爱己。"子曰："可谓士矣。"子贡入，子曰："赐，知者若何，仁者若何？"子贡对曰："知者知人，仁者爱人。"子曰："可谓士君子

---

① 马一浮：《复性书院讲录》第 2 卷《论语大义》，《马一浮集》，浙江古籍出版社、浙江教育出版 1996 年版，第 1 册，第 161 页。
② 熊十力：《体用论》，《熊十力全集》，湖北教育出版社 2001 年版，第 7 卷，第 209 页。
③ 梁漱溟：《东西文化及其哲学》，《梁漱溟全集》，山东人民出版社 2005 年版，第 1 卷，第 455 页。
④ 钱穆：《论语新解》，生活·读书·新知三联书店 2002 年版，第 7 页。

矣。"颜渊入，子曰："回，知者若何，仁者若何？"颜渊对曰："知者自知，仁者自爱。"子曰："可谓明君子矣。"可见，"仁者爱人"，在荀子那里，也包括"仁者自爱"。

汉唐诸儒继承先秦儒家，对"仁者爱人"作了进一步阐述，提出了一些新思想，大致可分为以下四个方面。

第一，仁本原于天，为心所固有。西汉韩婴认为，仁为天之所生。他说："子曰：'不知命，无以为君子。'言天之所生，皆有仁义礼智顺善之心。不知天之所以命生，则无仁义礼智顺善之心。无仁义礼智顺善之心，谓之小人。故曰：'不知命，无以为君子。'"① 此外，韩婴还讲"仁义根于心"②。董仲舒《春秋繁露》对仁的本原作了阐述，说："仁之美者在于天。天，仁也。天覆育万物，既化而生之，有养而成之，事功无已，终而复始，凡举归之以奉人。察于天之意，无穷极之仁也。人之受命于天也，取仁于天而仁也。"③ 董仲舒认为，仁本于天，天之仁在于"覆育万物，既化而生之，有养而成之，事功无已，终而复始"，因此，人受命于天，取仁于天而仁，应当效法天之仁而爱人。他还说："天高其位而下其施，藏其形而见其光。高其位，所以为尊也；下其施，所以为仁也；藏其形，所以为神；见其光，所以为明。故位尊而施仁，藏神而见光者，天之行也。故为人主者，法天之行，是故内深藏，所以为神；外博观，所以为明也；任群贤，所以为受成；乃不自劳于事，所以为尊也；泛爱群生，不以喜怒赏罚，所以为仁也。"④ 后来，郑玄则强调孟子所言"仁，人心也"，讲仁为心所固有，说："人之心皆有仁义，教之则进。"⑤ 赵岐注《孟子》"仁义礼智，非由外铄我也"，说："仁义礼智，人皆有其端，怀之于内，非从外销铄我也。"⑥ 乃至后来《孟子注疏》也说："孟子言仁者，是人之心

---

① （汉）韩婴撰，许维遹校释：《韩诗外传集释》卷6，中华书局1980年版，第219页。
② （汉）韩婴撰，许维遹校释：《韩诗外传集释》卷5，第197页。
③ （汉）董仲舒著，（清）苏舆撰：《春秋繁露义证》，中华书局2015年版，第321页。
④ （汉）董仲舒著，（清）苏舆撰：《春秋繁露义证》，第161页。
⑤ （汉）毛亨传，（汉）郑玄笺，（唐）孔颖达疏：《毛诗正义》，（清）阮元校刻：《十三经注疏》，第1册，第1054页。
⑥ （汉）赵岐注，（宋）孙奭疏：《孟子注疏》，（清）阮元校刻：《十三经注疏》，第5册，第5981页。关于《孟子注疏》的作者，《四库全书总目》说："汉赵岐注。其《疏》则旧本题'宋孙奭撰'。……其《疏》虽称孙奭作，而《朱子语录》则谓'邵武士人假托，蔡季通识其人'。……其不出奭手，确然可信。其《疏》皆敷衍语气，如乡塾讲章。故《朱子语录》谓其'全不似疏体，不曾解出名物制度，只绕缠赵岐之说'。"［（清）阮元校刻：《十三经注疏》，第5册，第5787—5788页；（宋）黎靖德编：《朱子语类》卷19，第2册，第443页］

也，是人人皆有之者也。"①

第二，仁是人与人相互的爱。董仲舒说："《春秋》之所治，人与我也。所以治人与我者，仁与义也。以仁安人，以义正我，故仁之为言人也，义之为言我也，言名以别矣。仁之于人，义之于我者，不可不察也。……是故《春秋》为仁义法。仁之法在爱人，不在爱我。义之法在正我，不在正人。我不自正，虽能正人，弗予为义。人不被其爱，虽厚自爱，不予为仁。……不爱，奚足谓仁？仁者，爱人之名也。"② 这里明确区分了爱他人与爱自己，认为仁者是爱他人之名，"仁者爱人，不在爱我"③，明显是针对荀子所谓"仁者爱人"首先在于"仁者自爱"。刘向《说苑》说："季康子谓子游曰：'仁者爱人乎？'子游曰：'然。''人亦爱之乎？'子游曰：'然。'"④ 刘向强调先要爱他人，而后得到他人的爱。与刘向不同，扬雄《法言》说："人必先作，然后人名之；先求，然后人与之。人必其自爱也，然后人爱诸；人必其自敬也，然后人敬诸。自爱，仁之至也；自敬，礼之至也。未有不自爱敬而人爱敬之者也。"⑤ 强调先要自爱，而后得到他人的爱。许慎《说文解字》说："仁，亲也，从人、二。……
𡰥，古文仁，或从尸。"⑥ 郑玄更是注《礼记·中庸》"仁者，人也"，说："'人也'，读如相人偶之人，以人意相存问之言。"⑦ 又注《礼记·表记》"仁者，人也"，说："'人也'，谓施以人恩也。"⑧ 认为仁就是人与人之间的相敬相爱。

第三，仁是博爱。董仲舒讲仁，不仅说"泛爱群生，不以喜怒赏罚，所以为仁也"，而且还明确说："何谓仁？仁者恻怛爱人，谨翕不争，好恶敦伦，无伤恶之心，无隐忌之志，无嫉妒之气，无感愁之欲，无险诐之事，无辟违之行。故其心舒，其志平，其气和，其欲节，其事易，其行道，故能平易和理而无争也。如此者谓之仁。"⑨ 董仲舒讲仁，在于爱人，

---

① （汉）赵岐注，（宋）孙奭疏：《孟子注疏》，（清）阮元校刻：《十三经注疏》，第5册，第5988页。
② （汉）董仲舒著，（清）苏舆撰：《春秋繁露义证》，第243—245页。
③ （汉）董仲舒著，（清）苏舆撰：《春秋繁露义证》，第247页。
④ （汉）刘向撰，赵善诒疏证：《说苑疏证》，华东师范大学出版社1985年版，第118页。
⑤ （汉）扬雄：《法言》卷9《君子篇》，中华书局1985年版，第38页。
⑥ （清）段玉裁：《说文解字注》，中华书局2013年版，第369页。
⑦ （汉）郑玄注，（唐）孔颖达疏：《礼记正义》，（清）阮元校刻：《十三经注疏》，第3册，第3535页。
⑧ （汉）郑玄注，（唐）孔颖达疏：《礼记正义》，（清）阮元校刻：《十三经注疏》，第3册，第3557页。
⑨ （汉）董仲舒著，（清）苏舆撰：《春秋繁露义证》，第252—253页。

是爱他人，在于与他人和睦相处，而这正是孔子所谓"泛爱众"。他还说："天地之数，不能独以寒暑成岁，必有春夏秋冬。圣人之道，不能独以威势成政，必有教化。故曰：先之以博爱，教以仁也。"① 这里明确把博爱看作仁爱的重要内容。他还说："仁者所以爱人类也。"② 显然，他的仁爱就是爱人类，就是博爱。除了爱人，董仲舒还要求爱物。他说："质于爱民，以下至于鸟兽昆虫莫不爱。不爱，奚足谓仁？"③ 自董仲舒讲博爱之后，南北朝皇侃《论语义疏》疏《论语》"泛爱众"，说："泛，广也。君子尊贤容众，故广爱一切也。"④ 还说："人有博爱之德谓之仁。"⑤ 唐孔颖达疏《论语》"泛爱众"，说："'泛爱众'者，泛者，宽博之语。君子尊贤而容众，或博爱众人也。"⑥ 后来，韩愈明确提出"博爱之谓仁"⑦。

　　第四，仁即仁道、人道。韩婴明确讲"仁道"，并且说："仁道有四，磏为下。有圣仁者，有智仁者，有德仁者，有磏仁者。"⑧ 董仲舒则讲："霸王之道，皆本于仁。"⑨《论语·公冶长》载，孟武伯问："子路仁乎？"子曰："不知也。"对此，皇侃《论语义疏》说："所以云'不知'者，范宁曰：'仁道弘远，仲由未能有之，又不欲指言无仁，非奖诱之教，故托云不知也。'"又引西汉孔安国注曰："仁道至大，不可全名也。"并疏曰："言子路未能全受此仁名，故云不知也。"⑩ 对于《论语·述而》载子曰"仁远乎哉？我欲仁，斯仁至矣"，《论语义疏》说："世人不肯行仁，故孔子引之也。问言仁道远乎也，言其不远也。但行之由我，我行即是，此非出自远也，故云'我欲仁而斯仁至'也。"又引苞氏曰："仁道不远，行之则是至也。"⑪《论语·子张》载，曾子曰："堂堂乎张也，难与并为仁矣。"魏何晏《论语集解》引东汉郑玄注曰："言子张容仪盛，而于仁道薄也。"北宋邢昺疏曰："曾子言子张容仪堂堂然盛，于仁道则薄，故难

---

① （汉）董仲舒著，（清）苏舆撰：《春秋繁露义证》，第311—312页。
② （汉）董仲舒著，（清）苏舆撰：《春秋繁露义证》，第252页。
③ （汉）董仲舒著，（清）苏舆撰：《春秋繁露义证》，第245页。
④ （梁）皇侃：《论语义疏》，中华书局2013年版，第12页。
⑤ （梁）皇侃：《论语义疏》，第42页。
⑥ （魏）何晏集解，（宋）邢昺疏：《论语注疏》，（清）阮元校刻：《十三经注疏》，第5册，第5337页。
⑦ （唐）韩愈：《原道》，《韩愈集》卷11，岳麓书社2000年版，第145页。
⑧ （汉）韩婴撰，许维遹校释：《韩诗外传集解》卷1，第25页。
⑨ （汉）董仲舒著，（清）苏舆撰：《春秋繁露义证》，第158页。
⑩ （梁）皇侃：《论语义疏》，第103—104页。
⑪ （梁）皇侃：《论语义疏》，第176—177页。

与并为仁矣。"① 此外，汉儒又将仁解为人道。对于孟子曰"仁也者，人也；合而言之，道也"，东汉赵岐注曰："能行仁恩者，人也；人与仁合而言之，可以谓之有道也。"后来《孟子注疏》曰："孟子言为仁者，所以尽人道也，此仁者所以为人也。盖人非仁不立，仁非人不行。合仁与人而言之，则人道尽矣。"② 由此可见，汉儒将仁解为仁道、人道，影响之大。

应当说，汉唐诸儒对仁作了一些探讨，讲仁本原于天，为心所固有，但主要是强调孔孟所言"仁者爱人"，以爱为仁。然而，仅仅以爱为仁，是不够的，《孟子·告子上》讲"恻隐之心，仁也"，"仁，人心也"，《孟子·公孙丑上》讲"恻隐之心，仁之端也"，以为仁在于人心。同时，以爱为仁，实际上是以人之情言仁，并不是孟子所言"仁，人心也"之本意，因此还需要对心及其与情的关系作出进一步的深入分析。在这些方面，汉唐诸儒是有欠缺的。换言之，他们只是较多关注孟子所言"仁者爱人"，"仁也者，人也；合而言之，道也"，而对孟子所言"仁，人心也"，则没有作出更多的阐释。

（二）以"性""情"言"仁""爱"

北宋二程对孟子所谓"仁，人心也"多有阐释。程颢说："人必有仁义之心，然后仁与义之气晬然达于外，故'不得于心，勿求于气'可也。"③ 并以"与物同体"说仁，指出："学者须先识仁。仁者，浑然与物同体。义、礼、智、信皆仁也。"④ 还说："医书言手足痿痹为不仁，此言最善名状。仁者，以天地万物为一体，莫非己也。认得为己，何所不至？"⑤ 程颐则以心之性与情讲仁与爱的关系，说："孟子曰：'恻隐之心，仁也。'后人遂以爱为仁。恻隐固是爱也。爱自是情，仁自是性，岂可专以爱为仁？孟子言恻隐为仁，盖为前已言'恻隐之心，仁之端也'，既曰仁之端，则不可便谓之仁。"⑥ 在程颐看来，汉唐诸儒误读了《孟子》"恻

---

① （魏）何晏集解，（宋）邢昺疏：《论语注疏》，（清）阮元校刻：《十三经注疏》，第5册，第5502页。
② （汉）赵岐注，（宋）孙奭疏：《孟子注疏》，（清）阮元校刻：《十三经注疏》，第5册，第6038页。
③ （宋）程颢、程颐：《河南程氏遗书》卷4，《二程集》，中华书局2004年版，第70页。
④ （宋）程颢、程颐：《河南程氏遗书》卷2上，《二程集》，第16页。
⑤ （宋）程颢、程颐：《河南程氏遗书》卷2上，《二程集》，第15页。
⑥ （宋）程颢、程颐：《河南程氏遗书》卷18，《二程集》，第182页。

隐之心，仁也"，而"以爱为仁"。为此，他提出"爱自是情，仁自是性"，还说："仁是性也，孝弟是用也。性中只有仁义礼智四者，几曾有孝弟来？仁主于爱，爱莫大于爱亲。""心是所主处，仁是就事言。""心譬如谷种，生之性便是仁也。"① 此外，二程还说："韩文公曰：'博爱之谓仁。'爱，情也；仁，性也。仁者固博爱，以博爱为尽仁，则不可。"② 所以，"仁者必爱，指爱为仁则不可"③。既讲仁者必须有爱，又反对"指爱为仁"。应当说，在二程那里，反对"以爱为仁"，与仁者必须有爱，二者不可分割，缺一不可。

然而，二程门人杨时、谢良佐却把仁与爱分割开来。杨时讲"万物与我为一"为"仁之体"，④ 并说："世儒之论仁，不过乎博爱自爱之类。孔子之言则异乎此。其告诸门人可谓详矣。然而犹曰'罕言'者，盖其所言皆求仁之方而已，仁之体未尝言故也。"⑤ 谢良佐则以"心有知觉"释仁，说："心者何也？仁是已。仁者何也？活者为仁，死者为不仁。今人身体麻痹不知痛痒，谓之不仁。"⑥ 又说："世人说仁只管着爱上，怎生见得仁？只如'力行近乎仁'。力行关爱甚事？何故却近乎仁？"⑦ 认为孔子言"仁"与爱无关。

朱熹年轻时从学于李侗，就对仁做过深入讨论。他说："仁是心之正理，能发能用底一个端绪，如胎育包涵其中，生气无不纯备，而流动发生自然之机，又无顷刻停息，愤盈发泄，触处贯通，体用相循，初无间断。"⑧ 又说："大抵仁字正是天理流动之机。以其包容和粹，涵育融漾，不可名貌，故特谓之仁。"⑨

朱熹讲"仁是心之正理"，因而对"心"及其与"仁"的关系多有研究。他以《中庸》"喜怒哀乐之未发，谓之中；发而皆中节，谓之和"为依据，以为心有未发、已发。他说："心之全体湛然虚明，万理具足，无一毫私欲之间；其流行该遍，贯乎动静，而妙用又无不在焉。故以其未发而全体

---

① （宋）程颢、程颐：《河南程氏遗书》卷18，《二程集》，第183—184页。
② （宋）程颢、程颐：《河南程氏粹言》卷1，《二程集》，第1175页。
③ （宋）程颢、程颐：《河南程氏粹言》卷1，《二程集》，第1173页。
④ （宋）杨时：《杨时集》卷11《语录二》，中华书局2018年版，第283页。
⑤ （宋）杨时：《杨时集》卷14《答胡德辉问》（12），第410页。
⑥ （宋）谢良佐：《上蔡语录》，朱杰人等编：《朱子全书外编》，华东师范大学出版社2010年版，第3册，第2页。
⑦ （宋）谢良佐：《上蔡语录》，朱杰人等编：《朱子全书外编》，第3册，第6页。
⑧ （宋）朱熹：《延平答问》，朱杰人等编：《朱子全书》，第13册，第332页。
⑨ （宋）朱熹：《延平答问》，朱杰人等编：《朱子全书》，第13册，第336页。

者言之，则性也；以其已发而妙用者言之，则情也。"① 在朱熹看来，心之未发，为体，为性；已发，为用，为情。心不等于性，性为心之体；心不等于情，情为心之用。然而，朱熹又强调体用不可分。他说："未发者，其体也，已发者，其用也。……要之体用未尝相离。"② 又说："性、情一物，其所以分，只为未发已发之不同耳。若不以未发已发分之，则何者为性，何者为情耶？仁无不统，故恻隐无不通，此正是体用不相离之妙。"③ 所以，朱熹讲"心统性情"。他说："'性、情'字皆从'心'，所以说'心统性情'。心兼体用而言。性是心之理，情是心之用。"④ 又说："仁、义、礼、智，性也，体也；恻隐、羞恶、辞逊、是非，情也，用也；统性情、该体用者，心也。"⑤ 就性为体、情为用而言，性与情、仁与爱互不相同，不可"以爱为仁"；就"心统性情"而言，性与情、仁与爱不相分离，统为一体。所以，朱熹赞同程颐所谓"爱自是情，仁自是性"，以"性"与"情"言"仁"与"爱"，反对汉唐诸儒"以爱为仁"，同时又批评二程门人"诵程子之言而不求其意，遂至于判然离爱而言仁"⑥。

按照朱熹的说法，心"统性情、该体用"，是性与情、仁与爱既互不相同又不相分离的统一体。朱熹说："程子曰：'仁，性也；爱，情也。岂可便以爱为仁？'此正谓不可认情为性耳，非谓仁之性不发于爱之情，而爱之情不本于仁之性也。"⑦ 也就是说，仁是性，爱是情，性与情、仁与爱互不相同，因而不可"以爱为仁"；同时，仁之性与爱之情不相分离，亦不可"离爱而言仁"。朱熹说："以名义言之，仁特爱之未发者而已。程子所谓'仁，性也；爱，情也'。又谓'仁，性也；孝弟，用也'。此可见矣。其所谓'岂可专以爱为仁'者，特谓不可指情为性耳，非谓仁之与爱了无交涉，如天地、冠屦之不相近也。"⑧ 朱熹甚至还认为，离爱而言仁，

---

① （宋）黎靖德编：《朱子语类》卷5，第1册，第94页。
② （宋）朱熹：《四书或问》，朱杰人等编：《朱子全书》，第6册，第1000页。
③ （宋）朱熹：《晦庵先生朱文公文集》卷40《答何叔京》(18)，朱杰人等编：《朱子全书》，第22册，1830页。
④ （宋）黎靖德编：《朱子语类》卷5，第1册，第96页。
⑤ （宋）朱熹：《晦庵先生朱文公文集》卷56《答方宾王》(4)，朱杰人等编：《朱子全书》，第23册，2660页。
⑥ （宋）朱熹：《晦庵先生朱文公文集》卷67《仁说》，朱杰人等编：《朱子全书》，第23册，第3280页。
⑦ （宋）朱熹：《晦庵先生朱文公文集》卷32《答张钦夫"论仁说"》，朱杰人等编：《朱子全书》，第21册，第1410页。
⑧ （宋）朱熹：《晦庵先生朱文公文集》卷46《答胡伯逢》(4)，朱杰人等编：《朱子全书》，第22册，第2152页。

"则孰若以爱言仁,犹不失为表里之相须而可以类求也哉"也就是说,离爱而言仁要比以爱为仁更不符仁之本意。

因此,在朱熹看来,孟子所谓"仁,人心也",可以从两个方面理解:其一,就性与情、仁与爱互不相同而言,仁是性、爱是情,这就是程颐所谓"爱自是情,仁自是性"。朱熹说:"仁是性,恻隐是情,须从心上发出来。'心,统性情者也。'"① 又说:"仁是性,恻隐是情。恻隐是仁发出来底端芽,如一个谷种相似,谷之生是性,发为萌芽是情。"② 其二,就性与情、仁与爱不相分离、统为一体而言,仁既是性又发用为爱之情,爱既是情又本于仁之性,仁与爱不可分离;朱熹说:"仁离爱不得。……伊川也不是道爱不是仁。若当初有人会问,必说道'爱是仁之情,仁是爱之性',如此方分晓。"③ 又说:"仁非爱,他却能爱。……爱非仁,爱之理是仁;心非仁,心之德是仁。"④

需要指出的是,朱熹认为,讲"仁是性"与孟子讲"仁,人心也"相一致。他说:"心者,兼体、用而言。程子曰:'仁是性,恻隐是情。'若孟子,便只说心。程子是分别体、用而言;孟子是兼体、用而言。"⑤ 在朱熹看来,程颐讲"仁是性",是分别体用、性情、仁爱而言,与孟子所谓"仁,人心也",兼心之体用、性情、仁爱而言,二者是一致的。

所以,朱熹既要反对汉唐诸儒以爱为仁,又要反对二程门人离爱而言仁,并且说:

> 由汉以来,以爱言仁之弊,正为不察性、情之辨,而遂以情为性尔。今欲矫其弊,反使"仁"字泛然无所归宿,而性、情遂至于不相管,可谓矫枉过直,是亦枉而已矣。其弊将使学者终日言仁而实未尝识其名义,且又并与天地之心、性情之德而昧焉。⑥

在朱熹看来,汉以来以爱为仁,其弊病在于"不察性、情之辨",将性与情、仁与爱混为一谈;二程门人离爱而言仁,将性与情、仁与爱分割

---

① (宋)黎靖德编:《朱子语类》卷5,第1册,第93页。
② (宋)黎靖德编:《朱子语类》卷59,第4册,第1380页。
③ (宋)黎靖德编:《朱子语类》卷6,第1册,第119页。
④ (宋)黎靖德编:《朱子语类》卷20,第2册,第474页。
⑤ (宋)黎靖德编:《朱子语类》卷20,第2册,第475—476页。
⑥ (宋)朱熹:《晦庵先生朱文公文集》卷32《答张钦夫"又论仁说"》,朱杰人等编:《朱子全书》,第21册,第1412页。

开来,"遂至于不相管",既不识仁,又不了解心与性情的关系。

与此同时,朱熹又强调孟子所谓"仁,人心也"并不是"将心训仁"。他说:

> 孟子之言固是浑然,然人未尝无是心,而或至于不仁,只是失其本心之妙而然耳。然则"仁"字、"心"字亦须略有分别始得。记得李先生说孟子言"仁,人心也",不是将"心"训"仁"字,此说最有味。①

朱熹认为,仁与心略有分别,不可"将心训仁"。据《朱子语类》载:

> 问:"杨氏谓:'孟子言:"仁,人心也。"最为亲切。'窃谓以心之德为仁,则可;指人心即是仁,恐未安。"曰:"'仁,人心也;义,人路也。'此指而示之近。缘人不识仁义,故语之以仁只在人心,非以人心训仁;义,只是人之所行者是也。"②

在朱熹看来,孟子讲"仁,人心也",只是说仁只在人心,并非以人心训仁。朱熹还说:"孟子之言,非以仁训心也,盖以仁为心之德也,人有是心,则有是德矣。"③ 又说:"仁是无形迹底物事,孟子恐人理会不得,便说道只人心便是。却不是把仁来形容人心,乃是把人心来指示仁也。"④ 在朱熹看来,仁并不等于人之心,只是自人之心而言仁。他还说:"如孟子云:'仁,人心也。'仁便是人心,这说心是合理说。如说'颜子其心三月不违仁',是心为主而不违乎理。"⑤ 也就是说,孟子所谓"仁,人心也",是就合乎理之心而言,就心之本体即性而言。

---

① (宋)朱熹:《晦庵先生朱文公文集》卷40《答何叔京》(30),朱杰人等编:《朱子全书》,第22册,第1841页。
② (宋)黎靖德编:《朱子语类》卷59,第4册,第1406页。
③ (宋)朱熹:《四书或问》,朱杰人等编:《朱子全书》,第6册,第721页。
④ (宋)黎靖德编:《朱子语类》卷59,第4册,第1405页。
⑤ (宋)黎靖德编:《朱子语类》卷5,第1册,第84页。

（三）"仁者，爱之理，心之德"

朱熹不仅以"性"与"情"言"仁"与"爱"，反对汉唐诸儒以爱为仁，并以孟子所谓"仁，人心也"，兼心之体用、性情、仁爱而言，反对二程门人离爱而言仁，而且在《论语集注》中明确提出"仁者，爱之理，心之德"①。他还说："仁只是爱底道理，此所以为'心之德'。""爱是恻隐。恻隐是情，其理则谓之仁。'心之德'，德又只是爱。谓之心之德，却是爱之本根。"② 也就是说，仁是爱之理，是爱之根本。

在《论语集注》之前，朱熹曾撰《仁说》，言心与仁的关系，指出：

> 天地以生物为心者也，而人物之生，又各得夫天地之心以为心者也。故语心之德，虽其总摄贯通无所不备，然一言以蔽之，则曰仁而已矣。……盖天地之心，其德有四，曰元亨利贞，而元无不统。其运行焉，则为春夏秋冬之序，而春生之气无所不通。故人之为心，其德亦有四，曰仁义礼智，而仁无不包。其发用焉，则为爱恭宜别之情，而恻隐之心无所不贯。故论天地之心者，则曰乾元、坤元，则四德之体用不待悉数而足。论人心之妙者，则曰"仁，人心也"，则四德之体用亦不待遍举而该。③

这里明确提出人之心本于天地生物之心，而心之德即为仁，同时又将《周易》乾卦"元亨利贞"四德对应于人之"仁义礼智"四德，并将统"元亨利贞"之"元"对应于包"仁义礼智"之"仁"，以"元"之运行而有春夏秋冬之序，对应于"仁"之生发而有"仁义礼智"之序，由此进一步讲"仁义礼智"四德之体分别发用为"爱恭宜别"之情，讲仁为体，爱为用。朱熹还说："盖仁之为道，乃天地生物之心，即物而在，情之未发而此体已具，情之既发而其用不穷，诚能体而存之，则众善之源、百行

---

① （宋）朱熹：《四书章句集注》，第48页。
② （宋）黎靖德编：《朱子语类》卷20，第2册，第465页。
③ （宋）朱熹：《晦庵先生朱文公文集》卷67《仁说》，朱杰人等编：《朱子全书》，第23册，第3279—3280页。

之本，莫不在是。此孔门之教所以必使学者汲汲于求仁也。"① 特别强调仁与情的关系。此外，朱熹还批评二程门人离爱而言仁，并指出："吾之所论，以爱之理而名仁者也。"② 显然，朱熹《仁说》已经包含了后来《论语集注》所谓"仁者，爱之理，心之德"的思想。

关于仁何以为"爱之理"，朱熹《论语或问》说：

> 人禀五行之秀以生，故其为心也，未发则具仁义礼智信之性，以为之体，已发则有恻隐羞恶恭敬是非诚实之情，以为之用。盖木神曰仁，则爱之理也，而其发为恻隐。火神曰礼，则敬之理也，而其发为恭敬。金神曰义，则宜之理也，而其发为羞恶。水神曰智，则别之理也，而其发为是非。土神曰信，则实有之理也，而其发为忠信。是皆天理之固然，人心之所以为妙也，仁之所以为爱之理，于此其可推矣。③

这里以五行配仁义礼智信，或出自郑玄注《中庸》"天命之谓性"曰："天命，谓天所命生人者也，是谓性命。木神则仁，金神则义，火神则礼，水神则信，土神则知。"④ 需要指出的是，朱熹言"木神曰仁""金神曰义""火神曰礼"，与郑玄相一致，而朱熹言"水神曰智""土神曰信"，则与郑玄"水神则信""土神则知"稍有不同。⑤

朱熹晚年解释"仁者，爱之理"，说："这一句，只将心性情看，便分明。一身之中，浑然自有个主宰者，心也；有仁义礼智，则是性；发为恻隐、羞恶、辞逊、是非，则是情。恻隐，爱也，仁之端也。仁是体，爱是用。……'爱之理'，爱自仁出也。然亦不可离了爱去说仁。"⑥ 也就是

---

① （宋）朱熹：《晦庵先生朱文公文集》卷67《仁说》，朱杰人等编：《朱子全书》，第23册，第3280页。
② （宋）朱熹：《晦庵先生朱文公文集》卷67《仁说》，朱杰人等编：《朱子全书》，第23册，第3280页。
③ （宋）朱熹：《四书或问》，朱杰人等编：《朱子全书》，第6册，第612页。
④ （汉）郑玄注，（唐）孔颖达疏：《礼记正义》，（清）阮元校刻：《十三经注疏》，第3册，第3527页。
⑤ 另：班固《汉书》说："声者，宫、商、角、徵、羽也。……夫声者，中于宫，触于角，祉于徵，章于商，宇于羽，故四声为宫纪也。协之五行，则角为木，五常为仁，五事为貌。商为金为义为言，徵为火为礼为视，羽为水为智为听，宫为土为信为思。以君臣民事物言之，则宫为君，商为臣，角为民，徵为事，羽为物。"[（汉）班固：《汉书》卷21上，中华书局1962年版，第4册，第957—958页]
⑥ （宋）黎靖德编：《朱子语类》卷20，第2册，第464页。

一 "仁": 从"爱人"到"爱之理, 心之德"　27

说, 朱熹通过分析心与性情的相互关系, 以心为主宰, 仁为性、为体, 爱为发用、为情、为仁之端, 并由此提出"仁者, 爱之理", 既不同于汉唐诸儒以爱为仁, 又不同于二程门人离爱而言仁。

至于为什么既言仁为"爱之理"又言"心之德", 朱熹《论语或问》说:

> 仁之道大, 不可以一言而尽也。程子论乾四德, 而曰"四德之元, 犹五常之仁, 偏言则一事, 专言则包四者", 推此而言, 则可见矣。盖仁也者, 五常之首也, 而包四者, 恻隐之体也, 而贯四端。故仁之为义, 偏言之, 则曰爱之理……专言之, 则曰心之德……其实爱之理, 所以为心之德。①

程颐曾作《周易程氏传》, 注《易·乾·彖》"大哉乾元, 万物资始乃统天", 曰:"'大哉乾元', 赞乾元始万物之道大也。四德之元, 犹五常之仁, 偏言则一事, 专言则包四者。'万物资始乃统天', 言元也。乾元统言天之道也。"② 在程颐看来, 乾之"元亨利贞"四德中的"元", 如同"仁义礼智信"五常中的"仁", "偏言则一事, 专言则包四者"。据此, 朱熹也讲仁的"偏言"与"专言"。据《朱子语类》"杨方庚寅(1170年)所闻", 朱熹说过:"其全体固是仁, 所谓专言之也。又从而分, 则亦有仁义分言之仁。"③ 后来, 朱熹《仁说》讲仁包"仁义礼智"四德, 而贯"恻隐、羞恶、辞让、是非"四端, 并认为"偏言之, 则曰爱之理", "专言之, 则曰心之德"。朱熹还说:"'爱之理'是'偏言则一事';'心之德', 是'专言则包四者'。故合而言之, 则四者皆心之德, 而仁为之主; 分而言之, 则仁是爱之理, 义是宜之理, 礼是恭敬、辞逊之理, 知是分别是非之理也。"④ 在朱熹看来, 仁既可偏言又可专言; 偏言之, 仁是"仁义礼智"四德之一, 与"义礼智"并列, 仁是"爱之理"; 专言之, 仁涵括"仁义礼智"四德, 包"义礼智"在内, 仁是"心之德"。

朱熹认为, 之所以既言仁为爱之理又言仁是心之德, 还在于《论语》中的"仁"既有就心之德而言者, 又有就爱之理而言者。他说:"圣贤言仁, 有就'心之德'说者, 如'巧言令色, 鲜矣仁'之类; 有就'爱之

---

① (宋) 朱熹:《四书或问》, 朱杰人等编:《朱子全书》, 第6册, 第616页。
② (宋) 程颐:《周易程氏传》卷1,《二程集》, 第697页。
③ (宋) 黎靖德编:《朱子语类》卷6, 第1册, 第119页。
④ (宋) 黎靖德编:《朱子语类》卷20, 第2册, 第466页。

理'说者，如'孝弟为仁之本'之类。"① 又说："'仁者心之德，爱之理。'《论》《孟》中有专就'心之德'上说者，如'克己复礼'，'承祭、见宾'，与答樊迟'居处恭'，'仁人心也'之类。有就'爱之理'上说者，如'孝弟为仁之本'，与'爱人'，'恻隐之心'之类。"②

当然，朱熹又讲"爱之理，所以为心之德"。他说："心之德即爱之理，非二物也。"③ 据《朱子语类》载：

> 安卿问："'心之德'，以专言；'爱之理'以偏言。"曰："固是。'爱之理'，即是'心之德'，不是'心之德'了，又别有个'爱之理'。偏言、专言，亦不是两个仁。小处也只在大里面。……仁只是一个仁，不是有一个大底仁，其中又有一个小底仁。"④

在朱熹看来，偏言讲仁是"爱之理"，专言讲仁是"心之德"，二者是一致的，"'爱之理'，即是'心之德'"。他还说："仁只是一个，虽是偏言，那许多道理也都在里面；虽是专言，那许多道理也都在里面。"⑤

朱熹特别强调仁是"心之德"，讲仁包"仁义礼智"四德，而贯"恻隐、羞恶、辞让、是非"四端。据《朱子语类》载：

> 或问"仁者心之德，爱之理"。曰："'爱之理'便是'心之德'。公且就气上看。如春夏秋冬，须看他四时界限，又却看春如何包得三时。四时之气，温凉寒热，凉与寒既不能生物，夏气又热，亦非生物之时。惟春气温厚，乃见天地生物之心。到夏是生气之长，秋是生气之敛，冬是生气之藏。若春无生物之意，后面三时都无了。此仁所以包得义礼智也，明道所以言义礼智皆仁也。"⑥

在朱熹看来，仁之所以既是"爱之理"又是"心之德"，是由于仁可以包得义礼智；而仁之所以包得义礼智，正如春包得三时在于春有生物

---

① （宋）黎靖德编：《朱子语类》卷20，第2册，第466页。
② （宋）黎靖德编：《朱子语类》卷20，第2册，第471页。
③ （宋）朱熹：《晦庵先生朱文公文集》卷51《答万正淳》（4），朱杰人等编：《朱子全书》，第22册，第2396页。
④ （宋）黎靖德编：《朱子语类》卷20，第2册，第467页。
⑤ （宋）黎靖德编：《朱子语类》卷6，第1册，第112页。
⑥ （宋）黎靖德编：《朱子语类》卷20，第2册，第467页。

之意。

关于朱熹讲仁之生意,据《朱子语类》"杨方庚寅所闻",朱熹说过:"只从生意上说仁。"① 后来,朱熹《仁说》将乾卦"元亨利贞"四德对应于人之"仁义礼智"四德,并将统"元亨利贞"之"元"对应于包"仁义礼智"之"仁",以"元"之运行而有春夏秋冬之序,对应于"仁"之生发而有仁义礼智之序。由此可知,朱熹以"心之德"言仁,讲仁包"仁义礼智"四德,内涵仁的生发之意。后来,朱熹在解《周易》乾卦"元亨利贞"与"仁义礼智"的关系时,说:

> 元者,乃天地生物之端。《乾》言:"大哉乾元!万物资始。至哉坤元!万物资生。"乃知元者,天地生物之端倪也。元者生意,在亨则生意之长,在利则生意之遂,在贞则生意之成。若言仁,便是这意思。仁本生意,乃恻隐之心也。苟伤着这生意,则恻隐之心便发。若羞恶,也是仁去那义上发;若辞逊,也是仁去那礼上发;若是非,也是仁去那智上发。若不仁之人,安得更有义礼智!②

在这里,朱熹通过讲述"元者生意"以及"元亨利贞"之生的次第,而阐发"仁本生意"以及"仁义礼智"之生的次第。

朱熹晚年还说:"仁,浑沦言,则浑沦都是一个生意,义礼智都是仁。"③ 又说:

> 仁字是个生底意思,通贯周流于四者之中。仁,固仁之本体也;义,则仁之断制也;礼,则仁之节文也;智,则仁之分别也。正如春之生气,贯彻四时,春则生之生也,夏则生之长也,秋则生之收也,冬则生之藏也。故程子谓"四德之元,犹五常之仁,偏言则一事,专言则包四者",正谓此也。④

应当说,朱熹言仁为爱之理,是在心与性情的相互关系上,讲仁为性、为体,爱为发用、为情;而又言仁为心之德,则是讲仁包四德,讲仁

---

① (宋)黎靖德编:《朱子语类》卷6,第1册,第119页。
② (宋)黎靖德编:《朱子语类》卷68,第5册,第1691页。
③ (宋)黎靖德编:《朱子语类》卷6,第1册,第107页。
④ (宋)朱熹:《晦庵先生朱文公文集》卷74《玉山讲义》,朱杰人等编:《朱子全书》,第24册,第3589页。

之生意。

朱熹《论语集注》讲"仁者,爱之理,心之德",同时又提出"仁者,人心之全德"①,"仁者,本心之全德"②。朱熹门人徐寓把"仁者,爱之理,心之德"与"仁者,本心之全德"合而言之,说:"心之德以专言,爱之理以偏言。专言之本则发为偏言之用,偏言之用则合于专言之本,不可以小大本末二之也。自仁道之不明也,人惟拘于气禀、蔽于私欲,则生道有息而天理不行,否隔壅塞,不能贯通。……人能有以体乎仁,必其无一毫之私得以间其生生之体,使之流行贯注,无有不达、无有不遍,然后为能全其心之德、爱之理也。"③对此,朱熹除不同意将"爱之理"以用言,完全赞同所谓"人能有以体乎仁","然后为能全其心之德、爱之理"的说法。换言之,在朱熹看来,无论是讲"仁者,爱之理,心之德",还是讲"仁者,人心之全德",都是强调仁之在心,须求仁于心。朱熹《仁说》解《论语》"仁",指出:

> 其言有曰:"克己复礼为仁。"言能克去己私,复乎天理,则此心之体无不在,而此心之用无不行也。又曰:"居处恭,执事敬,与人忠。"则亦所以存此心也。又曰:"事亲孝,事兄弟,及物恕。"则亦所以行此心也。又曰:"求仁得仁。"则以让国而逃、谏伐而饿为能不失乎此心也。又曰:"杀身成仁。"则以欲甚于生、恶甚于死为能不害乎此心也。此心何心也?在天地则块然生物之心,在人则温然爱人利物之心,包四德而贯四端者也。④

显然,朱熹不仅讲仁之在心、求仁于心,讲仁为性、为体,而且又讲仁发用于爱,讲仁包四德,讲仁之生意,讲爱人利物。由此可见,朱熹所谓"仁",是以人之性为体,发用于爱之情,由内而外不断生发的动态过程,兼性情、体用、仁爱、内外于一体,既不同于汉唐诸儒以爱为仁,又不同于二程门人离爱而言仁,而是"爱之理",同时,仁又具"生意",而包"仁义礼智"四德,贯"恻隐、羞恶、辞让、是非"四端,因而是

---

① (宋)朱熹:《四书章句集注》,第104页。
② (宋)朱熹:《四书章句集注》,第133页。
③ (宋)朱熹:《晦庵先生朱文公文集》卷58《答徐居甫》(1),朱杰人等编:《朱子全书》,第23册,第2788页。
④ (宋)朱熹:《晦庵先生朱文公文集》卷67《仁说》,朱杰人等编:《朱子全书》,第23册,第3280页。

"心之德",是"人心之全德""本心之全德"。

(四) 余论

朱熹言"仁",兼体用、性情、仁爱、内外于一体,又包四德而贯四端,对后世影响很大。稍后的戴侗《六书故》以心言仁,说:"夫人有是身则有是心,有是心则有是德。有是身而疾痛苛痒之弗知者,肌肉不仁也;有是心而仁义礼知之弗身者,其心不仁也。尽其心,践其形,肫肫兮其若赤子之肌,仁义礼智切于心,犹疾痛苛痒之切于身也。然后能诚诸身,能诚诸身然后能人其人,能人其人斯谓之仁矣。夫心生物也,仁生德也;于四时为春,于四德为元,天地之大德也;而人得之以生,故人者天地之心也。天地万物,人之体也;亲疏远迩虽有衰序,疾痛苛痒无不周通也。'亲亲而仁民,仁民而爱物',始于邦家,终于四海者,仁之充也。'己欲立而立人,己欲达而达人。能近取譬者,仁之方也',故曰:'仁者,人也,亲亲为大。'"① 既讲"仁义礼智切于心",又讲"仁之充",讲仁之发用。

明代王阳明并不反对汉唐诸儒以爱为仁,赞同韩愈言"博爱之谓仁",但又有不满,说:"博爱之说,本与周子之旨无大相远。樊迟问仁,子曰:'爱人。'爱字何尝不可谓之仁欤?昔儒看古人言语,亦多有因人重轻之病,正是此等处耳。然爱之本体固可谓之仁,但亦有爱得是与不是者,须爱得是方是爱之本体,方可谓之仁。若只知博爱而不论是与不是,亦便有差处。"② 虽然王阳明讲"爱之本体固可谓之仁",但又强调"须爱得是方是爱之本体,方可谓之仁",认为"爱得是"才是"仁",这实际上就是朱熹所谓"仁者,爱之理"。

清儒之言仁,既有发挥汉唐诸儒以爱为仁者,又有持朱熹的观点,以体用言仁爱,而批评以爱为仁者。

段玉裁《说文解字注》对郑玄注《中庸》"仁者,人也"而言"'人也',读如相人偶之人,以人意相存问之言",作了解释,说:"人耦,犹言尔我亲密之词,独则无耦,耦则相亲,故其字从人、二。"③ 阮元撰《〈论语〉论仁论》,说:"诠解'仁'字,不必烦称远引,但举《曾子·

---

① (宋) 戴侗:《六书故》卷8,中华书局2012年版,第151—152页。
② (明) 王守仁:《与黄勉之》(2),《王阳明全集》卷5,上海古籍出版社2011年版,上册,第217页。
③ (清) 段玉裁:《说文解字注》,第369页。

制言篇》'人之相与也，譬如舟车，然相济达也，人非人不济，马非马不走，水非水不流'。及《中庸篇》'仁者，人也'。郑康成注'读如相人偶之人'。数语足以明之矣。春秋时，孔门所谓仁也者，以此一人与彼一人相人偶而尽其敬礼忠恕等事之谓也。相人偶者，谓人之偶之也。凡仁，必于身所行者验之而始见，亦必有二人而仁乃见，若一人闭户斋居，瞑目静坐，虽有德理在心，终不得指为圣门所谓之仁矣。"①刘宝楠《论语正义》赞同阮元的说法，并且说："'樊迟问仁。子曰：爱人。'此'仁'字本训。《说文》'仁'字从二人，会意，言己与人相亲爱也。"②显然是发挥汉唐诸儒以爱为仁。

方东树《汉学商兑》针对阮元以相人偶言仁，指出："以人偶论仁之用，则可；以人偶论仁之体，则不可。……程子曰'言仁离不得爱'，而便以爱为仁，则不可；'仁者必爱'，指爱为仁，则不可。此语甚明。朱子曰：'仁者，心之德，爱之理。'此六字，发明程子意最详尽。盖程子所谓'爱非仁'，以仁之发而名仁者也，即朱子所谓'爱之理'也。"③至于《礼记·中庸》"仁者，人也，亲亲为大"，郑玄注"'人也'，读如相人偶之人，以人意相存问之言"，方东树说："《中庸》语意，本甚明白。郑氏注'相人偶'，是解下'人'字，非解上'仁'字，若曰此泛言仁者，人之所以为人，犹今世俗所称'相人偶'云尔。郑意为'亲亲'作引，故曰'以人意相存问之言'。语本无病。汉学者获此三字异闻，喜心翻倒，不暇详思，遽以'相人偶'讲仁，是隔一层。"④夏炘则批评阮元《〈论语〉论仁论》，说："郑氏实未尝以'相人偶'训仁也。兹姑不具论，果如此书之说'必有二人而仁乃见'，则'颜子三月不违仁'，是颜子之心三月不违于相人偶矣；'君子无终食之间违仁'，是无终食之间不相人偶也；'造次、颠沛必于是'，是造次、颠沛必相人偶矣；'求仁而得仁'，是求相人偶而即得之；'杀身以成仁'，是杀身以成人偶也。其可通乎？其不可通乎？"⑤朱一新也认为阮元是"误读郑注"，还说："许书古文'仁'作'忈'，又作'𡰥'。制字之初，'忈'本从'心'，安得云'仁'主事不主心？先有'忈'后有'仁'。古文'𡰥'从'尸'，即从'人'之或体形

---

① （清）阮元：《〈论语〉论仁论》，《揅经室集》（1集卷8），中华书局1993年版，第176页。
② （清）刘宝楠：《论语正义》，中华书局1990年版，第7—8页。
③ （清）方东树：《汉学商兑》，上海商务印书馆1937年版，第71—72页。
④ （清）方东树：《汉学商兑》，第72页。
⑤ （清）夏炘：《述朱质疑》卷10《与友人论〈论语论仁论〉书》，《续修四库全书》，第952册，第101页。

近而变。当孔孟时，小篆未兴，但有从'千'从'心'之字，安有从'人'从'二'之字？言仁必以孔、孟为归。《论语》：'其心三月不违仁。'《孟子》：'仁，人心也。'君子以仁存心，皆言心不言事。初未尝以'相人偶'为'仁'也。"① 显然，这些都是对于以相人偶言仁，即以爱为仁的批评。

康有为以孟子"不忍人之心"言"仁"。他的《论语注》说："孔子之言道，曰仁与不仁，盖以不忍人之心，行不忍人之政。推全大地位，万物育，其本亦不过尽己心而为忠，推己心而为恕耳。"② 他还说："不忍人之心，仁也，电也，以太也，人人皆有之，故谓人性皆善。既有此不忍人之心，发之于外即为不忍人之政。若使人无此不忍人之心，圣人亦无此种，即无从生一切仁政。故知一切仁政皆从不忍之心生，为万化之海，为一切根，为一切源。一核而成参天之树，一滴而成大海之水。人道之仁爱，人道之文明，人道之进化，至于太平大同，皆由此出。"③ 又说："不忍人之心，仁心也；不忍人之政，仁政也。虽有内外体用之殊，其为道则一，亦曰仁而已矣。夫仁者，相人偶之谓。……凡人之情，见有同貌同形同声者，必有相爱之心，故《中庸》曰：'仁者人也。'"④ 显然，康有为以内外、体用而言"仁"，与朱熹是一致的。

应当说，孔子言"仁"，与"爱人"有着密切的联系，但又非仅限于"爱人"。孔子称赞颜回"其心三月不违仁"（《论语·雍也》），显然，仁之根本在于心。孟子不仅讲"仁也者，人也"，而且讲"仁，人心也"；还说："仁义礼智，非由外铄我也，我固有之也，弗思耳矣。"（《孟子·告子上》）"君子所性，仁义礼智根于心。"（《孟子·尽心上》）由此可见，孟子对于"仁"的解读，已非仅限于"仁者爱人"，不仅讲仁是人道，而且还讲仁根于心。

现代对于孔子"仁"的解读，虽已非仅限于"爱人"而言，而大都以"全德"或"人道""人格"界定仁，但是，这样的解读，如果只是局限于外在的人与人之间的关系而言，而不是与内在心性统为一体，那么就可能失去仁之根本，这就是孔子所言："人而不仁，如礼何？人而不仁，如乐何？"（《论语·八佾》）如果不是以人的内在心性言仁，那么外在的人与人之间的礼，就会成为无本之木。

---

① （清）朱一新：《无邪堂答问》，中华书局2000年版，第32页。
② （清）康有为：《论语注》，中华书局1984年版，第52页。
③ （清）康有为：《孟子微 礼运注 中庸注》，中华书局1987年版，第9页。
④ （清）康有为：《孟子微 礼运注 中庸注》，第10页。

对于朱熹所言"仁者,爱之理,心之德",胡适说:"朱熹之流,说'仁者无私心而合天理之谓',乃是宋儒的臆说,不是孔子的本意。"① 梁漱溟则引述《易传》"一阴一阳之谓道,继之者善也,成之者性也。仁者见之谓之仁,知者见之谓之知,百姓日用而不知,故君子之道鲜矣",说:"这自然流行日用不知的法则就是'天理',完全听凭直觉,活动自如,他自能不失规矩,就谓之'合天理';于这个之外自己要打量计算,就通通谓之'私心'、'私欲'。……所以朱子以'无私心''合天理'释'仁',原从儒家根本的那形而上学而来,实在大有来历,胡先生不曾懂得,就指为臆说了。"②

近年来,郭店楚简研究发现,战国时期竹简中多次出现从心从身的"㥛"字,而被识读为"仁"字。比如,《六德》:"可(何)胃(谓)六㥛(德)?圣、智也,㥛(仁)、宜(义)也,忠、信也。……父圣,子㥛(仁),夫智,妇信,君宜(义),臣宜(忠)。"③《缁衣》:"上好㥛(仁),则下之为㥛(仁)也争先。"④《性自命出》:"诎(?),宜(义)之方也。宜(义),敬之方也。敬,勿(物)之即也。笃(笃),㥛(仁)之方也。㥛(仁),眚(性)之方也。"⑤ 实际上,东汉许慎《说文解字》解"仁",不仅说"仁,亲也,从人、二",还说:"忎,古文仁,从千、心作。"段玉裁注曰:"从心,千声也。"⑥ 从字形上看,"忎"与"㥛"有关联;孟子所言"仁,人心也"抑或与此相关。

朱熹对"仁"的解读,将孟子所言"仁也者,人也"与"仁,人心也"结合起来,以为"仁者,爱之理,心之德",就纵向而言,仁根于心,由心而发,由内而发用于外,由仁之性而发用于爱之情;就横向而言,仁统摄诸德,涵括"仁义礼智"四德。这一兼性情、体用、仁爱、内外于一体又包四德而贯四端的解读,与孔孟言"仁"是一致的,并非如阮元所说"若一人闭户斋居,瞑目静坐,虽有德理在心,终不得指为圣门所谓之仁"。应当说,朱熹言"仁者,爱之理,心之德",对于评判今天解读孔子的"仁",或只讲"仁"为外在道德,或只讲"仁"为内在心性,而将二者分别开来,仍具有重要的学术价值。

---

① 胡适:《中国哲学史大纲》(卷上),第99页。
② 梁漱溟:《东西文化及其哲学》,《梁漱溟全集》,第1卷,第454—455页。
③ 荆门市博物馆编:《郭店楚墓竹简》,文物出版社1998年版,第187—188页。
④ 荆门市博物馆编:《郭店楚墓竹简》,第129页。
⑤ 荆门市博物馆编:《郭店楚墓竹简》,第180页。马承源主编:《上海博物馆藏战国楚竹书》(1),上海古籍出版社2001年版,第267页。
⑥ (清)段玉裁:《说文解字注》,第369页。

二 "道"："事物当然之理"*

孔子不仅讲"仁"，而且言"道"。据《论语》载，有子曰："君子务本，本立而道生。"子曰："君子食无求饱，居无求安，敏于事而慎于言，就有道而正焉，可谓好学也已。"（《论语·学而》）"朝闻道，夕死可矣。""吾道一以贯之。"（《论语·里仁》）"志于道，据于德，依于仁，游于艺。"（《论语·述而》）朱熹则讲"理"，并以"理"解释"道"。他说："道即理也，以人所共由而言则谓之道，以其各有条理而言则谓之理。"① 或许正是由于朱熹讲"道即理"，现代不少学者把朱熹的"理"等同于孔子的"道"。冯友兰于1934年出版的《中国哲学史》中阐述朱熹哲学，只是讲"理"，并没有对"道"作出专门的论述。这样的架构，对于现代朱子学研究影响很大。

需要指出的是，冯友兰于1939年出版的《新理学》在发挥朱熹理气论的同时，还对朱熹的"道"有所论述，说："《论语》：'子在川上曰：逝者如斯夫，不舍昼夜。'宋儒以为此是孔子见道体之言。朱子注云：'天地之化，往者过，来者续，无一息之停，乃道体之本然也。'宋儒以为孔子即水之流行，而见大用之流行。道体之本然，即是大用之流行。……我们所谓道，本是兼形上形下而言。"② 又认为，一切事物依照《易传》"一阴一阳之谓道"而变化不已，"此即是大化流行，或大用流行，此亦即是道"，还说："《易·系辞》说：'盛德大业，至矣哉。富有之谓大业，日新之谓盛德。'此即所以颂道者。道包罗一切事物，所以谓之富有；道体即是大化流行，所以谓之日新。"③ 1947年出版的李相显《朱子哲学》是

---

* 本章部分内容已以《朱熹〈论语集注〉中的"道"论——兼论"道"与"理"的异同关系》为题发表于《哲学动态》2017年第2期。
① （宋）朱熹：《晦庵先生朱文公文集》卷49《答王子合》（12），朱杰人等编：《朱子全书》，第22册，第2257页。
② 冯友兰：《新理学》，《三松堂全集》，第4卷，第64—65页。
③ 冯友兰：《新理学》，《三松堂全集》，第4卷，第71页。

民国时期最大部头的朱子学研究专著。该书"用以朱解朱的方法,以叙述朱子底哲学"①,以"道"作为朱熹哲学之纲领,第一编便是论"道",分为"道即全"和"道即理"两章;通过阐述"道兼体用""道通天地人"以揭示"道"无所不包,无所不通,论证朱熹的"道即全"思想,同时,通过阐述"道是理气之理""道是性理之理""道是伦理之理"以论证朱熹的"道即理"思想,而且还在讨论朱熹理气论中分别论述了"当然之则"与"所以然之故"。② 同年,唐君毅发表长篇论文《朱子理气关系论疏释》(一名《朱子道德形上学之进路》),以朱熹的"理"是"人心当然之理"为依据,解读朱熹的"理先气后"说,并进一步证明朱熹的"当然之理"即存在之理。该文后来略作删改,作为唐君毅于1973年出版的《中国哲学原论·原道篇》附录二,并更名为《由朱子之言理先气后,论当然之理与存在之理》。③ 冯友兰晚年的《中国哲学史新编》在阐述朱熹哲学时,特别新增了"朱熹易学中的辩证法思想"一节,根据朱熹对《易传》"一阴一阳之谓道"的讨论,对朱熹论"道"及其与"理"的关系作了深入分析。④

应当说,朱熹讲"道即理",并不是要把"道"与"理"混为一谈,只讲"理",而是其中包含了"道"与"理"的区别与统一。而且在他看来,尤其是在《论语集注》中,孔子的"道"并非完全等于"理",而是"事物当然之理";"道"之有"体","道体"即"无一息之停"的变化;"道"兼体用,"道"之本体即是"理","至诚无息者,道之体也"。

(一) 由言"道"而讲"理"

对于孔子既讲"仁"又言"道",孟子曰:"仁也者,人也;合而言之,道也。"(《孟子·尽心下》)以为仁是人道。《中庸》也讲"道":"天命之谓性,率性之谓道,修道之谓教。道也者,不可须臾离也,可离非道也。……喜怒哀乐之未发,谓之中;发而皆中节,谓之和。中也者,天下之大本也;和也者,天下之达道也。"把"道"与人之心性联系在一

---

① 李相显:"《朱子哲学》凡例",《朱子哲学》,北平世界科学社出版部1947年版,第2页。
② 乐爱国:《民国学人李相显〈朱子哲学〉述论》,《南昌大学学报》2013年第3期。
③ 唐君毅:《中国哲学原论·原道篇》(3),《唐君毅全集》,九州出版社2016年版,第21卷,第364页。
④ 乐爱国:《冯友兰晚年朱熹哲学研究的新意》,《南京社会科学》2016年第7期。

起。《中庸》还说:"诚者,天之道也;诚之者,人之道也。""天地之道,可一言而尽也:其为物不贰,则其生物不测。"不仅把天道与人道统一起来,而且还认为"道"在于"诚","诚"则生物而不息。《易传》讲"形而上者谓之道,形而下者谓之器","一阴一阳之谓道"(《易传·系辞上》);又讲"立天之道曰阴与阳,立地之道曰柔与刚,立人之道曰仁与义,兼三才而两之,故《易》六画而成卦"(《易传·说卦》)。

汉唐诸儒言"道",大都就道路、途径而言。据《汉书·董仲舒传》载,汉儒董仲舒说:"道者,所由适于治之路也,仁义礼乐皆其具也。"① 又说:"夫仁谊礼知信五常之道,王者所当修饬也。"② 刘向《说苑》说:"道也者,物之动莫不由道也。"③ 扬雄《法言》说:"道也者,通也,无不通也。"④ 许慎《说文解字》说:"道,所行道也。……一达谓之道。"⑤ 郑玄注《礼记·中庸》"率性之谓道",曰:"率,循也。循性行之,是谓道。"孔颖达疏曰:"率,循也;道者,通物之名。言依循性之所感而行,不令违越,是之曰道。"郑玄又注"道也者,不可须臾离也",曰:"道,犹道路也,出入动作由之,离之恶乎从也?"孔颖达疏曰:"道,犹道路也。道者,开通性命,犹如道路开通于人,人行于道路,不可须臾离也。"⑥ 赵岐注《孟子·告子下》"夫道,若大路然,岂难知哉?人病不求耳",曰:"孟子言尧、舜之道,较然若大路,岂有难知,人苦不肯求耳。"后来《孟子注疏》曰:"夫道若大路,较然易行也,岂为难知者哉?言不难知也,但人病不求之耳。"⑦

魏晋南北朝时期,诸儒言"道",受道家以"无"言道的影响。晋韩康伯注《易传·系辞上》"一阴一阳之谓道",曰:"道者何?无之称也,无不通也,无不由也,况之曰道。寂然天体,不可为象。"孔颖达疏曰:"云'道者何?无之称'者,此韩氏自问其道而释之也。道是虚无之称,以虚无能开通于物,故称之曰道。云'无不通,无不由'者,若处于有,有则为物碍难,不可常通,道既虚无为体,则不为碍难,故曰'无不通'

---

① (汉)班固:《汉书》卷56,第8册,第2499页。
② (汉)班固:《汉书》卷56,第8册,第2505页。
③ (汉)刘向撰,赵善诒疏证:《说苑疏证》,第524页。
④ (汉)扬雄:《法言》卷3《问道篇》,第9页。
⑤ (清)段玉裁:《说文解字注》,第76页。
⑥ (汉)郑玄注,(唐)孔颖达疏:《礼记正义》,(清)阮元校刻:《十三经注疏》,第3册,第3527页。
⑦ (汉)赵岐注,(宋)孙奭疏:《孟子注疏》,(清)阮元校刻:《十三经注疏》,第5册,第5996页。

也；'无不由'者，言万物皆因之而通，由之而有。云'况之曰道'者，比况道路以为称也。"① 魏何晏注《论语》"志于道"，曰："志，慕也。道不可体，故志之而已矣也。" 皇侃疏曰："志者，在心向慕之谓也。道者，通而不壅也。道既是通，通无形相，故人当恒存志之在心，造次不可暂舍离者也。"② 北宋邢昺疏曰："道者，虚通无拥，自然之谓也。……是道不可体，故但志慕而已。"③

北宋张载以"气化"言"道"。他说："由太虚，有天之名；由气化，有道之名。"④ 又说："太和所谓道，中涵浮沉、升降、动静相感之性，是生絪缊、相荡、胜负、屈伸之始。"⑤ 所谓"太和"，即《易·乾·彖》"保合太和，乃利贞"，朱熹注曰："太和，阴阳会合冲和之气也。"⑥ 在张载看来，"道"就是"太和"之气的"浮沉、升降、动静相感"。

二程不赞同张载以"气化"言"道"，指出："子厚以清虚一大名天道，是以器言，非形而上者。"⑦ 程颢说："'形而上者谓之道，形而下者谓之器。'若如或者以清虚一大为天道，则乃以器言而非道也。"⑧ 为此，他说："盖上天之载，无声无臭，其体则谓之易，其理则谓之道，其用则谓之神，其命于人则谓之性。"⑨ 显然是以天之"理"言"道"，而且"道"有体用，"道"之体谓之"易"，"道"之用则谓之神。程颢还说："'生生之谓易'，生生之用则神也。"⑩ 认为"道"为生生不已之道，所谓"'生生之谓易'，是天之所以为道也"⑪。

程颐也明确说："理便是天道也。"⑫ 以"理"言"道"，而且，多就所以然而言。他说："'一阴一阳之谓道'，道非阴阳也，所以一阴一阳道

---

① （魏）王弼、（晋）韩康伯注，（唐）孔颖达疏：《周易正义》，（清）阮元校刻：《十三经注疏》，第1册，第161页。
② （梁）皇侃：《论语义疏》，第156页。
③ （魏）何晏集解，（宋）邢昺疏：《论语注疏》，（清）阮元校刻：《十三经注疏》，第5册，第5390页。
④ （宋）张载：《正蒙·太和篇》，《张载集》，中华书局1978年版，第9页。
⑤ （宋）张载：《正蒙·太和篇》，《张载集》，第7页。
⑥ （宋）朱熹：《周易本义》，朱杰人等编：《朱子全书》，第1册，第90页。
⑦ （宋）杨时、张栻：《河南程氏粹言》卷1，《二程集》，第1174页。
⑧ （宋）程颢、程颐：《河南程氏遗书》卷11，《二程集》，第118页。
⑨ （宋）程颢、程颐：《河南程氏遗书》卷1，《二程集》，第4页。
⑩ （宋）程颢、程颐：《河南程氏遗书》卷11，《二程集》，第128页。
⑪ （宋）程颢、程颐：《河南程氏遗书》卷2上，《二程集》，第29页。
⑫ （宋）程颢、程颐：《河南程氏遗书》卷22上，《二程集》，第290页。

二 "道"："事物当然之理"   39

也。"① 又说："圣人之道，更无精粗，从洒扫应对至精义入神，通贯只一理。虽洒扫应对，只看所以然者如何。"② "物理须是要穷。若言天地之所以高深，鬼神之所以幽显。若只言天只是高，地只是深，只是已辞，更有甚？"③ "物我一理，才明彼即晓此，合内外之道也。语其大，至天地之高厚；语其小，至一物之所以然，学者皆当理会。"④ 同时，程颐也讲"生生之理"。他说："近取诸身，百理皆具。屈伸往来之义，只于鼻息之间见之。屈伸往来只是理，不必将既屈之气，复为方伸之气。生生之理，自然不息。如《复》言'七日来复'，其间元不断续，阳已复生，物极必返，其理须如此。有生便有死，有始便有终。"⑤

朱熹早年问学于李侗，据《延平答问》载，李侗曾向朱熹说过："所谓道者，是犹可以通行者也。"⑥ 还说："'太极动而生阳'，至理之源，只是动静阖辟。至于终万物、始万物，亦只是此理一贯也。到得二气交感，化生万物时，又就人物上推，亦只是此理。"⑦ 壬午时（1162年），朱熹说："天地生物，本乎一源，人与禽兽草木之生，莫不具有此理。其一体之中，即无丝毫欠剩，其一气之运，亦无顷刻停息，所谓仁也。"⑧ 宋乾道二年（1166年），朱熹写成《杂学辨》，其中说道："一阴一阳，往来不息，举道之全体而言，莫著于此者矣。……阴阳之端，动静之机而已。动极而静，静极而动，故阴中有阳，阳中有阴，未有独立而孤居者，此一阴一阳所以为道也。"⑨ 又说："天命之谓性，言性之所以名乃天之所赋、人之所受义理之本原。""率性之谓道，言道之所以得名者如此。盖曰各循其性之本然，即所谓道尔。"⑩ 乾道九午（1173年），朱熹写成《太极图说解》，其中说道：

上天之载，无声无臭，而实造化之枢纽、品汇之根柢也。……太

---

① （宋）程颢、程颐：《河南程氏遗书》卷3，《二程集》，第67页。
② （宋）程颢、程颐：《河南程氏遗书》卷15，《二程集》，第152页。
③ （宋）程颢、程颐：《河南程氏遗书》卷15，《二程集》，第157页。
④ （宋）程颢、程颐：《河南程氏遗书》卷18，《二程集》，第193页。
⑤ （宋）程颢、程颐：《河南程氏遗书》卷15，《二程集》，第167页。
⑥ （宋）朱熹：《延平答问》，朱杰人等编：《朱子全书》，第13册，第310页。
⑦ （宋）朱熹：《延平答问》，朱杰人等编：《朱子全书》，第13册，第329页。
⑧ （宋）朱熹：《延平答问》，朱杰人等编：《朱子全书》，第13册，第335页。
⑨ （宋）朱熹：《晦庵先生朱文公文集》卷72《杂学辨》，朱杰人等编：《朱子全书》，第24册，第3465页。
⑩ （宋）朱熹：《晦庵先生朱文公文集》卷72《杂学辨》，朱杰人等编：《朱子全书》，第24册，第3474、3475页。

极之有动静,是天命之流行也,所谓"一阴一阳之谓道"。……盖太极者,本然之妙也;动静者,所乘之机也。太极,形而上之道也;阴阳,形而下之器也。是以自其著者而观之,则动静不同时、阴阳不同位,而太极无不在焉。自其微者而观之,则冲漠无朕,而动静阴阳之理已悉具于其中矣。①

同一时期,朱熹写成的《通书注》说:"阴阳,气也,形而下者也;所以一阴一阳者,理也,形而上者也。道,即理之谓也。"②据《朱子语类》"金去伪乙未(1175年)所闻",问"一阴一阳之谓道"。曰:"一阴一阳,此是天地之理。"③ 显然,朱熹已经将"一阴一阳之谓道"以"理"言之。朱熹于淳熙四年(1177年)完成的《论语集注》和《论语或问》,更是对"理"作了深入分析,以"当然之理"言孔子之"道"。

(二)"道者,事物当然之理"

如前所述,朱熹《杂学辨》以《中庸》"天命之谓性"讲"理",以"率性之谓道"讲"道";同时又说:"伊川先生尝言:'凡一物上有一理,物之微者亦有理。'又曰:'大而天地之所以高厚,小而一物之所以然,学者皆当理会。'……程子之为是言也,特以明夫理之所在,无间于大小精粗而已。"④ 又说:"伊川之说,正谓物各有理,事至物来,随其理而应之,则事事物物无不各得其理之所当然者。"⑤ 在这里,朱熹一方面按照程颐所说,就"物之所以然"而言"理",另一方面又发挥程颐所说,认为事事物物"随其理而应之","得其理之所当然者"。朱熹还在淳熙初年(1174年前后)的《答江德功》中说道:

夫"天生烝民,有物有则",物者形也,则者理也,形者所谓形

---

① (宋)朱熹:《太极图说解》,朱杰人等编:《朱子全书》,第13册,第72—73页。
② (宋)朱熹:《通书注》,朱杰人等编:《朱子全书》,第13册,第98页。
③ (宋)黎靖德编:《朱子语类》卷74,第5册,第1897页。
④ (宋)朱熹:《晦庵先生朱文公文集》卷72《杂学辨》,朱杰人等编:《朱子全书》,第24册,第3493页。
⑤ (宋)朱熹:《晦庵先生朱文公文集》卷72《杂学辨》,朱杰人等编:《朱子全书》,第24册,第3494页。

而下者也,理者所谓形而上者也。人之生也固不能无是物矣,而不明其物之理,则无以顺性命之正而处事物之当,故必即是物以求之。……人莫不与物接,但或徒接而不求其理,或粗求而不究其极,是以虽与物接而不能知其理之所以然与其所当然也。①

显然,此时朱熹已经就所以然与所当然而言"理"。在后来的《论语集注》中,朱熹则明确讲"道者,事物当然之理",就当然之理言"道"。

对于孔子言"就有道而正焉,可谓好学也已",朱熹《论语集注》曰:"凡言道者,皆谓事物当然之理,人之所共由者也。"② 对于孔子曰"朝闻道,夕死可矣",朱熹注曰:"道者,事物当然之理。苟得闻之,则生顺死安,无复遗恨矣。"③《论语或问》还作了进一步解读:"吾之所谓道者,君臣、父子、夫妇、昆弟、朋友当然之实理也。……人事当然之实理,乃人之所以为人而不可以不闻者,故朝闻之而夕死,亦可以无憾。"④ 对于孔子言"志于道",朱熹注曰:"志者,心之所之之谓。道,则人伦日用之间所当行者是也。"⑤ 他还说:"'志于道',不是只守个空底见解。须是至诚恳恻,念念不忘。所谓道者,只是日用当然之理。事亲必要孝,事君必要忠,以至事兄而弟,与朋友交而信,皆是道也。"⑥ 显然,朱熹讲"道",是就事物的当然之理而言,且较多讲"人事当然之实理"。

朱熹《论语集注》除了讲当然之理,还就所以然言"理"。对于孔子言"五十而知天命",朱熹《论语集注》曰:"天命,即天道之流行而赋于物者,乃事物所以当然之故也。"⑦ 这里既讲事物当然之理,又进一步讲事物之所以当然之故。对于孔子言"民可使由之,不可使知之",朱熹注曰:"民可使之由于是理之当然,而不能使之知其所以然也。"⑧ 显然,在朱熹看来,理之当然与所以然是有所区别的。

关于当然之理与所以然之理,朱熹《大学或问》说:"至于天下之物,

---

① (宋)朱熹:《晦庵先生朱文公文集》卷44《答江德功》(2),朱杰人等编:《朱子全书》,第22册,第2037—2038页。
② (宋)朱熹:《四书章句集注》,第52页。
③ (宋)朱熹:《四书章句集注》,第71页。
④ (宋)朱熹:《四书或问》,朱杰人等编:《朱子全书》,第6册,第684页。
⑤ (宋)朱熹:《四书章句集注》,第94页。
⑥ (宋)黎靖德编:《朱子语类》卷34,第3册,第863页。
⑦ (宋)朱熹:《四书章句集注》,第54页。
⑧ (宋)朱熹:《四书章句集注》,第105页。

则必各有所以然之故，与其所当然之则，所谓理也。"① 可见，朱熹的"理"包含"所以然之故"和"所当然之则"两个方面："所以然之故"即所以然之理，"所当然之则"即当然之理。朱熹《大学或问》又说：

> 天道流行，造化发育，凡有声色貌象而盈于天地之间者，皆物也。既有是物，则其所以为是物者，莫不各有当然之则，而自不容已，是皆得于天之所赋，而非人之所能为也。今且以其至切而近者言之，……是皆必有当然之则，而自不容已，所谓理也。……若其用力之方，则或考之事为之著，或察之念虑之微，或求之文字之中，或索之讲论之际，使于身心性情之德，人伦日用之常，以至天地鬼神之变，鸟兽草木之宜，自其一物之中，莫不有以见其所当然而不容已，与其所以然而不可易者。②

由此可见，在朱熹那里，"当然之理"与"所以然之理"一样，均为天地万事万物所固有，并非仅限于道德领域，而且往往与"不容已"联系在一起，"是皆得于天之所赋，而非人之所能为"，即所谓"当然而不容已"。

关于"不容已"，据《朱子语类》载：

> 问："《或问》云：'天地鬼神之变，鸟兽草木之宜，莫不有以见其所当然而不容已。'所谓'不容已'，是如何？"曰："春生了便秋杀，他住不得。阴极了，阳便生。如人在背后，只管来相趱，如何住得！"（寓录云："春生秋杀，阳开阴闭，趱来趱去，自住不得。"）
>
> 或问："理之不容已者如何？"曰："理之所当为者，自不容已。孟子最发明此处。如曰：'孩提之童，无不知爱其亲，及其长也，无不知敬其兄。'自是有住不得处。"③

在朱熹看来，"春生了便秋杀"，"阴极了，阳便生"，都有其当然之理，而且"住不得"，有其必然性。这就是朱熹所谓"理之所当然，而人心之不能已者"④，即"所当然而不容已"。又据《朱子语类》载，广曰：

---

① （宋）朱熹：《四书或问》，朱杰人等编：《朱子全书》，第6册，第512页。
② （宋）朱熹：《四书或问》，朱杰人等编：《朱子全书》，第6册，第526—528页。
③ （宋）黎靖德编：《朱子语类》卷18，第2册，第413—414页。
④ （宋）朱熹：《晦庵先生朱文公文集》卷44《答江德功》（2），朱杰人等编：《朱子全书》，第22册，第2039页。

"'所以然而不可易者',是指理而言;'所当然而不容已'者,是指人心而言。"曰:"下句只是指事而言,凡事固有'所当然而不容已'者,然又当求其所以然者何故。"① 显然,在朱熹那里,当然之理只是就事的必然性而言,并非指人心而言,非人的主观所为。

至于什么是当然之理?朱熹曾说:"如人见赤子入井,皆有怵惕、恻隐之心,此其事'所当然而不容已'者也。"② 对此,朱熹门人陈淳认为"理有能然,有必然,有当然,有自然处",并且说:"……又如赤子入井,则合当为之恻隐。盖人与人类,其待之理当如此,而不容以不如此也。不然,则是为悖天理而非人类矣。此当然处也。当然亦有二:一就合做底事上直言其大义如此,如入井当恻隐,与夫为父当慈,为子当孝之类是也;一泛就事中又细拣别其是是非非,当做与不当做处。……当然者,正就事而直言其理。"对此,朱熹说:"此意甚备。"③ 由此可见,在朱熹那里,所谓当然之理,是指事物本身所固有的"合当"性,即合理性,正如陈淳所说:"只是事物上正当合做处便是'当然'。"④ "'当然'是就目今直看其合当如此。"⑤ 而所谓"所当然而不容已",不仅是就合理性而言,而且其中的"不容已"是就必然性而言,所以,朱熹所谓当然之理,是合理性与必然性的统一。

在朱熹看来,事物的当然之理和所以然之理分属于两个不同层面。据《朱子语类》载:

> 问:"《或问》,物有当然之则,亦必有所以然之故,如何?"曰:"如事亲当孝,事兄当弟之类,便是当然之则。然事亲如何却须要孝,从兄如何却须要弟,此即所以然之故。如程子云:'天所以高,地所以厚。'若只言天之高,地之厚,则不是论其所以然矣。"⑥

朱熹认为,"事亲当孝,事兄当弟","天之高,地之厚",是当然之理;"事亲如何却须要孝,从兄如何却须要弟","天所以高,地所以厚",

---

① (宋)黎靖德编:《朱子语类》卷18,第2册,第414页。
② (宋)黎靖德编:《朱子语类》卷18,第2册,第414页。
③ (宋)朱熹:《晦庵先生朱文公文集》卷57《答陈安卿》(3),朱杰人等编:《朱子全书》,第23册,第2737页。
④ (宋)陈淳:《北溪字义》,中华书局1983年版,第42页。
⑤ (宋)陈淳:《北溪大全集》卷40《答陈伯澡问大学》,《景印文渊阁四库全书》,第1168册,第825页。
⑥ (宋)黎靖德编:《朱子语类》卷18,第2册,第414页。

是所以然之理。朱熹还说：

> 凡事固有"所当然而不容已"者，然又当求其所以然者何故。其所以然者，理也。理如此，固不可易。又如人见赤子入井，皆有怵惕、恻隐之心，此其事"所当然而不容已"者也。然其所以如此者何故，必有个道理之不可易者。……以至于天地间造化，固是阳长则生，阴消则死，然其所以然者是如何？又如天下万事，一事各有一理，须是一一理会教彻。不成只说道："天，吾知其高而已；地，吾知其深而已；万物万事，吾知其为万物万事而已！"①

在朱熹看来，"人见赤子入井，皆有怵惕、恻隐之心"，"阳长则生，阴消则死"，乃至天之高，地之深，都是当然之理；而比当然之理更上面一层的是"其所以然者"，即所以然之理。据《朱子语类》载，郭兄问"莫不有以知夫所以然之故，与其所当然之则"。曰："所以然之故，即是更上面一层。"②又据《朱子语类》载，广曰："大至于阴阳造化，皆是'所当然而不容已'者。所谓太极，则是'所以然而不可易者'。"曰："固是。人须是自向里入深去理会。"③在朱熹看来，当然之理只是"指事而言"，就阴阳消长化生万物而言；所以然之理是"指理而言"，就太极而言。所以，朱熹又说："天下万物，当然之则，便是理；所以然底，便是原头处。"④

就即物穷理而言，朱熹认为，既要知得当然之理，又要进一步知得其之所以"当然"的"所以然之故"。他说："天下事物之理，皆有所谓善，要当明其当然，而识其所以然，使吾心晓然真知善之为善，而不可不为。"⑤因此，"知事物之当然者，只是某事知得是如此，某事知得是如此。到知其所以然，则又上面见得一截"⑥。

朱熹所谓"理"，虽然不只是"指事而言"的当然之理，还有更深层次"指理而言"的所以然之理，但是，讲所以然之理，是为了明了当然之理，是为当然之理建立之所以"当然"的根本依据，因此，朱熹往往更为

---

① （宋）黎靖德编：《朱子语类》卷18，第2册，第414—415页。
② （宋）黎靖德编：《朱子语类》卷17，第2册，第383页。
③ （宋）黎靖德编：《朱子语类》卷18，第2册，第415页。
④ （宋）黎靖德编：《朱子语类》卷117，第7册，第2825页。
⑤ （宋）朱熹：《四书或问》，朱杰人等编：《朱子全书》，第6册，第955页。
⑥ （宋）黎靖德编：《朱子语类》卷23，第2册，第555—556页。

二 "道"："事物当然之理"　　45

重视当然之理。他说："圣人千言万语,只是说个当然之理。"① 他还说："'天生蒸民,有物有则。'……莫不各有当然之则。所谓穷理者,穷此而已。"② 又说："《大学》所谓格物致知,乃是即事物上穷得本来自然当然之理,而本心知觉之体光明洞达、无所不照耳。"③ 朱熹门人陈淳《北溪字义》释"理"曰："只是事物上一个当然之则便是理。'则'是准则、法则,有个确定不易底意。只是事物上正当合做处便是'当然',即这恰好,无过些,亦无不及些,便是'则'。……古人格物穷理,要就事物上穷个当然之则,亦不过只是穷到那合做处、恰好处而已。"④ 朱熹六十二岁时,陈淳来书曰："当然者,正就事而直言其理;……所以《大学章句》、《或问》论难处,惟专以当然不容已者为言,亦此意。"对此,朱熹《答陈安卿》曰："此意甚备。《大学》本亦更有'所以然'一句,后来看得且要见得所当然是要切处,若果得不容已处,即自可默会矣。"⑤ 在朱熹看来,当然之理是"就事而直言其理",是就事物的理所当然而言,而且,当然之理是"要切处",明白了当然之理,就能体会出所以然之理。

由此可以看出,在朱熹那里,"道者,事物当然之理","理"有"当然之理"与"所以然之理"两个不同层面,因此,"道"即当然之理"指事而言",而不同于所以然之理"指理而言";"理"不只是所以然之理,也不只是"道",而是包含了当然之理,即包含了"道"在内;同时,"道"虽只是"指事而言",但不等于事,而是包含了所以然之理。也就是说,在朱熹那里,"道"与"理"是两个不可完全等同、不可互换但又相互联系、相互包含的概念。

朱熹不仅在《论语集注》中讲"道者,事物当然之理",而且在《中庸章句》阐述"道"时,也多把"道"诠释为当然之理。对于《中庸》"率性之谓道",朱熹注曰："道,犹路也。人、物各循其性之自然,则其日用事物之间,莫不各有当行之路,是则所谓道也。"⑥ 把"道"解读为日用事物的"当行之路"。又注"道也者,不可须臾离也",曰："道者,日用事物当行之理,皆性之德而具于心,无物不有,无时不然,所以不可

---
① （宋）黎靖德编：《朱子语类》卷11,第1册,第187页。
② （宋）黎靖德编：《朱子语类》卷59,第4册,第1382页。
③ （宋）朱熹：《晦庵先生朱文公文集》卷50《答潘文叔》（1）,朱杰人等编：《朱子全书》,第22册,第2290页。
④ （宋）陈淳：《北溪字义》,第42页。
⑤ （宋）朱熹：《晦庵先生朱文公文集》卷57《答陈安卿》（3）,朱杰人等编：《朱子全书》,第23册,第2737页。
⑥ （宋）朱熹：《四书章句集注》,第17页。

须臾离也。"① 把"道"解读为日用事物的"当行之理"。这与朱熹《论语集注》对"道"的诠释完全一致。后来，陈淳著《北溪字义》，指出："道之大纲，只是日用间人伦事物所当行之理。……道之得名，须就人所通行处说，只是日用人事所当然之理，古今所共由底路，所以名之曰道。"② 可见，陈淳对"道"的界定，与朱熹是一致的。

（三）"逝者如斯夫"言道体

据《论语·子罕》载，子在川上曰："逝者如斯夫，不舍昼夜。"对此，历代有不同解读。魏何晏引汉包咸注曰："逝，往也。言凡往也者如川之流。"③ 南北朝皇侃《论语义疏》疏曰："孔子在川水之上，见川流迅迈，未尝停止，故叹人年往去，亦复如此。向我非今我，故云'逝者如斯夫'也。……孙绰云：'川流不舍，年逝不停，时已晏矣，而道犹不兴，所以忧叹也。'"④ 北宋邢昺《论语注疏》疏曰："此章记孔子感叹时事既往，不可追复也。逝，往也。夫子因在川水之上，见川水之流迅速，且不可追复，故感之而兴叹，言凡时事往者，如此川之流夫，不以昼夜而有舍止也。"⑤ 程颢不赞同此类解读，指出："子在川上，曰：'逝者如斯夫！不舍昼夜。'自汉以来儒者，皆不识此义，此见圣人之心纯亦不已也。"⑥ 程颐则说："'子在川上，曰逝者如斯夫'，言道之体如此，这里须是自见得。"⑦ 这里所谓"道之体"，即指"道体"。

朱熹很早就有道体思想。绍兴二十九年（1159 年），朱熹三十岁，校定二程门人谢良佐《上蔡语录》，其中载谢良佐对《中庸》"《诗》云：'鸢飞戾天，鱼跃于渊。'言其上下察也"的解读："'鸢飞戾天，鱼跃于渊'，无些私意。'上下察'以明道体无所不在，非指鸢鱼而言也。"⑧ 后

---

① （宋）朱熹：《四书章句集注》，第 17 页。
② （宋）陈淳：《北溪字义》，第 38 页。
③ 皇侃《论语义疏》引为郑玄注，邢昺《论语注疏》引为包咸注。
④ （梁）皇侃：《论语义疏》，第 224 页。
⑤ （魏）何晏集解，（宋）邢昺疏：《论语注疏》，（清）阮元校刻：《十三经注疏》，第 5 册，第 5410 页。
⑥ （宋）程颢、程颐：《河南程氏遗书》卷 14，《二程集》，第 141 页。
⑦ （宋）程颢、程颐：《河南程氏遗书》卷 19，《二程集》，第 251 页。
⑧ （宋）谢良佐：《上蔡语录》，朱杰人等编：《朱子全书外编》，第 3 册，第 29 页。

来，朱熹《杂学辨》也说："《中庸》引此诗以发明道体之无所不在。"①还说："道、器之名虽异，然其实一物也"；"道、器一也，示人以器，则道在其中"。② 淳熙元年（1174年），朱熹《答廖子晦》说："鸢飞鱼跃，道体无乎不在。当勿忘勿助之间，天理流行正如是尔。"③ 既讲道体无乎不在，又讲道体如天理流行。据《朱子语类》"金去伪乙未（1175年）所闻"，朱熹说："鸢飞鱼跃，道体随处发见。谓道体发见者，犹是人见得如此，若鸢鱼初不自知。察，只是著。天地明察，亦是著也。"④

淳熙三年（1176年），朱熹作《记疑》，其中就孔子曰"逝者如斯夫"而言："愚谓川上之叹，圣人有感于道体之无穷，而语之以勉人，使汲汲于进学耳。然先儒不明其所感之意，故程子特发明之，而不暇及乎其他。传者不深考，遂以圣人此言专为指示道体而发，则已误矣。"⑤ 此后完成的《论语集注》，更是对道体作了系统的阐述。

对于孔子所言"逝者如斯夫！不舍昼夜"，朱熹《论语集注》曰：

> 天地之化，往者过，来者续，无一息之停，乃道体之本然也。然其可指而易见者，莫如川流。故于此发以示人，欲学者时时省察，而无毫发之间断也。程子曰："此道体也。天运而不已，日往则月来，寒往则暑来，水流而不息，物生而不穷，皆与道为体，运乎昼夜，未尝已也。"⑥

这里包含三层意思：

第一，"道体"之"体"只是"道"之"骨子"。朱熹认为，"道"为形而上者，而无形体，所谓"道体"之"体"，"是体质之'体'，犹言骨子也"⑦。据《朱子语类》载，朱熹门人李方子问："'子在川上'注，

---

① （宋）朱熹：《晦庵先生朱文公文集》卷72《杂学辨》，朱杰人等编：《朱子全书》，第24册，第3478页。
② （宋）朱熹：《晦庵先生朱文公文集》卷72《杂学辨》，朱杰人等编：《朱子全书》，第24册，第3469、3470页。
③ （宋）朱熹：《晦庵先生朱文公文集》卷45《答廖子晦》（1），朱杰人等编：《朱子全书》，第22册，第2079页。
④ （宋）黎靖德编：《朱子语类》卷63，第4册，第1534页。
⑤ （宋）朱熹：《晦庵先生朱文公文集》卷70《记疑》，朱杰人等编：《朱子全书》，第23册，第3401页。
⑥ （宋）朱熹：《四书章句集注》，第113—114页。
⑦ （宋）黎靖德编：《朱子语类》卷95，第6册，第2422页。

'体'字是'体用'之'体'否？"曰："只是这个'体道'之'体'，只是道之骨子。"① 朱熹还认为，"道体"之"体"，"说得来较阔，连本末精粗都包在里面"②。显然，在朱熹看来，"道体"包含了"道"的"本末精粗"，即包含了"体用"，所以，"道体"之"体"，并非"体用"之"体"，而"体用"之"体"，只是就"道"的本体而言。

第二，"日往则月来，寒往则暑来，水流而不息，物生而不穷"是"与道为体"，由"与道为体"而可见得"道体"。在程颐看来，孔子讲"逝者如斯夫！不舍昼夜"，是就"道体"而言，而自然界具体事物有规律的千变万化，比如"日往则月来，寒往则暑来，水流而不息，物生而不穷"，是"与道为体"。关于"与道为体"，朱熹说："'与道为体'，是与那道为体。道不可见，因从那上流出来。若无许多物事，又如何见得道？便是许多物事与那道为体。水之流而不息，最易见者。如水之流而不息，便见得道体之自然。"③ 也就是说，"与道为体"即是"道"的载体；"道"不可见，但表现在"与道为体"的具体事物中。据《朱子语类》载，问："伊川曰'此道体也。天运而不已'，至'皆与道为体'，如何？"曰："'形而上者谓之道，形而下者谓之器'，道本无体。此四者，非道之体也，但因此则可以见道之体耳。那'无声无臭'便是道。但寻从那'无声无臭'处去，如何见得道？因有此四者，方见得那'无声无臭'底，所以说'与道为体'。"④ 徐问："程子曰'日往则月来'，至'皆与道为体'，何谓也？"曰："日月寒暑等不是道。（寓录云：'日往月来，寒往暑来，水流不息，物生不穷不是道。'）然无这道，便也无这个了。惟有这道，方始有这个。既有这个，则就上面便可见得道。这个是与道做骨子。"⑤ 也就是说，"日往则月来，寒往则暑来，水流而不息，物生而不穷"，这四者并不是"道"，而是"与道为体"，即可以由这四者而见得"道体"。

第三，"天地之化，往者过，来者续，无一息之停，乃道体之本然"。也就是说，具体事物的有规律的变化，是"与道为体"，而这有规律的"无一息之停"的变化本身，即是"道体之本然"。或者说，"日往则月来，寒往则暑来，水流而不息，物生而不穷"，这四者的变化本身，"乃道体之本然"。对于《易传》所言"一阴一阳之谓道"，朱熹解释说："阴阳

---

① （宋）黎靖德编：《朱子语类》卷36，第3册，第975页。
② （宋）黎靖德编：《朱子语类》卷36，第3册，第975页。
③ （宋）黎靖德编：《朱子语类》卷36，第3册，第975页。
④ （宋）黎靖德编：《朱子语类》卷36，第3册，第975—976页。
⑤ （宋）黎靖德编：《朱子语类》卷36，第3册，第976页。

非道也，一阴又一阳，循环不已，乃道也。只说'一阴一阳'，便见得阴阳往来循环不已之意，此理即道也。"① 也就是说，阴阳之气并不是道，阴阳之气合规律地循环不已，此为道。这与朱熹《论语集注》所谓"无一息之停，乃道体之本然"是一致的。

除了在《论语集注》中以解读"逝者如斯夫"讲"道体"，如前所述，朱熹在解读《中庸》所谓"'鸢飞戾天，鱼跃于渊。'言其上下察也"时，也论及"道体"。他还说："'其上下察也'，'其'者指道体而言，'察'者昭著之义，言道体之流行发见昭著如此也。"② 据《朱子语类》载，问"鸢飞鱼跃"之说。曰："盖是分明见得道体随时发见处。察者，著也，非'察察'之'察'。（去伪录作：'非审察之"察"。'）《诗》中之意，本不为此。《中庸》只是借此两句形容道体。"③

此外，朱熹在解读程颢所谓"盖上天之载，无声无臭，其体则谓之易，其理则谓之道，其用则谓之神，其命于人则谓之性"④ 时，也论及"道体"。据《朱子语类》载：

> 贺孙问："'其体则谓之易'，体是如何？"曰："体不是'体用'之'体'，恰似说'体质'之'体'，犹云'其质则谓之易'。"⑤
>
> 问："'"上天之载，无声无臭"，其体则谓之易'，如何看'体'字？"曰："体，是体质之'体'，犹言骨子也。易者，阴阳错综，交换代易之谓，如寒暑昼夜，阖辟往来。天地之间，阴阳交错，而实理流行，盖与道为体也。寒暑昼夜，阖辟往来，而实理于是流行其间，非此则实理无所顿放。……故曰'其体则谓之易'，言易为此理之体质也。""程子解'逝者如斯，不舍昼夜'曰：'此道体也。天运而不已，日往则月来，寒往则暑来，水流而不息，物生而不穷，皆与道为体。'《集注》曰：'天地之化，往者过，来者续，无一息之停，乃道体之本然也。'即是此意。"⑥

---

① （宋）黎靖德编：《朱子语类》卷74，第5册，第1896页。
② （宋）朱熹：《晦庵先生朱文公文集》卷49《答王子合》（7），朱杰人等编：《朱子全书》，第22册，第2251页。
③ （宋）黎靖德编：《朱子语类》卷63，第4册，第1534页。
④ （宋）程颢、程颐：《河南程氏遗书》卷1，《二程集》，第4页。
⑤ （宋）黎靖德编：《朱子语类》卷5，第1册，第84页。
⑥ （宋）黎靖德编：《朱子语类》卷95，第6册，第2422页。

在这里，朱熹既讲"道体"之"体"如体质之"体"，又讲"道体"在于"阴阳错综，交换代易"，在于"天运而不已"，在于"物生而不穷"，而且还明确认为，二程以及《论语集注》诠释"逝者如斯，不舍昼夜"而对于"道体"的论述，即是"其体则谓之易"的意思。

在朱熹那里，"理"与"道"都是形而上者，所谓"天地之间，有理有气。理也者，形而上之道也，生物之本也；气也者，形而下之器也，生物之具也"①。而且，朱熹既讲"理即道"又讲"道即理"。但是，就"道"之有"体"、"道体"即"无一息之停"的变化而言，"道"与"理"并不完全相同。

（四）"吾道一以贯之"言道之体用

朱熹言体用，来自程颐所言"体用一源，显微无间"②。绍兴三十二年（1162年），朱熹撰《壬午应诏封事》，以为学者当先务《大学》，"然后知体用之一原、显微之无间，而独得乎尧、舜、禹、汤、文、武、周公、孔子之所传"③。隆兴二年（1164年），朱熹《答李伯谏》认为，孟子所言"仁之实，事亲是也"，《论语》所言"孝弟也者，其为仁之本与"，"此体用所以一源，而显微所以无间也"④。朱熹《杂学辨》说："道者，仁义礼乐之总名，而仁义礼乐皆道之体用也。"⑤ 关于朱熹论体用关系，钱穆《朱子新学案》有"朱子论体用"⑥，涉及道兼体用、体用无定、体用一源等；陈荣捷《朱子新探索》有"朱子言体用"⑦，讨论了体用有别、体用不离、体用一源、自有体用、体用无定、同体异用等。

朱熹《论语集注》讲"道"，除了讲"道者，事物当然之理"，讲

---

① （宋）朱熹：《晦庵先生朱文公文集》卷58《答黄道夫》（1），朱杰人等编：《朱子全书》，第23册，第2755页。
② （宋）程颐：《周易程氏传·序》，《二程集》，第689页。
③ （宋）朱熹：《晦庵先生朱文公文集》卷11《壬午应诏封事》，朱杰人等编：《朱子全书》，第20册，第573页。
④ （宋）朱熹：《晦庵先生朱文公文集》卷43《答李伯谏》（1），朱杰人等编：《朱子全书》，第22册，第1953页。
⑤ （宋）朱熹：《晦庵先生朱文公文集》卷72《杂学辨》，朱杰人等编：《朱子全书》，第24册，第3470页。
⑥ 钱穆：《朱子新学案》，第1册，第469—481页。
⑦ 陈荣捷：《朱子新探索》，华东师范大学出版社2007年版，第179—185页。

"道体",还讲"道"之体用。朱熹注《论语·学而》"礼之用,和为贵",说:"盖礼之为体虽严,然皆出于自然之理,故其为用,必从容而不迫,乃为可贵。"并引范祖禹所说"凡礼之体主于敬,而其用则以和为贵"。① 又注《论语·里仁》"吾道一以贯之","夫子之道,忠恕而已矣",说:"盖至诚无息者,道之体也,万殊之所以一本也;万物各得其所者,道之用也,一本之所以万殊也。以此观之,一以贯之之实可见矣。"② 在朱熹看来,孔子所谓"吾道一以贯之"讲的是"道"之体用在于"一本万殊"。朱熹还说:"一者,忠也;以贯之者,恕也。体一而用殊。"③

除了在《论语集注》中讲"道"之体用,朱熹还在《中庸章句》中作了较多讨论。《中庸》讲"中"为"天下之大本","和"为"天下之达道",对此,朱熹注曰:"大本者,天命之性,天下之理皆由此出,道之体也。达道者,循性之谓,天下古今之所共由,道之用也。"④ 这里既讲"道之体",又讲"道之用",且认为"理"是"道"之本体。《中庸》讲"君子之道费而隐",朱熹注曰:"费,用之广也。隐,体之微也。"⑤ 还说:"道者,兼体、用,该费、隐而言也。"⑥ 也就是说,"隐"是就"道之体"而言,"费"是就"道之用"而言。关于"道"之体用、费隐,朱熹还说:"君子之道,近自夫妇居室之间,远而至于圣人天地之所不能尽,其大无外,其小无内,可谓费矣。然其理之所以然,则隐而莫之见也。"⑦

问题是,朱熹在解读《中庸》所谓"'鸢飞戾天,鱼跃于渊。'言其上下察也"时,认为"其"指道体而言,"鸢飞戾天,鱼跃于渊"是形容道体的流行发见,但又注曰:"化育流行,上下昭著,莫非此理之用,所谓费也。然其所以然者,则非见闻所及,所谓隐也。"⑧ 也就是说,道体的流行发见,是就"理之用"而言;其所以然者,为"隐",为"道之体"。可见,在朱熹那里,道体是就道之体用而言,并非只是"道"之本体,因而不等于理。

朱熹讲体用,较多地讲体用不可分离。他说:

---

① (宋)朱熹:《四书章句集注》,第31—32页。
② (宋)朱熹:《四书章句集注》,第72页。
③ (宋)黎靖德编:《朱子语类》卷27,第2册,第670页。
④ (宋)朱熹:《四书章句集注》,第18页。
⑤ (宋)朱熹:《四书章句集注》,第22页。
⑥ (宋)黎靖德编:《朱子语类》卷6,第1册,第99页。
⑦ (宋)朱熹:《四书章句集注》,第22页。
⑧ (宋)朱熹:《四书章句集注》,第22—23页。

说体、用，便只是一物。不成说香匙是火箸之体，火箸是香匙之用；如人浑身便是体，口里说话便是用。不成说话底是个物事，浑身又是一个物事！万殊便是这一本，一本便是那万殊。①

观其一体一用之名，则安得不二？察其一体一用之实，则此为彼体，彼为此用，如耳目之能视听，视听之由耳目，初非有二物也。②

朱熹还说："乾乾不息者体；日往月来，寒来暑往者用。有体则有用，有用则有体，不可分先后说。"③显然，在朱熹看来，"日往月来，寒来暑往"之本体是"乾乾不息者"。也就是说，朱熹既讲道体的流行发见，又讲体用之"体"的"乾乾不息"。

如前所述，朱熹《论语集注》解"逝者如斯夫！不舍昼夜"而讲："天地之化，往者过，来者续，无一息之停，乃道体之本然也。"这里所言"道体"，就道之"骨子"而言，以为道体"无一息之停"。又解"吾道一以贯之"而讲："盖至诚无息者，道之体也，万殊之所以一本也；万物各得其所者，道之用也，一本之所以万殊也。"这里所言"道之体"为体用之"体"，以为"道"之本体"至诚无息"。朱熹《中庸章句》对天道"至诚无息"作了进一步讨论。朱熹指出："天地之道，可一言而尽，不过曰'诚'而已。不贰，所以诚也。诚故不息，而生物之多，有莫知其所以然者。""天地之道，诚一不贰，故能各极所盛，而有……生物之功。"④认为天地之道正因为诚一不贰，所以能够化生万物。这里讲天地之道"至诚无息"，显然不同于朱熹《论语集注》讲"至诚无息者，道之体也"，以为"道"之本体"至诚无息"。

但是，朱熹既讲天地之道"至诚无息"，又讲"道"之本体"至诚无息"，从而把"道体"与体用之"体"等同起来，体现出"道"兼体用、体用不可分离的思想。据《朱子语类》载：

问："泛观天地间，'日往月来，寒往暑来'，'四时行，百物生'，这是道之用流行发见处。即此而总言之，其往来生化，无一息间断处，便是道体否？"曰："此体、用说的是。但'总'字未当，总，便成兼用说了。只就那骨处便是体。如水之或流，或止，或激成

---

① （宋）黎靖德编：《朱子语类》卷27，第2册，第677页。
② （宋）朱熹：《四书或问》，朱杰人等编：《朱子全书》，第6册，第559页。
③ （宋）黎靖德编：《朱子语类》卷76，第5册，第1946页。
④ （宋）朱熹：《四书章句集注》，第35页。

二 "道"："事物当然之理"　53

波浪，是用；即这水骨可流，可止，可激成波浪处，便是体。如这身是体，目视，耳听，手足运动处，便是用。如这手是体；指之运动提掇处便是用。"淳举《论语集注》曰："往者过，来者续，无一息之停，乃道体之本然也。"曰："即是此意。"①

在这里，朱熹所谓"体"，既是"道体"，又是体用之"体"，二者不加区分，其中所言"这水骨可流，可止，可激成波浪处，便是体"，明显是将"水骨"，即"道体"，看作体用之"体"。但是，"水骨"是就"道体"而言，"水骨"的"可流，可止，可激成波浪处"，是就体用之"体"而言，"道体"又不能完全等同于体用之"体"。但需要指出的是，在朱熹那里，不仅天地之道"至诚无息"，而且"道"之本体也"至诚无息"，正如"可流，可止，可激成波浪处"的水，能"目视、耳听、手足运动"的身体，能"运动提掇"的手，因此，"道"不可能是"只存有而不活动"，"只是一个'作为存有'的、静态的、形式意义的纯一之理"。②

（五）余论

通过以上分析可以看出，在朱熹那里，"道"与"理"虽然都属于形而上者，但是又存在着明显的不同。"理"有"当然之理"与"所以然之理"之分，而"道"只就事物的当然之理而言；"道"之有"体"，"道体"即"无一息之停"的变化，而且"道"兼体用，"道"之本体即是"理"；同时，朱熹又往往把"道体"与"道"之本体等同起来。此外，

---

① （宋）黎靖德编：《朱子语类》卷6，第1册，第101页。
② 牟宗三认为，朱熹的"存在之理"，是"静态地'使然者然'，非是动态地创生之之'使然者然'，是只存有而不活动者"，"只是一个'作为存有'的、静态的、形式意义的纯一之理，并无心义活动义"。[牟宗三：《心体与性体》（下），吉林出版集团2013年版，第458页] 与此不同，唐君毅说："朱子所归宗之理，则又为一统体之理。此统体之理，即一生生之理，生生之道。……在朱子之思想中，其言统体之生生之理，生生之道，固亦为先天地万物而自有者。然朱子唯直言天地万物之依此道此理而生。……其以人物直依此道此理而生，此道此理亦即直接为人物之所以生之理由或实现原则。故此道此理，即可视为人物所以生之性，而直接内在于人物者。此亦无碍于自此道此理之为不同人物之公共之本原，而称之为天道天理。"（唐君毅：《中国哲学原论·导论篇》，《唐君毅全集》，第17卷，第367—368页）

朱熹还对"道"与"理"的不同作过明确的分辨。据《朱子语类》载:

> 道训路,大概说人所共由之路。理各有条理界瓣。因举康节云:"夫道也者,道也。道无形,行之则见于事矣。如'道路'之'道',坦然使千亿万年行之,人知其归者也。"
>
> 问:"道与理如何分?"曰:"道便是路,理是那文理。"问:"如木理相似?"曰:"是。"问:"如此却似一般?"曰:"'道'字包得大,理是'道'字里面许多理脉。"又曰:"'道'字宏大,'理'字精密。"①

在朱熹看来,"道"是路,如道路之道;而"理"是"道"所包含的之所以为"道"之理。当然,就"理"是"道"之本体而言,朱熹又讲"理即道",讲"道即理","道"与"理"同属一体。

朱熹还在讨论《易传》"一阴一阳之谓道"时说:

> 道,须是合理与气看。理是虚底物事,无那气质,则此理无安顿处。《易》说"一阴一阳之谓道",这便兼理与气而言。阴阳,气也;"一阴一阳",则是理矣。……盖阴阳非道,所以阴阳者道也。②

也就是说,在"一阴一阳之谓道"中,阴和阳分开看,阴阳是"气";阴和阳合着看,"一阴一阳"则是"理";而"一阴又一阳,循环不已",则是"道"。所以,"道"不仅不等于"气",而且也不等于"理";"道","须是合理与气看","兼理与气而言",而"理"本身是"虚底物事",只是"一阴又一阳,循环不已"之原因。朱熹还说:

> 《大传》既曰形而上者谓之道矣,而又曰"一阴一阳之谓道",此岂真以阴阳为形而上者哉?正所以见一阴一阳虽属形器,然其所以一阴而一阳者,是乃道体之所为也。故语道体之至极,则谓之太极;语太极之流行,则谓之道。虽有二名,初无两体。③

---

① (宋)黎靖德编:《朱子语类》卷6,第1册,第99页。
② (宋)黎靖德编:《朱子语类》卷74,第5册,第1895—1896页。
③ (宋)朱熹:《晦庵先生朱文公文集》卷36《答陆子静》(5),朱杰人等编:《朱子全书》,第21册,第1568页。

二 "道"："事物当然之理"   55

在朱熹看来，阴阳属"气"，"所以一阴而一阳者，是乃道体之所为"，这就是所谓"一阴一阳之谓道"，而且，"道"是就"太极之流行"而言，而"道体之至极，则谓之太极"，因此，"太极"与"道"只是二名，实为一体。

正是由于"理"是"道"之本体，朱熹多讲"理"，现代朱子学研究也大都从"理"出发阐述朱熹哲学，而且多就所以然之理出发。但需要指出的是，朱熹讲"理"，是就"理"即"道"之本体而言，是为了讲"道"，为了更深入地讲"道"，讲"道"之所以为"道"。因此，阐述朱熹哲学，不能只讲"理"而不讲"道"，或以讲"理"取代讲"道"。

朱熹《大学章句》多言"理"，既把"明德"解释为"人之所得乎天，而虚灵不昧，以具众理而应万事者"①，又讲"天下之物莫不有理"，并要求"即物而穷其理"。《论语集注》讲"理"，多就"当然之理"而言，并由此而多讲"道"。《中庸章句》则主要讲"道"，不仅由"道"而讲"心"，所谓"道者，日用事物当行之理，皆性之德而具于心"，而且由"道"而讲"诚"。朱熹注《中庸》"诚者，天之道也；诚之者，人之道也。诚者，不勉而中，不思而得，从容中道，圣人也。诚之者，择善而固执之者也"，曰：

> 圣人之德，浑然天理，真实无妄，不待思勉而从容中道，则亦天之道也。未至于圣，则不能无人欲之私，而其为德不能皆实。故未能不思而得，则必择善，然后可以明善；未能不勉而中，则必固执，然后可以诚身，此则所谓人之道也。②

如果将朱熹《四书章句集注》依《大学章句》《论语集注》《孟子集注》《中庸章句》的次序来读，便不难看出朱熹由讲"理"而讲"道"、讲"理"是为了讲"道"的思想脉络，而《论语集注》论"道"，正是这个思想脉络的中间环节。

---

① （宋）朱熹：《四书章句集注》，第 3 页。
② （宋）朱熹：《四书章句集注》，第 31—32 页。

三 "吾道一以贯之"与
"忠恕违道不远"*

据《论语·里仁》载,子曰:"参乎!吾道一以贯之。"曾子曰:"唯。"子出。门人问曰:"何谓也?"曾子曰:"夫子之道,忠恕而已矣。"对此,朱熹说:"此一段是《论语》中第一义。"① 据《朱子语类》载,问"一以贯之"。曰:"且要沉潜理会,此是《论语》中第一章。若看未透,且看后面去,却时时将此章来提省,不要忘却,久当自明矣。"②

然而,"一以贯之"之义,正如1943年出版的程树德《论语集释》所言:"自汉以来不得其解。"③ 汉唐诸儒大都以"忠恕"解"一以贯之",但这与《中庸》曰"忠恕违道不远",认为"忠恕"与"道"相去不远,似有不合。北宋二程明确讲《论语》"忠恕"与《中庸》"忠恕"的不同。二程门人作了进一步发挥,甚至有人把二者对立起来。朱熹继承二程,对《论语》讲忠恕"一以贯之"及其与《中庸》讲"忠恕违道不远"的相互关系作了深入讨论。既讲"圣人之心,浑然一理",以"一本万殊"解"一以贯之",并认为"忠恕"二字最能体现"一以贯之",又依据《中庸》"忠恕违道不远",讲"忠恕本未是说一贯",而是借"忠恕"以推明"一贯","晓得忠恕,便晓得一贯",且认为"'忠恕违道不远',正是说忠恕。'一以贯之'之忠恕,却是升一等说",从而建立了"一以贯之"与"忠恕"既相互不同又相互联系的理论结构。清儒反对把《论语》讲"忠恕一以贯之"与《中庸》讲"忠恕违道不远"分别开来,并将"一以

---

* 本章部分内容已以《朱熹解〈论语〉"吾道一以贯之"与〈中庸〉"忠恕违道不远"》为题发表于《湖南大学学报》2020年第2期。
① (宋)朱熹:《晦庵先生朱文公文集》卷52《答都昌县学诸生》(1),朱杰人等编:《朱子全书》,第22册,第2475页。
② (宋)黎靖德编:《朱子语类》卷27,第2册,第669页。
③ 程树德:《论语集释》,第1册,第336页。清刘宝楠说:"'一贯'之义,自汉以来不得其解。"[(清)刘宝楠:《论语正义》,第152页]

贯之"解读为"一以行之",提出"忠恕之道,即一以贯之之道"①,实际上是把"忠恕"看作孔子"一以贯之"之道,对后世影响很大。

冯友兰早年的《中国哲学史》认为,"孔子一贯之道为忠恕,亦即谓孔子一贯之道为仁也"②,把孔子"一以贯之"等同于"忠恕",又等同于"仁"。杨伯峻《论语译注》也把孔子"一以贯之"说成是"忠恕"。③ 但钱穆对此存有疑义,指出:"曾子曰:'夫子之道,忠恕而已矣。'此后孟子曰:'尧舜之道,孝弟而已矣。'此正可以见学脉。然谓一部《论语》,只讲孝弟忠恕,终有未是。"④ 实际上不赞同把孔子"一以贯之"之道归于忠恕。

(一) 问题的提出

《论语》先讲子曰"参乎!吾道一以贯之",后讲曾子曰"夫子之道,忠恕而已矣",按照唐写本《论语郑氏注》所言,先是孔子对曾子说:"我之道虽多,一以贯知之。"孔子出。门人"不晓一者",而问曾子曰:"何谓也?"曾子告诉门人:"夫子之道,中(忠)恕而已意(矣)。"郑玄注曰:"告仁(人)以善道,曰中(忠)。己所不欲,物(勿)施于仁(人),曰恕(乎)也。"⑤ 就字面而言,曾子这段话是说,"忠恕"即是孔子"一以贯之"之道。南北朝皇侃《论语义疏》疏"吾道一以贯之",曰:"道者,孔子之道也。贯,犹统也,譬如以绳穿物,有贯统也。孔子语曾子曰:吾教化之道,唯用一道以贯统天下万理也。"又疏曾子曰"夫子之道,忠恕而已矣",曰:"曾子答弟子也,释于孔子之道也。忠,谓尽忠心也。恕,谓忖我以度于人也。言孔子之道,更无他法,故用忠恕之心,以己测物,则万物之理皆可穷验也。"并引王弼曰:"忠者,情之尽也;恕者,反情以同物者也。未有反诸其身而不得物之情,未有能全其恕而不尽理之极也。能尽理极,则无物不统。极不可二,故谓之一也。推身统物,穷类适尽,一言而叮终身行者,其唯恕也。"⑥ 北宋邢昺《论语注

---

① (清)刘宝楠:《论语正义》,第154页。
② 冯友兰:《中国哲学史》(上),《三松堂全集》,第2卷,第317页。
③ 杨伯峻译注:《论语译注》,中华书局2015年版,第56页。
④ 钱穆:《论语新解》,第99页。
⑤ 王素:《唐写本论语郑氏注及其研究》,文物出版社1991年版,第35页。
⑥ (梁)皇侃:《论语义疏》,第90—91页。

疏》疏曰:"曾子曰'夫子之道,忠恕而已矣'者,答门人也。忠,谓尽中心也。恕,谓忖己度物也。言夫子之道,唯以忠恕一理以统天下万事之理,更无他法,故云'而已矣'。"① 在王弼看来,"一言而可终身行者,其唯恕也",显然是依据《论语·卫灵公》"子贡问曰:'有一言而可以终身行者乎?'子曰:'其恕乎!己所不欲,勿施于人。'"而在皇侃、邢昺看来,"忠恕",或为忠恕之"心",或为忠恕之"理",即孔子"一以贯之"之道。

对于《中庸》"忠恕违道不远",东汉郑玄注曰:"违,犹去也。"唐孔颖达疏曰:"'忠恕违道不远'也,忠者,内尽于心;恕者,外不欺物。恕,忖也,忖度其义于人。违,去也,言身行忠恕,则去道不远也。"② 在孔颖达看来,《中庸》"忠恕违道不远",其中"忠恕"被解读为"身行忠恕",则去道不远;较为强调"忠恕"与道的密切关系。

自北宋开始,《中庸》受到极大重视,《中庸》所谓"忠恕违道不远"及其与《论语》"夫子之道,忠恕而已矣"的关系得到关注。尤其是,二程及其门人强调二者所言"忠恕"之不同。

程颢说:"以己及物,仁也。推己及物,恕也。违道不远是也。忠恕一以贯之。忠者天理,恕者人道。忠者无妄,恕者所以行乎忠也。忠者体,恕者用,大本达道也。此与'违道不远'异者,动以天尔。"③ 在程颢看来,《中庸》讲"忠恕违道不远",讲仁与恕有别;《论语》讲忠恕"一以贯之",就"忠者天理,恕者人道","忠者体,恕者用"而言,讲"动以天尔",不同于《中庸》讲"忠恕违道不远"。程颐也说:"忠者,无妄之谓也。忠,天道也。恕,人事也。忠为体,恕为用。'忠恕违道不远',非一以贯之之忠恕也。"④ 显然,二程较多讲《论语》"忠恕"与《中庸》"忠恕"的不同。

程颐还说:"圣人之教人,各因其才,故孔子曰:'参乎!吾道一以贯之。'曾子曰:'唯。'盖惟曾子为能达此,孔子所以告之也。子出,门人问曰:'何谓也?'曾子曰:'夫子之道,忠恕而已矣。'曾子之告门人,犹夫子之告曾子也。忠恕违道不远,斯下学上达之义,与'尧舜之道,孝

---

① (魏)何晏集解,(宋)邢昺疏:《论语注疏》,(清)阮元校刻:《十三经注疏》,第5册,第5367页。
② (汉)郑玄注,(唐)孔颖达疏:《礼记正义》,(清)阮元校刻:《十三经注疏》,第3册,第3531页。
③ (宋)程颢、程颐:《河南程氏遗书》卷11,《二程集》,第124页。
④ (宋)程颢、程颐:《河南程氏遗书》卷21下,《二程集》,第274页。

三 "吾道一以贯之"与"忠恕违道不远"　59

弟而已矣'同。"①认为《论语》讲忠恕"一以贯之",而《中庸》讲"忠恕违道不远",是教人下学上达,二者是不同的。

对于二程讲《论语》"忠恕"与《中庸》"忠恕"之不同,其门人作了进一步发挥。谢良佐对《论语》讲忠恕"一以贯之"作了进一步解释,说:"忠恕之论,……且当以天地之理观之,忠譬则流而不息,恕譬则万物散殊,知此,则可以知一贯之理矣。"②侯仲良则讲《论语》"忠恕"与《中庸》"忠恕"的不同,说:"子思之忠恕,施诸己而不愿,亦勿施于人,此已是违道。若圣人,则不待施诸己而不愿,然后勿施诸人也。"③应当说,谢良佐、侯仲良强调《论语》的忠恕"一以贯之",并以此区别于《中庸》讲"忠恕违道不远",与二程基本一致。

与此不同的是,二程门人游酢、杨时和尹焞则进一步强调《中庸》讲"忠恕违道不远",并以此否定《论语》讲忠恕"一以贯之"。游酢说:"夫道一而已矣。天地一指也,万物一马也,无往而非一,此至人所以无己也,岂参彼己所能预哉!此忠恕所以违道,为其未能一以贯之也。"④杨时说:"忠恕固未足以尽道,然而违道不远矣,由是而求之,则于一以贯之,其庶矣乎!"⑤尹焞说:"道无二也,一以贯之,天地万物之理毕矣。曾子于圣人之门造道最深,夫子不待问而告,曾子闻之亦弗疑也,故唯而已。其答门人则曰'忠恕'者,尽己之谓忠,推己之谓恕。然则忠恕果可以一贯乎?忠恕违道不远者也。"⑥虽然,他们都认为"忠恕"并非"一以贯之"之道。

与朱熹同时的陆九渊的门人杨简赞同《论语》曾子所言"夫子之道,忠恕而已矣",而认为子思《中庸》所言"忠恕违道不远"是错误的,说:"曾子曰:'夫子之道,忠恕而已矣。'此语甚善。子思曰:'忠恕违道不远。'此语害道。忠恕即道,岂可外之?以忠恕为违道,则何由一贯?"⑦还说:"《中庸》篇曰'忠恕违道不远'者,子思记言之讹欤!"⑧

---

① (宋)朱熹:《论孟精义》,朱杰人等编:《朱子全书》,第7册,第152页。
② (宋)朱熹:《论孟精义》,朱杰人等编:《朱子全书》,第7册,第154页。
③ (宋)朱熹:《论孟精义》,朱杰人等编:《朱子全书》,第7册,第156页。
④ (宋)朱熹:《论孟精义》,朱杰人等编:《朱子全书》,第7册,第154页。
⑤ (宋)朱熹:《论孟精义》,朱杰人等编:《朱子全书》,第7册,第155页。
⑥ (宋)朱熹:《论孟精义》,朱杰人等编:《朱子全书》,第7册,第156页。
⑦ (宋)杨简:《慈湖先生遗书》卷10《论〈论语〉上》,《杨简全集》,浙江大学出版社2015年版,第8册,第2100页。
⑧ (宋)杨简:《慈湖先生遗书》卷10《论〈论语〉上》,《杨简全集》,第8册,第2102页。

强调《论语》讲忠恕"一以贯之",而否定《中庸》讲"忠恕违道不远"。

由此可以看出,宋代学者已经关注到《论语》讲忠恕"一以贯之"与《中庸》讲忠恕"违道不远"的不同。二程及其门人谢良佐、侯仲良既讲忠恕"一以贯之",又讲忠恕"违道不远",将二者区别开来,而且讲二者并列而不悖。然而,二程门人游酢、杨时和尹焞则强调忠恕"违道不远"而不赞同忠恕"一以贯之";杨简则强调忠恕"一以贯之"而不赞同忠恕"违道不远"。无论如何,他们都将《论语》讲忠恕"一以贯之"与《中庸》讲"忠恕违道不远"对立了起来。

朱熹很早就对《论语》讲忠恕"一以贯之"与《中庸》讲"忠恕违道不远"二者之不同作了讨论。他早年问学于李侗时,认为《论语》讲忠恕"一以贯之",而《中庸》讲"忠恕违道不远","乃是示人以入道之端"。[①] 又在《与范直阁》中说:"盖曾子专为发明圣人'一贯'之旨,所谓'由忠恕行'者也。子思专为指示学者入德之方,所谓'行忠恕'者也。所指既殊,安得不以为二?然核其所以为忠恕者,则其本体盖未尝不同也。"[②] 稍后还在《答陈齐仲》中说:"盖忠恕之理则一,而人之所见有浅深耳,岂有所拣择取舍于其间哉?学者欲知忠恕一贯之指,恐亦当自'违道不远'处著力,方始隐约得一个气象,岂可判然以为二物而不相管耶?"[③] 显然,朱熹强调《论语》讲忠恕"一以贯之"与《中庸》讲"忠恕违道不远"的不同,但反对将二者对立起来,因而更为深入地思考忠恕"一以贯之"与"忠恕违道不远"二者的相互联系。

(二)"一以贯之"即"一本万殊"

对于《论语》载"子曰:'参乎!吾道一以贯之。'曾子曰:'唯。'"朱熹《论语集注》曰:

> 圣人之心,浑然一理,而泛应曲当,用各不同。曾子于其用处,盖已随事精察而力行之,但未知其体之一尔。夫子知其真积力久,将

---

① (宋)朱熹:《延平答问》,朱杰人等编:《朱子全书》,第13册,第319页。
② (宋)朱熹:《晦庵先生朱文公文集》卷37《与范直阁》(2),朱杰人等编:《朱子全书》,第21册,第1606页。
③ (宋)朱熹:《晦庵先生朱文公文集》卷39《答陈齐仲》,朱杰人等编:《朱子全书》,第22册,第1756页。

三 "吾道一以贯之"与"忠恕违道不远" 61

有所得,是以呼而告之。曾子果能默契其指,即应之速而无疑也。①

在朱熹看来,孔子讲"吾道一以贯之",是圣人以"浑然一理"之心贯通天下万事万物,讲的是体用关系。朱熹还说:"'一以贯之',犹言以一心应万事。""一是一心,贯是万事。看有甚事来,圣人只是这个心。"②特别强调"一以贯之"是圣人以一心贯万事。至于圣人之心如何贯通天下事物,他说:"圣人之心浑然一理。盖他心里尽包这万理,所以散出于万物万事,无不各当其理。"③还说:"圣人之心于天下事物之理无所不该,虽有内外本末之殊,而未尝不一以贯之也。"④

朱熹早年撰《忠恕说》,讨论"一以贯之",认为孔子以"一以贯之"告诉曾子,曾子"默契其旨,然后知向之所从事者莫非道之全体,虽变化万殊,而所以贯之者,未尝不一也"⑤。朱熹《论语集注》注孔子曰"吾道一以贯之"、曾子曰"夫子之道,忠恕而已矣",不仅讲"一以贯之"是圣人以一心贯万事,而且还说:

尽己之谓忠,推己之谓恕。……夫子之一理浑然而泛应曲当,譬则天地之至诚无息,而万物各得其所也。自此之外,固无余法,而亦无待于推矣。曾子有见于此而难言之,故借学者尽己、推己之目以著明之,欲人之易晓也。盖至诚无息者,道之体也,万殊之所以一本也;万物各得其所者,道之用也,一本之所以万殊也。以此观之,一以贯之之实可见矣。⑥

在这里,朱熹对"忠恕"作了界定,所谓"尽己之谓忠,推己之谓恕",同时结合天地之至诚无息,讲道之体用"一本万殊",并以此解"一以贯之"。

朱熹《论语集注》对于"一以贯之"的解释,在晚年又有了进一步阐发。他说:"曾子一贯,是他逐事一做得到。及闻夫子之言,乃知只是这

---

① (宋)朱熹:《四书章句集注》,第72页。
② (宋)黎靖德编:《朱子语类》卷27,第2册,第669页。
③ (宋)黎靖德编:《朱子语类》卷27,第2册,第676页。
④ (宋)朱熹:《晦庵先生朱文公文集》卷31《与张敬夫论癸巳论语说》,朱杰人等编:《朱子全书》,第21册,第1364页。
⑤ (宋)朱熹:《晦庵先生朱文公文集》卷67《忠恕说》,朱杰人等编:《朱子全书》,第23册,第3272页。
⑥ (宋)朱熹:《四书章句集注》,第72页。

一片实心所为。如一库散钱，得一条索穿了。"① 又说：

> 曾子未闻一贯之说时，亦岂全无是处。他也须知得"为人臣，止于敬；为人子，止于孝；为人父，止于慈；与国人交，止于信"。如何是敬，如何是孝，如何是慈，如何是信，件件都实理会得了，然后件件实做将去。零零碎碎，煞著了工夫，也细摸得个影了，只是争些小在。及闻一贯之说，他便于言下将那实心来承当得，体认得平日许多工夫，许多样事，千头万绪，皆是此个实心做将出来。却如人有一屋钱散放在地上，当下将一条索子都穿贯了。②

在朱熹看来，曾子未闻孔子"吾道一以贯之"时，"他只是见得圣人千头万绪都好，不知都是这一心做来。及圣人告之，方知得都是从这一个大本中流出。如木千枝万叶都好，都是这根上生气流注去贯也"③。所以，朱熹认为，孔子以"一以贯之"告诉曾子，是要说明"吾只是从这心上流出，只此一心之理，尽贯众理"④。他还说："这一个道理，从头贯将去。如一源之水，流出为千条万派，不可谓下流者不是此一源之水。人只是一个心。如事父孝，也是这一心；事君忠，事长弟，也只是这一心；老者安，少者怀，朋友信，皆是此一心。精粗本末，以一贯之，更无余法。"⑤
当然，朱熹认为，对于孔子"一以贯之"，不仅要理会"一"，还要理会"贯"。他说："不愁不理会得'一'，只愁不理会得'贯'。理会'贯'不得便言'一'时，天资高者流为佛老，低者只成一团鹘突物事在这里。"⑥ 所以，朱熹又强调万殊。他说：

> 圣人未尝言理一，多只言分殊。盖能于分殊中事事物物，头头项项，理会得其当然，然后方知理本一贯。不知万殊各有一理，而徒言理一，不知理一在何处。圣人千言万语教人，学者终身从事，只是理会这个。要得事事物物，头头件件，各知其所当然，而得其所当然，只此便是理一矣。……曾子之鲁，逐件逐事一一根究着落到底。孔子

---

① （宋）黎靖德编：《朱子语类》卷27，第2册，第673页。
② （宋）黎靖德编：《朱子语类》卷27，第2册，第683页。
③ （宋）黎靖德编：《朱子语类》卷27，第2册，第681页。
④ （宋）黎靖德编：《朱子语类》卷27，第2册，第676页。
⑤ （宋）黎靖德编：《朱子语类》卷27，第2册，第686页。
⑥ （宋）黎靖德编：《朱子语类》卷27，第2册，第674页。

见他用功如此，故告以"吾道一以贯之"。若曾子元不曾理会得万殊之理，则所谓一贯者，贯个什么！盖曾子知万事各有一理，而未知万理本乎一理，故圣人指以语之。曾子是以言下有得，发出"忠恕"二字，太煞分明。①

在朱熹看来，孔子曰"吾道一以贯之"，曾子曰"夫子之道，忠恕而已矣"，是因为曾子认为"忠恕"二字最能体现"一以贯之"与"一本万殊"。朱熹还说："'一以贯之'，乃圣门末后亲传密旨，其所以提纲挈领、统宗会元，盖有不可容言之妙。当时曾子默契其意，故因门人之问，便著'忠恕'二字形容出来，则其一本万殊、脉络流通之实益可见矣。"② 这里明确认为，曾子是借"忠恕"二字，解孔子"一以贯之"与"一本万殊"。

朱熹《论语集注》解曾子所言"夫子之道，忠恕而已矣"，不仅讲"尽己之谓忠，推己之谓恕"，而且还引程颐曰："忠恕一以贯之：忠者天道，恕者人道；忠者无妄，恕者所以行乎忠也；忠者体，恕者用，大本达道也。"③ 强调"忠者体，恕者用"，"忠恕一以贯之"。据《朱子语类》"黄𡩋戊申（1188年）所闻"，朱熹说：

> 所谓一贯者，会万殊于一贯。如曾子是于圣人一言一行上一一践履，都子细理会过了，不是默然而得之。……圣人知曾子许多道理都理会得，便以一贯语之，教它知许多道理却只是一个道理。曾子到此，亦是它践履处都理会过了，一旦豁然知此是一个道理，遂应曰："唯！"及至门人问之，便云："忠恕而已矣。"忠是大本，恕是达道。忠者，一理也；恕便是条贯，万殊皆自此出来。虽万殊，却只一理，所谓贯也。④

朱熹认为，"一以贯之"是"会万殊于一贯"，至于"忠恕"，则"忠是大本，恕是达道"，"忠"为一理，"恕"为万殊。又据《朱子语类》"沈僩戊午（1198年）以后所闻"，朱熹说：

---

① （宋）黎靖德编：《朱子语类》卷27，第2册，第677—678页。
② （宋）朱熹：《晦庵先生朱文公文集》卷45《答虞士朋》（1），朱杰人等编：《朱子全书》，第22册，第2059页。
③ （宋）朱熹：《四书章句集注》，第72—73页。
④ （宋）黎靖德编：《朱子语类》卷27，第2册，第679页。

> 曾子答门人说忠恕，只是解"一以贯之"，看本文可见。忠便贯恕，恕便是那忠里面流出来底。圣人之心浑然一理。盖他心里尽包这万理，所以散出于万物万事，无不各当其理。①

在朱熹看来，曾子是以"忠恕"解"一以贯之"，由"忠"而贯"恕"，从而阐释"圣人之心浑然一理"而包万物万事之万理，"一本万殊"。对此，朱熹门人黄榦还说："'一本万殊'四字，朱先生于一贯处言之。以其一，故曰一本；以其贯，故曰万殊。'一以贯之'，以此之一贯彼之万。故忠为一本，恕为万殊也。"②

（三）"忠恕本未是说一贯"

朱熹以"一本万殊"解孔子"一以贯之"，但从《论语》的字面上看，曾子是用"忠恕"解"一以贯之"，所谓"夫子之道，忠恕而已矣"。对此，朱熹认为，曾子讲"忠恕"，并非等同于"一以贯之"，而《中庸》"忠恕违道不远"才正是说"忠恕"。

二程强调《论语》讲忠恕"一以贯之"与《中庸》讲"忠恕违道不远"的不同，而且对忠恕是否孔子"一以贯之"之道进行了讨论。程颐说："曾子曰：'夫子之道，忠恕而已矣。'《中庸》以曾子之言虽是如此，又恐人尚疑忠恕未可便为道，故曰：'忠恕违道不远，施诸己而不愿，亦勿施于人。'此又掠下教人。"③ 程颐认为，曾子言"夫子之道，忠恕而已矣"，而《中庸》讲"忠恕违道不远"则是为了教人。他又说："曾子言夫子之道忠恕，果可以一贯，若使他人言之，便未足信，或未尽忠恕之道，曾子言之，必是尽仍是。④ 又于《中庸》特举此二义，言'忠恕违道不远'，恐人不喻，故指而示之近，欲以喻人。"⑤ 在程颐看来，曾子言"夫子之道，忠恕而已矣"，并不等于讲忠恕就是孔子"一以贯之"之道，

---

① （宋）黎靖德编：《朱子语类》卷27，第2册，第676页。
② （宋）黄榦：《勉斋集》卷17《复饶伯舆》，《景印文渊阁四库全书》，第1168册，第185页。
③ （宋）程颢、程颐：《河南程氏遗书》卷1，《二程集》，第8—9页。
④ 朱熹《论孟精义》载程颐言："……曾子言之，必是尽也。"［（宋）朱熹：《论孟精义》，朱杰人等编：《朱子全书》，第7册，第152页］
⑤ （宋）程颢、程颐：《河南程氏遗书》卷15，《二程集》，第153页。

三 "吾道一以贯之"与"忠恕违道不远" 65

所以《中庸》又要以"忠恕违道不远"予以说明。

朱熹吸取二程思想，认为《论语》讲忠恕"一以贯之"，是要借"忠恕"二字以明"一以贯之"之道。如前所述，朱熹说："曾子答门人说忠恕，只是解'一以贯之'，看本文可见。"据《朱子语类》载，问忠恕一贯。曰："不要先将忠恕说，且看一贯底意思。……忠恕本未是说一贯，缘圣人告以一贯之说，故曾子借此二字以明之。"① 在朱熹看来，"忠恕本未是说一贯"，曾子曰"夫子之道，忠恕而已矣"，并不是讲"忠恕"即孔子"一以贯之"，而是借"忠恕"二字以阐明"一以贯之"。朱熹还说："'忠恕而已矣'，不是正忠恕，只是借'忠恕'字贴出一贯底道理。"② 又说：

"忠恕"，"一以贯之"。曾子假"忠恕"二字，以发明一贯之理。盖曾子平日无所不学。看《礼记》诸书，曾子那事不理会来！但未知所以一，故夫子于此告之，而曾子洞然晓之而无疑。③

圣人之应事接物，不是各自有个道理。曾子见得似是各有个道理，故夫子告之如此。但一贯道理难言，故将忠恕来推明。大要是说在己在物皆如此，便见得圣人之道只是一。④

在朱熹看来，曾子曰"夫子之道，忠恕而已矣"，并不是将"忠恕"等同于"一以贯之"，而只是"假'忠恕'二字，以发明一贯之理"。

关于"忠恕"概念，程颐作了阐述。他说："人谓尽己之谓忠，尽物之谓恕。尽己之谓忠固是，尽物之谓恕则未尽。推己之谓恕，尽物之谓信。"⑤ 又说："曾子曰：'夫子之道，忠恕而已。'尽己之谓忠，推己之谓恕。忠，体也；恕，用也。"⑥ 朱熹吸取二程思想，也讲"尽己之谓忠，推己之谓恕"，并且还说：

尽己为忠，推己为恕。忠恕本是学者事，曾子特借来形容夫子一贯道理。今且粗解之，忠便是一，恕便是贯。有这忠了，便做出许多

---

① （宋）黎靖德编：《朱子语类》卷27，第2册，第676页。
② （宋）黎靖德编：《朱子语类》卷27，第2册，第671页。
③ （宋）黎靖德编：《朱子语类》卷27，第2册，第680页。
④ （宋）黎靖德编：《朱子语类》卷27，第2册，第677页。
⑤ （宋）程颢、程颐：《河南程氏遗书》卷23，《二程集》，第306页。
⑥ （宋）程颢、程颐：《河南程氏经说》卷6，《二程集》，第1138页。

恕来。①

　　"尽己之谓忠，推己及物之谓恕"。忠恕二字之义，只当如此说。曾子说夫子之道，而以忠恕为言，乃是借此二字绽出一贯。一贯乃圣人公共道理，尽己推己不足以言之。缘一贯之道，难说与学者，故以忠恕晓之。②

在朱熹看来，所谓"尽己之谓忠，推己之谓恕"，并不足以言孔子"一以贯之"之道，而曾子曰"夫子之道，忠恕而已矣"，只是"借此二字绽出一贯"。为此，朱熹还明确说：

　　这不是说一贯便是忠恕，忠恕自是那一贯底注脚。只是曾子怕人晓那一贯不得，后将这言语来形容，不是说圣人是忠恕。今若晓得一贯，便晓得忠恕；晓得忠恕，便晓得一贯。……今若要做那忠恕去凑成圣人忠恕，做那忠恕去凑成一贯，皆不是。某分明说，此只是曾子借此以推明之。③

在朱熹看来，曾子曰"夫子之道，忠恕而已矣"，并非指孔子"一以贯之"之道即忠恕，忠恕即"一以贯之"之道，而是借"忠恕"以推明"一贯"。问题是，既然"忠恕"并非就是孔子"一以贯之"之道，而曾子又借"忠恕"二字以阐明"一以贯之"之道，那么这至少说明"忠恕"与"一以贯之"之道是相通的，"晓得一贯，便晓得忠恕；晓得忠恕，便晓得一贯"。

如前所述，北宋邢昺疏曾子所谓"夫子之道，忠恕而已矣"，曰："言夫子之道，唯以忠恕一理以统天下万事之理，更无他法，故云'而已矣'。"朱熹不赞同邢昺把"忠恕"看作孔子"一以贯之"之道，但又说："其曰而已矣者，邢氏以为万理一贯，更无他说之辞，亦得其文意者也。盖尽己为忠，道之体也；推己为恕，道之用也。忠为恕体，是以分殊而理未尝不一；恕为忠用，是以理一而分未尝不殊。此圣人之道，所以同归殊途，一致百虑，而无不备、无不通也。"④显然，朱熹肯定邢昺疏所包含的万理一贯的思想，而且还进一步以二程"忠为体，恕为用"为依据，并结

---

① （宋）黎靖德编：《朱子语类》卷27，第2册，第671页。
② （宋）黎靖德编：《朱子语类》卷27，第2册，第692页。
③ （宋）黎靖德编：《朱子语类》卷27，第2册，第689页。
④ （宋）朱熹：《四书或问》，朱杰人等编：《朱子全书》，第6册，第689页。

合"一本万殊",揭示出"忠恕"所蕴含的"一以贯之"思想。

宋淳熙六年(1179年),朱熹知南康军。南康军所辖都昌县学诸生问:"子曰:'参乎,吾道一以贯之!'曾子曰:'唯。'子出,门人问曰:'何谓也?'曾子曰:'夫子之道,忠恕而已矣。'……忠恕果可以尽一,一果止于忠恕乎?"对此,朱熹答曰:"此一段是《论语》中第一义,不可只如此看,宜详味之。……忠恕相为用之外无余事,所以为一。故夫子曰'吾道一以贯之',而曾子曰'忠恕而已矣'。"① 认为孔子曰"吾道一以贯之"、曾子曰"夫子之道,忠恕而已矣",既不可据此而简单地把"一以贯之"等同于"忠恕",又要看到只有忠与恕的相互统一,才能揭明孔子的"一以贯之"之道。

在朱熹看来,孔子言"吾道一以贯之",就是要求曾子于万殊中求得一理,而曾子讲"夫子之道,忠恕而已矣",就是借"忠恕"二字以阐明孔子"一以贯之"即"一本万殊",并非把"忠恕"等同于孔子"一以贯之",而是借"忠恕"所蕴含的"一本万殊",阐明"一以贯之"。这就是前面所引述朱熹《论语集注》言:"至诚无息者,道之体也,万殊之所以一本也;万物各得其所者,道之用也,一本之所以万殊也。以此观之,一以贯之之实可见矣。"按照朱熹的这一诠释,曾子所曰"夫子之道,忠恕而已矣"应当解读为,夫子的"一以贯之"之道,只有以忠恕才可以推明,而不能解读为,夫子的"一以贯之"之道,只是忠恕。

(四)"忠恕"与"升一等说"

朱熹不仅认为曾子讲"夫子之道,忠恕而已矣"并非将"忠恕"等同于孔子"一以贯之"之道,而只是借"忠恕"推明"一以贯之"之道,而且又将曾子讲"夫子之道,忠恕而已矣"与《中庸》讲"忠恕违道不远"联系起来。一方面,他认为,曾子讲"夫子之道,忠恕而已矣"与《中庸》讲"忠恕违道不远",虽然二者都讲忠恕,但是"其迹虽同,而所以为忠恕者,其心实异";另一方面,他又说:"然尽己推己,乃忠恕之所以名,而正为此章违道不远之事。若动以天,而一以贯之,则不待尽己,而至诚者自无息;不待推己,而万物已各得其所矣。曾子之言,盖指

---

① (宋)朱熹:《晦庵先生朱文公文集》卷52《答都昌县学诸生》(1),朱杰人等编:《朱子全书》,第22册,第2475页。

其不可名之妙,而借其可名之粗以明之,学者默识于言意之表,则亦足以互相发明,而不害其为同也。"① 也就是说,《中庸》讲"忠恕违道不远",讲的是忠恕的尽己、推己;孔子讲"一以贯之",讲的是"不待尽己""不待推己";而曾子借"忠恕"的尽己、推己,以明"一以贯之",从而说明"忠恕"与"一以贯之"可以互相发明,相互联系。

朱熹对"忠恕"一词作了综合考察,除了讲"尽己之谓忠,推己之谓恕",还认为忠恕"自有三样"。他说:

> 曾子所言,只是一个道理,但假借此以示门人。如程子所言,"维天之命,於穆不已","乾道变化,各正性命",此天地无心之忠恕。夫子之道一贯,乃圣人无为之忠恕。尽己、推己,乃学者著力之忠恕。固是一个道理,在三者自有三样。②

在朱熹看来,"忠恕"有三个层次:"天地无心之忠恕","圣人无为之忠恕","学者著力之忠恕"。他还说:"仁是道,忠恕正是学者著力下工夫处。'施诸己而不愿,亦勿施于人',子思之说,正为下工夫。'夫子之道,忠恕而已矣',却不是恁地。曾子只是借这个说'维天之命,於穆不已'。'乾道变化,各正性命',便是天之忠恕;'纯亦不已','万物各得其所',便是圣人之忠恕;'施诸己而不愿,亦勿施于人',便是学者之忠恕。"③ 这里也讲"天之忠恕""圣人之忠恕""学者之忠恕"。

第一,朱熹特别强调"学者著力之忠恕"。他说:"圣人本不可说是忠恕,曾子假借来说。要之,天地是一个无心底忠恕,圣人是一个无为底忠恕,学者是一个著力底忠恕。学者之忠恕,方正定是忠恕。"④ 朱熹认为,在三样忠恕中,只有"学者著力之忠恕"才是忠恕。他还说:"学者是这个忠恕,圣人亦只是这个忠恕,天地亦只是这个忠恕。但圣人熟,学者生。圣人自胸中流出,学者须著勉强。然看此'忠恕'二字,本为学者做工夫处说。子思所谓'违道不远',正谓此也。"⑤ 在朱熹看来,忠恕讲"尽己之谓忠,推己之谓恕",讲的是"学者做工夫处",所以,"学者著力之忠恕"才是忠恕,而《中庸》所谓"忠恕违道不远",讲的就是"学

---

① (宋)朱熹:《四书或问》,朱杰人等编:《朱子全书》,第6册,第574页。
② (宋)黎靖德编:《朱子语类》卷27,第2册,第695页。
③ (宋)黎靖德编:《朱子语类》卷27,第2册,第693页。
④ (宋)黎靖德编:《朱子语类》卷27,第2册,第685页。
⑤ (宋)黎靖德编:《朱子语类》卷21,第2册,第492页。

者著力之忠恕"。如前所述，程颐认为，《中庸》讲"忠恕违道不远"，是教人下学上达。朱熹则进一步指出："《中庸》说'忠恕违道不远'，是'下学上达'之义，即学者所推之忠恕，圣人则不待推。"① 认为《中庸》讲"忠恕违道不远"，下学上达，就是"学者著力之忠恕"，并非"圣人无为之忠恕"。朱熹还说："尽己为忠，推己为恕，忠恕本是学者事，曾子特借来形容夫子一贯道理。……若《中庸》所说，便正是学者忠恕。"② 又说："尽己之谓忠，推己之谓恕。《中庸》言'忠恕违道不远'，是也。此是学者事，然忠恕功用到底只如此。"③ 在朱熹看来，"尽己之谓忠，推己之谓恕"，就是《中庸》"忠恕违道不远"，是"学者著力之忠恕"，说的正是忠恕。为此，他说："'忠恕违道不远'，乃是正名、正位。"④ 又说："'忠恕违道不远'，正是说忠恕。'一以贯之'之忠恕，却是升一等说。"⑤ "《中庸》所指，则学者勉行之事尔，其理虽同，其分则异。程子所以有动以天降一等之辨也。"⑥

　　第二，朱熹所谓"圣人无为之忠恕"，就是孔子"一以贯之"之忠恕。在朱熹看来，忠恕，"尽己之谓忠，推己之谓恕"，讲的是"学者著力之忠恕"，也就是《中庸》所谓"忠恕违道不远"；与此不同，"圣人浑然天理，则不待推，自然从此中流出也。'尽'字与'推'字，圣人尽不用得"⑦。朱熹还说："曾子之言忠恕，自圣人之心而言也。"⑧ "圣人一贯，是无作为底；忠恕，是有作为底。"⑨ 所以"在圣人，本不消言忠恕"⑩，"圣人本不可说是忠恕，曾子假借来说"⑪。据《朱子语类》载，问"忠恕而已矣"。曰："此只是借学者之事言之。若论此正底名字，使不得这'忠恕'字。"⑫ 但是，不能由此而言圣人不讲忠恕。据《朱子语类》载，亚夫问"忠恕而已矣"。曰："此曾子借学者忠恕以明一贯之妙。盖一贯自是难说得分明，惟曾子将忠恕形容得极好。学者忠恕，便待推，方得。

---

① （宋）黎靖德编：《朱子语类》卷27，第2册，第687页。
② （宋）黎靖德编：《朱子语类》卷27，第2册，第671页。
③ （宋）黎靖德编：《朱子语类》卷27，第2册，第694页。
④ （宋）黎靖德编：《朱子语类》卷27，第2册，第671页。
⑤ （宋）黎靖德编：《朱子语类》卷27，第2册，第693页。
⑥ （宋）朱熹：《四书或问》，朱杰人等编：《朱子全书》，第6册，第689页。
⑦ （宋）黎靖德编：《朱子语类》卷27，第2册，第694页。
⑧ （宋）朱熹：《四书或问》，朱杰人等编：《朱子全书》，第6册，第689页。
⑨ （宋）黎靖德编：《朱子语类》卷27，第2册，第676页。
⑩ （宋）黎靖德编：《朱子语类》卷27，第2册，第672页。
⑪ （宋）黎靖德编：《朱子语类》卷27，第2册，第685页。
⑫ （宋）黎靖德编：《朱子语类》卷27，第2册，第671页。

推，便有比较之意。圣人更不待推，但'老者安之，少者怀之，朋友信之'，便是。圣人地位，如一泓水在此，自然分流四出。借学者忠恕以形容一贯，犹所谓借粗以形容细。"① 朱熹还说："圣人是不犯手脚底忠恕，学者是著工夫底忠恕，不可谓圣人非忠恕也。"② 所以，朱熹又进一步讲圣人忠恕与学者忠恕的不同。他说："圣人之恕与学者异者，只争自然与勉强。圣人却是自然扩充得去，不费力。学者须要勉强扩充，其至则一也。"③ 虽然圣人忠恕与学者忠恕不同，但根本上是一致的。需要指出的是，朱熹既讲学者忠恕才是忠恕，又讲圣人忠恕高于学者忠恕。据《朱子语类》载，或问："一贯如何却是忠恕？"曰："忠者，诚实不欺之名。圣人将此放顿在万物上，故名之曰恕。一犹言忠，贯犹言恕。若子思忠恕，则又降此一等。子思之忠恕，必待'施诸己而不愿'，而后'勿施诸人'，此所谓'违道不远'。若圣人则不待'施诸己而不愿'，而后'勿施诸人'也。"④ 又说："曾子忠恕，与子思忠恕不同。曾子忠恕是天，子思忠恕尚是人在。"⑤

第三，朱熹继承二程而讲"天地无心之忠恕"，是最高一阶的忠恕。程颐说："维天之命，於穆不已，忠也；乾道变化，各正性命，恕也。"⑥ 对此，朱熹解释说："'维天之命，於穆不已，忠也'，便是实理流行；'乾道变化，各正性命，恕也'，便是实理及物。"⑦ 又说："忠贯恕，恕贯万事。'维天之命，於穆不已，不其忠乎！'是不忠之忠。'乾道变化，各正性命，不其恕乎！'是不恕之恕。天地何尝道此是忠，此是恕？人以是名其忠与恕。"⑧ 朱熹门人陈淳对"天之忠恕"也作了说明，指出："且如维天之命，元而亨，亨而利，利而贞，贞而复元，万古循环，无一息之停，只是一个真实无妄道理。而万物各具此以生，洪纤高下，各正其所赋受之性命，此是天之忠恕也。"⑨ 这就是朱熹所谓"天地无心之忠恕"。朱熹还认为，"天地无心之忠恕""圣人无为之忠恕""学者著力之忠恕"，三者有不同等级。他说："论著忠恕名义，自合依子思'忠恕违道不远'

---

① （宋）黎靖德编：《朱子语类》卷27，第2册，第698页。
② （宋）黎靖德编：《朱子语类》卷27，第2册，第672页。
③ （宋）黎靖德编：《朱子语类》卷27，第2册，第672页。
④ （宋）黎靖德编：《朱子语类》卷27，第2册，第675页。
⑤ （宋）黎靖德编：《朱子语类》卷27，第2册，第693页。
⑥ （宋）程颢、程颐：《河南程氏外书》卷7，《二程集》，第392页。
⑦ （宋）黎靖德编：《朱子语类》卷16，第2册，第358页。
⑧ （宋）黎靖德编：《朱子语类》卷27，第2册，第695页。
⑨ （宋）陈淳：《北溪字义》，第29页。

三 "吾道一以贯之"与"忠恕违道不远" 71

是也。曾子所说,却是移上一阶,说圣人之忠恕。到程子又移上一阶,说天地之忠恕。其实只一个忠恕,须自看教有许多等级分明。"① 显然,在朱熹看来,"天地无心之忠恕"是最高一阶的忠恕。

从朱熹所建立的"天地无心之忠恕""圣人无为之忠恕""学者著力之忠恕"的理论结构中可以看出,"学者著力之忠恕"作为正忠恕,不同于圣人"一以贯之"之忠恕,但又相互统一,它们只有处于不同等级的差异,由"学者著力之忠恕"可以达到"圣人无为之忠恕"和"天地无心之忠恕",由"学者著力之忠恕"可以推明"圣人无为之忠恕"和"天地无心之忠恕",推明圣人"一以贯之"之道。

(五) 余论

通过以上分析可以看出,朱熹在对《论语》孔子曰"吾道一以贯之"、曾子曰"夫子之道,忠恕而已矣"以及《中庸》曰"忠恕违道不远"的解读中,既讲"圣人之心,浑然一理",以"一本万殊"解"一以贯之",并进一步分析"一以贯之"与"忠恕"的相互关系,又把《论语》讲"忠恕一以贯之"与《中庸》讲"忠恕违道不远"区别开来,建立起"天地无心之忠恕""圣人无为之忠恕""学者著力之忠恕"的理论结构,并在这一结构中讨论"一以贯之"与"忠恕"的既相互不同又相互联系。

对于朱熹把"一以贯之"与"忠恕"分别开来,以为曾子曰"夫子之道,忠恕而已矣"只是借"忠恕"以明"一以贯之",清儒予以反对。顾炎武《日知录》引朱熹编《延平先生答问》所言"若以为夫子'一以贯之'之旨甚精微,非门人所可告,姑以'忠恕'答之,恐圣贤之心不若是之支也",说:"《集注》乃谓借学者'尽己推己'之目以著明之,是疑忠恕为下学之事,不足以言圣人之道也。然则是二之,非一之也。"② 焦循《论语通释》强调"一以贯之"即"忠恕"。他说:"孔子以一贯授曾子,曾子云'忠恕而已矣'。然则一贯者,忠恕也。忠恕者何? 成己以及物也。……孔子告颜子曰:'克己复礼为仁。'惟克己斯能舍己,故告颜子以仁,告子贡以恕,告曾子以一贯。其义一也。"③ 阮元《论语一贯说》指

---

① (宋)黎靖德编:《朱子语类》卷27,第2册,第695—696页。
② (清)顾炎武著,(清)黄汝成集释:《日知录集释》卷7,上海古籍出版社2006年版,第396—397页。
③ (清)焦循:《论语通释》,《续修四库全书》,第155册,第36页。

出:"孔子呼曾子告之曰:'吾道一以贯之。'此言孔子之道皆于行事见之,非徒以文学为教也。'一'与'壹'同,壹以贯之,犹言壹是皆以行事为教也。弟子不知所行为何道,故曾子:'夫子之道,忠恕而已矣。'此即《中庸》所谓'忠恕违道不远,施诸己而不愿,亦勿施于人。'"① 刘宝楠《论语正义》引述焦循和阮元所说,同时又引述王念孙依据《论语·卫灵公》"子贡问曰:'有一言而可以终身行之者乎?'子曰:'其恕乎!'"以及《论语·里仁》"子曰:'吾道一以贯之'"而言"一以贯之,即一以行之也",指出:"'一贯'之义,自汉以来不得其解,若焦与王、阮二家之说,求之经旨皆甚合。"② 又说:"自古圣贤至德要道,皆不外忠恕,能行忠恕,便是仁圣,故夫子言'忠恕违道不远'也。忠恕之道,即一以贯之之道。"③

应当说,在孔子的思想体系中,"仁"是最根本的概念,以为孔子的"一以贯之"之道就是"忠恕","忠恕"就是"仁",终究是有欠缺的。冯友兰早年的《中国哲学史》将孔子"一以贯之"等同于"忠恕",且又等同于"仁",实际上是把"仁"与"忠恕"等同了起来;而他晚年的《中国哲学史新编》认为,"忠恕"不是"仁",只是"为仁之方",④ 但对孔子的"一以贯之"之道,是"忠恕"还是"仁",并没有作出进一步的分析。因此,孔子的"一以贯之"之道到底是什么的问题,依然没有答案。劳思光《中国哲学史》则坚持认为,"忠恕"为孔子所持之"一以贯之"之道,并指出:"孔子所谓'道',即相应于'仁'说;而'忠恕'则是'仁'之两面表现。"⑤ 但是,将"忠恕"看作孔子的"一以贯之"之道,而等同于"仁",终究无法避免与《中庸》"忠恕违道不远"的不相一致。

在朱熹看来,《中庸》"忠恕违道不远","正是说忠恕",而《论语》曾子曰"夫子之道,忠恕而已矣",只是借"忠恕"以明孔子"一以贯之",而孔子"一以贯之"之道,并非等同于"忠恕",但可以"忠恕"所内涵的体用相合以及"一本万殊"加以解读。正如前面引述朱熹所说"圣人之心于天下事物之理无所不该,虽有内外本末之殊,而未尝不一以贯之也",这样的解读,揭示了孔子之道贯通内外、精粗、本末的特质,

---

① (清)阮元:《论语一贯说》,《揅经室集》(1集卷2),第53页。
② (清)刘宝楠:《论语正义》,第152—153页。
③ (清)刘宝楠:《论语正义》,第154页。
④ 冯友兰:《中国哲学史新编》,《三松堂全集》,第8卷,第133页。
⑤ 劳思光:《中国哲学史》,台北三民书局1981年版,第79页。

不仅能够消解《论语》讲"忠恕一以贯之"与《中庸》讲"忠恕违道不远"的不相一致,而且指出了由"违道不远"的忠恕进到孔子"一以贯之"之道的路径。这样的解读对于今天的学术以及经典诠释具有重要的参考价值。

四 "夫子之言性与天道"*

《论语·公冶长》载子贡曰:"夫子之文章,可得而闻也;夫子之言性与天道,不可得而闻也。"对于"夫子之言性与天道,不可得而闻也",历代的解读,众说纷纭。汉唐诸儒认为,孔子不言性与天道;朱熹则解读为:性与天道"夫子罕言之"。现代杨伯峻《论语译注》的解读是:孔子关于天性和天道的言论,我们听不到;而且认为,在《论语》中,孔子讲人性,"只说过'性相近也,习相远也'一句话","孔子不讲天道,对自然和人类社会的关系取存而不论的态度"。① 钱穆《论语新解》说:"孔子言性,《论语》惟一见。天道犹云天行,孔子有时称之曰命,孔子屡言知天知命,然不深言天与命之相系相合。子贡之叹,乃叹其精义之不可得闻。"② 李泽厚《论语今读》对杨伯峻和钱穆的解读有所综合,认为孔子"慎言大题目,少用大字眼","强调从近处、从实际、从具体言行入手",对于性与天道,"不是不讲,而是不直接讲"。③ 显然,这些解读之间存在着差异。因此,对"夫子之言性与天道,不可得而闻也"的历代解读作一梳理,无疑有助于理解"性与天道"在儒学思想中的重要地位。

(一) 汉唐诸儒的解读

据《汉书·张禹传》载,张禹说:"春秋二百四十二年间,日蚀三十余,地震五(十六),或为诸侯相杀,或夷狄侵中国。灾变之异深远难见,故圣人罕言命,不语怪神。性与天道,自子赣之属不得闻,何况浅见鄙儒

---

* 本章部分内容已以《朱熹对"夫子之言性与天道"的诠释及其现代价值》为题发表于《学术界》2018年第12期。
① 杨伯峻译注:《论语译注》,第68—69页。
② 钱穆:《论语新解》,第122页。
③ 李泽厚:《论语今读》,中华书局2015年版,第94—95页。

四 "夫子之言性与天道"　75

之所言!"① 据《后汉书·桓谭传》载,桓谭说:"观先王之所记述,咸以仁义正道为本,非有奇怪虚诞之事。盖天道性命,圣人所难言也。自子贡以下,不得而闻,况后世浅儒,能通之乎!"② 对此,唐李贤注:"《论语》子贡曰:'夫子之文章,可得而闻也。夫子之言性与天道,不可得而闻也。'郑玄注云:'性,谓人受血气以生,有贤愚吉凶。天道,七政变动之占也。'"③（另据唐写本《论语郑氏注》,郑玄注"夫子之言性与天道,不可得而闻",曰:"性,谓仁[人]受血气以生,贤愚古[古]凶。天道,谓七政变动之占。"④）显然,在汉儒看来,孔子"罕言命,不语怪神",而且不记述"奇怪虚诞之事",所以,"天道性命,圣人所难言也"。这里把"性与天道"与孔子所罕言的"命"以及所不语的"怪神"和"奇怪虚诞之事"相对应,因此,所谓"性与天道,自子赣之属不得闻","天道性命,圣人所难言也",实际上是指孔子不言性与天道。

三国时期,对于子贡曰"夫子之言性与天道,不可得而闻也"的解读,开始发生转变。据《三国志·荀彧传》南朝宋裴松之注引何劭《荀粲传》曰:"粲诸兄并以儒术论议,而粲独好言道,常以为子贡称夫子之言性与天道,不可得闻,然则六籍虽存,固圣人之糠秕。粲兄俣难曰:'《易》亦云圣人立象以尽意,系辞焉以尽言,则微言胡为不可得而闻见哉?'粲答曰:'盖理之微者,非物象之所举也。今称立象以尽意,此非通于意外者也,系辞焉以尽言,此非言乎系表者也;斯则象外之意,系表之言,固蕴而不出矣。'"⑤ 在三国的荀粲看来,孔子之道在于性与天道,但"理之微者,非物象之所举",即无法用言语表达。这就把孔子之道与孔子之言区别开来;换言之,孔子不言性与天道,但孔子之道在于性与天道。

魏何晏《论语集解》注"夫子之言性与天道,不可得而闻也",曰:"性者,人之所受以生者也。大道者,元亨日新之道也。深微,故不可得而闻也。"南北朝皇侃《论语义疏》疏曰:"夫子之言即谓文章之所言也。性,孔子所禀以生者也。天道,谓元亨日新之道也。言孔子六籍乃是人之所见,而六籍所言之旨,不可得而闻也。所以尔者,夫子之性,与天地元亨之道合其德,致此处深远,非凡人所知,故其言不可得闻也。"⑥ 邢昺

---
① （汉）班固:《汉书》卷81,第10册,第3351页。
② （南朝宋）范晔:《后汉书》卷28上,中华书局1965年版,第4册,第959—960页。
③ （南朝宋）范晔:《后汉书》卷28上,第4册,第960页。
④ 王素:《唐写本论语郑氏注及其研究》,第43页。
⑤ （晋）陈寿:《三国志》卷19,中华书局1959年版,第2册,第319—320页。
⑥ （梁）皇侃:《论语义疏》,第110页。

《论语注疏》疏曰:"'夫子之言性与天道,不可得而闻也'者,天之所命,人所受以生,是性也;自然化育,元亨日新,是天道也。与,及也。子贡言,若夫子言天命之性及元亨日新之道,其理深微,故不可得而闻也。……言人禀自然之性及天之自然之道,皆不知所以然而然,是其理深微,故不可得而闻也。"① 显然,魏晋之后的儒者认为,孔子"六经"所言之旨在性与天道,由于其理深微,非凡人所知,故不可得而闻也。

由此可见,对于子贡曰"夫子之言性与天道,不可得而闻也"的解读,汉唐时期主要有两种观点:

其一,为汉儒所提出,认为正如"子不语怪、力、乱、神",不仅孔子不言性与天道,而且孔子的学说也不言性与天道,因此不可得而闻也。后来唐代颜师古对此作了进一步说明,他说:"性命玄远,天道幽深,故孔子不言之也。"② 又说:"《论语》云'夫子之言性与天道,不可得而闻也',谓孔子未尝言性命之事及天道。"③ 所谓"未尝言性命之事及天道",就是指孔子及其学说都不曾言性与天道。

其二,为魏晋南北朝的儒者所提出,认为孔子的学说之旨在性与天道,由于其理深微,不可得而闻也。这种观点除了为北宋邢昺所接受,还有司马光说:"子罕言命,子贡称:'夫子之文章,可得而闻也;夫子之言性与天道,不可得而闻也。'是则天道精微,非圣人莫能知。今学者未能通人理之万一,而遽从事于天,是犹未尝操舟而欲涉海,不陷溺者其几矣?"④ 也就是说,孔子之言性与天道,之所以不可得而闻也,是由于"天道精微,非圣人莫能知"。

需要指出的是,子贡曰"夫子之言性与天道,不可得而闻也",其中"夫子之言",既可以指孔子教人时所言,也可指孔子的学说之所言。汉儒把二者混为一谈,把孔子教人时所言等同于孔子的学说之所言,完全否定孔子之言性与天道。魏晋南北朝的儒者则把孔子教人时所言与孔子的学说之旨区别开来,肯定孔子的学说之旨在于性与天道,但又认为其理深微而不可得而闻也。

唐韩愈、李翱《论语笔解》肯定孔子的学说言性与天道,但是反对以

---

① (魏)何晏集解,(宋)邢昺疏:《论语注疏》,(清)阮元校刻:《十三经注疏》,第5册,第5373—5374页。
② (汉)班固:《汉书》卷75,第10册,第3195页。
③ (汉)班固:《汉书》卷81,第10册,第3351页。
④ 李之亮:《司马温公集编年笺注》卷68《原命》,巴蜀书社2009年版,第5册,第241—242页。

往儒者将性与天道分割开来。韩愈说:"吾谓性与天道一义也。若解二义,则人受以生,何者不可得闻乎哉?"李翱曰:"'天命之谓性',是天人相与一也。天亦有性,春仁、夏礼、秋义、冬智,是也。人之率性,五常之道是也。盖门人只知仲尼文章,而尠克知仲尼之性与天道合也。非子贡之深蕴,其知天人之性乎?"① 认为在孔子那里,"性与天道一义","性与天道合"。后来,北宋陈祥道《论语全解》说:"夫子之道,出而致广大则为文章,入而极高明则为性与天道。子贡得其言,故于'文章可得而闻',未得其所以言,故于'性与天道不可得而闻'。盖性在我者也,未尝不在天;天道在天者也,未尝不在我。《礼》曰'天命之谓性',是在我者,未尝不在天也;孟子曰'圣人之于天道',是在天者,未尝不在我也。"② 实际上继承了唐韩愈、李翱关于孔子讲"性与天道合"的思想,而且明确认为孔子之道在于性与天道。

(二) 性与天道"夫子罕言之"

二程强调"心、性、天,只是一理",指出:"自理言之谓之天,自禀受言之谓之性,自存诸人言之谓之心。"③ 对于子贡曰"夫子之言性与天道,不可得而闻也",二程则认为是子贡听到孔子言性与天道而给予的赞叹。程颢说:"子贡曰:'夫子之文章,可得而闻也,夫子之言性与天道,不可得而闻也。'子贡盖于是始有所得而叹之。以子贡之才,从夫子如此之久,方叹'不可得而闻',亦可谓之钝矣。"④ 在程颢看来,子贡曰"夫子之言性与天道,不可得而闻也",是子贡闻孔子言性与天道而发出赞叹。同时,程颢又说:"'《诗》、《书》、执礼皆雅言。'雅素所言也,至于性与天道,则子贡亦不可得而闻,盖要在默而识之也。"⑤ "性与天道,非自得之则不知,故曰'不可得而闻'。"⑥ 也就是说,性与天道"不可得而闻",并不等于孔子不言。程颐也认为,子贡所言是"子贡闻夫子之至论而叹美

---

① (唐) 韩愈、李翱:《论语笔解》,中华书局1991年版,第7页。
② (宋) 陈祥道:《论语全解》卷3,《儒藏(精华编105)》,北京大学出版社2008年版,第60页。
③ (宋) 程颢、程颐:《河南程氏遗书》卷22上,《二程集》,第296—297页。
④ (宋) 程颢、程颐:《河南程氏遗书》卷12,《二程集》,第136页。
⑤ (宋) 程颢、程颐:《河南程氏遗书》卷11,《二程集》,第132页。
⑥ (宋) 程颢、程颐:《河南程氏外书》卷2,《二程集》,第361页。

之言也"①；还说："性与天道，此子贡初时未达，此后能达之，故发此叹辞，非谓孔子不言。其意义渊奥如此，人岂易到？"② 又说："唯子贡亲达其理，故能为是叹美之辞，言众人不得闻也。"③ 明确认为孔子并非不言性与天道。

朱熹《论语集注》继承二程的解读，注曰：

> 性者，人所受之天理；天道者，天理自然之本体，其实一理也。言夫子之文章，日见乎外，固学者所共闻；至于性与天道，则夫子罕言之，而学者有不得闻者。盖圣门教不躐等，子贡至是始得闻之，而叹其美也。④

显然，朱熹对于"夫子之言性与天道，不可得而闻也"的解读，强调性与天道"其实一理"。他还说："'性与天道'，性，是就人物上说；天道，是阴阳五行。""自'性与天道'言之，则天道者，以天运而言。自'圣人之于天道'言之，则天道又却以性分而言。"⑤ 又说："譬如一条长连底物事，其流行者是天道，人得之者为性。乾之'元亨利贞'，天道也，人得之，则为仁义礼智之性。"⑥

在朱熹看来，性与天道，不仅"其实一理"，而且孔子不是不言，而是"罕言之"；子贡"始得闻之"，而赞叹其美。至于孔子为什么罕言性与天道，朱熹《论语或问》明确认为，"圣人未尝不言性命，但其旨渊奥，学者非自得之，则虽闻而不喻也"，又说："然考之《论语》之书，则圣人之言性命者盖鲜焉，故门人又记之曰：'子罕言利与命与仁。'窃恐子贡之本意，亦不过于如此也。"⑦ 也就是说，性与天道"其旨渊奥"，学者要识得性与天道，应当"自得"。所谓"自得"，朱熹注《孟子》"君子深造之以道，欲其自得之也"，曰："言君子务于深造而必以其道者，欲其有所持循，以俟夫默识心通，自然而得之于己也。"⑧ 也就是说，要识得性与天道，必须"默识心通"。为此，朱熹还说："观子贡说'夫子之言性与天

---

① （宋）程颢、程颐：《河南程氏经说》卷6，《二程集》，第1139页。
② （宋）程颢、程颐：《河南程氏外书》卷1，《二程集》，第353页。
③ （宋）程颢、程颐：《河南程氏外书》卷6，《二程集》，第381页。
④ （宋）朱熹：《四书章句集注》，第79页。
⑤ （宋）黎靖德编：《朱子语类》卷28，第2册，第725页。
⑥ （宋）黎靖德编：《朱子语类》卷28，第2册，第725页。
⑦ （宋）朱熹：《四书或问》，朱杰人等编：《朱子全书》，第6册，第705页。
⑧ （宋）朱熹：《四书章句集注》，第297页。

四 "夫子之言性与天道" 79

道',自是有说时节,但亦罕言之。……若实能'默而识之',则于'《诗》、《书》、执礼'上,自见得性与天道。若不实能默识得,虽圣人便说出,也晓不得。"① 也就是说,对于性与天道,只能通过"默识心通"而"自得",否则就无法真正识得。

与此同时,朱熹又批评所谓孔子未尝言性与天道的各种说法。针对范祖禹"圣人教人,各因其材,性与天道,实未尝以语子贡"之说,朱熹认为,这是"不察乎罕言之旨",是错误的。他说:"抑如子贡者,夫子尝告以'一以贯之'矣,又告以'天何言哉'矣,又告之以'知我其天'矣,则固不可谓未尝以告之。"② 对于杨时、谢良佐"性命之微,圣人未尝言,而每著见于文章之中,要在学者默识而自得之"之说,朱熹认为,这也是错误的。他说:"使圣人果绝口而未尝言也,则学者何以知夫性与天道之目,而求所以自得之?若其晓然号于众曰:'吾有所谓性与天道者,在乎不言之中,而欲学者之自得。'则其言之已甚,而又骎骎乎佛、老之意矣,安得谓之未尝言而不可闻哉!"③ 显然,朱熹对以往所谓孔子未尝言性与天道的观点予以了批评。

因此,朱熹特别强调孔子言性与天道。据《朱子语类》载:

> 问:"子贡是因文章中悟性、天道,抑后来闻孔子说邪?"曰:"是后来闻孔子说。"曰:"文章亦性、天道之流行发见处?"曰:"固亦是发见处。然他当初只是理会文章,后来是闻孔子说性与天道。今不可硬做是因文章得。然孔子这般也罕说。如'一阴一阳之谓道,继之者善也,成之者性也',因系《易》方说此,岂不是言性与天道。又如'鼓万物而不与圣人同忧','大哉乾元,万物资始',岂不言性与天道。"④

朱熹认为,子贡当初只是理会文章,后来闻得孔子说性与天道,并非孔子不言性与天道;但是,孔子言性与天道,只是"罕说",更多的是体现在《易传》中。又据《朱子语类》载:

> 器之问:"性与天道,子贡始得闻而叹美之。旧时说,性与天道,

---

① (宋)黎靖德编:《朱子语类》卷34,第3册,第887页。
② (宋)朱熹:《四书或问》,朱杰人等编:《朱子全书》,第6册,第705页。
③ (宋)朱熹:《四书或问》,朱杰人等编:《朱子全书》,第6册,第705—706页。
④ (宋)黎靖德编:《朱子语类》卷28,第2册,第726页。

便在这文章里,文章处即是天道。"曰:"此学禅者之说。若如此,孟子也不用说性善。《易》中也不须说'阴阳不测之谓神'。这道理也著知。子贡当初未知得,到这里方始得闻耳。"①

在朱熹看来,孔子言性与天道,虽然体现在文章里,但不能由此认为"文章处即是天道";子贡当初并未从理会文章中知得性与天道,而是闻得孔子言性与天道才知得。

需要指出的是,朱熹讲性与天道"夫子罕言之",强调孔子言"性与天道",批评所谓孔子未尝言性与天道的观点,因而完全不同于汉唐诸儒所谓孔子不言"性与天道"的说法;同时,朱熹又认为性与天道"其旨渊奥",因而"夫子罕言之",包含了魏晋南北朝之后的儒者认为"性与天道"为孔子"六经"之要旨,其深微而不可得而闻的说法。而且,朱熹还赞同门人郑南升所谓:"性与天道,乃是此理之精微。盖性者是人所受于天,有许多道理,为心之体者也。天道者,谓自然之本体所以流行而付与万物,人物得之以为性者也。圣人不以骤语学者,故学者不得而闻。"② 认为性与天道"夫子罕言之",不仅是由于性与天道"乃是此理之精微",而且还在于"圣人不以骤语学者"。

(三)"圣门教不躐等"

朱熹认为,性与天道"夫子罕言之",以致子贡闻得孔子言性与天道时,而赞叹"夫子之言性与天道,不可得而闻也",其原因在于性与天道"乃是此理之精微","圣人不以骤语学者",这也就是《论语集注》所谓"圣门教不躐等"。据《朱子语类》载,朱熹还说:"子贡性与天道之叹,见得圣门之教不躐等。又见其言及此,实有不可以耳闻而得之者。"③

"躐等"一词,《礼记》已经言及。《礼记·学记》讲"教之大伦"时说:"大学始教,皮弁祭菜,示敬道也;宵雅肄三,官其始也;入学鼓箧,孙其业也;夏楚二物,收其威也;未卜禘不视学,游其志也;时观而弗语,存其心也;幼者听而弗问,学不躐等也。此七者,教之大伦也。"对

---

① (宋)黎靖德编:《朱子语类》卷28,第2册,第726页。
② (宋)黎靖德编:《朱子语类》卷28,第2册,第726页。
③ (宋)黎靖德编:《朱子语类》卷28,第2册,第724页。

于其中"幼者听而弗问,学不躐等也",唐孔颖达说:"教学之法,若有疑滞未晓,必须问师,则幼者但听长者解说,不得辄问,推长者谘问,幼者但听之耳。'学不躐等也'者,学,教也;躐,逾越也。言教此学者,令其谦退不敢逾越等差。若其幼者辄问,不推长者,则与长者抗行,常有骄矜。今唯使听而不问,故云学不躐等也。"① 可见,"躐等"意在"逾越等差",《礼记》强调"学不躐等",讲的是教学不可"逾越等差",应当因人而异、因材施教,循序渐进。

二程强调"学不躐等",说:"圣人之教,常俯而就之,……非独使资质庸下者勉思企及,而才气高迈者亦不敢躐等而进也。"② 程颐强调《大学》"格物""致知""诚意""正心",必须循序渐进,而不可躐等,说:"未致知,便欲诚意,是躐等也。学者固当勉强,然不致知,怎生行得?勉强行者,安能持久?"③ 与二程同时的范祖禹也讲"学不躐等"。他说:"先王之教,学不躐等,幼者有为幼之事,长者有为长之道。童子而欲为成人,是学未至而谓之至,行未成而谓之成,……岂不夭其天性哉!"④ 晁说之撰《儒言》,其中有《躐等》一节,说:"学不躐等也,尚矣。自一年至七年皆有所视,九年乃大成。今童子嬉戏未除,而为易高谈天人之际,老不知周世宗之功、王朴之谋,乃谓三代可立致,而平视尧舜,其躐等多矣。以故民风日浇,而盗贼兴,未易图其救之之术也。"⑤

二程门人也多讲"学不躐等"。吕大临《论语解》说:"吾无隐乎尔,与人为善也。学不躐等。非隐也,未可也。竭两端于鄙夫,非躐等也,言近而指远也。以微罪去,非隐情也,众人自有所不识。性与大道,非不言也,弟子亦自有所不闻。"⑥ 对于孔子曰"加我数年,五十以学《易》,可以无大过矣",杨时说:"孔子之学《易》,宜不待五十,言此者,欲学者当其可而不躐等也。"⑦ 对于孔子曰"吾十有五而志于学……七十而从心所欲不逾矩",尹焞说:"孔子生而知之者,而言十五至于七十,成德之序如

---

① (汉)郑玄注,(唐)孔颖达疏:《礼记正义》,(清)阮元校刻:《十三经注疏》,第3册,第3298—3299页。
② (宋)程颢、程颐:《河南程氏粹言》卷2,《二程集》,第1229页。
③ (宋)程颢、程颐:《河南程氏遗书》卷18,《二程集》,第187页。
④ (宋)朱熹:《论孟精义》,朱杰人等编:《朱子全书》,第7册,第514页。
⑤ (宋)晁说之:《晁氏儒言》,中华书局1985年版,第12页。
⑥ (宋)吕大临:《论语解》,陈俊民辑校:《蓝田吕氏遗著辑校》,中华书局1993年版,第435页。
⑦ (宋)朱熹:《论孟精义》,朱杰人等编:《朱子全书》,第7册,第263页。

此，其亦勉进学者不躐等之意。"①

朱熹《论语集注》不仅认为"夫子之言性与天道，不可得而闻也"，是由于"圣门教不躐等"，而且还解《论语》孔子所言"中人以上，可以语上也；中人以下，不可以语上也"，说：

> 言教人者，当随其高下而告语之，则其言易入而无躐等之弊也。张敬夫曰："圣人之道，精粗虽无二致，但其施教，则必因其材而笃焉。盖中人以下之质，骤而语之太高，非惟不能以入，且将妄意躐等，而有不切于身之弊，亦终于下而已矣。……"②

这也是讲"教不躐等"。对于《论语》孔子告子路所言"未能事人，焉能事鬼"，"未知生，焉知死"，朱熹说："夫子之言固所以深晓子路，然学不躐等，于此亦可见矣。"③《论语集注》则说："然非诚敬足以事人，则必不能事神；非原始而知所以生，则必不能反终而知所以死。盖幽明始终，初无二理，但学之有序，不可躐等，故夫子告之如此。"④ 这里讲的是"学不躐等"。

按照朱熹的说法，性与天道，"不可得而闻"，并非孔子不言性与天道，而是由于"夫子罕言之"；孔子之所以罕言之，是由于性与天道"乃是此理之精微"，"圣门教不躐等"。至于为什么要"教不躐等"，据《朱子语类》载：

> 寓问："《集注》说，性以人之所受而言，天道以理之自然而言。不知性与天道，亦只是说五常，人所固有者，何故不可得闻？莫只是圣人怕人躐等否？"曰："这般道理，自是未消得理会。且就它威仪、文辞处学去。这处熟，性天道自可晓。"又问："子贡既得闻之后，叹其不可得闻，何也？"曰："子贡亦用功至此，方始得闻。若未行得浅近者，便知得他高深作甚！教圣人只管说这般话，亦无意思。天地造化阴阳五行之运，若只管说，要如何？圣人于《易》，方略说到这

---

① （宋）朱熹：《论孟精义》，朱杰人等编：《朱子全书》，第7册，第72页。
② （宋）朱熹：《四书章句集注》，第89页。
③ （宋）朱熹：《晦庵先生朱文公文集》卷45《答廖子晦》（1），朱杰人等编：《朱子全书》，第22册，第2079页。
④ （宋）朱熹：《四书章句集注》，第126页。

处。'子罕言利，与命，与仁'。只看这处，便见得圣人罕曾说及此。"①

在朱熹看来，"圣门教不躐等"就是要学者"且就它威仪、文辞处学去"，"这处熟，性天道自可晓"，否则，"若未行得浅近者，便知得他高深作甚么"，而且，就算是闻得孔子教人识性与天道，也未必能明白其意思，所以孔子只是在《易传》中才说到性与天道。

显然，朱熹对于"夫子之言性与天道，不可得而闻也"的解读，不是仅仅停留在孔子是否说过"性与天道"、"性与天道"是否为孔子"六经"之要旨这样的问题上，而是通过强调孔子言"性与天道"，进一步讨论如何识得性与天道，如何教人。尤其是，朱熹不仅认为性与天道"夫子罕言之"，而且讲"圣人于《易》，方略说到这处"，把孔子言"性与天道"与《易传》结合起来，对于后世影响很大。

（四）清儒的解读

清儒肯定孔子言"性与天道"，并且与《易传》联系在一起。戴震说："余少读《论语》端木氏之言曰：'夫子之文章可得而闻也，夫子之言性与天道不可得而闻也。'读《易》，乃知言性与天道在是。"② 也就是说，孔子所言"性与天道"包含在《易传》之中。

钱大昕对孔子之言"性与天道"的解读，着重于讨论性与天道的关系。他说："经典言天道者，皆以吉凶祸福言。……郑康成注《论语》云'天道，七政变通之占'，与《易》《春秋》义正同。孟子云'圣人之于天道也'，亦谓吉凶阴阳之道，圣人有不知，故曰'命也'。合则，性与天道，又何别焉？一说性与天道，犹言性与天合也。《后汉书·冯异传》：'臣伏自思惟，以诏敕战攻，每辄如意；时以私心断决，未尝不有悔。国家独见之明，久而益远，乃知"性与天道，不可得而闻也"。'《管辂别传》：'苟非性与天道，何由背爻象而任胸心？'《晋书·纪瞻传》：'陛下性与天道，犹复役机神于史籍。'（《唐书》孙伏伽、长孙无忌传，俱有性

---

① （宋）黎靖德编：《朱子语类》卷28，第2册，第725页。
② （清）戴震：《孟子字义疏证·序》，中华书局1982年版，第1页。

与天道之语）此亦汉儒相承之说，而何平叔俱不取。"① 在钱大昕看来，汉儒既讲性与天道有别，也讲性与天道合，后者为何晏《论语集解》所不取。

宋翔凤《论语说义》对孔子之言"性与天道"多有研究。他说："《诗》《书》《礼》《乐》者，夫子之文章也。《易》者，夫子之言性与天道也。……《易》明天道，以通人事，故本隐以之显。《春秋》纪人事，以成天道，故推见至隐。天人之际，通之以性，故曰性与天道。所谓与者，天人相与也。人皆有天命之性，不能率性（遵从本性），则离道；圣人能率性，则合道。道者，天道。戒慎不睹，恐惧不闻，性与天道之学也。"② 宋翔凤认为，孔子在《易传》中言"性与天道"，而且孔子所言"性与天道"是就性与天道合而言。他还说："圣人言性合乎天道，与犹言合也。后言'利与命与仁'，亦是合义。"③

对此，刘宝楠《论语正义》案："以'与'为'合'，此汉儒误解，不可援以为训。"④ 还说："性与天道，其理精微，中人以下，不可语上，故不可得闻。其后子思作《中庸》，以性为天命，以天道为至诚。孟子私淑诸人，谓人性皆善，谓尽心则能知性，知性则能知天，皆夫子性与天道之言，得闻所未闻者也。"⑤

显然，清儒大都认为孔子言性与天道，其分歧在于孔子所言"性与天道"是否就性与天道合而言。至于子贡曰"夫子之言性与天道，不可得而闻也"，则如刘宝楠所说，是由于"性与天道，其理精微，中人以下，不可语上"。刘宝楠还说："夫子四教，首在于文，颜子亦言'夫子博我以文'，此群弟子所以得闻也。《世家》又云：'孔子晚而喜《易》，序《彖》、《系》、《象》、《说卦》、《文言》。读《易》，韦编三绝。曰："假我数年，若是，我于《易》则彬彬矣。"'盖《易》藏太史氏，学者不可得见，故韩宣子适鲁，观书太史氏，始见《周易》。孔子五十学《易》，惟子夏、商瞿晚年弟子得传是学。然则子贡言'性与天道不可得闻'，《易》是也。"⑥ 在刘宝楠看来，子贡曰"夫子之言性与天道，不可得而闻也"，

---

① （清）钱大昕：《潜研堂文集》卷9《答问六·论语》，上海商务印书馆1935年版，第109—110页。
② （清）宋翔凤：《论语说义》，华夏出版社2018年版，第89页。
③ 转引自（清）刘宝楠《论语正义》，第186页。
④ （清）刘宝楠：《论语正义》，第186页。
⑤ （清）刘宝楠：《论语正义》，第187页。
⑥ （清）刘宝楠：《论语正义》，第184页。

四 "夫子之言性与天道" 85

是由于他未闻孔子《易》学。

除此之外，清儒又强调孔子在《易传》中言"性与天道"，而在平时教学时则有所不言。程廷祚《论语说》说："性与天道，事物之大原，夫子于大《易》《中庸》言之盖亦详矣，而设教之日，则有所不言者，以性与天道即事物以为体，骤而语之，必有遗其当务者矣。……孔门高弟，莫如颜渊，而夫子之答问仁，则曰'克己复礼'。颜子于博文约礼之后既竭吾才，而亦未闻夫子语之以性与天道也。然则圣人未尝以是为教，亦明甚矣。"① 因此，程廷祚批评朱熹所谓"圣门教不躐等"和子贡"叹其美"的解读。章学诚则说："子贡曰：'夫子之文章，可得而闻也；夫子之言性与天道，不可得而闻也。'盖夫子所言，无非性与天道，而未尝表而著之曰，此性此天道也。故不曰'性与天道'不可得闻；而曰'言性与天道'不可得闻也。所言无非性与天道，而不明著此性与天道者，恐人舍器而求道也。"② 后来的戴望说："性者，人所分于阴阳五行，有仁义礼知之等；天道，天所行盈虚消息之道。'与'犹'合'也。幽赞神明，通合天人之道者，莫著于《易》《春秋》。然不以设教传其人，不待告，告非其人，虽言不著，故'不可得而闻也已矣'。"③ 他们都认为，孔子在《易传》中言"性与天道"，但在平日教学中则不言，所以"不可得而闻也"。但无论如何，他们都肯定孔子言"性与天道"。

（五）余论

应当说，子贡曰"夫子之言性与天道，不可得而闻也"，指的是子贡未曾闻孔子言性与天道。但是，子贡未曾闻孔子言性与天道，不等于孔子不言性与天道；而且，孔子是否言性与天道，是一回事；孔子的学说是否在于性与天道，又是一回事。

汉儒以子贡未曾闻孔子言性与天道，而认为孔子不言性与天道；魏晋南北朝的儒者则把孔子所言与孔子学说之旨区别开来，认为孔子学说之旨在于性与天道，由于其理深微，不可得而闻也；清儒认为，孔子言性与天道在《易传》，但在平日教学中不言，所以不可得而闻也，无疑是将汉唐

---

① （清）程廷祚：《论语说》，《续修四库全书》，第153册，第466页。
② （清）章学诚：《文史通义》，上海书店1988年版，第40页。
③ （清）戴望：《戴氏注论语》卷5，《续修四库全书》，第157册，第100页。

诸儒的解读推进了一步。

与此不同，朱熹强调性与天道"夫子罕言之"，"学者有不得闻"，并不是孔子不言，而是由于性与天道"乃是此理之精微"，同时还在于"圣门教不躐等"，因而涉及如何识得性与天道、如何教人的问题。

现代对于子贡曰"夫子之言性与天道，不可得而闻也"的解读，依然停留于孔子是否言性与天道的问题上。杨伯峻《论语译注》认为"孔子不讲天道，对自然和人类社会的关系取存而不论的态度"，如同汉儒，以子贡未曾闻孔子言性与天道，而认为孔子不言性与天道。钱穆《论语新解》认为"孔子屡言知天知命，然不深言天与命之相系相合"，承认孔子言性与天道。李泽厚《论语今读》认为孔子对于性与天道，"不是不讲，而是不直接讲"。这样的解读，无论相较于朱熹解读所包含的丰富内容，还是相较于清儒解读所做的清晰分疏，都尚有进一步深入的空间。

与此不同，对于子贡曰"夫子之言性与天道，不可得而闻也"的解读，牟宗三说："'不可得而闻'，向来有相异的两种解说，第一种是说孔子认为性与天道过分玄妙深奥，索性根本不谈它们。另一种说法认为孔子不是不讲性与天道，只因性与天道不易为青年学生所领悟，所以很少提及。我们可以推想，子贡说'不可得而闻'那话时，年龄一定不小了，最低限度他可略懂性与天道的道理。如此，他所说的'不可得而闻'，其实是对孔子的赞叹，这赞叹又表示子贡对性与天道有若干程度的解悟。也许，孔子的确很少谈论性与天道，从《论语》看来是如此；然而，孔子五十而读《易》，至'韦编三绝'，而且又曾赞《易》，显然他对《易经》下了一番功夫。《易经》的中心就是性与天道，因此孔子对性与天道，确曾下了一番研究的心血。说孔子对于性与天道根本不谈，或根本无领悟，那是不对的。不过他不愿客观地空谈，而却开辟了仁、智、圣的领域。只要践仁成圣，即可契悟天道。"[①] 显然，牟宗三的解读不是停留于孔子是否言性与天道的问题上，而是进一步讨论如何识得性与天道、如何教人的问题，这与朱熹的解读有许多相似之处，凸显了朱熹的解读仍具有现代学术价值。

---

① 牟宗三：《中国哲学的特质》，上海古籍出版社1997年版，第28页。

五 "孝弟"："仁之本"还是"为仁之本"*

孔子讲"仁"，又讲"孝弟"，《论语·学而》载子曰："弟子入则孝，出则弟，谨而信，泛爱众而亲仁。"又载有子曰："其为人也孝弟，而好犯上者，鲜矣；不好犯上，而好作乱者，未之有也。君子务本，本立而道生。孝弟也者，其为仁之本与！"对于其中"孝弟也者，其为仁之本与"，历来有不同的解读。汉唐时期大都将其解读为"孝是仁之本"，而唐宋时期又出现过"孝悌也者，其为人之本欤"的文本。北宋程颢明确讲孝弟是"为仁之本，非仁之本也"。程颐则讲"孝弟是仁之一事"，不赞同所谓"孝是仁之本"的说法。朱熹继承二程所谓"为仁以孝弟为本，论性则仁为孝弟之本"，"仁是性，孝弟是用"，明确讲"仁是体，孝弟是用"，把仁与孝弟的关系看作体用关系，并由此将该句解读为"所谓孝弟，乃是为仁之本"，并非"孝是仁之本"。

现代对于《论语》该句的解读，大都依据汉唐时期"孝是仁之本"的说法。杨伯峻《论语译注》解读为："孝顺爹娘，敬爱兄长，这就是'仁'的基础吧！"[①] 钱穆《论语新解》解读为："仁者，人群相处之大道。孝弟乃仁之本，人能有孝弟之心，自能有仁心仁道，犹木之生于根。孝弟指心，亦指道。行道而有得于心则谓之德。仁亦然，有指心言，有指道言，有指德言。内修于己为德，外措施之于人群为道。或本无'为'字。或说以'为仁'连读，训为'行仁'，今不从。"[②] 冯友兰《中国哲学史新编》则认为，在孔子看来，孝是"'仁'的根本的根本"[③]，所以孔子的弟子有子说："孝弟也者，其为仁之本与！"李泽厚《伦理学纲要》则说：

---

* 本章部分内容已以《"孝弟"："仁之本"还是"为仁之本"——以朱熹对〈论语〉"孝弟也者，其为仁之本与"的诠释为中心》为题发表于《安徽大学学报》2019年第1期。
① 杨伯峻译注：《论语译注》，第3页。
② 钱穆：《论语新解》，第6页。
③ 冯友兰：《中国哲学史新编》，《三松堂全集》，第8卷，第132页。

"根据先秦原典,'孝弟'是'仁'之本,《论语》说得极明白:'孝弟也者,其为仁(人)之本欤?'但是小程和朱熹却硬把它们颠倒了过来:'论性,则仁为孝弟之本',……朱熹说,'仁是孝弟之本'。"① 近年来,又有学者认为,程朱把"孝弟也者,其为仁之本与"解读为孝弟是为仁之本,与先前将该句解读为孝弟是仁之本,这两种观点是可以相通的。②

应当说,朱熹从形而上的层面,把仁看作天地万物之根本,又视其为人的心之本体,并以体用辨析仁与孝的关系,讲"仁是体,孝弟是用",由此讲"仁为孝弟之本",孝弟是"为仁之本",而不是"仁之本"。这些观点对于理解仁及其与孝的关系,具有重要的意义。

(一)"为仁之本"与"为人之本"

汉儒刘向《说苑·建本》说:"孔子曰:'君子务本,本立而道生。'"又说:"孔子曰:行身有六本,本立焉,然后为君子。立体有义矣而孝为本;……"③ 后来被载入《孔子家语》④,其中所谓"孝为本",对后世影响很大。据《后汉书·延笃传》载,汉儒延笃曾就"时人或疑仁孝前后之证"论之曰:"观夫仁孝之辩,纷然异端,互引典文,代取事据,可谓笃论矣。夫人二致同源,总率百行,非复铢两轻重,必定前后之数也。……夫仁人之有孝,犹四体之有心腹,枝叶之有本根也。圣人知之,故曰:'夫孝,天之经也,地之义也,人之行也。''君子务本,本立而道生。孝悌也者,其为仁之本与!'然体大难备,物性好偏,故所施不同,事少两兼者也。如必对其优劣,则仁以枝叶扶疏为大,孝以心体本根为先,可无讼也。或谓先孝后仁,非仲尼序回、参之意。盖以为仁孝同质而生,纯体之者,则互以为称,虞舜、颜回是也。若偏而体之,则各有其目,公刘、曾参是也。夫曾、闵以孝悌为至德,管仲以九合为仁功,未有论德不先回、参,考功不大夷吾。以此而言,各从其称者也。"⑤ 在延笃看来,仁和

---

① 李泽厚:《伦理学纲要》,人民日报出版社 2010 年版,第 68 页。
② 韩星:《仁与孝的关系及其现代价值——以〈论语〉"其为人也孝弟"章为主》,《船山学刊》2015 年第 1 期。
③ (汉)刘向撰,赵善诒疏证:《说苑疏证》,第 61—62 页。
④ 据《孔子家语·六本》载,孔子曰:"行己有六本焉,然后为君子也。立身有义矣,而孝为本;……"[(魏)王肃注:《孔子家语》(上册),第 70 页]
⑤ (南朝宋)范晔:《后汉书》卷 64,中华书局 1965 年版,第 8 册,第 2104—2105 页。

孝是"同质而生",处于同一层面的两种道德,"仁以枝叶扶疏为大,孝以心体本根为先",也就是说,仁为大,孝为先。这也可看作延笃对《论语》"孝弟也者,其为仁之本与"的解读。

魏何晏《论语集解》注"君子务本,本立而道生。孝弟也者,其为仁之本与",曰:"本,基也。基立而后可大成也。"并引包咸注曰:"先能事父兄,然后仁道可成也。"皇侃《论语义疏》疏"君子务本",曰:"此亦有子语也。务,犹向也,慕也。本,谓孝悌也。孝弟者既不作乱,故君子必向慕之也。"疏"本立而道生",曰:"解所以向慕本义也。若其本成立,则诸行之道,悉滋生也。"疏"孝弟也者,其为仁之本与",曰:"此更以孝悌解本,以仁释道也。言孝是仁之本,若以孝为本,则仁乃生也。……王弼曰:'自然亲爱为孝,推爱及物为仁也。'"① 显然,他们都认为,孝是仁之本,孝而仁乃生。北宋邢昺《论语注疏》仍以何晏《论语集解》为底本,同样引包咸注曰:"先能事父兄,然后仁道可大成。"疏曰:"君子务修孝弟,以为道之基本。基本既立,而后道德生焉。恐人未知其本何谓,故又言:'孝弟也者,其为仁之本欤。'"② "君子务本"就是"君子务修孝弟",所以孝弟是"道之基本","仁之本"。

可见,无论是包咸注,还是何晏《论语集解》、皇侃《论语义疏》,乃至于邢昺《论语注疏》,都把仁和孝看作处于同一层面的并列的两种道德,把"孝弟也者,其为仁之本与"解读为孝是仁之本,以为孝比仁更为根本,这也就是所谓"先能事父兄,然后仁道可大成",先有孝弟,然后可以成就仁道。

唐代朝廷推崇孝。唐贞观五年(631年),魏征撰《群书治要》,其中《论语》载有子曰:"君子务本,本立而道生。孝悌也者,其仁之本与!"并注曰:"先能事父兄,然后仁可成。"③ 然而,垂拱元年(685年),武则天所撰《臣轨》,言"夫纯孝者,则能以大义修身,知立行之本",并引述《论语》曰:"孝悌也者,其为人之本欤!"郑玄曰:"言人有其本性,则成功立行也。"④ 由此可以推断,《臣轨》里所引述的《论语》可能是当

---

① (梁)皇侃:《论语义疏》,第6页。
② (魏)何晏集解,(宋)邢昺疏:《论语注疏》,(清)阮元校刻:《十三经注疏》,第5册,第5335页。
③ (唐)魏征:《群书治要》卷9,中华书局1985年版,第144页。
④ (唐)武则天:《臣轨》,中华书局1985年版,第10—11页。

时流行的郑玄注本。① 应当说，武则天《臣轨》所引述《论语》曰"孝悌也者，其为人之本欤"，与魏征《群书治要》所引述《论语》有子曰"孝悌也者，其仁之本与"不只是文字上的差异，而且所讨论的问题也有着很大的不同；前者属于孝与人的关系问题，即道德与人的关系，后者被当时学者解读为孝是仁之本，属于孝与仁的关系问题；前者讲孝对于人的根本性，后者讲孝对于仁的根本性。后来，白居易《白氏六帖事类集》卷八"孝第一"门，引述《论语》曰："君子务本，本立而道生。孝悌也者，其为人之本与！"② 此与武则天《臣轨》所引述《论语》曰"孝悌也者，其为人之本欤"相类似。但是，开成二年（837年）完成的开成石经本《论语》则为："君子务本，本立而道生。孝弟也者，其为仁之本与！"③

据《法藏敦煌西域文献》伯2618号写本，何晏《论语集解》载，有子曰："其为人也孝悌，而好犯上者，鲜矣；不好犯上，而好作乱者，未之有也。君子务本，本立而道生。孝悌也者，其为人之本欤！"④ 为唐乾符三年（876年）写本。这里的"孝悌也者，其为人之本欤"，与武则天《臣轨》所引述完全一致。但是，该句下有包咸注："先能事父兄，然后仁道可大成。"由此可推知，"此处'人'应作'仁'"⑤。

应当说，汉唐儒家对于《论语》"孝弟也者，其为仁之本与"的解读，基本上按照包咸所注"先能事父兄，然后仁道可成"，强调孝是仁之本，先有孝弟，而后成就仁道。虽然唐代曾有过"孝悌也者，其为人之本欤"的文本，但并没有对此作出新的解读。

与此不同，到了宋代，像武则天《臣轨》"孝悌也者，其为人之本欤"那样的文本更为流行。北宋王钦若等编《册府元龟》，引《论语》"孝悌也者，其为人之本与"⑥。南宋宗泽在《再奏乞修宝箓宫疏》中引有子曰："孝弟也者，其为人之本与。"⑦ 林之奇《尚书全解》引有子曰："君子务

---

① 清刘宝楠《论语正义》说："宋氏翔凤郑《注》辑本'为仁'作'为人'，云：'言人有其本性，则成功立行也。'案：'仁'、'人'当出《齐》、《古》、《鲁》异文。郑就所见本'人'字解之'为人之本'，与上文'其为人也'句相应。义亦通也。"〔（清）刘宝楠：《论语正义》，第8页〕

② （唐）白居易：《白氏六帖事类集》（贴册2）卷8，文物出版社1987年版，第61页。

③ 中华书局编辑部编：《景刊唐开成石经》，中华书局1997年版，第2598页。

④ 上海古籍出版社、法国国家图书馆编：《法藏敦煌西域文献》，上海古籍出版社2001年版，第16册，第294页。

⑤ 李方：《敦煌〈论语集解〉校证》，江苏古籍出版社1998年版，第21页。

⑥ （宋）王钦若：《册府元龟》卷851，中华书局1960年版，第11册，第10114页。

⑦ （宋）宗泽：《宗忠简公集》卷1，中华书局1985年版，第8页。

本，本立而道生。孝悌也者，其为人之本欤！"① 重要的是，陈善《扪虱新话》有《〈论语〉"仁之本欤""斯知仁矣""井有仁焉"皆当作"人"》一节，指出："古人多假借用字。……今观《论语》中，如曰：'孝弟也者，其为仁之本欤。'又曰：'观过。斯知仁矣。'又曰：'井有仁焉。'窃谓此仁字，皆当作人。盖是假借用之，而学者以其字之为仁也，多曲为之解。予求其说而不得，故依汉人例，敢以仁、人为通用之文。不然，则'井有仁焉'为仁义之仁，果何谓乎？"② 陈善明确认为"孝弟也者，其为仁之本"，其中"仁"应当为"人"。当然，这一讨论，猜测的成分为多，因为即使在《论语》中有许多"仁"字都可能解作"人"，也不能完全证明"其为仁之本"就一定等于是"其为人之本"。

但是，无论是像武则天《臣轨》"孝悌也者，其为人之本欤"那样的文本，还是把"孝弟也者，其为仁之本"中的"仁"当作"人"，实际上都转移了论题，即已经从原来讨论孝与仁的关系，转移到孝与人的关系，因而不能支持汉唐儒家把"孝弟也者，其为仁之本与"解读为孝是仁之本。与此同时，北宋二程和南宋朱熹明确反对汉唐儒家的解读，并就此作出深入的理论分析，有了新的不同解读。

（二）"仁是体，孝弟是用"

二程不赞同把"孝弟也者，其为仁之本与"解读为孝弟是仁之本。程颢说："'孝弟也者，其为仁之本与！'言为仁之本，非仁之本也。"③ "非谓孝弟即是仁之本，盖谓为仁之本当以孝弟。"④ 明确认为，孝弟不是仁之本，而是为仁之本。程颐也反对孝弟是仁之本的说法。他说："孝弟于其家，而后仁爱及于物，所谓亲亲而仁民也，故为仁以孝弟为本，论性，则仁为孝弟之本。"⑤ 也就是说，仁与孝弟的关系，应当分别从人性和为仁两个方面讲：就人性而言，"仁为孝弟之本"；就为仁而言，"为仁以孝弟为本"，所谓"亲亲而仁民"。对于门人解读"孝弟也者，其为仁之本与"

---

① （宋）林之奇：《尚书全解》卷15，《景印文渊阁四库全书》，第55册，第288页。
② （宋）陈善著，孙钒婧、孙友新校注：《扪虱新话评注》，福建人民出版社2014年版，第246页。
③ （宋）程颢、程颐：《河南程氏遗书》卷11，《二程集》，第125页。
④ （宋）程颢、程颐：《河南程氏外书》卷7，《二程集》，第395页。
⑤ （宋）程颢、程颐：《河南程氏经说》卷6，《二程集》，第1133页。

所言"盖谓修为其仁者，必本于孝弟故也"，程颐予以肯定，还说："不敬其亲而敬他人者，谓之悖礼，不爱其亲而爱他人者，谓之悖德，故君子'亲亲而仁民，仁民而爱物'。"① 一方面，为仁要从敬爱亲人为先，另一方面，还要由此推广，"仁民而爱物"。所以，为仁以孝弟为本，但孝弟并非仁之本。据《河南程氏遗书》载，问："'孝弟为仁之本'，此是由孝弟可以至仁否？"曰："非也。谓行仁自孝弟始。盖孝弟是仁之一事，谓之行仁之本则可，谓之是仁之本则不可。盖仁是性也，孝弟是用也。性中只有仁义礼智四者，几曾有孝弟来？仁主于爱，爱莫大于爱亲。故曰：'孝弟也者，其为仁之本欤！'"② 在程颐看来，"仁是性，孝弟是用"，"仁为孝弟之本"，而所谓"孝弟也者，其为仁之本欤"，是就"行仁"而言，"行仁自孝弟始"，孝弟是"行仁之本"，而不是"仁之本"。

朱熹非常重视程颐所谓"为仁以孝弟为本，论性则仁为孝弟之本"。他曾与范伯崇讨论程颐所谓"性中只有仁、义、礼、智，曷尝有孝悌来"，并指出：

> 盖天下无性外之物，岂性外别有一物名孝悌乎？但方在性中，即但见仁、义、礼、智四者而已。仁便包摄了孝悌在其中，但未发出来，未有孝悌之名耳。非孝悌与仁各是一物，性中只有仁而无孝悌也。（仁所包摄不止孝悌，凡慈爱恻隐之心皆所包也。）犹天地一元之气，只有水、火、木、金、土，言水而不曰江、河、淮、济，言木而不曰梧、槚、樲、棘，非有彼而无此也。伊川又云"为仁以孝悌为本，论性则以仁为孝悌之本"，此皆要言，细思之则自见矣。③

朱熹认为，人性只是仁义礼智四者而已，并没有孝弟，但仁"包摄"孝弟，孝弟是从仁而来。也就是说，没有仁就没有孝弟，仁比孝弟更为根本。他又说："论性则以仁为本，此只是泛说。论义理则性中只有仁义礼智，而孝弟本出于仁。论为仁之功夫，则孝弟是仁中之最紧切处，当务此以立本而仁道生也。"④ 这里不仅就性而言"以仁为本"，"孝弟本出于

---

① （宋）程颢、程颐：《河南程氏遗书》卷23，《二程集》，第310页。
② （宋）程颢、程颐：《河南程氏遗书》卷18，《二程集》，第183页。
③ （宋）朱熹：《晦庵先生朱文公文集》卷39《答范伯崇》（2），朱杰人等编：《朱子全书》，第22册，第1769页。
④ （宋）朱熹：《晦庵先生朱文公文集》卷47《答吕子约》（12），朱杰人等编：《朱子全书》，第22册，第2188页。

仁",而且又就为仁之工夫而言,认为孝弟最为紧要。

对于程颐"为仁以孝弟为本,论性则仁为孝弟之本",朱熹作了深入讨论,认为程颐所谓"为仁以孝弟为本",是"'事之本'、'守之本'之类";而"论性则仁为孝弟之本",是"天下之大本之类"。①

就"论性则仁为孝弟之本"而言,朱熹强调"性中只有个仁义礼智"。他说:

> 孝弟便是仁。仁是理之在心,孝弟是心之见于事。"性中只有个仁义礼智,曷尝有孝弟!"见于爱亲,便唤做孝;见于事兄,便唤做弟。如"亲亲而仁民,仁民而爱物",都是仁。性中何尝有许多般,只有个仁。自亲亲至于爱物,乃是行仁之事,非是行仁之本也。故仁是孝弟之本。……自古圣贤相传,只是理会一个心,心只是一个性。性只是有个仁义礼智,都无许多般样,见于事,自有许多般样。②

朱熹认为,"仁"在心,"只是有个仁义礼智","孝弟"是心之见于事,是行仁之事,并非仁之本,所以"仁是孝弟之本"。他又说:"仁是理之在心者,孝弟是此心之发见者。孝弟即仁之属,但方其未发,则此心所存只是有爱之理而已,未有所谓孝弟各件,故程子曰:'何曾有孝弟来!'"③ 因此,朱熹赞同程颢所谓"孝弟有不中理,或至犯上"的说法,说:"且如父有争子,一不中理,则不能承意,遂至于犯上。"④ 同时又不赞同所谓"由孝弟可以至仁"的说法,说:"'由孝弟可以至仁',则是孝弟在仁之外也。孝弟是仁之一事也。"⑤ 又说:"仁不可言至。仁者,义理之言,不是地位之言,地位则可以言至。又不是孝弟在这里,仁在那里,便由孝弟以全仁,无此理。"⑥ 据《朱子语类》载,问:"孝弟仁之本。今人亦有孝弟底而不尽仁,何故?莫是志不立?"曰:"亦其端本不究,所谓'由之而不知,习矣而不察'。彼不知孝弟便是仁,却把孝弟作一般善人,且如此过,却昏了。"⑦ 在朱熹看来,讲"孝弟仁之本",人们便会以为孝

---

① (宋)朱熹:《晦庵先生朱文公文集》卷39《答范伯崇》(2),朱杰人等编:《朱子全书》,第22册,第1769页。
② (宋)黎靖德编:《朱子语类》卷20,第2册,第474—475页。
③ (宋)黎靖德编:《朱子语类》卷20,第2册,第475页。
④ (宋)黎靖德编:《朱子语类》卷20,第2册,第475页。
⑤ (宋)黎靖德编:《朱子语类》卷20,第2册,第473页。
⑥ (宋)黎靖德编:《朱子语类》卷20,第2册,第475页。
⑦ (宋)黎靖德编:《朱子语类》卷20,第2册,第462页。

弟便是仁，把能够孝弟的人都看作善人，而事实上，"人亦有孝弟底而不尽仁"。所以，朱熹认为，"把孝弟唤做仁之本，却是把枝叶做本根"①，并且还说："仁便是本，仁更无本了。若说孝弟是仁之本，则是头上安头，以脚为头，伊川所以将'为'字属'行'字读。盖孝弟是仁里面发出来底。'性中只有个仁义礼智，何尝有个孝弟来？'它所以恁地说时，缘是这四者是本，发出来却有许多事；千条万绪，皆只是从这四个物事里面发出来。"②总之，朱熹认为不能讲"孝弟是仁之本"，而只能说仁是孝弟之本，因为"孝弟是仁里面发出来底"。

就"为仁以孝弟为本"而言，朱熹说：

> 仁之为性，爱之理也，其见于用，则事亲从兄仁民爱物，皆其为之之事也，此论性而以仁为孝弟之本者然也。但亲者我之所自出，兄者同出而先我，故事亲而孝，从兄而弟，乃爱之先见而尤切，人苟能之，则必有不好犯上作乱之效。若君子以此为务而力行之，至于行成而德立，则自亲亲而仁民，自仁民而爱物，其爱有差等，其施有渐次，而为仁之道，生生而不穷矣。……此孝弟所以为行仁之本也。③

在朱熹看来，"论性则仁为孝弟之本"是就"仁是性，孝弟是用"而言，"为仁以孝弟为本"是就"自亲亲而仁民，自仁民而爱物"而言。据《朱子语类》载：

> "'为仁以孝弟为本'，即所谓'亲亲而仁民，仁民而爱物'。'论性则以仁为孝弟之本'。'孩提之童，无不知爱其亲，及其长也，无不知敬其兄'，是皆发于心德之自然，故'论性以仁为孝弟之本'。'为仁以孝弟为本'，这个'仁'字，是指其周遍及物者言之。'以仁为孝弟之本'，这个'仁'字，是指其本体发动处言之否？"曰："是。道理都自仁里发出，首先是发出为爱。爱莫切于爱亲，其次便到弟其兄，又其次便到事君以及于他，皆从这里出。如水相似，爱是个源头，渐渐流出。"④

---

① （宋）黎靖德编：《朱子语类》卷20，第2册，第472页。
② （宋）黎靖德编：《朱子语类》卷119，第7册，第2870页。
③ （宋）朱熹：《四书或问》，朱杰人等编：《朱子全书》，第6册，第613页。
④ （宋）黎靖德编：《朱子语类》卷20，第2册，第472页。

也就是说，在朱熹那里，最重要的还在于"仁为孝弟之本"，由仁而有孝弟。他还说："仁是理，孝弟是事。有是仁，后有是孝弟。"① 又说："仁是性，发出来是情，便是孝弟。孝弟仁之用，以至仁民爱物，只是这个仁。"②

朱熹不仅对程颐"为仁以孝弟为本，论性则仁为孝弟之本"做了深入讨论，而且还对程颐所谓"仁是性，孝弟是用"作了解释。据《朱子语类》载：

> 问："孝根原是从仁来。仁者，爱也。爱莫大于爱亲，于是乎有孝之名。既曰孝，则又当知其所以孝。……"曰："凡论道理，须是论到极处。"以手指心曰："本只是一个仁，爱念动出来便是孝。程子谓：'为仁以孝弟为本，论性则以仁为孝弟之本。仁是性，孝弟是用。性中只有个仁义礼智，曷尝有孝弟来。'譬如一粒粟，生出为苗。仁是粟，孝弟是苗，便是仁为孝弟之本。又如木有根，有干，有枝叶，亲亲是根，仁民是干，爱物是枝叶，便是行仁以孝弟为本。"③

在朱熹看来，程颐讲"为仁以孝弟为本，论性则以仁为孝弟之本"，就是讲"仁是性，孝弟是用"，也就是说："仁是孝弟之母子，有仁方发得孝弟出来。"④

由程颐"仁是性，孝弟是用"，朱熹又讲"仁是体，孝弟是用"。他说："论性，则仁是孝弟之本。惟其有这仁，所以能孝弟。仁是根，孝弟是发出来底；仁是体，孝弟是用。仁是性，孝弟是仁里面事。"⑤ 这就把仁与孝弟的关系视为体用关系。

（三）"所谓孝弟，乃是为仁之本"

朱熹不仅继承二程所谓"为仁以孝弟为本，论性则仁为孝弟之本"，"仁是性，孝弟是用"，明确讲"仁是体，孝弟是用"，而且由此将"孝弟

---

① （宋）黎靖德编：《朱子语类》卷20，第2册，第462页。
② （宋）黎靖德编：《朱子语类》卷20，第2册，第473页。
③ （宋）黎靖德编：《朱子语类》卷20，第2册，第472页。
④ （宋）黎靖德编：《朱子语类》卷20，第2册，第474页。
⑤ （宋）黎靖德编：《朱子语类》卷119，第7册，第2867页。

也者，其为仁之本与"解读为"所谓孝弟，乃是为仁之本"，反对孝弟是仁之本的说法。

对于"孝弟也者，其为仁之本与"，朱熹早年就认为该句体现了"体用所以一源，而显微所以无间也"①。后来，他又以程颐"为仁以孝弟为本，论性则以仁为孝弟之本"加以解读，说："'孝弟也者，其为仁之本软？'此言孝弟乃推行仁道之本，'仁'字则流通该贯，不专主于孝弟之一事也。但推行之本自此始耳。'为'字盖'推行'之意。今以对'乃'字立文，恐未详有子之意也。程子曰：'论行仁则以孝弟为本，论性则以仁为孝弟之本。'此语甚尽。"② 在这里，朱熹不满于有人将"孝弟也者，其为仁之本与"中的"为"解读为"乃"，而以程颐"论行仁则以孝弟为本，论性则以仁为孝弟之本"为依据，而把"为"解读为"推行"。据《朱子语类》载，问："孝弟为仁之本。"曰："此是推行仁道，如'发政施仁'之'仁'同，非'克己复礼为仁'之'仁'，故伊川谓之'行仁'。学者之为仁，只一念相应便是仁。然也只是这一个道理。'为仁之本'，就事上说；'克己复礼'，就心上说。"③

孟子说："仁之实，事亲是也；义之实，从兄是也。"（《孟子·离娄上》）对此，二程说："仁，人此；义，宜此。事亲仁之实，从兄义之实。"④ 朱熹则将此与"孝弟也者，其为仁之本与"的解读结合起来，说："仁主于爱，而爱莫切于事亲；义主于敬，而敬莫先于从兄。故仁义之道，其用至广，而其实不越于事亲从兄之间。盖良心之发，最为切近而精实者。有子以孝弟为为仁之本，其意亦犹此也。"⑤ 他还说："仁义只是理，事亲、从兄乃其事之实也。"⑥ 这是把仁与孝弟看作理与事，从而将二者区别开来。当然，朱熹又把二者联系起来。他说："有子之意，程子之说正谓事亲从兄、爱人利物莫非为仁之道。但事亲从兄者本也，爱人利物者末

---

① （宋）朱熹：《晦庵先生朱文公文集》卷43《答李伯谏》（1），朱杰人等编：《朱子全书》，第22册，第1953页。
② （宋）朱熹：《晦庵先生朱文公文集》卷49《答何叔京》（7），朱杰人等编：《朱子全书》，第22册，第1811页。
③ （宋）黎靖德编：《朱子语类》卷20，第2册，第462页。
④ （宋）程颢、程颐：《河南程氏遗书》卷6，《二程集》，第80页。
⑤ （宋）朱熹：《四书章句集注》，第292—293页。
⑥ （宋）朱熹：《晦庵先生朱文公文集》卷42《答石子重》（9），朱杰人等编：《朱子全书》，第22册，第1933页。

五 "孝弟":"仁之本"还是"为仁之本"　　97

也。本立然后末有所从出,故孝弟立而为仁之道生也。"①

正是在此基础上,朱熹《论语集注》对"孝弟也者,其为仁之本与"进行了解读,说:"仁者,爱之理,心之德也。为仁,犹曰行仁。……所谓孝弟,乃是为仁之本,学者务此,则仁道自此而生也。"② 又引述程颐所言"为仁以孝弟为本,论性则以仁为孝弟之本","行仁自孝弟始,孝弟是仁之一事","仁是性也,孝弟是用也,性中只有个仁、义、礼、智四者而已,曷尝有孝弟来"。既肯定"为仁以孝弟为本",又反对孝弟是仁之本的说法。《论语或问》又对此做了进一步解释,既认为"论性则仁为孝弟之本"是就"仁是性,孝弟是用"而言,"为仁以孝弟为本"是就"自亲亲而仁民,自仁民而爱物"而言,又认为程颐所谓性中只有仁义礼智而无孝弟,"非谓孝弟之理,不本于性,而生于外",强调孝弟本于仁。他还说:"仁者天之所以与我,而不可不为之理也。孝弟者天之所以命我,而不能不然之事也。……故有子以孝弟为为仁之本,盖以为是皆吾心之所固有,吾事之所必然。但其理有本末之殊,而为之有先后之序,必此本先立,而后其末乃有自而生耳。"③ 也就是说,仁为"吾心之所固有",由仁而发的孝弟是"为仁之本",则是"吾事之所必然"。

朱熹晚年在讲述《论语》"孝弟也者,其为仁之本与"时,继续讲孝弟是为仁之本,反对孝弟是仁之本的说法。他说:"'其为人也孝弟',此说资质好底人,其心和顺柔逊,必不好犯上,仁便从此生。……'君子务本,本立而道生',此两句泛说凡事是如此,与上下不相干。下文却言'孝弟也者',方是应上文也。"④ 也就是说,"孝弟也者,其为仁之本与"与"其为人也孝弟"相应,都是就"为人"而言,"为人"在"为仁","为仁以孝弟为本",也就是朱熹《论语集注》所言"所谓孝弟,乃是为仁之本"。他还说:"有子言其为人孝弟,则必须柔恭;柔恭,则必无犯上作乱之事。是以君子专致力于其本,然不成如此便止,故曰:'本立而道生,孝弟也者,其为仁之本欤!'盖能孝弟了,便须从此推去,故能爱人利物也。"⑤ 在朱熹看来,从有子曰"其为人也孝弟"到"孝弟也者,其为仁之本与",都是讲孝弟,讲如何为仁。据《朱子语类》载,或问"孝

---

① (宋)朱熹:《晦庵先生朱文公文集》卷31《与张敬夫论癸巳论语说》,朱杰人等编:《朱子全书》,第21册,第1358页。
② (宋)朱熹:《四书章句集注》,第48页。
③ (宋)朱熹:《四书或问》,朱杰人等编:《朱子全书》,第6册,第613页。
④ (宋)黎靖德编:《朱子语类》卷20,第2册,第459页。
⑤ (宋)黎靖德编:《朱子语类》卷20,第2册,第460—461页。

弟为仁之本",曰:"这个仁,是爱底意思。行爱自孝弟始。"又曰:"亲亲、仁民、爱物,三者是为仁之事。亲亲是第一件事,故'孝弟也者,其为仁之本与'。"① 也就是说,孝弟是为仁之事,并且是所有为仁之事之第一件事,所以是"为仁之本"。

朱熹虽然反复强调"孝弟也者,其为仁之本与"应当解读为"所谓孝弟,乃是为仁之本",反对孝弟是仁之本的说法,但据《朱子语类》记载,朱熹晚年也偶尔讲所谓"孝弟仁之本"。据《朱子语类》"潘植癸丑(1193 年)所闻",朱熹曾说:"安老、怀少、信朋友,自是天理流行。天理流行,触处皆是。暑往寒来,川流山峙,'父子有亲,君臣有义'之类,无非这理。如'学而时习之',亦是穷此理;'孝弟仁之本',亦是实此理。"② 这里所谓"孝弟仁之本",即"孝弟也者,其为仁之本与"。又据《朱子语类》"沈僴戊午(1198 年)所闻",或说:"世间孝弟底人,发于他事,无不和顺。"曰:"固是。人若不孝弟,便是这道理中间断了,下面更生不去,承接不来,所以说孝弟仁之本。"③ 这里所谓"孝弟仁之本",应当是就"孝弟也者,其为仁之本与"而言。另据《朱子语类》载,胡兄说:"尝见世间孝弟底人,少间发出来,于他事无不和顺。慈爱处自有次第道理。"曰:"固是。人若不孝弟,便是这个道理中间跌断了,下面生不去,承接不来了,所以说'孝弟也者,其为仁之本欤'。"④ 这一记载与"沈僴戊午所闻"大致相同。可见,朱熹晚年偶尔讲"孝弟仁之本",实际上是指"孝弟也者,其为仁之本与",是就"孝弟是为仁之本"而言。

(四) 明清时期的讨论

明清时期对于《论语》"孝弟也者,其为仁之本与"的讨论,大致从文本研究和文本解读两条途径展开。就文本研究而言,明王恕《石渠意见》说:"'孝弟也者,其为仁之本与',或曰'为仁'之'仁'当作'人',盖承上文'其为人也孝弟'而言,盖言孝弟乃是为人之本,最有理。"⑤ 焦竑《焦氏笔乘》说:"何比部语予,丰南禺道人曾论'孝弟也

---

① (宋) 黎靖德编:《朱子语类》卷20,第2册,第461页。
② (宋) 黎靖德编:《朱子语类》卷40,第3册,第1033页。
③ (宋) 黎靖德编:《朱子语类》卷20,第2册,第459页。
④ (宋) 黎靖德编:《朱子语类》卷20,第2册,第461页。
⑤ (明) 王恕:《石渠意见》卷2,《续修四库全书》,第171册,第580页。

者，其为仁之本与'，'仁'原是'人'字。盖古'人'作'⺈'，因改篆为隶，遂讹传如此。如'井有仁焉'，亦是'人'字也。予思其说甚有理。孝弟即仁也，谓孝弟为仁本，终属未通。若如丰说，则以孝弟为立人之道，于义为长。"[1]

清翟灏《四书考异》持王恕《石渠意见》以及宋陈善《扪虱新话》的观点，认为"孝弟也者，其为仁之本与"，"此'仁'字皆当作'人'"[2]。袁枚撰《〈论语〉"孝弟也者，其为仁之本与"，"仁"字即"人"字》，赞同焦竑的观点，还说："周青原申其说，曰：'此处仁字若作仁义之仁解，孝弟是为仁之本，岂为仁不过是孝弟之末耶？于理未足。莫若作人字解，孝弟是为人之本，最为切当。况首节"其为人也孝弟"句，原以为人发端，末句仍以为人作结，首尾恰相呼应，而本之一字，愈觉如画龙睛矣。'"[3] 江声《论语竢质》解"孝弟也者，其为仁之本与"，说："'仁'，读当为'人'，古字'人''仁'通。《雍也篇》'井有仁焉'，明有证矣。'其为人之本'，正应章首'其为人也孝弟'之言。不知六书假借之法，徒执泥'仁'为仁义字，纷纷解说，终无当也。"[4] 冯登府《论语异文考证》说："'其为仁之本与'，《汉书·延笃传》及《初学记·人事部》、《太平御览·人事部》引并作'为人'。案：古'仁'、'人'通。《论语》中如'不知其仁'，'无求生以害仁'，唐石经皆作'人'。'观过斯知仁矣'，《后汉书·吴佑传》引作'人'。汉《韩敕碑》'四方土仁'，即'士人'，则又以'人'为'仁'。此经上言'为人'，下言'为人之本'，义本相贯，作'人'字为长。"[5] 宦懋庸《论语稽》解"孝弟也者，其为仁之本与"，引朱熹《论语集注》，并按："凡注家皆视'仁'与'孝弟'为二橛，不知'仁'古与'人'通。孟子'仁者，人也'，《说文》人象形字，人旁着二谓之仁，如果中之仁，萌芽二瓣。盖人身生生不已之理也。仅言仁，故不可遽见。若言'仁'本是'人'，则即于有生之初能孝能弟上见能孝弟乃成人，即全乎其生理之仁。不孝弟则其心已麻木不仁，更何以成其为人？"[6] 显然，明清时期有不少学者认为，

---

[1] （明）焦竑：《焦氏笔乘》续集卷3，上海古籍出版社1986年版，第266—267页。
[2] （清）翟灏：《四书考异》（下），《翟灏全集》，浙江古籍出版社2015年版，第2册，第342页。
[3] （清）袁枚：《随园随笔》卷17《辨讹类上》，《袁枚全集》，江苏古籍出版社1993年版，第5集，第309—310页。
[4] （清）江声：《论语竢质》卷上，中华书局1985年版，第1页。
[5] （清）冯登府：《论语异文考证》卷1，《续修四库全书》，第155册，第349页。
[6] （清）宦懋庸：《论语稽》卷1，《续修四库全书》，第157册，第265页。

《论语》"孝弟也者,其为仁之本与"中的"仁",应当作"人",讨论的是孝与人的关系。

就文本解读而言,清代对于《论语》"孝弟也者,其为仁之本与"的解读,观点各异:既有持程朱的观点而解读为"所谓孝弟,乃是为仁之本",讲"行仁自孝弟始,孝弟是仁之一事";也有反程朱而回到汉唐时期解读为"孝是仁之本"。明末清初吕留良推崇程朱"行仁自孝弟始",不赞同所谓"孝弟是仁之本",说:"孝弟是事上说,仁是性,岂有事为性本之理!孝弟有孝弟之事,为仁有为仁之事,但为仁之事必自孝弟推行出去耳。朱子谓'本立则道随事而生,如事亲孝,故忠可移于君;事兄弟,故顺可移于长',正是'行''始'二字义。"① 毛奇龄《四书改错》称"孝弟是仁本,孟子所言甚明。仁之实,在事亲,则仁本孝弟也;亲亲,仁也,则孝弟生仁也;实者,本也,草木从实生,犹仁从孝弟生也",对此,戴大昌《驳四书改错》说:"朱注'本'犹根也。孝弟乃是为仁之本,学者务此,则仁道自此而生也。固无可议。盖仁道甚大,以天下为一家,中国为一人,匪仅孝弟。然必自能孝弟推之。……况孝弟为本,对仁民爱物为末而言,并非谓孝弟为本而仁为末也。毛氏乃引仁孝先后论,犹枝叶之有根本也,直解作仁是枝叶,其支离踳驳如此。"②

孙经世《惕斋经说》解"孝弟也者,其为仁之本与",曰:"此二句语本明白。自程子滞看'为'字,反复论辩,反滋疑窦。平心论之,'仁为孝弟之本',本文初无此意。本文'孝弟为仁之本',乃是就仁之用说。自亲亲目及仁民爱物,皆仁也;而仁民爱物乃仁之末,亲亲则仁之本也。……自来诸讲,惟梁皇氏《义疏》'孝是仁之本'一句,语意最清。"③ 推崇皇侃《论语义疏》所谓"孝是仁之本"。

日本江户时代(1603—1867年)的伊藤仁斋《论语古义》解"孝弟也者,其为仁之本与",说:"孝弟者,其至于仁之本欤,故为仁者,以孝弟为本,则仁道充大而足以保四海也。……先儒之说以为,仁义者,人性所具之理,性中只有仁义礼智四者而已,曷尝有孝弟来?若如其说,则仁体而为本,孝弟用而为末,于是与有子之言似相枘凿,故曰:'为仁以孝弟为本,论性以仁为孝弟之本。'然既曰'其为人也孝弟',又曰'本立

---

① (清)吕留良:《吕晚村先生四书讲义》卷4,《续修四库全书》,第165册,第400—401页。
② (清)戴大昌:《驳四书改错》卷18,《续修四库全书》,第169册,第253页。
③ (清)孙经世:《惕斋经说》卷4,《续修四库全书》,第176册,第49页。

而道生',则其以孝弟为仁之本可知矣。"① 显然也不赞同朱熹的解读,而强调"孝弟为仁之本"。

后来的俞樾撰《群经平议》,议《论语》"孝弟也者,其为仁之本与",说:"'为'字乃语词。阮氏《校勘记》曰:'足利本无"为"字。'盖语词无实义,故省之也。'其为仁之本与',犹云其仁之本与!……其为人也孝弟,则自不至于犯上而作乱,故以为仁之本。《礼记·经解篇》曰:'上下相亲谓之仁。'即此'仁'字之义也。《缁衣篇》曰:'禹立三年,百姓以仁遂焉。'所谓仁者无他,人人亲其亲、长其长而已。有子之言,本自平实,后人耻事功而虚谈心性,于是其说始多矣。"② 就俞樾讲"'其为仁之本与',犹云'其仁之本与'"而言,似乎赞同汉唐时期解读为"孝是仁之本";但是他又讲"所谓仁者无他,人人亲其亲、长其长而已",这正好说明仁与孝的不可分离,不是先有孝而后才有仁。

与此不同,刘宝楠《论语正义》明确推崇朱熹的解读,赞同朱熹《论语集注》"为仁,犹曰行仁",说:"'为仁'犹言行仁,所谓利仁强仁者也。"并且还认为,《论语》讲"孝弟也者,其为仁之本与"之后,还讲"其为仁矣,不使不仁者加乎其身","克己复礼为仁","为仁由己","子贡问'为仁'","堂堂乎张也!难与并为仁矣",皆是言"为仁";《论语》所谓"志于仁","求仁","欲仁",是用力于仁,亦是"为仁"。实际上赞同朱熹"所谓孝弟,乃是为仁之本"。尤其是,《论语正义》还就"孝弟所以为为仁之本"做了论证,讲朱熹"仁包四德"以言"为仁尤亟也",讲《论语集注》所引程颐"行仁自孝弟始"以言"为仁必先自孝弟始也",并且还说:"不孝不弟,虽有他善,终是不仁。"此外,还引述宋翔凤《论语郑注》辑本"为仁"作"为人"以及所云"孝为百行之本"等,以证明"孝弟为为人之本"。③

康有为《论语注》也讲"孝弟为行仁之本",说:"孔子立教在仁,而行之先起孝弟。……故尧舜仁覆天下,而孟子称之曰:'尧舜之道,孝弟而已。'诚以孝弟为行仁之本。立爱自亲始,本原既定,推以爱民物,通天人,而大道自生也。盖为行仁先后之序焉。"④ 显然,在康有为看来,

---

① [日]伊藤仁斋:《论语古义》,[日]松平赖宽:《论语征集览》,上海古籍出版社2017年版,第38—39页。
② (清)俞樾:《群经平议》卷30,《俞樾全集》,浙江古籍出版社2017年版,第2册,第882页。
③ (清)刘宝楠:《论语正义》,第7—8页。
④ (清)康有为:《论语注》,第3—4页。

所谓"孝弟为行仁之本"实指孝弟为行仁之先。

应当说，在清代对于《论语》"孝弟也者，其为仁之本与"的解读中，无论是文本研究还是文本解读，各种观点的辩驳有益于研究的深入。相比较而言，清代儒学虽然具有反宋儒的基本倾向，但对于朱熹将该句解读为"所谓孝弟，乃是为仁之本"，却给予了较多的支持。

（五）余论

从以上讨论可以看出，对于《论语》"孝弟也者，其为仁之本与"的解读，经历了从东汉包咸注曰"先能事父兄，然后仁道可成也"，延笃讲"仁以枝叶扶疏为大，孝以心体本根为先"，到何晏《论语集解》、皇侃《论语义疏》、邢昺《论语注疏》，再到程朱，直至清儒的解读过程；大致可以归结为汉唐儒家解读为"孝是仁之本"与朱熹解读为"所谓孝弟，乃是为仁之本"两种观点。前者是把仁和孝看作处于同一层面的两种道德，仁和孝的关系是二分的并列关系，孝是仁的必要前提，所谓"孝是仁之本"，就是指孝对于仁的根本性和优先性。后者不赞同"孝是仁之本"的说法，认为仁和孝的关系不是二分的并列关系，而是统合为一体的体用关系，仁为体，孝为用，二者相互区别又不可分割，孝对于仁不具有根本性；但是，在为仁过程中，由于孝最为切身，所以从孝开始，孝具有优先性；同时，就仁为体、孝为用而言，仁为孝之本。这就是程颐所谓"为仁以孝弟为本，论性则仁为孝弟之本"。

孔子曾反对把礼与仁分别为二，说："人而不仁，如礼何？人而不仁，如乐何？"（《论语·八佾》）讲礼乐与仁的统一，仁为礼乐之本。同样，讲孝，也必须以仁为本。孔子不仅讲"孝弟也者，其为仁之本与"，而且还说："今之孝者，是谓能养。至于犬马，皆能有养；不敬，何以别乎？"（《论语·为政》）认为孝不只是奉养，还必须敬，必须是由衷而发，以敬为本，以爱亲之心为本，因而也就是以仁为本。

孟子强调孝，说："父子之间不责善。责善则离，离则不祥莫大焉。"又说："仁之实，事亲是也。"（《孟子·离娄上》）还说："老吾老，以及人之老；幼吾幼，以及人之幼。"（《孟子·梁惠王上》）"亲亲而仁民，仁民而爱物。"（《孟子·尽心上》）讲为仁以孝为先。但是孟子又说："事孰为大？事亲为大；守孰为大？守身为大。不失其身而能事其亲者，吾闻之矣；失其身而能事其亲者，吾未之闻也。"（《孟子·离娄上》）[1] 关于"守身"，《礼记·祭义》引曾子曰："身也者，父母之遗体也。行父母之遗体，敢不敬乎？居处不庄，非孝也；事君不忠，非孝也；莅官不敬，非孝也；朋友不信，非孝也；战陈无勇，非孝也。五者不遂，灾及于亲，敢不敬乎？"[2] 显然，这里的"守身"，不只是要保护好自己的身体以孝父母，而且要有仁义，实际上是仁义为大。对于孟子所言，东汉赵岐注曰："事亲，养亲也。守身，使不陷于不义也。失不义，则何能事父母乎？"[3] 朱熹注曰："守身，持守其身，使不陷于不义也。一失其身，则亏体辱亲，虽日用三牲之养，亦不足以为孝矣。"[4] 对此，明末清初的王夫之说："亲之生我，唯此身矣。守之而无为习俗所移、利欲所动，则耳目得有其聪明，心思得有其智虑，出处得有其持循，而身不失。身不失，则心无妄动而生理常存，以之事亲，必不至为外物之所迁而分其爱敬。此古之仁人而即为孝子，吾闻之矣。若因物而靡，随俗而流，虽有身而不能自（生）主，则唯见外重而内轻，文虽具而质不存，而但修事亲之文，其能勿负此心以当亲心者，未之闻也。……求之心而不求之事，反之己而不待于物，故能知事亲守身之为大，而天下无以加此。故曰事亲为大，守身为大。"[5] 显然，讲"事亲"与"守身"的统一，就是讲孝与仁义的统一，其中孟子所谓"失其身而能事其亲者，吾未之闻也"，正是表明孝以仁义为根本。

孟子还说："恻隐之心，仁之端也；羞恶之心，义之端也；辞让之心，礼之端也；是非之心，智之端也。人之有是四端也，犹其有四体也。……凡有四端于我者，知皆扩而充之矣，若火之始然，泉之始达。苟能充之，足以保四海；苟不充之，不足以事父母。"（《孟子·公孙丑上》）赵岐注曰："凡有四端在于我者，知皆廓而充大之，若火泉之始，微小广大之，则无所不至，以喻人之四端也。人诚能充大之，可保安四海之民；诚不充

---

[1] 现代有人认为，孟子此句中"事亲为大"是要"强调血缘亲情在地位上至高无上，可以凌驾于其他一切人际情感之上"，"强调血缘亲情在强度上浓郁无比，可以超出于其他一切人际情感之上"，"明晰地阐发儒家的血亲'至上'精神"。（刘清平：《忠孝与仁义——儒家伦理批判》，复旦大学出版社2012年版，第93、163页）这种解读，明显是一种为批判孟子而采取的断章取义的误读。
[2] （汉）郑玄注，（唐）孔颖达疏：《礼记正义》，（清）阮元校刻：《十三经注疏》，第3册，第3469页。
[3] （汉）赵岐注，（宋）孙奭疏：《孟子注疏》，（清）阮元校刻：《十三经注疏》，第5册，第5921页。
[4] （宋）朱熹：《四书章句集注》，第290页。
[5] （清）王夫之：《四书训义》（下），《船山全书》，岳麓书社1990年版，第8册，第465—467页。

大之，内不足以事父母。言无仁义礼智，何以事父母也？"① 这里所谓"无仁义礼智，何以事父母也"，就是表明孝与仁的统一，仁比孝更为根本。显然，孟子既讲孝为先，又讲孝与仁的统一，仁为孝之本。

应当说，东汉包咸注《论语》"孝弟也者，其为仁之本与"曰"先能事父兄，然后仁道可成也"，讲孝弟为先，后来汉唐儒家据此讲孝是仁之本，都有一定的合理之处。但是，这些说法把孝与仁分别为二，并没有对孝与仁的相互联系、不可分离作出进一步的说明，因而有可能被误解为仁源自孝，孝高于仁，并高于一切，而与孟子讲由"四端"之扩充而有仁以及"苟不充之，不足以事父母"的思想不一致。

儒家重视孝，但是，孝离不开仁，发自仁，孝之所以为孝，其根本在于仁，孝不能违背仁的根本原则，换言之，任何违背仁的根本原则的所谓孝，都不是儒家的孝。这正是程颐所谓"为仁以孝弟为本，论性则仁为孝弟之本"。朱熹将《论语》"孝弟也者，其为仁之本与"解读为"所谓孝弟，乃是为仁之本"，同时又讲"仁为孝弟之本"，正是体现了孔孟的仁孝观。

现代学者把《论语》"孝弟也者，其为仁之本与"解读为孝弟是仁之本，主要源自汉唐时期儒家的解读，又与清代儒家对朱熹注的反对有关；虽然可为一家之言，但仍应当作出更为深入的分析，同时还应当对其他诠释，尤其是朱熹的诠释作出应对，而不能视而不见，或做简单的调和。儒家经学是一个不断发展的过程，其学术观点，莫衷一是，只有在不同观点的相互讨论、相互应对中，才能在前人研究的基础上取得更新的发展，而不是简单地回到某一家。

---

① （汉）赵岐注，（宋）孙奭疏：《孟子注疏》，（清）阮元校刻：《十三经注疏》，第 5 册，第 5852 页。

六 "己欲立而立人,己欲达而达人"*

孔子讲"仁",同时又讲"仁之方"。据《论语·雍也》载,子贡曰:"如有博施于民而能济众,何如?可谓仁乎?"子曰:"何事于仁,必也圣乎!尧舜其犹病诸!"孔子接着又说:"夫仁者,己欲立而立人,己欲达而达人。能近取譬,可谓仁之方也已。"对此,1980年出版的杨伯峻《论语译注》解读为:"仁是什么呢?自己要站得住,同时也使别人站得住;自己要事事行得通,同时也使别人事事行得通。能够就眼下的事实选择例子一步步去做,可以说是实践仁道的方法了。"① 在杨伯峻看来,"己立立人,己达达人"是"仁","能近取譬"为"仁之方",二者是不同的。孔子还讲"恕"。据《论语·卫灵公》载,子贡问曰:"有一言而可以终身行之者乎?"子曰:"其恕乎!己所不欲,勿施于人。"杨伯峻解读为:"子贡问道:'有没有一句可以终身奉行的话呢?'孔子道:'大概是"恕"吧!自己所不想要的任何事物,就不要加给别人。'"又说:"'忠'(己欲立而立人,己欲达而达人)是有积极意义的道德,未必每个人都有条件来实行。'恕'只是'己所不欲,勿施于人',则谁都可以这样做,因之孔子在这里言'恕'不言'忠'。"② 可见,杨伯峻又将"己立立人,己达达人"解读为"忠",而不同于"己所不欲,勿施于人"的"恕"。换言之,"己立立人,己达达人"是"仁",又可解读为"忠",而不是"恕"。

与此相异,冯友兰晚年出版的《中国哲学史新编》说:"'己所不欲,勿施于人'就是'忠恕之道'。"又说:"仁这种品质是'己欲立而立人,己欲达而达人'。这也是'忠恕之道'。这还不是'仁',这只是'为仁之方',就是说,这是达到仁的品质的方法。照着这个方法所达到的品质,

---

* 本章部分内容已以《"己欲立而立人,己欲达而达人":是"仁"还是"恕"——以朱熹的解读为中心》为题发表于《安徽师范大学学报》2018年第5期。
① 杨伯峻译注:《论语译注》,第95页。
② 杨伯峻译注:《论语译注》,第242页。

才是'仁'。"① 在冯友兰看来,"己立立人,己达达人"讲的是"忠恕之道","己所不欲,勿施于人"讲的也是"忠恕之道",但"这还不是'仁',这只是'为仁之方'"。换言之,"己立立人,己达达人"是"忠恕",是"仁之方",不是"仁"。对于杨伯峻和冯友兰的不同解读,当今学术界分别采纳和引述,并没有作出深入的分析与考辨。

(一) 汉唐诸儒的解读

对于"己立立人,己达达人",无论是杨伯峻将它解读为"仁",又解读为"忠",而与"己所不欲,勿施于人"之"恕"区别开来,还是冯友兰将它解读为"忠恕",而与"己所不欲,勿施于人"之"恕"相一致,就他们的解读都与"己所不欲,勿施于人"之"恕"相对应而言,至少可以追溯到西汉孔安国。

关于孔安国注"夫仁者,己欲立而立人,己欲达而达人。能近取譬,可谓仁之方也已",其注文有二说:南北朝皇侃《论语义疏》引孔安国注曰:"更为子贡说仁者之行也。方,道也。但能近取譬于己,皆恕己所不欲而勿施人也。"② 北宋邢昺《论语注疏》引孔安国注曰:"更为子贡说仁者之行。方,道也。但能近取譬,于己皆恕,己所欲而施之于人。"③ 皇侃本为"己所不欲而勿施人",邢昺本为"己所欲而施之于人"。皇侃《论语义疏》疏曰:"言己若欲自立自达,则必先立达他人,则是有仁之者也。……能近取譬于诸身,远取诸物,己所不欲,勿施于人,能如此者,可谓为仁之道也。"④ 与此略有不同,邢昺《论语注疏》疏曰:"夫仁者,己欲立身进达而先立达他人,又能近取譬,于己皆恕,己所欲而施之于人,己所不欲弗施于人,可谓仁道也。"⑤ 可见,皇侃《论语义疏》与邢昺《论语注疏》所引孔安国注不同,因而疏亦不同,前者讲"己所不欲,勿施于人"为仁之道,后者讲"己所欲而施之于人,己所不欲弗施于人"

---

① 冯友兰:《中国哲学史新编》,《三松堂全集》,第8卷,第133页。
② (梁) 皇侃:《论语义疏》,第151页。
③ (魏) 何晏集解,(宋) 邢昺疏:《论语注疏》,(清) 阮元校刻:《十三经注疏》,第5册,第5385页。孔安国注曰的标点,参照中华书局1990年版高流水点校刘宝楠《论语正义》,第249—250页。
④ (梁) 皇侃:《论语义疏》,第150页。
⑤ (魏) 何晏集解,(宋) 邢昺疏:《论语注疏》,(清) 阮元校刻:《十三经注疏》,第5册,第5386页。

为仁道；但是都认为"己欲立而立人，己欲达而达人"为"仁"，"能近取譬"为"恕"，或"己所不欲而勿施人"，或"己所欲而施之于人，己所不欲弗施于人"，而"恕"即"仁之方"或"仁道"。

关于"恕"，孔子解为"己所不欲，勿施于人"。对此，皇侃《论语义疏》疏曰："恕谓内忖己心，外以处物。……夫事非己所欲者，不可施度与人也。既己所不欲，亦必人所不欲也。"[1] 邢昺疏曰："子曰'其恕乎！己所不欲，勿施于人'者，孔子答言，唯仁恕之一言，可终身行之也。己之所恶，勿欲施于人，即恕也。"[2]

孔子既讲"仁"又讲"恕"。所谓"夫仁者，己欲立而立人，己欲达而达人"，显然是就"仁"而言；所谓"己所不欲，勿施于人"，则是就"恕"而言。孔安国解"能近取譬"而讲"恕"，实际上是将"己立立人，己达达人"之"仁"，与"己所不欲，勿施于人"之"恕"统一起来，以"己所不欲，勿施于人"之"恕"解读"己立立人，己达达人"之"仁"，将"仁"解读为"恕"，讲"仁""恕"无别，并在后来得到皇侃、邢昺的进一步阐释。

事实上，在汉唐时期，"恕"与"仁"并无差别。许慎《说文解字》说："恕，仁也。从心如声。"[3] 魏晋之际的傅玄撰《仁论》，说："昔者，圣人之崇仁也，将以兴天下之利也。……然夫仁者，盖推己以及人也。故己所不欲，无施于人；推己所欲以及天下。"[4] 把"仁"等同于"推己以及人"，等同于"己所不欲，无施于人"，即"恕"。唐代的颜师古注班固《汉书》引诏曰"凡事恕己，毋行苛刻"，说："恕者，仁也。恕己之心以度于物。"[5] 直到宋代的邢昺还讲"仁，恕也"[6]，"仁者，必恕也"[7]。

清儒推崇汉唐诸儒的解读，接着讲"仁""恕"无别。段玉裁注《说文解字》"恕，仁也"，说："孔子曰：'能近取譬，可谓仁之方也矣。'孟子曰：'强恕而行，求仁莫近焉。'是则为仁不外于恕。析言之则有别，浑

---

[1]（梁）皇侃：《论语义疏》，第407页。
[2]（魏）何晏集解，（宋）邢昺疏：《论语注疏》，（清）阮元校刻：《十三经注疏》，第5册，第5470页。
[3]（清）段玉裁：《说文解字注》，第508页。
[4]（晋）傅玄：《傅子》卷1《仁论》，中华书局1985年版，第6页。
[5]（汉）班固：《汉书》卷10，第2册，第303—304页。
[6]（魏）何晏集解，（宋）邢昺疏：《论语注疏》，（清）阮元校刻：《十三经注疏》，第5册，第5367页。
[7]（魏）何晏集解，（宋）邢昺疏：《论语注疏》，（清）阮元校刻：《十三经注疏》，第5册，第5436页。

言之则不别也。"① 焦循《论语通释》说:"孔子告子贡以'己所不欲,勿施于人'为'恕';告仲弓又以'己所不欲,勿施于人'为'仁'。《记》曰:'恕则仁也。'《中庸》曰:'忠恕违道不远。'孟子曰:'强恕而行,求仁莫近焉。'求仁必本于强恕,求仁莫近,则违道不远也。……己欲立立人,欲达达人,民之所好,好之也;己所不欲,勿施于人,民之所恶,恶之也。"② 宋翔凤《论语说义》说:"'夫子之道,忠恕而已矣。'忠,敬也。恕,仁也。……'克己复礼',忠也,敬也。仁,恕也。'一日克己复礼,天下归仁焉'者,始终本末一以贯之。"③ 刘宝楠《论语正义》对"己立立人,己达达人"的解读,依照西汉孔安国注,并引阮元《论仁篇》所言"'所谓仁者,己之身欲立则亦立人,己之身欲达则亦达人。'即如己欲立孝道,亦必使人立孝道,……己欲达德行,亦必使人达德行",又依《说文解字》,说:"《说文》:'恕,仁也。'如己之心,以推诸人,此求仁之道,故'恕'亦训仁。恕、仁本一理。"④ 还说:"《说文》训'恕'为'仁',此因恕可求仁,故恕即为仁,引申之义也。是故仁者,'己欲立而立人,己欲达而达人'。"⑤ 显然,依旧是把"己立立人,己达达人"之"仁"解读为"己所不欲,勿施于人"之"恕"。他还说:"'己所不欲,勿施于人'则己所欲,必又当施诸人。故《孟子》言仁者'得民之心有道,所欲与之聚之,所恶勿施尔也'是也。翟氏灏《考异》:'《管子·小问篇》引语曰:"非其所欲,勿施于人,仁也。"'"⑥ 这里把"己所不欲,勿施于人"也看作"仁"。由此可见,在刘宝楠那里,不仅"己立立人,己达达人"之"仁",可解读为"恕",而且"己所不欲,勿施于人"之"恕",也可解读为"仁"。康有为《论语注》则把"己立立人,己达达人"解读为"推己及人",并且说:"推己及人,仁者之心。……近取诸身,以己所欲譬之他人,知其所欲亦犹是也,然后推其所欲以及于人,则恕之事而仁之术也。"⑦

应当说,汉唐诸儒解读"己立立人,己达达人",讲"仁""恕"无别,虽然受到清儒的推崇,但已难以为今人所接受。杨伯峻将"己立立

---

① (清)段玉裁:《说文解字注》,第 508 页。
② (清)焦循:《论语通释》,《续修四库全书》,第 155 册,第 38—39 页。
③ (清)宋翔凤:《论语说义》,第 81—82 页。
④ (清)刘宝楠:《论语正义》,第 250 页。
⑤ (清)刘宝楠:《论语正义》,第 153 页。
⑥ (清)刘宝楠:《论语正义》,第 486 页。
⑦ (清)康有为:《论语注》,第 86 页。

人，己达达人"解读为"仁"，又解读为"忠"，而与"己所不欲，勿施于人"之"恕"区别开来；冯友兰虽然将"己立立人，己达达人"解读为"忠恕"，而与"己所不欲，勿施于人"之"恕"相一致，但又认为"这还不是'仁'，这只是'为仁之方'"，也把"忠恕"与"仁"区别开来。需要指出的是，虽然杨伯峻、冯友兰都讲"仁""恕"有别，但他们二人之间又有所差异：杨伯峻将"己立立人，己达达人"解读为"仁"，冯友兰则解读为"忠恕"。这样的差异，在汉唐诸儒那里，由于讲"仁""恕"无别，并不是问题；但由于今人讲"仁""恕"有别，这就形成了冲突，有必要重新考察"己立立人，己达达人"应当解读为"仁"，还是应当解读为"忠恕"？

（二）"以己及人"与"推己及人"

孔子没有直接给"仁"下明确的定义，然而，孔子言"夫仁者，己欲立而立人，己欲达而达人。能近取譬，可谓仁之方也已"，明显是讲"己立立人，己达达人"为"仁"。如前所述，汉唐诸儒大都持这一观点。同时，他们把孔子所言看作一个整体来解读，不仅将"己立立人，己达达人"解读为"仁"，而且与"能近取譬"联系在一起。孔安国解"能近取譬"而讲"己所不欲，勿施于人"之"恕"；后来傅玄则直接说"大仁者，盖推己以及人也。故己所不欲，无施于人"。可见，"能近取譬"已被解读为"推己及人"。这就将"己立立人，己达达人"不仅解读为"仁"，而且解读为"推己及人"，解读为"己所不欲，勿施于人"之"恕"。

与汉唐诸儒不同，朱熹解孔子之言"夫仁者，己欲立而立人，己欲达而达人。能近取譬，可谓仁之方也已"，虽然也认为"己立立人，己达达人"为"仁"，但把孔子所言"分作两截看"："上一截说仁之体，下一截说仁之术。"[1] 他还说："'仁者己欲立而立人'一章，某当初也只做一统看。后来看上面说'夫仁者'，下面说'可谓仁之方'，却相反，方分作两段说。"[2] 又说：

---

[1] （宋）朱熹：《晦庵先生朱文公文集》卷59《答陈与叔》（1），朱杰人等编：《朱子全书》，第23册，第2818页。
[2] （宋）黎靖德编：《朱子语类》卷33，第3册，第848页。

己欲立,便立人;己欲达,便达人。此仁者之事也。"能近取譬",此为仁之方也。今人便以"己欲立,己欲达"为"能近取譬",则误矣。盖"己欲立而立人,己欲达而达人",此不待施诸己而后加诸人也。"能近取譬",却是施诸己之意。①

朱熹还说:"夫子分明说'夫仁者',则是言仁之道如此;'可谓仁之方也已',则是言求仁当如此。若以为滚说,则既曰'夫仁者'矣,不当以'可谓仁之方'结之也。"② 显然,在朱熹看来,孔子所言,前半部分"己立立人,己达达人"讲"仁",后半部分"能近取譬",则是讲"仁之方"。

对于孔子所言的前半部分"夫仁者,己欲立而立人,己欲达而达人",朱熹《论语集注》曰:"以己及人,仁者之心也。于此观之,可以见天理之周流而无间矣。状仁之体,莫切于此。"③ 认为"己立立人,己达达人",是指自己欲立达,由此而想到他人也欲立达,这是"以己及人",是仁者之心,仁之本体。对于后半部分"能近取譬,可谓仁之方也已",朱熹《论语集注》曰:"近取诸身,以己所欲譬之他人,知其所欲亦犹是也,然后推其所欲以及于人,则恕之事而仁之术也。"④ 认为"能近取譬",从自己所欲而推知他人所欲,推己及人,这才是仁之方。朱熹还说:"'己欲立而立人,己欲达而达人',是以己及人,仁之体也。'能近取譬',是推己及人,仁之方也。"⑤ 在这里,朱熹区分出"以己及人"与"推己及人"两个概念。

在朱熹那里"以己及人"又称"以己及物";"推己及人"又称"推己及物"。这两个概念来自北宋的程颢。程颢说过:"以己及物,仁也。推己及物,恕也。违道不远是也。"⑥

就"以己及人"而言,程颢讲"以己及物,仁也",认为"以己及人"是"仁",并且释"仁"以为"仁者,浑然与物同体"⑦。也就是说,"以己及人",即"浑然与物同体"。在朱熹那里,"以己及人"是指孔子

---

① (宋) 黎靖德编:《朱子语类》卷33,第3册,第844页。
② (宋) 黎靖德编:《朱子语类》卷33,第3册,第851页。
③ (宋) 朱熹:《四书章句集注》,第92页。
④ (宋) 朱熹:《四书章句集注》,第92页。
⑤ (宋) 黎靖德编:《朱子语类》卷33,第3册,第846页。
⑥ (宋) 程颢、程颐:《河南程氏遗书》卷11,《二程集》,第124页。
⑦ (宋) 程颢、程颐:《河南程氏遗书》卷2上,《二程集》,第16页。

所言"己立立人，己达达人"，换言之，"己立立人，己达达人"是"以己及人"，亦即程颢所谓"仁者，浑然与物同体"。程颢还说："医书言手足痿痹为不仁，此言最善名状。仁者，以天地万物为一体，莫非己也。认得为己，何所不至？若不有诸己，自不与己相干。如手足不仁，气已不贯，皆不属己。故'博施济众'，乃圣之功用。仁至难言，故止曰：'己欲立而立人，己欲达而达人，能近取譬，可谓仁之方也已。'欲令如是观仁，可以得仁之体。"① 也就是说，可以从"己立立人，己达达人"看到"仁之体"，看到"仁者，以天地万物为一体"。

就"推己及人"而言，程颢讲"推己及物，恕也"，认为"推己及人"是"恕"，而不同于"仁"。朱熹赞同程颢的说法。他的《论语集注》不仅讲"尽己之谓忠，推己之谓恕"，而且引述程颢所言"以己及物，仁也。推己及物，恕也"。② 既讲"推己之谓恕"，而不同于"尽己之谓忠"，又赞同程颢讲"推己及物，恕也"，不同于"以己及物，仁也"。对于《论语》载孔子曰"其恕乎！己所不欲，勿施于人"，朱熹《论语集注》指出："推己及物，其施不穷，故可以终身行之。"③ 认为孔子所谓"恕"，即"己所不欲，勿施于人"，是"推己及物"。可见，在朱熹那里，"己所不欲，勿施于人"为"推己及人"，是恕，而不同于"己立立人，己达达人"为"以己及人"，是仁。

朱熹对"以己及人"与"推己及人"的区别做了深入分析。他说："以己，是自然；推己，是着力。'己欲立而立人，己欲达而达人'，是以己及人也。'近取诸身'，譬之他人，自家欲立，知得人亦欲立，方去扶持他使立；自家欲达，知得人亦欲达，方去扶持他使达，是推己及人也。"④ 又说：

"以己及物"，是自然及物，己欲立，便立人；己欲达，便达人。推己及物，则是要逐一去推出。如我欲怎地，便去推与人也合怎地，方始有以及之。如吃饭相似，以己及物底，便是我要吃，自是教别人也吃，不待思量。推己及物底，便是我吃饭，思量道别人也合当吃，方始与人吃。⑤

---

① （宋）程颢、程颐：《河南程氏遗书》卷2上，《二程集》，第15页。
② （宋）朱熹：《四书章句集注》，第72页。
③ （宋）朱熹：《四书章句集注》，第167页。
④ （宋）黎靖德编：《朱子语类》卷27，第2册，第690页。
⑤ （宋）黎靖德编：《朱子语类》卷27，第2册，第691页。

也就是说,"以己及人",是自然地,所谓"自然及物",是仁之本体;"推己及人",则是着力地从自己的仁之本体推及他人,是仁之方。因此,朱熹认为,程颢讲"以己及物,仁也。推己及物,恕也。违道不远是也",其中"以己及物,仁也"与"忠恕违道不远",二者"自是不相关。只是以此形容仁、恕之定名"①。

由此可见,在朱熹那里,"己立立人,己达达人"属"以己及人",是仁者之心、仁之本体。作为仁者之心,它是自然而发;作为仁之本体,它是推己及人的源头,并非即是"推己及人"。为此,朱熹说:

> 己欲立,便立人;己欲达,便达人,此仁者之心自然如此,不待安排,不待勉强。"能近取譬",则以己之欲立,譬人之欲立;以己之欲达,譬人之欲达,然后推己所欲以及于人,使皆得其立,皆得其达,这便是为仁之术。②

也就是说,"己立立人,己达达人"是"仁者之心自然如此",由此进一步"推己所欲以及于人",就是"为仁之术"。

(三)"仁""恕"有别

朱熹不仅讲"己立立人,己达达人"是"以己及人","己所不欲,勿施于人"为"推己及人",而将二者区别开来,而且还进一步讲"仁""恕"有别。

如前所述,程颢讲"以己及物,仁也。推己及物,恕也",明确把"仁"与"恕"区别开来。程颐也讲"仁""恕"有别。他说:"恕者入仁之门,而恕非仁也。"③据《论语·公冶长》载,子贡曰:"我不欲人之加诸我也,吾亦欲无加诸人。"子曰:"赐也,非尔所及也。"从字面上看,子贡所言与《中庸》"忠恕违道不远,施诸己而不愿,亦勿施于人"意思相同。程颐曾说:"'我不欲人之加诸我也,吾亦欲无加诸人。'《中庸》曰'施诸己而不愿,亦勿施于人',正解此两句。然此两句甚难行,故孔

---

① (宋)黎靖德编:《朱子语类》卷27,第2册,第691页。
② (宋)黎靖德编:《朱子语类》卷33,第3册,第845页。
③ (宋)程颢、程颐:《河南程氏遗书》卷15,《二程集》,第168页。

六 "己欲立而立人，己欲达而达人" 113

子曰：'赐也，非尔所及也。'"① 又说："'我不欲人之加诸我，吾亦欲无加诸人'，正《中庸》所谓'施诸己而不愿，亦勿施于人'。"② 但是，程颐后来却说："'我不欲人之加诸我，吾亦欲无加诸人'，仁也；'施诸己而不愿，亦勿施于人'，恕也。恕或能勉之，仁则非子贡所及。"③ 在这里，程颐不仅认为子贡所言"我不欲人之加诸我也，吾亦欲无加诸人"不同于《中庸》"施诸己而不愿，亦勿施于人"，而且还把"仁"与"恕"区别开来。

朱熹继承二程"仁""恕"有别的思想。他说："熟底是仁，生底是恕；自然底是仁，勉强底是恕；无计较、无睹当底是仁，有计较、有睹当底是恕。"④ 对于《论语》载子贡曰"我不欲人之加诸我也，吾亦欲无加诸人"，子曰"赐也，非尔所及也"，朱熹《论语集注》说：

> 子贡言我所不欲人加于我之事，我亦不欲以此加之于人，此仁者之事，不待勉强，故夫子以为非子贡所及。程子曰："我不欲人之加诸我，吾亦欲无加诸人，仁也；施诸己而不愿，亦勿施于人，恕也。恕则子贡或能勉之，仁则非所及矣。"愚谓无者自然而然，勿者禁止之谓，此所以为仁恕之别。⑤

在朱熹看来，"我不欲人之加诸我也，吾亦欲无加诸人"，此"无"者，自然而然，为"仁"；"施诸己而不愿，亦勿施于人"，此"勿"者，即"禁止"，着力而为，为"恕"。⑥ 这就是所谓"仁之与恕，只争些子。自然底是仁，比而推之便是恕"⑦。朱熹还说："'欲无加诸人'，无者，自然而然。此等地位，是本体明净，发处尽是不忍之心，不待勉强，乃仁者之事。"⑧ 又说："'施诸己而不愿，亦勿施于人'，此与'己所不欲，勿施于人'一般，未是自然。所以'违道不远'，正是学者事。'我不欲人之加诸我也，吾亦

---

① （宋）程颢、程颐：《河南程氏遗书》卷18，《二程集》，第219页。
② （宋）程颢、程颐：《河南程氏遗书》卷22上，《二程集》，第295页。
③ （宋）程颢、程颐：《河南程氏粹言》卷6，《二程集》，第1139页。
④ （宋）黎靖德编：《朱子语类》卷6，第1册，第116页。
⑤ （宋）朱熹：《四书章句集注》，第78—79页。
⑥ 钱穆说："其实本章明言欲无加诸人，所重在欲字，欲即非自然而然。欲无加诸人之无字，亦非自然而无；乃是亦欲不加诸人。因此此章程朱把仁恕分说，实不可靠。"（钱穆：《孔子与〈论语〉》，台北联经出版事业公司1974年版，第10页）
⑦ （宋）黎靖德编：《朱子语类》卷27，第2册，第689页。
⑧ （宋）黎靖德编：《朱子语类》卷28，第2册，第723—724页。

欲无加诸人'，此是成德事。"①"成德事"即"仁者之事"。

朱熹不仅讲"我不欲人之加诸我也，吾亦欲无加诸人"为"仁"，"施诸己而不愿，亦勿施于人"与"己所不欲，勿施于人"一样，为"恕"，而且还说："'仁者己欲立而立人，己欲达而达人'，与'我不欲人之加诸我，吾亦欲无加诸人'意思一般。"②这就把"己立立人，己达达人"与"我不欲人之加诸我，吾亦欲无加诸人"都视为"仁"，而不同于"己所不欲，勿施于人"之"恕"。朱熹还赞同门人所谓"'己欲立而立人，己欲达而达人'，与'我不欲人加诸我，吾亦欲无加诸人'一般，都是以己及物事。'能近取譬，可谓仁之方'，与'己所不欲，勿施于人'一般，都是推己及物事。"③为此，朱熹说："'夫仁者，己欲立而立人，己欲达而达人'，所谓'以己及物，仁也'。'能近取譬，可谓仁之方也已'，所谓'推己及物，恕也'。"④又说："'己欲立而立人，己欲达而达人'，仁也；'能近取譬'，恕也。"⑤

按照朱熹的解读，《论语》所谓"己欲立而立人，己欲达而达人"和"我不欲人之加诸我，吾亦欲无加诸人"是指，无论是自己想做或不想做，都会自然而然地先联想到别人是否也想做或不想做，这是"以己及人"之仁。而要做到仁，就要在行为上"己所不欲，勿施于人"或《中庸》所谓"施诸己而不愿，亦勿施于人"，也就是说，自己不想做，就不能要求别人去做，这是"推己及人"之恕。恕与仁的差别在于："自然底是仁，比而推之便是恕"，恕不是仁，但能通过恕道而达到仁。

由此可以看出，对于孔子言"夫仁者，己欲立而立人，己欲达而达人。能近取譬，可谓仁之方也已"，朱熹的解读，虽然与汉唐诸儒一样，认为"己立立人，己达达人"为"仁"，但由于将孔子所言分作两截看："己立立人，己达达人"为"以己及人"，为"仁"；"能近取譬，可谓仁之方也已"为"推己及人"，为"恕"，即"己所不欲，勿施于人"，因而形成了与汉唐诸儒"仁""恕"无别不同的"仁""恕"有别的观点。换言之，汉唐诸儒以"仁""恕"无别为基点，因而把"己立立人，己达达人"看作与"能近取譬"以及"己所不欲，勿施于人"同一事；与此相

---

① （宋）黎靖德编：《朱子语类》卷63，第4册，第1543页。
② （宋）黎靖德编：《朱子语类》卷33，第3册，第846页。
③ （宋）黎靖德编：《朱子语类》卷33，第3册，第846页。
④ （宋）朱熹：《晦庵先生朱文公文集》卷41《答连嵩卿》（4），朱杰人等编：《朱子全书》，第22册，第1858页。
⑤ （宋）黎靖德编：《朱子语类》卷33，第3册，第854页。

反，朱熹以"仁""恕"有别为基点，因而将"己立立人，己达达人"与"能近取譬"以及"己所不欲，勿施于人"区别开来。

应当说，在孔子思想体系中，"仁"处于最为根本的地位，其他范畴都从属于"仁"。孔子说："人而不仁，如礼何？人而不仁，如乐何？"（《论语·八佾》）而"恕"则为"仁之方"，是实行"仁"的重要途径。虽然在践行孔子儒学的实际过程中，"恕"起了非常重要的作用，但"仁"的核心地位是不可替代的。朱熹在对孔子儒学的诠释中，非常重视"仁"，讲仁包"仁义礼智"四德，进一步凸显了"仁"在孔子思想体系中的根本地位。朱熹讲"仁""恕"有别，正是基于孔子儒学中"仁"与"恕"的差别和不同地位。

（四）余论

通过以上分析可以看出，对于孔子言"夫仁者，己欲立而立人，己欲达而达人。能近取譬，可谓仁之方也已"的解读，主要可分为：其一，以孔安国为代表的汉唐诸儒，将"己立立人，己达达人"解读为"仁"，并与孔子所言"己所不欲，勿施于人"之"恕"统一起来，讲"仁""恕"无别；其二，以朱熹为代表，将"己立立人，己达达人"解读为"以己及人"之"仁"，而与"己所不欲，勿施于人"即"推己及人"之"恕"区别开来，讲"仁""恕"有别。然而，他们都依照"夫仁者，己欲立而立人，己欲达而达人"，将"己立立人，己达达人"解读为"仁"。

需要指出的是，朱熹对于"己立立人，己达达人"的解读，不仅认为"己立立人，己达达人"为"以己及人"之"仁"，而区别于"己所不欲，勿施于人"为"推己及人"之"恕"，而且又强调"仁"与"忠恕"的密切关系。他说："'忠'字在圣人是诚，'恕'字在圣人是仁。但说诚与仁，则说开了。惟'忠恕'二字相粘，相连续，少一个不得。"[1] 认为在圣人那里，"恕"即"仁"。据《朱子语类》载，问："圣人之忠即是诚否？"曰："是。""圣人之恕即是仁否？"曰："是。"问："在学者言之，则忠近诚，恕近仁。"曰："如此，则已理会得好了。"[2] 显然，朱熹赞同所谓"圣人之恕即是仁"，而认为学者之"恕"只是近"仁"，这就是

---

[1] （宋）黎靖德编：《朱子语类》卷27，第2册，第671页。
[2] （宋）黎靖德编：《朱子语类》卷27，第2册，第671页。

《中庸》"忠恕违道不远"。

又据《朱子语类》载,谟曰:"《集注》等书所谓'尽己为忠',道之体也;'推己为恕',道之用也。忠为恕体,是以分殊而理未尝不一;恕为忠用,是以理一而分未尝不殊。此固甚明矣。……莫是合忠恕而言,便是仁否?"先生称善。谟曰:"只于《集注》解第二节处得之。如曰'圣人至诚无息,而万物各得其所',便是合忠恕是仁底意思。"曰:"合忠恕,正是仁。"① 可见,朱熹也赞同合"忠"与"恕",便是"仁"。

为此,朱熹之后也有学者把"己立立人,己达达人"解读为"恕"或"恕道""忠恕"。宋杨伯嵒《泳斋近思录衍注》说:"'己欲立而立人,己欲达而达人',恕之事也。故圣人不直以为仁,而必曰'仁之方'也。"② 戴侗《六书故》说:"'推己及物'之谓恕;'己欲立而立人,己欲达而达人','施诸己而不愿,亦勿施诸人',恕之道也。"③ 明袁宗道撰《一贯忠恕说》,认为"勿施于人,则学者之忠恕","立人达人者,所谓圣人之忠恕"。④ 焦循《论语通释》也说:"夫立人达人,圣人之仁恕也。"⑤ 刘宝楠《论语正义》则说:"己立己达,忠也;立人达人,恕也。二者相因,无偏用之势。"⑥ 曾国藩说:"仁者恕也,己欲立而立人,己欲达而达人,恕道也。"⑦ 需要指出的是,这些解读大都主"仁""恕"无别,而不同于朱熹讲"仁""恕"有别。

1910年出版的蔡元培《中国伦理学史》指出:"孔子之言忠恕,有消极、积极两方面。施诸己而不愿,亦勿施于人。此消极之忠恕,揭以严格之命令者也。仁者,己欲立而立人,己欲达而达人。此积极之忠恕,行以自由之理想者也。"⑧ 显然,在蔡元培看来,"己立立人,己达达人",虽然与"己所不欲,勿施于人"一样可以解读为"忠恕",但"己立立人,己达达人"是"仁",是积极的忠恕,"己所不欲,勿施于人"是消极的忠恕。

冯友兰早年出版的《中国哲学史》在论及"己立立人,己达达人"与"己所不欲,勿施于人"时,较蔡元培《中国伦理学史》略有变化,指

---

① (宋)黎靖德编:《朱子语类》卷27,第2册,第693—694页。
② (宋)杨伯嵒:《泳斋近思录衍注》卷1,《续修四库全书》,第934册,第357页。
③ (宋)戴侗:《六书故》卷13,第285—286页。
④ (明)袁宗道:《一贯忠恕说》,《白苏斋类集》卷8,上海古籍出版社1989年版,第98页。
⑤ (清)焦循:《论语通释》,《续修四库全书》,第155册,第45页。
⑥ (清)刘宝楠:《论语正义》,第153页。
⑦ (清)曾国藩:《日记》,《曾国藩全集》,岳麓书社2011年版,第16册,第435页。
⑧ 蔡元培:《中国伦理学史》,第12页。

出:"'因己之欲,推以知人之欲',即'己欲立而立人,己欲达而达人',即所谓忠也。'因己之不欲,推以知人之不欲',即'己所不欲,勿施于人',即所谓恕也。实行忠恕即实行仁。"①

1964年出版的冯友兰《中国哲学史新编》初稿认为,孔子所言"夫仁者,己欲立而立人,己欲达而达人。能近取譬,可谓仁之方也已",讲的是"为仁之方",是实行"仁"的方法,还说:"抽象地讲,这个方法包含两个方面。从积极的方面说,自己有个什么欲求,总想着别人也有这样欲求,在满足自己的欲求的时候,总要使别人也能满足这样的欲求;这就是所谓'己欲立而立人,己欲达而达人';这是'能近取譬'。这样的道德,孔子叫做'忠'。从消极方面说,我不愿意别人怎样地待我,我也不要这样地待别人,这就是'己所不欲,勿施于人';这也是'能近取譬'。这样的道德,孔子叫做'恕'。合起来,叫作'忠恕之道'。忠恕之道,就是'为仁之方'。"②认为孔子所言"己立立人,己达达人",讲的是"为仁之方",是实行"仁"的方法,是从积极的方面说,是"忠";"己所不欲,勿施于人",是从消极方面说,是"恕",二者合起来,叫作"忠恕之道",但不是"仁",只是"为仁之方"。1982年出版的《中国哲学史新编》修订本则认为,"己立立人,己达达人"讲的是"忠恕之道","己所不欲,勿施于人"讲的也是"忠恕之道",但"这还不是'仁',这只是'为仁之方'"。

张岱年于1982年出版的《中国哲学大纲》对于"己立立人,己达达人"的解读,又略有不同,指出:"'己欲立而立人,己欲达而达人',便是孔子所规定之仁之界说。……乃是仁的本旨。"又注说:"'夫仁者,己欲立而立人,己欲达而达人',是孔子所定仁之界说,实无可疑。以此为界说,以观《论语》言仁各条,则无有不通,且各显深义。仁之本旨,只是己欲立而立人,己欲达而达人。"③认为"己立立人,己达达人"讲的就是"仁"。同时,张岱年又说:"忠恕即仁。忠是尽己之心力以助人,恕是不以己之所恶施于人。忠是积极的,恕是消极的。合忠与恕,便是仁。"④讲"忠恕"即"仁",这实际上又把"己立立人,己达达人"解读为"忠恕"。

由此可以看出,自蔡元培《中国伦理学史》以来,现代对于"己立立

---

① 冯友兰:《中国哲学史》(上),《三松堂全集》,第2卷,第316—317页。
② 冯友兰:《中国哲学史新编试稿》,《三松堂全集》,第7卷,第118页。
③ 张岱年:《中国哲学大纲》,中国社会科学出版社1982年版,第256—257页。
④ 张岱年:《中国哲学大纲》,第259页。

人，己达达人"的解读，既有把"己立立人，己达达人"解读为"积极之忠恕"，或"忠""忠恕"，也有解读为"仁"。冯友兰把"己立立人，己达达人"解读为"忠恕"，又讲"仁""恕"有别，实际上不同于把"己立立人，己达达人"解读为"仁"，与历代大多数的解读不一致。因此，需要对文本"夫仁者，己欲立而立人，己欲达而达人"作出新的解释，需要作出更加深入的理论分析。但无论如何，冯友兰坚持讲"仁""恕"有别，突出了"仁"在孔子思想体系中的根本地位，与朱熹是一致的。

如前所述，杨伯峻《论语译注》讲"己立立人，己达达人"是"仁"，又是"忠"，而不是"己所不欲，勿施于人"之"恕"。后来，李泽厚《论语今读》释"夫仁者，己欲立而立人，己欲达而达人。能近取譬，可谓仁之方也已"，曰："所谓仁，是说自己想站起来，就帮助别人站起来；自己想开拓发展，就帮助别人开拓发展。从近处做起，可以说是实行仁的方法。"①讲"己立立人，己达达人"为"仁"，而不是"仁之方"，实际上就是把"己立立人，己达达人"与"己所不欲，勿施于人"之"恕"区别开来，较为接近杨伯峻《论语译注》的解读，而且也较为接近朱熹的解读，即把"己立立人，己达达人"解读为"仁"而与"己所不欲，勿施于人"之"恕"区别开来。从这个意义上讲，朱熹的解读，对于今天仍具有重要的学术价值，需要做进一步的思考和阐发。

近年来，孔子"己欲立而立人，己欲达而达人"受到一些质疑。有学者认为："'己欲立而立人，己欲达而达人'就是一个类似于'己所欲，施于人'的句型。在孔子看来，仁者自己想成功、想发达，他也会理解并帮助他人获得成功、变得发达起来。至于'能近取譬，可谓仁之方也已'的意思则是：就近以自己作比方，推己及人，也就是实行仁德的方法了。其实，'己欲立而立人，己欲达而达人'这样的表述方式与'己所欲，施于人'一样，隐藏着说话者欲加以贯彻的权力意志。作为说话者，孔子坦承自己既'欲立'，又'欲达'，但世界上的人并不像孔子所推测的那样，都是追求'欲立'和'欲达'的。假定某人安于平淡的生活，既不想建功立业，也不想出人头地，孔子是否也能像要求自己一样，迫使他'欲立'和'欲达'呢？如果孔子这样做的话，显然是把自己喜欢的东西强加到他人身上去了。"②

---

① 李泽厚：《论语今读》，第124页。
② 俞吾金：《黄金律令，还是权力意志——对"己所不欲，勿施于人"命题的新探析》，《道德与文明》2012年第5期。

这样的质疑，提出了对于"己立立人，己达达人"应当从操作层面上理解还是从心性层面上理解的问题。应当说，朱熹将"己立立人，己达达人"解读为"以己及人"之"仁"，而与"己所不欲，勿施于人"即"推己及人"之"恕"区别开来，讲"仁""恕"有别，就是首先要从心性层面涵养自己，形成"以己及人"之心，然后才是从操作层面上"推己及人"，而且在"推己及人"时，只能是"己所不欲，勿施于人"，并非"己所欲，施于人"[1]，所以，"立人""达人"不是"把自己喜欢的东西强加到他人身上去"，不是为了自己，而是为了他人，因而要更多地考虑他人的需要，尊重他人。或许这才是孔子言"夫仁者，己欲立而立人，己欲达而达人""己所不欲，勿施于人"的真正含义。

---

[1] 如前所述，皇侃《论语义疏》引孔安国注曰："……但能近取譬于己，皆恕己所不欲而勿施人也。"与此略有不同，邢昺《论语注疏》引孔安国注曰："……但能近取譬，于己皆恕，己所欲而施之于人。"皇侃本为"己所不欲而勿施人"，邢昺本为"己所欲而施之于人"，二者逻辑上并非完全一致。但邢昺疏曰"己所欲而施之于人，己所不欲弗施于人，可谓仁道也"，清刘宝楠说："'己所不欲，勿施于人'，则己所欲，必又当施诸人。"[（清）刘宝楠：《论语正义》，第486页] 而晚清孙宝瑄则说："耶稣当日有所谓黄金律曰：以己所欲者，施之于人。孔子则有反黄金律曰：己所不欲，勿施于人。"[孙宝瑄：《忘山庐日记》，上海人民出版社2015年版，第656页] 把"己所欲而施之于人"与"己所不欲而勿施人"统为一体。

七 "克己复礼为仁"*

据《论语·颜渊》载，颜渊问仁。子曰："克己复礼为仁。一日克己复礼，天下归仁焉。为仁由己，而由仁乎哉？"颜渊曰："请问其目。"子曰："非礼勿视，非礼勿听，非礼勿言，非礼勿动。"对于其中"克己复礼"，[1]当代多数学者依据朱熹的解读，将"克己复礼"看作由"克己"与"复礼"两个部分组成。杨伯峻《论语译注》注"克己复礼为仁"曰："抑制自己，使言语行动都合于礼，就是仁。"[2]冯友兰晚年的《中国哲学史新编》说："'复礼'必须'克己'。'克'就是战胜的意思。'克己'就是要用'礼'战胜自己的欲求，能'克己'自然就'复礼'了。"[3]张岱年《中国哲学大纲》说："'克己复礼'，便是以礼自律，自约其身，使合于礼；视听言动，莫不循礼。"[4]钱穆《论语新解》说："克己，约束己身"；"克己复礼，即犹云约我以礼"。[5]直到近年来李泽厚《论语今读》仍然解读为："约束自己以符合礼制就是仁。"[6]

但是，金景芳等则反对"把'克己复礼'一语理解为'克己'与'复礼'的组合"，主张训"克"为"能"，"己复礼"三字连文，还说："只有确定这一点，才有可能把'克己复礼为仁'这句话讲明白。'己复礼'，当然就是自我复礼，不是要别人复礼或者要别人为我复礼。这正是

---

* 本章部分内容已以《朱熹解〈论语〉"克己复礼"与"身能反礼"——兼论朱熹晚年对克己与复礼关系的阐释》为题发表于《江苏行政学院学报》2018年第2期。

[1] 据《春秋左氏传》载，仲尼曰："古也有志：'克己复礼，仁也。'信善哉！"[（晋）杜预注，（唐）孔颖达疏：《春秋左传正义》，（清）阮元校刻：《十三经注疏》，第4册，第4483页] 朱熹也说："……《左传》又云'克己复礼，仁也'。'克己复礼'四字，亦是古已有此语。"[（宋）黎靖德编：《朱子语类》卷83，第6册，第2169页]
[2] 杨伯峻译注：《论语译注》，第178页。
[3] 冯友兰：《中国哲学史新编》，《三松堂全集》，第8卷，第135页。
[4] 张岱年：《中国哲学大纲》，第258页。
[5] 钱穆：《论语新解》，第302—303页。
[6] 李泽厚：《论语今读》，第216页。

孔子答颜渊问仁所要表达的意思。……如果以为'克己'与'复礼'是对应关系，'克己'是约己或者胜己，则孔子答'颜渊问仁'的一段论为语无伦次。孔子而语无伦次，是不可思义的。""在肯定'己复礼'三字连文的前提下，必须承认'克己复礼'是个单纯句子，不是由'克己'、'复礼'两个句子合成。"① 一是将"克己复礼"看作由"克己"与"复礼"两个部分的组合，将"克"解读为约束、战胜；一是将"克"解读为"能"，实际上是把"克己复礼为仁"解读为"身能反礼则为仁"。事实上，这样的意见分歧，由来已久，一直可以追溯到汉唐时期。

（一）汉唐诸儒的解读

历史上对于《论语》的注解，以三国时期魏何晏《论语集解》对后世影响较大，并成为后来许多注释的底本。南北朝时期皇侃《论语义疏》、北宋邢昺《论语注疏》都是以《论语集解》为底本。在皇侃《论语义疏》中，何晏《论语集解》所据《论语》文本是："颜渊问仁，子曰：'尅己复礼为仁。一日尅己复礼，天下归仁焉。'"其中引东汉马融曰："尅己，约身也。"又引西汉孔安国曰："复，反也。身能反礼则为仁矣。"② 而在邢昺《论语注疏》中，所据《论语》文本则不是"尅己复礼"，而是"克己复礼"。③ 这种文本上的差异，或许在唐代就已经出现。唐开成二年（837 年）完成的开成石经本《论语》，为何晏《论语集解》，其中有："子曰：'克己复礼为仁。一日克己复礼，天下归仁焉。'"④ 但是，敦煌《论语集解》伯 2620 号、伯 3402 号写本，为"尅己复礼为仁"，斯 3011 号、伯 3192 号、伯 2548 号写本，为"克己复礼为仁"。⑤

可见，在唐代，何晏《论语集解》已有多种本子，其中所据《论语》文本，既有"尅己复礼为仁"，也有"克己复礼为仁"，当然也有抄写错误的可能。就"尅己复礼"而言，它只能理解为"尅己"与"复礼"的组合。而且在何晏《论语集解》中，无论何种本子，都在注"克己复礼为

---

① 金景芳、吕绍纲：《释"克己复礼为仁"》，《中国哲学史》1997 年第 1 期。
② （梁）皇侃：《论语义疏》，第 297—298 页。
③ （魏）何晏集解，（宋）邢昺疏：《论语注疏》，（清）阮元校刻：《十三经注疏》，第 5 册，第 5436 页。
④ 中华书局编辑部编：《景刊唐开成石经》，第 2636 页。
⑤ 李方：《敦煌〈论语集解〉校证》，第 518 页。

仁"后，引马融曰"克己，约身也"，又引孔安国曰"复，反也。身能反礼则为仁矣"。马融曰"克己，约身也"似乎是对"克己"的注释，孔安国曰"复，反也。身能反礼则为仁矣"似乎是对"复礼"的注释。按照这样的理解，"克己复礼"分为"克己"与"复礼"两个部分。

皇侃《论语义疏》注"尅己复礼为仁"，曰："尅，犹约也。复，犹反也。言若能自约俭己身，还反于礼中，则为仁也。"① 就皇侃把"尅己复礼为仁"解读为"若能自约俭己身，还反于礼中，则为仁也"而言，"尅己复礼"是"尅己"与"复礼"两个部分的组合。

邢昺《论语注疏》疏"克己复礼为仁"，曰："'子曰克己复礼为仁'者，克，约也；己，身也；复，反也。言能约身反礼则为仁矣。"② 与皇侃《论语义疏》一样，邢昺《论语注疏》同样是把"克己复礼"理解为"克己"与"复礼"两个部分的组合。

由此可以看出，无论是何晏《论语集解》，还是皇侃《论语义疏》、邢昺《论语注疏》，都把"克己复礼"看作"克己"与"复礼"两个部分的组合，并把"克己"之"克"解为"约"，把"克己"解为"约身"。

至于孔安国曰"复，反也。身能反礼则为仁矣"，原本只是注"复礼"，还是注"克己复礼为仁"，的确难以判断。就"复，反也"而言，该句是注"复礼"；但言"身能反礼则为仁矣"，又似乎是对"克己复礼为仁"的解读。皇侃《论语义疏》除了把"尅己复礼为仁"解读为"若能自约捡己身，还反于礼物中，则为仁也"，还提出了另一种说法："身能使礼返反身中，则为仁也。"③ 这与孔安国讲"身能反礼则为仁矣"大体一致。

无论如何，汉唐儒家大都把"克己复礼"分为"克己"与"复礼"两个部分而加以解读，同时还对"克己"作了解释；不仅有马融所谓"克己，约身也"，而为何晏、皇侃、邢昺所接受，而且据皇侃《论语义疏》载，皇侃之前的范宁曾说过："尅，责也。复礼，谓责尅己失礼也。非仁者则不能责己复礼，故能自责己复礼则为仁矣。"④ 尤其是，与何晏同时的魏王肃注《孔子家语》"尅己复礼为仁"，说："克，胜。言能胜己私情，复之于礼，则为仁也。"⑤ 将"克己复礼"之"克"训为"胜"。据唐孔颖

---

① （梁）皇侃：《论语义疏》，第297—298页。
② （魏）何晏集解，（宋）邢昺疏：《论语注疏》，（清）阮元校刻：《十三经注疏》，第5册，第5438页。
③ （梁）皇侃：《论语义疏》，第298页。
④ （梁）皇侃：《论语义疏》，第298页。
⑤ （魏）王肃注：《孔子家语》（下册），第71页。

达《春秋左传正义》载，隋刘炫也说过："克，训胜也；己，谓身也。有嗜慾，当以礼义齐之。嗜慾与礼义交战，使礼义胜其嗜慾，身得归复于礼，如是乃为仁也。复，反也，言情为嗜慾所逼，己离礼而更归复之。今刊定云：克，训胜也；己，谓身也。谓身能胜去嗜慾，反复于礼也。"① 这一说法也为北宋邢昺《论语注疏》所引述。②

北宋二程讲克己复礼，尤为强调克己。程颢说："克己则私心去，自然能复礼，虽不学文，而礼意已得明。"③ 据《河南程氏遗书》记载，韩持国尝论克己复礼，以谓克却不是道。程颢言："克便是克之道。"韩持国又言："道则不须克。"程颢言："道则不消克，却不是持国事。在圣人，则无事可克，今日持国，须克得己便然后复礼。"④ 又据记载，唐棣又问："克己复礼，如何是仁？"程颐曰："非礼处便是私意。既是私意，如何得仁？凡人须是克尽己私后，只有礼，始是仁处。"⑤ 这里把克己解读为"克尽己私"。程颐还以理释礼，并与私欲相对立，说："视听言动，非理不为，即是礼，礼即是理也。不是天理，便是私欲。"⑥ 又说："人心私欲，故危殆。道心天理，故精微。灭私欲则天理明矣。"⑦ 这就把"克己复礼"与"灭私欲则天理明"联系起来。此外，程颐还就"克己复礼"之目，即"非礼勿视，非礼勿听，非礼勿言，非礼勿动"，撰《四箴》⑧，强调"由乎中而应乎外，制于外所以养其中也"⑨。

由此可见，自汉代到北宋，对于《论语》"克己复礼为仁"的诠释，

---

① （晋）杜预注，（唐）孔颖达疏：《春秋左氏正义》，（清）阮元校刻：《十三经注疏》，第4册，第4483页。
② （魏）何晏集解，（宋）邢昺疏：《论语注疏》，（清）阮元校刻：《十三经注疏》，第5册，第5436页。
③ （宋）程颢、程颐：《河南程氏遗书》卷？上，《二程集》，第18页。
④ （宋）程颢、程颐：《河南程氏遗书》卷2上，《二程集》，第28页。
⑤ （宋）程颢、程颐：《河南程氏遗书》卷22上，《二程集》，第286页。
⑥ （宋）程颢、程颐：《河南程氏遗书》卷15，《二程集》，第144页。
⑦ （宋）程颢、程颐：《河南程氏遗书》卷24，《二程集》，第312页。
⑧ 程颐《四箴》，即"视箴"："心兮本虚，应物无迹；操之有要，视为之则。蔽交于前，其中则迁；制之于外，以安其内。克己复礼，久而诚矣。""听箴"："人有秉彝，本乎天性；知诱物化，遂亡其正。卓彼先觉，知止有定；闲邪存诚，非礼勿听。""言箴"："人心之动，因言以宣；发禁躁妄，内斯静专。矧是枢机，兴戎出好；吉凶荣辱，惟其所召。伤易则诞，伤烦则支；己肆物忤，出悖来违。非法不道，钦哉训辞！""动箴"："哲人知几，诚之于思；志士厉行，守之于为。顺理则裕，从欲惟危；造次克念，战兢自持；习与性成，圣贤同归。"[（宋）程颢、程颐：《河南程氏文集》卷8《四箴》，《二程集》，第588—589页]
⑨ （宋）程颢、程颐：《河南程氏文集》卷8，《二程集》，第588页。

主要有两种：一是从孔安国讲"身能反礼则为仁矣"，到皇侃《论语义疏》中所载另一种说法"身能使礼返反身中，则为仁也"；一是从马融"克己，约身"，经何晏《论语集解》，到皇侃《论语义疏》、邢昺《论语注疏》，把"克己复礼"理解为"克己"与"复礼"两个不同部分的组合，又有王肃、刘炫把"克"训为"胜"，直到二程把"克己"解读为"克尽己私"，与"灭私欲则天理明"联系在一起。需要指出的是，在经学的发展中，前者逐渐淡出，后者则逐渐成为主流。

（二）"克，胜也"与"克，能也"

朱熹对于《论语》"克己复礼为仁"的解读，继承二程而来。乾道八年（1172年），朱熹修订《论语要义》而撰成《论孟精义》，其中引述程颐所谓"克，胜也。难胜者莫如己，胜之之私，则能有诸己，是反身而诚者也"，以及二程门人杨时所谓"仁，人心也。学问之道，求其放心而已，放而不知求，则人欲肆而天理灭矣。扬子曰：'胜己之私之谓克。'克己所以胜私欲而收放心也"。①

淳熙四年（1177年），朱熹撰成《论语集注》，注"克己复礼为仁"曰：

> 仁者，本心之全德。克，胜也。己，谓身之私欲也。复，反也。礼者，天理之节文也。为仁者，所以全其心之德也。盖心之全德，莫非天理，而亦不能不坏于人欲。故为仁者必有以胜私欲而复于礼，则事皆天理，而本心之德复全于我矣。②

这里主要包括两方面内容：一是把"克己复礼"分为"克己"与"复礼"两个部分，将"克己"与"复礼"区别开来，将"克"解为"胜"，"己"解为"身之私欲"；二是把"克己复礼为仁"解为"为仁者必有以胜私欲而复于礼"，即通过"克己"而达到"复礼"，把"克己"与"复礼"统一起来，强调二者不可分割。

其实，在中国古代，"克"，既可解为"胜"，又可解为"能"，且均

---

① （宋）朱熹：《论孟精义》，朱杰人等编：《朱子全书》，第7册，第411—415页。
② （宋）朱熹：《四书章句集注》，第133页。

七 "克己复礼为仁"

由来已久。《诗经·小雅》曰："人之齐圣，饮酒温克。"西汉毛亨传："齐，正；克，胜也。"东汉郑玄笺云："中正通知之人，饮酒虽醉，犹能温藉自持以胜。"[①] 此解"克"为"胜"。《诗经·国风》曰："析薪如之何，匪斧不克。"毛亨传："克，能也。"郑玄笺云："此言析薪必待斧乃能也。"[②] 此解"克"为"能"。

如前所述，孔安国讲"身能反礼则为仁矣"，若将此理解为对"克己复礼为仁"的注释，那么，"克己复礼"即"身能反礼"，其中的"克"即"能"。与此不同，后来的马融解"克己复礼"之"克"为"约"。

扬雄《法言》讲"胜己之私之谓克"[③]，解"克"为"胜"；但他的《太玄经》讲"高山大川，不辑航不克也"，"次四，过小善，不克"，这里的"克"，都只能被解读为"能"。[④] 如前所述，王肃注《孔子家语》"尅己复礼为仁"，讲"克，胜"；但是又注"智而不能及，明而不能见，孰克如此"，曰："克，能也。"[⑤] 注"昔尧治天下之位，犹允恭以持之，克让以接下"，曰："克，能也。"[⑥]

朱熹《论语集注》注"克己复礼为仁"，讲"克，胜也"，但又在《大学章句》注"克明德"，曰："克，能也。"[⑦] 显然，在朱熹及其以前的学者那里，"克"既可解为"能"，又可解为"胜"。

应当说，朱熹注《论语》"克己复礼为仁"，解"克"为"胜"，并把"己"解读为"身之私欲"，是来自程颐所谓"克，胜也。难胜者莫如己，胜己之私，则能有诸己，是反身而诚者也"。然而，他的《论语或问》又说：

> 或问："克之为胜，何也？"曰："杨子固曰胜己之私之谓克矣。而此书之说，自刘炫发之，其说曰：'克，胜也。己，身也。身有嗜欲，当以礼仪齐之，嗜欲与礼仪战，使礼仪胜其嗜欲，身得复归于礼，如是乃为仁也。复，反也，言情为嗜欲所迫，己离礼而更归复之

---

① （汉）毛亨传，（汉）郑玄笺，（唐）孔颖达疏：《毛诗正义》，（清）阮元校刻：《十三经注疏》，第1册，第969页。
② （汉）毛亨传，（汉）郑玄笺，（唐）孔颖达疏：《毛诗正义》，（清）阮元校刻：《十三经注疏》，第1册，第747页。
③ （汉）扬雄：《法言》卷4《问神篇》，第15页。
④ （汉）扬雄：《太玄经》，上海古籍出版社1990年版，第8、14页。
⑤ （魏）王肃注：《孔子家语》（上册），第46页。
⑥ （魏）王肃注：《孔子家语》（上册），第73页。
⑦ （宋）朱熹：《四书章句集注》，第4页。

也。克己复礼，谓身也。谓能胜去嗜欲，反复于礼也。'炫言如此，虽若有未莹者，然章句之学及此者，亦已鲜矣。"①

可见，朱熹《论语集注》解"克"为"胜"，并把"己"解读为"身之私欲"，还源自汉扬雄以及孔颖达《春秋左传正义》、邢昺《论语注疏》所引述隋刘炫之言。但需要指出的是，朱熹把"克己复礼"解读为"胜私欲而复于礼"，既把"克己"与"复礼"区别开来，又把"克己"与"复礼"统一起来，认为二者不可分割，并不完全像何晏《论语集解》以及皇侃《论语义疏》、邢昺《论语注疏》那样，只是把"克己复礼"看作由"克己"与"复礼"两个部分所组合。

与朱熹同时的陆九渊解"克己复礼为仁"，既讲"克己"，认为孔子之言"犹下克己二字，曰'克己复礼为仁'"②，"己私之累人，非大勇不能克"③；又说："夫子所谓'克己复礼为仁'，诚能无毫发己私之累，则自复于礼矣。礼者理也，此理岂不在我？……必求外铄，则是自湮其源，自伐其根也。"④ 在陆九渊看来，礼即是理，理在心中，即礼在心中，"能无毫发己私之累，则自复于礼"，所以克己复礼不是求于外。陆九渊的门人杨简对《论语》有深入的研究，撰《论〈论语〉》。对于孔子所言"克己复礼"，他说："大哉，克己复礼之训乎！由孔子而来至于今，千有余岁，学者罕有知其解者。知其解者，大道在我矣。'克'有二训：能也，胜也。《左氏》谓楚灵王不能自克，继以孔子'克己复礼'之言为证。是谓克为'胜'，而未必孔子本旨。果尔也，以颜子粹然之质，加以屡空之学，虽未能至于无过，过亦微矣，何俟于克而胜之也？《诗》、《书》所载，多以'克'为'能'，况此孔子又继曰'为仁由己'，殊无克胜其己之意。且一'己'字，无二义也。"⑤ 显然，杨简主张将"克己复礼"之"克"训为"能"。他还说："颜渊问仁，子曰：'克己复礼为仁。'克，能也。能以己复我本有之礼。"⑥

杨简特别强调礼为"吾心所自有"。他说："能己复礼，则为仁矣。礼亦非己外之物。礼者，我之所自有。凡礼之所有，皆我心之所安，复我本

---

① （宋）朱熹：《四书或问》，朱杰人等编：《朱子全书》，第 6 册，第 798 页。
② （宋）陆九渊：《陆九渊集》卷 34《语录上》，中华书局 1980 年版，第 397 页。
③ （宋）陆九渊：《陆九渊集》卷 10《与黄康年》，第 132 页。
④ （宋）陆九渊：《陆九渊集》卷 12《与赵然道》（4），第 159 页。
⑤ （宋）杨简：《慈湖先生遗书》卷 11《论〈论语〉下》，《杨简全集》，第 8 册，第 2134 页。
⑥ （宋）杨简：《慈湖先生遗书》卷 3《赠钱诚甫》，《杨简全集》，第 7 册，第 1892 页。

有之礼，斯已矣，复何所为？"① 因此，他反对把"克己"解读为"克去己私"。他说："倘如诸儒谓'克去己私'，则'为仁由己'，又非'己私'，况己启发洞觉，虚明无我，本无'己私'可克。……《左氏》谓楚灵王不能自克，继以'克己复礼'之言为证，是训'克'为'胜'，恐非孔子本旨。"②

据《朱子语类》载，朱熹在《论语集注》完成之后，曾与门人讨论《论语》"克、伐、怨、欲不行焉，可以为仁矣"与"克己复礼为仁"的关系，论及杨简对于"克己复礼为仁"的解读：

> 问："'克伐'与'克复'，只是一个'克'字，用各不同。窃谓'克己'是以公胜私，'克伐'是有意去胜人。"曰："只是个出入意。'克己'是入来胜己，'克伐'是出去胜人。"问："杨敬仲说：'"克"字训能。此己，元不是不好底。"为仁由己"，何尝不好。"克己复礼"，是能以此己去复礼也。'"曰："艾轩亦训是作能，谓能自主宰。此说虽未善，然犹是著工夫。若敬仲之言，是谓无己可克也。"③

这里不仅讨论到杨简（杨敬仲）将"克己复礼"之"克"训为"能"，而且也涉及二程门人尹焞高弟林光朝（字谦之，号艾轩）亦将"克"训为"能"，并特别批评杨简的解读是"无己可克"。

如前所述，杨简之所以将"克己复礼"之"克"训为"能"，其主要理由在于"克己复礼"之"己"与"为仁由己"之"己"，"一'己'字无二义"，而且"己"为人之本心，"虚明无我"，因此"本无'己私'可克"。与此不同，朱熹解"克己复礼"，"己"为"身之私欲"，就是要克去之私欲。至于"为仁由己"，朱熹《论语集注》说："言为仁由己而非他人所能预，又见其机之在我而无难也。"④ 也就是说，克去己之私欲，"由己而非他人所能预"，在我而不在他人。朱熹还说："大率克己工夫，是自著力做底事，与他人殊不相干。紧紧闭门，自就身上子细体认，觉得才有私意，便克去，故曰：'为仁由己，而由人乎哉！'夫子说得大段分晓。"⑤ "'为仁由己，而由人乎哉'，是言'克己复礼'工夫处，在我而不

---

① （宋）杨简：《慈湖先生遗书》卷11《论〈论语〉下》，《杨简全集》，第8册，第2134页。
② （宋）杨简：《慈湖先生遗书》卷11《论〈论语〉下》，《杨简全集》，第8册，第2135页。
③ （宋）黎靖德编：《朱子语类》卷44，第3册，第1119页。
④ （宋）朱熹：《四书章句集注》，第133页。
⑤ （宋）黎靖德编：《朱子语类》卷41，第3册，第1044页。

在人。"① 在朱熹看来,"为仁由己"之"己"是指"克己复礼"在我自己而不在他人;也就是说,"克己复礼"是自己克胜自己之私欲而复于礼。

问题是,解读"克己复礼",或解"克"为"胜",或解"克"为"能",虽然在文字上有明显差别,但在朱熹那里,这两种解读是否有义理上的截然对立呢?对于林光朝将"克"训为"能",朱熹认为,"此说虽未善,然犹是著工夫";而对于杨简的解读,朱熹则认为是"无己可克",是不讲克己工夫。可见,朱熹批评杨简的解读,不是拘泥于将"克"训为"胜",或是将"克"训为"能",而是不赞同他把克己与复礼分割开来,只讲复礼,不讲克己工夫。

(三)"克己复礼"与"存天理灭人欲"

朱熹《论语集注》注"克己复礼为仁",除了把"克"解为"胜",把"己"解为"身之私欲",而且还说"盖心之全德,莫非天理,而亦不能不坏于人欲。故为仁者必有以胜私欲而复于礼,则事皆天理,而本心之德复全于我矣",把"克己复礼为仁"解为"为仁者必有以胜私欲而复于礼"。在朱熹看来,仁者,人心之全德,即为天理,但为人之欲望所蔽,即所谓"坏于人欲",所以要"胜私欲而复于礼"。这里把人之欲望与"私欲"这两个概念做了区分。人皆有欲望,因而人心之全德不明,所以要克胜人之欲望中的私欲,而不是要去除人之欲望。朱熹《论语集注》注"一日克己复礼,天下归仁焉",说:"言一日克己复礼,则天下之人皆与其仁,极言其效之甚速而至大也。……日日克之,不以为难,则私欲净尽,天理流行,而仁不可胜用矣。"② 讲的是要克尽私欲。

对应于《论语集注》,朱熹《论语或问》说:

> 人受天地之中以生,而仁义礼智之性具于其心。仁虽专主于爱,而实为心体之全德;礼则专主于敬,而心之所以为规矩者也。然人有是身,则耳目口体之间,不能无私欲之累,以违于礼而害夫仁。人而不仁,则自其一身莫适为主,而事物之间,颠倒错乱,益无所不至矣。此圣门之学,所以汲汲于求仁,而颜子之问,夫子特以克己复礼

---

① (宋)黎靖德编:《朱子语类》卷41,第3册,第1053页。
② (宋)朱熹:《四书章句集注》,第133页。

告之，盖欲其克去有己之私欲，而复于规矩之本然，则夫本心之全德，将不离乎此而无不尽也。①

一方面，"人有是身，则耳目口体之间，不能无私欲之累"，另一方面，人之私欲又"违于礼而害夫仁"，因此要"克去有己之私欲"。这里所谓"不能无私欲之累"对应于《论语集注》"不能不坏于人欲"；"私欲"与"人欲"相互通用。可见，在注"克己复礼"时，朱熹《论语集注》将"人欲"与"私欲"这两个概念做了区分，而在《论语或问》中，二者又相互通用。

朱熹《论语集注》讲"人欲""私欲"处并不少。朱熹注"巧言令色，鲜矣仁"，说："好其言，善其色，致饰于外，务以悦人，则人欲肆而本心之德亡矣。"② 这里讲"人欲肆而本心之德亡"，反对的是"人欲肆"，不是要去除人之欲望。朱熹注"君子上达，小人下达"，说："君子循天理，故日进乎高明；小人徇人欲，故日究乎污下。"③ 这里反对的是"徇人欲"，也不是要去除人之欲望。朱熹注"回也，其心三月不违仁"，说："仁者，心之德。心不违仁者，无私欲而有其德也。"④ 朱熹注"依于仁"，说："依者，不违之谓。仁，则私欲尽去而心德之全也。"⑤ 当然，在《论语集注》中，有时"人欲"与"私欲"也相互通用。朱熹在评价曾点时说："曾点之学，盖有以见夫人欲尽处，天理流行，随处充满，无少欠阙，故其动静之际，从容如此。"⑥ 这里所谓"人欲尽处，天理流行"，与注"克己复礼为仁"时说"私欲净尽，天理流行"是一致的。

在《四书章句集注》中，朱熹多次讲到"遏人欲"。《孟子集注》说："孟子因时君之问，而剖析于几微之际，皆所以遏人欲而存天理。"⑦ 又引胡安国曰："仲尼作《春秋》以寓王法。……知孔子者，谓此书之作，遏人欲于横流，存天理于既灭，为后世虑，全深远也。"⑧《中庸章句》说："遏人欲于将萌，而不使其滋长于隐微之中，以至离道之远也。"⑨《大学

---

① （宋）朱熹：《四书或问》，朱杰人等编：《朱子全书》，第6册，第798—799页。
② （宋）朱熹：《四书章句集注》，第48页。
③ （宋）朱熹：《四书章句集注》，第156页。
④ （宋）朱熹：《四书章句集注》，第86页。
⑤ （宋）朱熹：《四书章句集注》，第94页。
⑥ （宋）朱熹：《四书章句集注》，第131页。
⑦ （宋）朱熹：《四书章句集注》，第220页。
⑧ （宋）朱熹：《四书章句集注》，第276页。
⑨ （宋）朱熹：《四书章句集注》，第18页。

或问》还说:"欲明德而新民者,诚能求必至是而不容其少有过不及之差焉,则其所以去人欲而复天理者,无毫发之遗恨矣。"① 这里讲"去人欲而复天理"。

朱熹还说:"学者须是革尽人欲,复尽天理,方始是学。"② 晚年还说:

> 孔子所谓"克己复礼",《中庸》所谓"致中和","尊德性","道问学",《大学》所谓"明明德",《书》曰"人心惟危,道心惟微,惟精惟一,允执厥中",圣贤千言万语,只是教人明天理,灭人欲。③

其中"明天理,灭人欲",在后来黄宗羲《宋元学案》中为"存天理,灭人欲"④,但无论如何,朱熹所言中有"灭人欲"一句,颇受后世诟病。

事实上,"明天理,灭人欲"并非朱熹首先发明。《礼记·乐记》说:"人生而静,天之性也。感于物而动,性之欲也。物至知知,然后好恶形焉。好恶无节于内,知诱于外,不能反躬,天理灭矣。夫物之感人无穷,而人之好恶无节,则是物至而人化物也。人化物也者,灭天理而穷人欲者也。于是有悖逆诈伪之心,有淫泆作乱之事,是故强者胁弱,众者暴寡,知者诈愚,勇者苦怯,疾病不养,老幼孤独不得其所。此大乱之道也。是故先王之制礼乐,人为之节。"这里所谓"灭天理而穷人欲",似乎是把"天理"与"人欲"对立了起来。如前所述,程颐讲过"灭私欲则天理明",杨时讲过"人欲肆而天理灭"。杨时门人张九成曾撰《克己复礼为仁说》,其中说道:"夫天下无一物之非理,亦无一物之非仁。有己则理暗,无己则理明。己者,何也?人欲也。礼者,何也?天理也。灭天理,穷人欲,何由而得仁?灭人欲,尽天理,于是乃为仁。克己也者,灭人欲者也。己何自而克,人欲何自而灭乎?本乎学而已矣。……视、听、言、动一循乎天理之中,则人欲灭矣,私己克矣,天理明矣,天下皆归于仁矣。"⑤ 显然,张九成把《论语》"克己复礼为仁"的"克己"解为"灭

---

① (宋)朱熹:《四书或问》,朱杰人等编:《朱子全书》,第 6 册,第 509 页。
② (宋)黎靖德编:《朱子语类》卷 13,第 1 册,第 225 页。
③ (宋)黎靖德编:《朱子语类》卷 12,第 1 册,第 207 页。
④ (清)黄宗羲原著,(清)全祖望补修:《宋元学案》卷 48《晦翁学案上》,第 2 册,第 1544 页。
⑤ (宋)张九成:《横浦集》卷 19,《张九成集》,浙江古籍出版社 2013 年版,第 1 册,第 217 页。

人欲",明确讲"灭人欲,尽天理"。他还说:"未克己以前,其视、听、言、动皆私欲也;已克己以后,其视、听、言、动皆天理也。"① 实际上是把人欲看作"私欲"。对于张九成,朱熹说:"张公始学于龟山之门,而逃儒以归于释。……凡张氏所论著,皆阳儒而阴释。其离合出入之际,务在愚一世之耳目,而使之恬不觉悟,以入乎释氏之门,虽欲复出而不可得。"② 朱熹批评张九成"阳儒而阴释",或许也包含了对于其将"克己复礼为仁"解读为"灭人欲,尽天理,于是乃为仁"的批评。

如前所述,在朱熹那里,人之欲望与"私欲"这两个概念是有区别的。关于人之欲望,朱熹说:"欲是情发出来底。心如水,性犹水之静,情则水之流,欲则水之波澜,但波澜有好底,有不好底。欲之好底,如'我欲仁'之类;不好底则一向奔驰出去,若波涛翻浪;大段不好底欲则灭却天理,如水之壅决,无所不害。"③ 又据朱熹门人黄士毅所编《朱子语类》载,朱熹说:"欲有好底,有不好底。如'我欲仁'之心,欲却是好底。"④ 显然,朱熹认为,人之欲望既有不好的,也有好的。他还曾说过:"人欲只是饥欲食、寒欲衣之心尔。"⑤ 这里所谓"人欲"指的是人"饥欲食、寒欲衣"的自然欲望。又说:"如饥饱寒燠之类,皆生于吾之血气形体,而它人无与焉,所谓私也,亦未便是不好,但不可一向徇之耳。"⑥ "'养心莫善于寡欲。'欲是好欲,不是不好底欲,不好底欲不当言寡。"⑦ 所以,"人欲也未便是不好。谓之危者,危险,欲堕未堕之间"⑧。显然,对于人之欲望,朱熹虽然有所担心,但并不完全排斥。他甚至还说:"天理本多,人欲便也是天理里面做出来。虽是人欲,人欲中自有天理。"⑨ 并

---

① (宋)张九成:《横浦集》卷19,《张九成集》,第1册,第218页。
② (宋)朱熹:《晦庵先生朱文公文集》卷72《杂学辨》,朱杰人等编:《朱子全书》,第24册,第3473页。
③ (宋)黎靖德编:《朱子语类》卷5,第1册,第93—94页。
④ (宋)黄士毅编,杨时仪、杨艳汇校:《朱子语类汇校》,上海古籍出版社2014年版,第1册,第102页。
⑤ (宋)黎靖德编:《朱子语类》卷78,第5册,第2009页。
⑥ (宋)朱熹:《晦庵先生朱文公文集》卷57《答陈安卿》(2),朱杰人等编:《朱子全书》,第23册,第2729页。
⑦ (宋)黎靖德编:《朱子语类》卷61,第4册,第1475页。
⑧ (宋)黎靖德编:《朱子语类》卷78,第5册,第2010页。对此,清代李光地解释说:"南轩以为'人心'人欲,'道心'天理,朱子非之。然人欲亦未是不好底字。如耳目口鼻之于声色臭味,俱是人欲,然却离这个道心,亦无发见处。但溢于其节,方见病痛,故曰'惟危'耳。"[(清)李光地:《榕村续语录》卷3,《榕村语录·榕村续语录》,中华书局1995年版,第593页]
⑨ (宋)黎靖德编:《朱子语类》卷13,第1册,第224页。

且赞同胡宏所谓"天理人欲,同体而异用,同行而异情"中后一句的说法,说:"只是一人之心,合道理底是天理,徇情欲底是人欲,正当于其分界处理会。五峰云'天理人欲,同行异情',说得最好。"① 还说:"如'口之于味,目之于色,耳之于声,鼻之于臭,四肢之于安佚',圣人与常人皆如此,是同行也。然圣人之情不溺于此,所以与常人异耳。"② 也就是说,圣人也有与常人一样的欲望,但圣人"不溺于此"。朱熹还说:

  盖钟鼓、苑囿、游观之乐,与夫好勇、好货、好色之心,皆天理之所有,而人情之所不能无者。然天理人欲,同行异情。循理而公于天下者,圣贤之所以尽其性也;纵欲而私于一己者,众人之所以灭其天也。③

  显然,朱熹并不是要将天理与人之欲望完全对立起来,而只是反对"纵欲而私于一己"。

  与人之欲望不同,朱熹所谓"私欲"是指"人欲之私",是违背天理的欲望。关于"欲",东汉许慎《说文解字》说:"欲,贪欲也。"④ 马融解《论语·宪问》"克、伐、怨、欲不行焉,可以为仁矣",也说:"欲,贪欲也。"⑤ 此外,西汉孔安国注《论语·公冶长》"枨也慾,焉得刚",说:"慾,多情慾也。"⑥ 如上所述,唐孔颖达《春秋左氏正义》引隋刘炫说"胜去嗜慾"。孔颖达又疏《礼记·乐记》"人化物也者,灭天理而穷人欲者也",曰:"若人既化物,逐而迁之,恣其情欲,故灭其天生清静之性,而穷极人所贪嗜慾也。"⑦ 把"欲"解为"嗜慾"。朱熹注《论语·公冶长》"枨也慾,焉得刚",说:"慾,多嗜慾也。多嗜慾,则不得为刚矣。"⑧ 后来又将"欲"与"慾"作了区别。据《朱子语类》载,问:

---

① (宋)黎靖德编:《朱子语类》卷78,第5册,第2015页。
② (宋)黎靖德编:《朱子语类》卷101,第7册,第2591页。
③ (宋)朱熹:《四书章句集注》,第220页。
④ (清)段玉裁:《说文解字注》,第415页。
⑤ (魏)何晏集解,(宋)邢昺疏:《论语注疏》,(清)阮元校刻:《十三经注疏》,第5册,第5453页。
⑥ (魏)何晏集解,(宋)邢昺疏:《论语注疏》,(清)阮元校刻:《十三经注疏》,第5册,第5373页。
⑦ (汉)郑玄注,(唐)孔颖达疏:《礼记正义》,(清)阮元校刻:《十三经注疏》,第3册,第3315页。
⑧ (宋)朱熹:《四书章句集注》,第78页。

"'欲'与'慾'字有何分别?"曰:"无心'欲'字虚,有心'慾'字实。有心'慾'字是无心'欲'字之母。此两字亦通用。今人言灭天理而穷人欲。亦使此'慾'字。"问"慾"与"欲"之异。曰:"也只一般。只是这'慾'字指那物事而言,说得较重;这'欲'字又较通用得。凡有所爱,皆是欲。"① 按照孔颖达、朱熹对于"欲"与"慾"的区别,《礼记·乐记》中所谓"人化物也者,灭天理而穷人欲者也"中的"欲",应当为"慾",指的是人所贪之嗜慾,相当于"私欲",并不完全等同于人的自然欲望。

由此可见,朱熹讲"去人欲""灭人欲",实为"去人慾""灭人慾",是就"私欲"而言,并不是要去除"饥欲食、寒欲衣之心"。他甚至还认为,饮食男女之欲,"莫非人之所当有而不能无者","欲一切扞而去之,则是必闭口枵腹,然后可以得饮食之正,绝灭种类,然后可以全夫妇之别也"。② 所以,朱熹讲"明天理,灭人欲",并不是要去除人的自然欲望,而是要去除"溺于此"的"私欲"。这就是朱熹《论语集注》注"克己复礼为仁"所言:"为仁者必有以胜私欲而复于礼。"

(四)克己与复礼"不是做两截工夫"

应当说,朱熹解《论语》"克己复礼为仁",将"克"解为"胜","己"解为"身之私欲","克己复礼"解为"胜私欲而复于礼",正是顺应了从汉代到北宋各家注疏所形成的学术大势。重要的是,朱熹特别强调克己与复礼的密切联系、不可分割,朱熹曾撰《克斋记》,说:"予惟'克'、'复'之云,虽若各为一事,其实天理人欲,相为消长,故克己者,乃所以复礼,而非克己之外别有复礼之功也。"③ 强调克己与复礼相互联系,相互统一,反对将克己与复礼分割开来,或只讲克己,或只讲复礼。

朱熹说:

"克己复礼",不可将"理"字来训"礼"字。克去己私,固即

---

① (宋)黎靖德编:《朱子语类》卷87,第6册,第2242—2243页。
② (宋)朱熹:《四书或问》,朱杰人等编:《朱子全书》,第6册,第529页。
③ (宋)朱熹:《晦庵先生朱文公文集》卷77《克斋记》,朱杰人等编:《朱子全书》,第24册,第3710页。

能复天理。不成克己后，便都没事。惟是克去己私了，到这里恰好著精细底工夫，故必又复礼，方是仁。圣人却不只说克己为仁，须说"克己复礼为仁"，见得礼，便事事有个自然底规矩准则。①

在朱熹看来，讲"克己复礼"，其中"礼"不同于"理"，"只说理，却空去了。这个礼，是那天理节文，教人有准则处"②。也就是说，克己是克去己私而复天理，朱熹所谓"明天理，灭人欲"只是克己，不等于复礼，而复礼是"有个自然底规矩准则"，因此，克己而复天理，又必须复礼。

朱熹特别强调克己在于复礼。据《朱子语类》载：

"克己，须著复于礼"。贺孙问："非天理，便是人欲。克尽人欲，便是天理。如何却说克己了，又须著复于礼？"曰："固是克了己便是理。然亦有但知克己而不能复于礼，故圣人对说在这里。却不只道'克己为仁'，须著个'复礼'，庶几不失其则。下文云：'非礼勿视，非礼勿听，非礼勿言，非礼勿动。'缘本来只有此礼，所以克己是要得复此礼。若是佛家，尽有能克己者，虽谓之无己私可也，然却不曾复得礼也。圣人之教，所以以复礼为主。若但知克己，则下梢必堕于空寂，如释氏之为矣。"③

朱熹认为，虽然克尽人欲，便是天理，但克己并不等于复礼，所以，不可只知克己而不能复礼；而且，孔子讲"克己复礼为仁"，接着又言非礼勿视听言动，说明"克己是要得复此礼"，克己复礼要"以复礼为主"，这就是所谓"克己，须著复于礼"；与此不同，佛家只知克己，而不曾复得礼，必然堕于空寂。

朱熹讲克己复礼要"以复礼为主"，就是强调克己与复礼要以礼为规矩准则。他说："'己'字与'礼'字正相对说。礼，便有规矩准绳。"④他还认为，孔子既讲"克己复礼为仁"，接着又讲非礼勿视听言动，"便是克与复工夫皆以礼为准也"，而且，"克己者必须复此身于规矩准绳之中，

---

① （宋）黎靖德编：《朱子语类》卷41，第3册，第1045页。
② （宋）黎靖德编：《朱子语类》卷41，第3册，第1048页。
③ （宋）黎靖德编：《朱子语类》卷41，第3册，第1045页。
④ （宋）黎靖德编：《朱子语类》卷41，第3册，第1045页。

乃所以为仁也"。① 他还说："佛氏之学，超出世故，无足以累其心，不可谓之有私意。然只见他空底，不见实理，所以都无规矩准绳。"②

朱熹讲克己不同于复礼，克己复礼要"以复礼为主"，要以礼为规矩准则，同时又讲克己与复礼不是两节工夫。他说：

> 克己是大做工夫，复礼是事事皆落腔窠。克己便能复礼，步步皆合规矩准绳；非是克己之外，别有复礼工夫也。释氏之学，只是克己，更无复礼工夫，所以不中节文，便至以君臣为父子，父子为君臣，一齐乱了。吾儒克己便复礼，见得工夫精细。③

在朱熹看来，克己不同于复礼，但克己与复礼又是统一而不可分割开的，既不是"克己之外，别有复礼工夫"，又不能"只是克己，更无复礼工夫"，而是"克己便复礼"。他还说："己与礼对立。克去己后，必复于礼，然后为仁。若克去己私便无一事，则克之后，须落空去了。"④ 所以，他不赞同门人所谓"'克己复礼'，分明是两节工夫"的说法，明确认为，克己与复礼"不用做两节看"，还说："不会做工夫底，克己了，犹未能复礼；会做工夫底，才克己，便复礼也。"⑤ 他还说："'克己复礼'，不是克己了，又复礼。只克去己私，便是礼。有是有非，只去了非，便是是。"⑥ 又说："只克己，便是复礼。'克己复礼'，便似'著诚去伪'之类。盖己私既克，无非天理，便是礼。大凡才有些私意，便非礼。若截为两段，中间便有空阙处。……'著诚去伪'，不彼即此。非克己之后，中间又空一节，须用复礼也。"⑦

据《朱子语类》载：

> 晏渊问"克己复礼"。曰："人只有天理、人欲两途，不是天理，便是人欲。即无不属天理，又不属人欲底一节。……"先生又曰："礼是自家本有底，所以说个'复'，不是待克了己，方去复礼。克得

---

① （宋）黎靖德编：《朱子语类》卷41，第3册，第1046页。
② （宋）黎靖德编：《朱子语类》卷41，第3册，第1047页。
③ （宋）黎靖德编：《朱子语类》卷41，第3册，第1046页。
④ （宋）黎靖德编：《朱子语类》卷41，第3册，第1046页。
⑤ （宋）黎靖德编：《朱子语类》卷41，第3册，第1047页。
⑥ （宋）黎靖德编：《朱子语类》卷42，第3册，第1074页。
⑦ （宋）黎靖德编：《朱子语类》卷41，第3册，第1060页。

那一分人欲去，便复得这一分天理来；克得那二分己去，便复得这二分礼来。……然而世间却有能克己而不能复礼者，佛老是也。佛老不可谓之有私欲。只是他元无这礼，克己私了，却空荡荡地。他是见得这理元不是当。克己了，无归着处。"①

在朱熹看来，克己与复礼相互统一而不可分开，"克己便是复礼，不是克己了，方待复礼，不是做两截工夫。就这里克将去，这上面便复得来"②。同时又不可像佛老那样，"能克己而不能复礼"，"克己私了，却空荡荡地"，"克己了，无归着处"。朱熹还说："佛老只为元无这礼，克来克去，空了。"③

由此可以看出，朱熹既讲克己不同于复礼，又讲克己与复礼相互统一而不可分开；既反对只讲克己不讲复礼，又反对只讲复礼不讲克己。所以，他讲克己，讲克去私欲，以礼为规矩准则，"以复礼为主"，而不是像佛老那样，"克己私了，却空荡荡地"，同时，讲复礼，又必须有克己工夫，"克己便是复礼"。

如前所述，朱熹把"克己复礼为仁"的"克"解为"胜"，把"己"解为"身之私欲"，而批评杨简将"克"训为"能"是"无己可克"，是不讲克己工夫。显然，朱熹的批评并非只针对文字解读上的差异，更多的是在义理上不赞同杨简把克己与复礼分割开来，只讲复礼，不讲克己工夫。同样，张九成将"克己复礼为仁"解读为"灭人欲，尽天理，于是乃为仁"，也是把克己与复礼分割开来，只讲"灭人欲，尽天理"而不讲复礼，其结果就如同佛老，"克己私了，却空荡荡地"，"克己了，无归着处"；而朱熹所谓"为仁者必有以胜私欲而复于礼"则是强调克己与复礼相互统一而不可分开，"以复礼为主"，以礼为规矩准则，这与张九成是对立的。因此，朱熹讲"明天理，灭人欲"，虽然从字面上看类似于张九成讲"灭人欲，尽天理"，但是在朱熹那里，"明天理，灭人欲"只是克己工夫，必须"以复礼为主"，以礼为规矩准则，而在张九成那里，"灭人欲，尽天理"即"克己复礼"，二者是不同的。

朱熹门人陈淳把"克己"与"复礼"的关系和"去人欲"与"复天理"的关系混为一谈。他说："盖克己是去人欲于彼，复礼是复天理于此。

---

① （宋）黎靖德编：《朱子语类》卷41，第3册，第1047—1048页。
② （宋）黎靖德编：《朱子语类》卷41，第3册，第1049页。
③ （宋）黎靖德编：《朱子语类》卷41，第3册，第1048页。

此二也。然二者相为消长，犹阴阳寒暑，彼盛则此必衰，绝无人欲则纯是天理，故去人欲是乃所以复天理，而实非有二事。此二而一也。二者虽同为一事，然亦须有宾主之分，天理主也，人欲客也，复天理主事也，去人欲客事也。"① 陈淳认为，"克己"就是"去人欲"，"复礼"就是"复天理"，这种解读与张九成将"克己复礼为仁"解读为"灭人欲，尽天理，于是乃为仁"，是一致的，而与朱熹把"明天理，灭人欲"只看作克己工夫，必须"以复礼为主"，以礼为规矩准则，有着明显的差异。

（五）余论

应当说，朱熹对于《论语》"克己复礼为仁"的解读，不仅将"克"解为"胜"，"己"解为"身之私欲"，"克己复礼"解为"胜私欲而复于礼"，并由此提出"存天理，灭人欲"，而且特别强调克己不同于复礼，"以复礼为主"，以礼为规矩准则，同时又讲克己与复礼相互统一而不可分开，"不用做两节看"，"不是做两截工夫"，因此反对杨简将"克"训为"能"，而"无己可克"，只讲复礼，不讲克己工夫，并且反对像佛老那样"克己私了，却空荡荡地"，"克己了，无归着处"；具有丰富的内涵，既为后世所推崇，又受到不少质疑。

明代阳明后学罗洪先强调"克己之'己'，即由己之'己'，亦即己私之'己'，莫非'己'也"，并且还说："'克'字只应作克治看。若训作克去，不特不尽夫子之学，亦于文义不完。故夫子尝言'修己以敬'，即是克己之意。"② 泰州学派的罗汝芳反对把"克己"解为"克夫己私"，说："本文由己之'己'，亦克己'己'字也，如何作得做'由己私'？《大学》：克明德、克明峻德，亦克己'克'字也，如何作得做'去明德'、'去峻德'耶？况克字正解，只是作胜、作能，未尝作去。"③ 他赞同陆九渊所言"夫子所谓'克己复礼为仁'，诚能无毫发己私之累，则自复于礼矣"，说："象山解'克己复礼'作能以身复乎礼，似得孔子当时口气。"④

---

① （宋）陈淳：《北溪大全集》卷7，《景印文渊阁四库全书》，第1168册，第555页。
② （明）罗洪先：《念庵罗先生文集》卷2《寄邹东廓公》，《儒藏（精华编206）》，北京大学出版社2014年版，第831—832页。
③ （明）罗汝芳：《近溪子集》，《罗汝芳集》，凤凰出版社2007年版，第26页。
④ （明）罗汝芳：《近溪子集》，《罗汝芳集》，第26页。

明末清初的王夫之赞同朱熹对《论语》"克己复礼为仁"的解读，并且较多地讨论了克己与复礼的关系。他说："夫谓克己、复礼，工夫相为互成而无待改辙，则可，即谓己不克则礼不复，故复礼者必资克己，亦犹之可也；若云克己便能复礼，克己之外无别复礼之功，则悖道甚矣。可云不克己则礼不可复，亦可云不复礼则己不可克。若漫不知复礼之功，只猛著一股气力，求己克之，则何者为己，何者为非己，直是不得分明。"① 这里对于克己与复礼关系的讨论，是对朱熹所谓"克己便能复礼"，"非是克己之外，别有复礼工夫"，所作的修正，而强调"不克己则礼不可复"，"不复礼则己不可克"，与朱熹强调克己与复礼不可分割的思想则是一致的。王夫之还说："克己必须复礼，'约我以礼'之善诱也；既复于礼，仍须克去非礼，则'约我以礼'之上更施一重时雨之化也。"② 应当说，王夫之关于克己与复礼相互联系的思想，是对朱熹思想的发展和完善。

清代有不少学者反对朱熹把"克己复礼"中的"己"解为"私欲"，认为这样的解读，与下文"为仁由己"之"己"相矛盾。清初颜元说："克，古训能也，胜也，未闻'克去'之解。己，古训身也，人之对也，未闻'己私'之解。盖宋儒以气质为有恶，故视己为私欲，而曰克尽，曰胜私。不惟自己之耳目口体不可言去，言胜，理有不通；且明与下文'由己'相戾，文辞亦悖矣。"③ 戴震说："圣贤之道，无私而非无欲；谓之'私欲'，则圣贤固无之。然如颜子之贤，不可谓其不能胜私欲矣，岂颜子犹坏于私欲邪？况下文之言'为仁由己'，何以知'克己'之'己'不与下同？此章之外，亦绝不闻'私欲'而称之曰'己'者。"④

毛奇龄、凌廷堪、阮元等推崇马融以"克己"为"约身"，⑤ 并以"为人由己"之"己"不可解为"己私"为由，反对朱熹把"克己复礼"之"己"解为"私欲"。阮元说："颜子'克己'，'己'字即'自己'之'己'，与下'为仁由己'相同。……若以克'己'字解为私欲，则下文'为仁由己'之'己'，断不能再解为私，而由己不由人反诘辞气与上文不相属矣。"⑥

---

① （清）王夫之：《读四书大全说》，《船山全书》，岳麓书社1991年版，第6册，第765页。
② （清）王夫之：《读四书大全说》，《船山全书》，第6册，第766—767页。
③ （清）颜元：《四书正误》卷4，《颜元集》，中华书局1987年版，第209—210页。
④ （清）戴震：《孟子字义疏证》，第56页。
⑤ 阮元引述毛奇龄所说"马融以约身为克己，从来说如此"，又引述凌廷堪所说"马《注》以克己为约身，最得经意"。[（清）阮元：《〈论语〉论仁论》，《揅经室集》（1集卷8），第182—184页]
⑥ （清）阮元：《〈论语〉论仁论》，《揅经室集》（1集卷8），第181页。

七 "克己复礼为仁" 139

　　与此不同,王鸣盛则赞同朱熹将"克己复礼"之"克"解为"胜",而不同意将"克"训为"能"。他说:"古书'克'多训'能',直是能于己身复礼,便是仁耳。此说似直截痛快。但何晏《集解》引马融曰'克己约身'。《左传》述楚灵王淫侈,感子革讽谏,不食不寐数日,不能自克,以及于难,杜预曰:'克,胜也。'其下即引仲尼曰:'克己复礼,仁也。'楚灵王若能如是,岂其辱于乾溪?疏载刘炫云:'克,胜也。己,谓身也。身有嗜慾,当以礼义齐之。嗜慾与礼义交战,使礼义胜其嗜慾,身得归复于礼,如是乃为仁也。'是朱子与刘炫合矣。夫复性之功,在闲情而已;明善之道,在去恶而已。"①

　　方东树《汉学商兑》则就阮元反对将"克己"之"己"解为私欲,作出反驳,说:"若此处'己'字,不指私欲,则下文四目,何为皆举非礼言之?'己'不是私,不应从'己'下添之'私'字,则'己'亦不是欲。《虞书》曷为从'己'下添之'欲'字?不知'己'虽对人为文,而古人言'舍己''虚己'。苟非指己私意见言之,而将谓能'舍'、能'虚'其形骸乎?"②

　　但是,后来又有不少学者批评朱熹对"克己复礼为仁"的解读。刘宝楠《论语正义》赞同马融以"克己"为"约身",说:"《尔雅·释诂》:'克,胜也。'又'胜,克也'。转相训。此训'约'者,引申之义。颜子言夫子'博我以文,约我以礼','约'如约束之约,'约身'犹言修身也。……凡言'克己',皆如约身之训。《法言》谓'胜己之私之谓克',此又一义。……朱子《集注》又直训'己'为'私',并失之矣。"③

　　陈澧《东塾读书记》说:"'克己复礼',朱子解为胜私欲。'为仁由己',朱子解为在我。两'己'字不同解。戴东原《孟子字义疏证》驳之,澧谓朱注实有未安,不如马注解'克己'为'约身'也。或疑如此,则《论语》无胜私欲、仝天理之说,斯不然也。胜私欲之说,《论语》二十篇中,固多有之。'富与贵,是人之所欲也,不以其道得之,不处也'。不处者,胜之也。原宪问'克、伐、怨、欲不行焉'。不行者,胜之也。……"④

　　俞樾《群经平议》赞同孔安国解"克己复礼"为"身能反礼",说:"孔《注》训克为能,是也。此当以'己复礼'三字连义,己复礼者,身复礼也。谓身归复于礼也。能身复礼即为仁矣,故曰:'克己复礼为仁。'

---

① (清)王鸣盛:《蛾术编》卷81《克己复礼》,商务印书馆1958年版,第1258页。
② (清)方东树:《汉学商兑》,第74—75页。
③ (清)刘宝楠:《论语正义》,第484页。
④ (清)陈澧:《东塾读书记》,生活·读书·新知三联书店1998年版,第30页。

下文曰：'一日克己复礼，天下归仁焉。为仁由己，而由仁乎哉？'必如孔《注》，然后文义一贯。"① 按照俞樾所说，孔安国曰"身能反礼则为仁矣"并非只是注"复礼"，而是注"克己复礼为仁"。

应当说，清儒大都不赞同朱熹把"克己复礼"中的"己"解为"私欲"，把"克己复礼"解为"胜私欲而复于礼"，但是，也有如王鸣盛赞同朱熹的解读，如方东树追随朱熹将"克己复礼"中的"己"解为"私欲"。

清末简朝亮《论语集注补正述疏》对朱熹把"克己复礼"中的"己"解为"私欲"而不同于下文"为仁由己"中的"己"，作了解释，说："邢《疏》引刘炫《左传说》云：克，训胜也；己，谓身也。身有嗜欲，战胜其嗜欲，得复于礼，如是乃为仁也。今《集注》略同。或曰：'《集注》释"己"，上下同文而异义，汉学家疵之，今而从之，何也？'盖'己'者，身也。自人欲而称己焉，则曰'克己'；自天理而称'己'焉，则曰'由己'，皆己也。故孟子云：'所以考其善不善者，岂有他哉？于己取之而已矣。'经云'毋我'，又云'我欲仁'，我犹己也。如一己无分，以'克己'之'己'淆为'由己'之'己'也，将自'由'而不知自'克'。呜呼！其如天下何战！……若夫上下同文而异义，群经有之矣。其可知异同者，皆据其上下文而可知也。"②

需要指出的是，朱熹解《论语》"克己复礼为仁"，不只是把"己"解为"私欲"，重视克己工夫，讲"胜私欲而复于礼"，而且更为强调"以复礼为主"，以礼为规矩准则，讲克己与复礼相互统一而不可分开，而这与各种从克己与复礼相互分离的层面讨论"克己复礼"是完全不同的。按照朱熹的解读，无论是像朱熹那样把"克"解为"胜"，"己"解为"私欲"，还是赞同汉唐儒家或清儒将"克己"解为"约身"，都不可将克己与复礼分割开来，都要"以复礼为主"，以礼为规矩准则。同时，就朱熹强调"以复礼为主"而言，虽然可以与孔安国"身能反礼则为仁"相通，但又不可把"克己复礼"只是解为"身能反礼"，而陷入"无己可克"，不讲克己工夫，因而仍然是将克己与复礼分割开来。因此，朱熹对于《论语》"克己复礼为仁"的解读，不仅提供了一种解读方案，而且可以由此看出，对于"克己复礼为仁"的解读，无论是过度强调克己，还是只讲复礼，都仍有进一步提升的空间。

---

① （清）俞樾：《群经平议》卷31，《俞樾全集》，第2册，第914页。
② （清）简朝亮：《论语集注补正述疏》，北京图书馆出版社2007年版，第334—335页。

八 "未知，焉得仁"[*]

孔子既讲"仁"又讲"智"。在《论语》中，孔子有不少处将仁与知并列，如"仁者安仁，知者利仁"（《论语·里仁》）；"知者乐水，仁者乐山；知者动，仁者静；知者乐，仁者寿"（《论语·雍也》）；"知者不惑，仁者不忧，勇者不惧"（《论语·子罕》）。这里所谓"知"，与"智"相通。后来孟子曾引述子贡称孔子"学不厌而教不倦"曰："学不厌，智也；教不倦，仁也。仁且智，夫子既圣矣！"（《孟子·公孙丑上》）然而，《论语》载孔子曰"未知，焉得仁"，这一句里的"知"是否也与"智"相通？该句出自《论语·公冶长》：子张问曰："令尹子文三仕为令尹，无喜色；三已之，无愠色。旧令尹之政，必以告新令尹。何如？"子曰："忠矣。"曰："仁矣乎？"曰："未知，焉得仁？""崔子弑齐君，陈文子有马十乘，弃而违之。至于他邦，则曰：'犹吾大夫崔子也。'违之。之一邦，则又曰：'犹吾大夫崔子也。'违之。何如？"子曰："清矣。"曰："仁矣乎？"曰："未知，焉得仁？"简言之，孔子称道令尹子文"忠"，又称道陈文子"清"，子张问曰："仁矣乎？"孔子曰："未知，焉得仁？"对于"未知，焉得仁"，历来存在两种不同的解读：其一是孔安国、何晏、皇侃、邢昺以及朱熹把其中的"知"解读为"知晓"；其二是郑玄以及王充、班固、徐干、李充、颜师古把"知"解读为"智"。现代杨伯峻《论语译注》认为，孔子所说"未知"是对子张问"仁矣乎"的回答："子张道：'算不算仁呢？'孔子道：'不晓得；——这怎么能算是仁呢？'"[①] 钱穆《论语新解》[②]以及近来出版的李泽厚《论语今读》[③]，与杨伯峻《论语

---

[*] 本章部分内容已以《〈论语〉"未知，焉得仁"：朱熹的解读与现代的转向》为题发表于《社会科学研究》2019年第3期。

① 杨伯峻译注：《论语译注》，第72页。
② 钱穆：《论语新解》，第128页。
③ 李泽厚：《论语今读》，第98—99页。

译注》的解读大体一致。显然，这是对以往把"知"解读为"知晓"的延续。然而，与此不同，冯友兰、唐君毅、冯契等则把"未知，焉得仁"中的"知"解读为"智"，并且认为《论语》"未知，焉得仁"体现了"仁可包智"，"仁智统一"。这一观点在当代中国哲学史研究中影响很大。因此，有必要对这两种不同解读的形成发展过程以及现代价值作出深入分析和探讨。

（一）"未知，焉得仁"与"未智，焉得仁"

对于令尹子文，孔子称道其"忠"，又说"未知，焉得仁"，三国时期魏何晏《论语集解》引汉孔安国注曰："但闻其忠事，未知其仁也。"南北朝时期皇侃《论语义疏》采纳孔安国所注，同时又引东晋李充曰："进无喜色，退无怨色，公家之事，知无不为，忠臣之至也。""子玉之败，子文之举，举以败国，不可谓智也，贼夫人之子，不可谓仁。"并且解"未知，焉得仁"，曰："唯闻其忠，未知其何由得为仁乎？"又说："李为不智不及注也。"对于陈文子，孔子称道其"清"，又说"未知，焉得仁"，皇侃引李充曰："违乱求治，不污其身，清矣。而所之无可，骤称其乱，不如宁子之能愚，蘧生之可卷，未可谓智也。洁身而不济世，未可谓仁也。"并且解"未知，焉得仁"，曰："只可得清，未知所以得名为仁也。"又说："李谓为未智，亦不胜为未知也。"① 据此可知，对于"未知，焉得仁"，孔安国、何晏将其中的"知"解读为"知晓"，李充则解读为"智"，而皇侃接受孔安国、何晏的解读而不赞同李充的解读。

事实上，将《论语》"未知，焉得仁"中的"知"解读为"智"，可以追溯到东汉王充《论衡·问孔》，其中说道："子张问：'令尹子文三仕为令尹，无喜色；三已之，无愠色。旧令尹之政，必以告新令尹。何如？'子曰：'忠矣。'曰：'仁矣乎？'曰：'未知，焉得仁？'子文曾举楚子玉代己位而伐宋，以百乘败而丧其众，不知如此，安得为仁？"② 这里把《论语》"未知，焉得仁"解为"不知如此，安得为仁"，指的是子文如此的"不智"，因而不可为仁。显然，在王充看来，《论语》"未知，焉得仁"中的"知"，当解读为"智"。

---

① （梁）皇侃：《论语义疏》，第115—117页。
② （汉）王充著，黄晖撰：《论衡校释》，中华书局2018年版，第354页。

八　"未知，焉得仁"　143

　　同时期的班固撰《汉书》，其中《古今人表》引孔子曰："若圣与仁，则吾岂敢？""何事于仁，必也圣乎！""未知，焉得仁？""生而知之者，上也；学而知之者，次也；困而学之，又其次也；困而不学，民斯为下矣。"① 这里只是单引"未知，焉得仁"而省略其上文所言，其中的"知"应当解读为"智"。

　　后来郑玄撰《论语郑氏注》，唐陆德明《经典释文》释《论语》"未知，焉得仁"之"未知"，曰："如字。郑音'智'，注及下同。"② 可见，在郑玄那里，"未知，焉得仁"中的"知"读作"智"。又据《吐鲁番出土文书》阿斯塔那19号墓67TAM19：33，56，57"唐写本郑氏注《论语》公冶长篇"③和阿斯塔那363号墓67TAM363：8/1（a）"唐景龙四年（公元七一〇年）卜天寿抄孔氏本郑氏注《论语》"④，该《论语》文本均为"未智，焉得仁"。而且从卜天寿抄本可以看到，对于孔子称道陈文子"清"，又曰"未智，焉得仁"，郑玄注曰："清矣，其行如是，何以为洁清。未智者，不翔而后集。"由此可见，《论语》"未知，焉得仁"，在郑玄《论语郑氏注》的文本中，很可能是"未智，焉得仁"。

　　东汉末年，徐幹撰《中论》，其中《智行》篇说："夫君子仁以博爱，义以除恶，信以立情，礼以自节，聪以自察，明以观色，谋以行权，智以辨物，岂可无一哉？……或曰：'然则仲尼曰"未知，焉得仁"，乃高仁耶？何谓也？'对曰：仁固大也。然则仲尼此亦有所激，然非专小智之谓也。若有人相语曰：'彼尚无有一智也，安得乃知为仁乎？'"⑤ 显然，这里"未知，焉得仁"中的"知"被解读为"智"。

　　如上所述，唐代陆德明《经典释文》释《论语》"未知，焉得仁"，曰："'未知'，如字。"把"知"读为"知晓"。但是，颜师古注《汉书·古今人表》所引孔子曰"未知，焉得仁"，说："言智者虽能利物，犹不及仁者所济远也。"⑥ 把"知"解读为"智"。而且在唐代的《论语》抄本中，除了有何晏《论语集解》"未知，焉得仁"，也有郑玄《论语郑氏注》"未智，焉得仁"。

---

① （汉）班固：《汉书》卷20，第3册，第861页。
② （唐）陆德明：《经典释文》卷24《论语音义》，《景印文渊阁四库全书》，第182册，第808页。
③ 中国文物研究所等编：《吐鲁番出土文书》（叁），文物出版社1996年版，第274页。
④ 中国文物研究所等编：《吐鲁番出土文书》（叁），第580页。
⑤ （汉）徐幹撰，林家骊校注：《徐幹集校注》，河北教育出版社2013年版，第105—107页。
⑥ （汉）班固：《汉书》卷20，第3册，第862页。

由此可以看出，汉唐儒对于《论语》"未知，焉得仁"的解读，已经存在着分歧，既有孔安国、何晏、皇侃、陆德明把其中的"知"解读为"知晓"，又有郑玄以及王充、班固、徐幹、李充、颜师古把"知"解读为"智"，更有唐写本《论语郑氏注》的《论语》为"未智，焉得仁"。当然，开成石经本《论语》则依据何晏《论语集解》而成，故以"未知，焉得仁"为准。①

北宋邢昺《论语注疏》以何晏《论语集解》为底本。对于孔子称道令尹子文"忠"，又曰"未知，焉得仁"，邢昺疏曰："孔子答言如其所说，但闻其忠事，未知其仁也。"对于孔子称道陈文子"清"，又曰"未知，焉得仁"，邢昺疏曰："孔子答言据其所闻，但是清耳，未知他行安得仁乎？"② 显然是把"未知，焉得仁"中的"知"解读为"知晓"。

应当说，对于《论语》"未知，焉得仁"中的"知"，无论是解读为"知晓"，还是解读为"智"，或《论语》文本本身即为"未智，焉得仁"，都只是承认子文"忠"、陈文子"清"而不言其"仁"，因而在文义上并没有太大的差别，都能够说得通。但是，解读为"知晓"，强调的是只有"忠""清"并不等于"仁"；解读为"智"，则强调只有"忠""清"，如果没有"智"，并不等于"仁"，也就是说，后者包含了前者所不涉及的"仁"与"智"的关系，强调"仁"与"智"的不可分割。这是两种解读最为重要的差别。

（二）仁包"义礼智"与智藏"仁义礼"

1. 朱熹解《论语》"未知，焉得仁"

北宋程颐解《论语》"未知，焉得仁"，说："令尹子文三仕为令尹，无喜色；三已之，无愠色，其然，岂其然乎？人不能见其色则可矣，谓其无喜愠则非也。苟无喜愠，何以知其未仁也。"③ 这与孔安国注曰"但闻其忠事，未知其仁也"是一致的，都把"未知，焉得仁"中的"知"解读为"知晓"。

南宋胡宏把《论语》"未知，焉得仁"中的"知"解读为"智"。他

---

① 中华书局编辑部编：《景刊唐开成石经》，第2612页。
② （魏）何晏集解，（宋）邢昺疏：《论语注疏》，（清）阮元校刻：《十三经注疏》，第5册，第5375页。
③ （宋）程颢、程颐：《河南程氏经说》卷6，《二程集》，第1140页。

八 "未知，焉得仁" 145

说："人皆谓人生则有知者也。夫人皆生而无知，能亲师取友，然后有知者也。是故知危者，然后可与图安者也；知亡者，然后可与图存者也；知乱者，然后可与图治者也。以楚子文之忠，而孔子犹曰'未知，焉得仁'。大哉知乎！天下万事莫先乎知矣。"① 又说："陈文子之时，天下无王，政自诸侯出。诸侯又不为政，政自大夫出。滔滔者天下皆是也。仁者处斯世，久思有以易天下，因污隆而起变化，无可无不可也。陈文子则不然，乃几至无所容其身，则可谓有知乎？故孔子曰'未知，焉得仁'。"② 然而，胡宏门人张栻却持不同观点，说："子文、文子之事，圣人以清、忠目之。就此事上言，只可谓之清、忠也。而子张遽以仁为问，是未能究夫仁者之心也。曰'未知，焉得仁'，言未知其他，据此事言之，不得谓之仁也。若知微子、箕子、比干之所以称三仁，则知二子之事只可以为清、忠，而不可谓之仁矣。"③ 显然是将《论语》"未知，焉得仁"中的"知"解为"知晓"。

朱熹解《论语》"未知，焉得仁"，起初认为"此章之说，似只说得'智'字"④，因而不赞同张栻的解读。稍后，他又认为，"未知，焉得仁"的解读应当联系上文所载："或曰：'雍也仁而不佞。'子曰：'焉用佞？御人以口给，屡憎于人。不知其仁，焉用佞！'""孟武伯问：'子路仁乎？'子曰：'不知也。'又问。子曰：'由也，千乘之国，可使治其赋也，不知其仁也。''求也何如？'子曰：'求也，千室之邑，百乘之家，可使为之宰也。不知其仁也。''赤也何如？'子曰：'赤也，束带立于朝，可使与宾客言也，不知其仁也。'"以及后面《宪问》篇所载："'克、伐、怨、欲不行焉，可以为仁矣？'子曰：'可以为难矣，仁则吾不知也。'"⑤ 应当说，这里孔子所讲"不知其仁""仁则吾不知"中的"知"，意为"知晓"。朱熹认为，《论语》"未知，焉得仁"中的"知"应当与该句之

---

① （宋）胡宏：《胡子知言》，中华书局1991年版，第43页。
② （宋）胡宏：《胡子知言》，第32页。
③ （宋）张栻：《南轩先生论语解》，《张栻集》，中华书局2015年版，第1册，第139页。
④ （宋）朱熹：《晦庵先生朱文公文集》卷32《答钦夫仁疑问》（47），朱杰人等编：《朱子全书》，第21册，第1415页。据陈来《朱子书信编年考证》，此书作于辛卯（1171年）。参见陈来：《朱子书信编年考证》（增订本），生活·读书·新知三联书店2007年版，第85页。
⑤ 朱熹说："《论语》'未知，焉得仁'，……此须与雍也仁而不佞、孟武伯问三子、原宪问克伐怨欲不行、夫子不为卫君、殷有三仁、管仲如其仁数章相贯推说，方见指意耳。"[（宋）朱熹：《晦庵先生朱文公别集》卷6《答林择之》（13），朱杰人等编：《朱子全书》，第25册，第4950页。此书当在癸巳（1173年）。参见陈来：《朱子书信编年考证》（增订本），第118页]

前"不知其仁"中的"知"相一致，都应当解读为"知晓"。

朱熹《论语集注》注"未知，焉得仁"则明确将"知"解读为"知晓"。对于孔子称道令尹子文"忠"，又曰"未知，焉得仁"，朱熹《论语集注》注曰："子文，……其为人也，喜怒不形，物我无间，知有其国而不知有其身，其忠盛矣。……然其所以三仕三已而告新令尹者，未知其皆出于天理而无人欲之私也，是以夫子但许其忠，而未许其仁也。"对于孔子称道陈文子"清"，又曰"未知，焉得仁"，朱熹注曰："文子洁身去乱，可谓清矣，然未知其心果见义理之当然，而能脱然无所累乎？抑不得已于利害之私，而犹未免于怨悔也。故夫子特许其清，而不许其仁。"① 朱熹还说："读者于此，更以上章'不知其仁'、后篇'仁则吾不知'之语并与三仁、夷、齐之事观之，则彼此交尽，而仁之为义可识矣。"② 至于朱熹《论语或问》则说得更为明确："盖子文之质，近于好仁者，文子之质，近于恶不仁者，而其事皆卓然非常人之所能及也。子张之行有难能者，故疑以为仁而问之，而孔子则以为是亦忠清而已，至于仁则未知其何以得之也。"③ 显然，与何晏《论语集解》、皇侃《论语义疏》、邢昺《论语注疏》一样，朱熹把"未知，焉得仁"中的"知"解读为"知晓"。

2. 朱熹论"仁"与"智"的关系

虽然朱熹《论语集注》把《论语》"未知，焉得仁"中的"知"解读为"知晓"，其中并不涉及"仁"与"智"的关系，但是对于"仁"与"智"的关系，朱熹做过深入的探讨。

如前所述，朱熹讲"仁"，明确提出"仁者，爱之理，心之德"，而且还讲"仁者，人心之全德"，"仁者，本心之全德"，还仁包四德，讲仁之生意，认为"仁"既是"仁义礼智"四德之一，与"义礼智"并列，又包"义礼智"在内。他说：

> "仁"字须兼义礼智看，方看得出。仁者，仁之本体；礼者，仁之节文；义者，仁之断制；知者，仁之分别。犹春夏秋冬虽不同，而同出于春：春则生意之生也，夏则生意之长也，秋则生意之成，冬则生意之藏也。④

---

① （宋）朱熹：《四书章句集注》，第80页。
② （宋）朱熹：《四书章句集注》，第81页。
③ （宋）朱熹：《四书或问》，朱杰人等编：《朱子全书》，第6册，第708页。
④ （宋）黎靖德编：《朱子语类》卷6，第1册，第109页。

也就是说,"仁义礼智"是一个以"仁"为本体而派生"义礼智"的过程。朱熹还说:

> 仁流行到那田地时,义处便成义,礼、智处便成礼、智。且如万物收藏,何尝休了,都有生意在里面。如谷种、桃仁、杏仁之类,种着便生,不是死物,所以名之曰"仁",见得都是生意。如春之生物,夏是生物之盛,秋是生意渐渐收敛,冬是生意收藏。①

另一方面,朱熹又强调,在"仁义礼智"中,"智"主收藏、收敛。他说:"若将仁义礼智说,则春,仁也;夏,礼也;秋,义也;冬,智也。仁礼是敷施出来底,义是肃杀果断底,智便是收藏底。"② "生底意思是仁,杀底意思是义,发见会通是礼,收藏不测是智。"③ 据《朱子语类》载:

> 仁礼属阳,属健;义知属阴,属顺。问:"义则截然有定分,有收敛底意思,自是属阴顺。不知智如何解?"曰:"智更是截然,更是收敛。如知得是,知得非,知得便了,更无作用,不似仁义礼三者有作用。智只是知得了,便交付恻隐、羞恶、辞逊三者。他那个更收敛得快。"④

朱熹还说:

> 智本来是藏仁义礼,惟是知恁地了,方恁地,是仁礼义都藏在智里面。如元亨利贞,贞是智,贞却藏元亨利意思在里面。如春夏秋冬,冬是智,冬却藏春生、夏长、秋成意思在里面。且如冬伏藏,都似不见,到一阳初动,这生意方从中出,也未发露,十二月也未尽发露。只管养在这里,到春方发生,到夏一齐都长,秋渐成,渐藏,冬依旧都收藏了。⑤

因此,他说:"仁者谓之仁,便是见那发生处;智者谓之智,便是见

---

① (宋)黎靖德编:《朱子语类》卷6,第1册,第113页。
② (宋)黎靖德编:《朱子语类》卷6,第1册,第106页。
③ (宋)黎靖德编:《朱子语类》卷6,第1册,第107页。
④ (宋)黎靖德编:《朱子语类》卷6,第1册,第106—107页。
⑤ (宋)黎靖德编:《朱子语类》卷53,第4册,第1290页。

那收敛处。"①

正是在"仁"主发生、"智"主收敛的基础上，朱熹进一步讨论了"仁"与"智"的关系。对于孔子所言"知者乐水，仁者乐山；知者动，仁者静；知者乐，仁者寿"，朱熹《论语集注》注曰："知者达于事理而周流无滞，有似于水，故乐水；仁者安于义理而厚重不迁，有似于山，故乐山。动静以体言，乐寿以效言也。动而不括故乐，静而有常故寿。"② 朱熹还说："惟圣人兼仁知，故乐山乐水皆兼之。"③ 又说："知对仁言，则仁是体知是用。只就知言，则知又自有体、用。……然大抵仁都是个体，知只是个用。"④ "仁者体之存，知者用之发，是皆吾性之固有，而无内外之殊。"⑤

对于孔子所言"仁者安仁，知者利仁"，朱熹《论语集注》注曰："惟仁者则安其仁而无适不然，知者则利于仁而不易所守，盖虽深浅之不同，然皆非外物所能夺矣。"⑥ 朱熹还说："仁者温淳笃厚，义理自然具足，不待思而为之，而所为自帖帖地皆是义理，所谓仁也。知者知有是非，而取于义理，以求其是而去其非，所谓知也。"⑦ 又说："仁者心便是仁，早是多了一'安'字。'知者利仁'，未能无私意，只是知得私意不是着脚所在，又知得无私意处是好，所以在这里千方百计要克去个私意，这便是利仁。"⑧

此外，对于《论语·子罕》载子曰"知者不惑，仁者不忧，勇者不惧"，朱熹《论语集注》注曰："明足以烛理，故不惑；理足以胜私，故不忧；气足以配道义，故不惧。此学之序也。"⑨ 认为"知—仁—勇"的次序，是就为学而言。而对于《论语·宪问》载子曰"君子道者三，我无能焉：仁者不忧，知者不惑，勇者不惧"，朱熹《论语集注》引尹氏曰："成德以仁为先，进学以知为先。故夫子之言，其序有不同者以此。"⑩ 认为"仁—知—勇"的次序，是就成德而言。朱熹还说："理会得底是知，

---

① （宋）黎靖德编：《朱子语类》卷116，第7册，第2796页。
② （宋）朱熹：《四书章句集注》，第90页。
③ （宋）黎靖德编：《朱子语类》卷32，第3册，第822页。
④ （宋）黎靖德编：《朱子语类》卷32，第3册，第825—826页。
⑤ （宋）朱熹：《四书章句集注》，第34页。
⑥ （宋）朱熹：《四书章句集注》，第69页。
⑦ （宋）黎靖德编：《朱子语类》卷26，第2册，第643页。
⑧ （宋）黎靖德编：《朱子语类》卷26，第2册，第642页。
⑨ （宋）朱熹：《四书章句集注》，第116页。
⑩ （宋）朱熹：《四书章句集注》，第157页。

行得底是仁,著力去做底是勇。""知底属知,行底属仁,勇是勇于知,勇于行。"① 并且还说:"知仁勇三达德为入道之门。……三者废其一,则无以造道而成德矣。"②

显然,在朱熹看来,"仁"与"智"不可分割,相互联系,相互依存,缺一不可。然而在解读《论语》"未知,焉得仁"时,朱熹却并不采纳将"未知,焉得仁"中的"知"解读为"智"以体现"仁"与"智"不可分割的观点,而是依据自己对于《论语》文本的解读,把"未知,焉得仁"中的"知"解读为"知晓"。也就是说,朱熹解读《论语》"未知,焉得仁"与讨论"仁"与"智"的关系是分开的,而较为重视文本之义。

(三)清儒的讨论

清代对于《论语》"未知,焉得仁"的讨论,又有新的进展。清儒臧琳《经义杂记》有《论语古文今文》一文,将《古论语》与《鲁论语》的文本作了比较,其中说道:"《古论语》'未知,焉得仁',《鲁论语》'未智,焉得仁'。"③ 后来的宋翔凤也持同样的观点。他认为,王充《论衡·问孔》以及徐幹《中论·智行》将孔子"未知,焉得仁"中的"知"解读为"智","此皆本《鲁论语》家说,与孔安国古文家说异"④。

重要的是,清儒大都追随郑玄,将《论语》"未知,焉得仁"中的"知"解读为"智"。惠栋说:"古文《论语》曰:'未知,焉得仁?'仁与义、知,相须而成也。'知'音'智',绝句。"⑤ 钱坫《论语后录》赞同郑玄将"未知,焉得仁"之"知"读为"智",并且引述徐幹《中论·智行》篇"或曰:'然则仲尼曰"未智,焉得仁",乃高仁耶?何谓也?'对曰:仁固大也,然则仲尼此亦有所激,然非专小智之谓也",指出:"徐氏之说正与郑合。"⑥ 陈鱣《论语古训》强调郑玄将"未知,焉得仁"之"知"读为"智",同时作了论证,并且还指出:"是知古读之不易。"⑦ 阮

---

① (宋)黎靖德编:《朱子语类》卷64,第4册,第1560页。
② (宋)朱熹:《四书章句集注》,第22页。
③ (清)臧琳:《经义杂记》卷2,《续修四库全书》,第172册,第53页。
④ (清)宋翔凤:《论语说义》,第94页。
⑤ (清)惠栋:《后汉书补注》卷15,中华书局1985年版,第705页。
⑥ (清)钱坫:《论语后录》卷2,《续修四库全书》,第154册,第246页。
⑦ (清)陈鱣:《论语古训》卷3,《续修四库全书》,第154册,第383页。

元认为，古人论上等之人，分三等，曰圣人、仁人、智人，"始智、中仁、终圣";① 据此，他说："子张以仁推令尹子文及陈文子，孔子皆答以'未智，焉得仁'，明乎必先智而后能仁也。"② 冯登府《论语异文考证》不仅肯定郑玄将"未知，焉得仁"之"知"读为"智"，而且认为皇侃《论语义疏》所引李充言"违乱求治，不污其身，清矣。而所之无可，骤称其乱，不如宁子之能愚，蘧生之可卷，未可谓智也。洁身而不济世，未可谓仁也"，"亦本郑义"。③ 刘宝楠《论语正义》则认为李充所言，"可补郑义"④。戴望注《论语》"未知，焉得仁"，说："非知不能成仁，故夫子言'仁'必及'知'。"⑤ 这里的"知"即"智"。宦懋庸《论语稽》说："'未知，焉得仁'者，言二子尚未得为智，焉得为仁也。"⑥ 这些学者都追随郑玄将"未知，焉得仁"之"知"读为"智"。

当然，清儒中也有一些学者赞同孔安国将《论语》"未知，焉得仁"解读为"但闻其忠事，未知其仁也"，把"未知，焉得仁"中的"知"解读为"知晓"。翟灏《四书考异》不但赞同孔安国的解读，而且还通过引述皇侃《论语义疏》载李充曰，说："李读为'未智'，不胜孔为'未知'也。"⑦ 梁章钜《论语旁证》赞同翟灏所谓"李读为'未智'，不胜孔为'未知'也"，而且还说："是此说已为《注疏》所不取，故《集注》同之。"⑧ 强调朱熹《论语集注》与邢昺《论语注疏》都不采纳李充的解读。后来，简朝亮《论语集注补正述疏》注"未知，焉得仁"，说："经曰'未知'，盖二字句也，知，读如字。经他文云'不知为不知'，则'未知'可绝句焉。"⑨ 并且还否定各种将"未知，焉得仁"之"知"等同于"智"的解读。

如前所述，对于《论语》"未知，焉得仁"的解读，自汉代开始就存在分歧。在清之前，以孔安国为代表把"未知，焉得仁"中的"知"解读为"知晓"，经过何晏、皇侃、邢昺、朱熹，而占据主导地位；相对而言，郑玄以及王充、班固、徐幹、李充、颜师古把"未知，焉得仁"中的

---

① （清）阮元：《孟子论仁论》，《揅经室集》（1集卷9），第210页。
② （清）阮元：《〈论语〉论仁论》，《揅经室集》（1集卷8），第179页。
③ （清）冯登府：《论语异文考证》卷3，《续修四库全书》，第155册，第362页。
④ （清）刘宝楠：《论语正义》，第194页。
⑤ （清）戴望：《戴氏注论语》卷5，《续修四库全书》，第157册，第102页。
⑥ （清）宦懋庸：《论语稽》卷5，《续修四库全书》，第157册，第296页。
⑦ （清）翟灏：《四书考异》（下），《翟灏全集》，第2册，第383页。
⑧ （清）梁章钜：《论语旁证》卷5，《续修四库全书》，第155册，第100页。
⑨ （清）简朝亮：《论语集注补正述疏》，第142页。

"知"解读为"智",并没有受到重视。与此不同,到了清代,以郑玄为代表的解读开始占据主导地位。同时,清儒讲"《古论语》'未知,焉得仁',《鲁论语》'未智,焉得仁'",不仅使得将"未知,焉得仁"中的"知"解读为"智",有了更多的合法性,而且还提出了新的问题。

与此相关联,将"未知,焉得仁"中的"知"解读为"知晓",其中并不涉及"仁"与"智"的关系,而将"未知,焉得仁"中的"知"解读为"智",则强调"仁"与"智"的不可分割,尤其是,惠栋言"古文《论语》曰:'未知,焉得仁?'仁与义、知,相须而成",不仅将"未知,焉得仁"之"知"解读为"智",而且同时又讲"仁与义、知,相须而成"。这样的解读,不同于朱熹解读"未知,焉得仁"与讨论"仁""智"关系相分离,也预示着新的进展。

(四)余论

现代对于《论语》"未知,焉得仁"的解读,大致是接着历史上的两种不同解读而来的。《胡适留学日记》1916年9月1日载:"曰:'仁矣乎?'曰:'未知焉得仁'(《公冶长》)旧皆读'未知。焉得仁?'适按此五字宜作一句读,谓'不知如何可称他做仁'也。"[①]显然,在胡适看来,《论语》"未知,焉得仁"中的"知",指的是"知晓"。1929年出版的钟泰《中国哲学史》认为,孔子曰"下学而上达",仁者,上达之事,所以,"以由之可使治赋,求之可使为宰,赤之可使与宾客言,皆曰'不知其仁'。以令尹子文之忠,陈文子之清,皆曰'未知,焉得仁'"[②]。可见,钟泰所引述《论语》"未知,焉得仁"中的"知",也解读为"知晓"。这些解读以及前面所引杨伯峻《论语译注》、钱穆《论语新解》、李泽厚《论语今读》的解读,基本上是接着孔安国、何晏、皇侃、邢昺、朱熹以及清代翟灏《四书考异》、梁章钜《论语旁证》、简朝亮《论语集注补正述疏》而来。

与此同时,1910年出版的蔡元培《中国伦理学史》指出:"孔子尝曰:'仁者爱人,知者知人。'又曰:'知者不惑,仁者不忧,勇者不惧。'此分心意为知识、感情、意志三方面,而以知仁勇名其德者。而平日所言

---

① 胡适:《胡适留学日记》(下),安徽教育出版社2006年版,第279页。
② 钟泰:《中国哲学史》(卷下),上海商务印书馆1929年版,第21—22页。

之仁，则即以为统摄诸德完成人格之名。"① 对此，1919 年出版的胡适《中国哲学史大纲》（卷上）说："'仁者人也'，只是说仁是理想的人道，做一个人须要能尽人道。能尽人道，即是仁。……蔡子民《中国伦理学史》说孔子所说的'仁'，乃是"统摄诸德，完成人格之名'。这话甚是。"② 冯友兰早年的《中国哲学史》也赞同蔡元培的观点，说："惟仁亦为全德之名，故孔子常以之统摄诸德。"③ 也就是说，孔子的"仁"不只是就某一种品德而言，而是包括了"知、仁、勇"或"仁、义、礼、智、信"等诸多方面，是"统摄诸德"，是"全德"。正是在把"仁"解读为"全德"的基础上，冯友兰认为，"仁可包孝""仁可包忠""仁可包智""仁可包勇""仁可包礼""仁可包信"等，并明确指出："孔子谓令尹子文及陈文子：'未知焉得仁？'是仁可包智也。"④ 显然是把"未知，焉得仁"解读为"仁可包智"，其中的"知"不是指"知晓"，而是指"智"。

张岱年于 1937 年完成的《中国哲学大纲》认为孔子"重'知'，常以仁知并举"，同时他又说："仁为最高之德，而兼统诸德，但孔子未尝以知为一德，故仁之中，实不涵知，而可以失于愚。《论语》尝载：'子张问曰：令尹子文三仕为令尹，无喜色；三已之，无愠色。旧令尹之政。必以告新令尹。何如？子曰：忠矣。仁矣乎？曰：未知焉得仁。'（《公冶长》）或据'未知焉得仁'一句，以为仁包涵知。案此句实与'不知其仁也'（同篇），'仁则吾不知也'（《宪问》）同意，并非谓既未有智，岂得为仁。仁实不包知。"⑤ 张岱年认为，孔子"仁知并举"，但《论语》"未知，焉得仁"中的"知"是指"知晓"，而不是指"智"，而且对"未知，焉得仁"的解读应当与孔子所言"不知其仁""仁则吾不知"联系起来，这一解读与朱熹多有相似。显然，当时的张岱年并不赞同冯友兰对于《论语》"未知，焉得仁"的解读。

黄晖于 1938 年出版的《论衡校释》对王充解《论语》"未知，焉得仁"作了讨论，说："'知'读为'智'，郑玄（《释文》）、李充（皇疏）、《中论·智行》篇、《汉书·古今人表序》并同。臧氏《经义杂记》曰：'此《鲁论》也。'"而且进一步说："'仁'为孔子哲学中心，故不智不能

---

① 蔡元培：《中国伦理学史》，第 11 页。
② 胡适：《中国哲学史大纲》（卷上），第 99 页。
③ 冯友兰：《中国哲学史》（上），《三松堂全集》，第 2 卷，第 318 页。
④ 冯友兰：《中国哲学史》（上），《三松堂全集》，第 2 卷，第 318 页。
⑤ 张岱年：《中国哲学大纲》，第 263 页。

为仁。"① 显然，也把"未知，焉得仁"中的"知"解读为"智"。

程树德的《论语集释》赞同将《论语》"未知，焉得仁"之"知"解读为"智"，说："班固、王充、郑君皆以孔子论子文、文子，谓未得为智人，焉为仁人也。何晏引伪孔安国注曰：'未知其仁也。'故《释文》'知'先音如字。果尔，则'未知'下岂应增'焉得'二字？孟武伯问子路仁乎？子曰：'不知其仁也。'不曰'不知焉得仁也'。《集注》从之，误矣。"② 显然反对何晏、朱熹将"未知，焉得仁"之"知"解读为"知晓"。

1964年吐鲁番出土阿斯塔那19号墓，1967年出土阿斯塔那363号墓，如前所述，其中的《论语郑氏注》的经文均为"未智，焉得仁"。这不仅在一定程度上论证了清儒所谓"《古论语》'未知，焉得仁'，《鲁论语》'未智，焉得仁'"，而且为把"未知，焉得仁"之"知"解读为"智"提供了新的证据。

唐君毅于1973年出版的《中国哲学原论·原道篇》说："孔子言仁，恒与智并言。……《公冶长》子张问令尹子文，孔子曰'忠矣而未知，焉得仁'，又问陈文子，孔子曰'清矣而未知，焉得仁'。则忠清而无知，皆不得为仁。是见仁者必不可无知。孔子亦尝自谓'盖有不知而作之者，我无是也'。无不知而作，即无无智之作也。"③ 可见，唐君毅从孔子"仁""智"并言的角度把《论语》"未知，焉得仁"中的"知"解读为"智"。

毛子水于1975年出版的《论语今注今译》也把"未知，焉得仁"中的"知"解读为"智"，并将该句译为："他连智都够不上，那能谈到仁！"④

冯契于1983年出版的《中国古代哲学的逻辑发展》（上册）说："孔子称道令尹子文'忠'，称道陈文子'清'，却不称许他们'仁'，'曰：未知，焉得仁？'，就是说，'知'是'仁'的必要条件，对伦理关系没有正确的认识，就不可能有自觉的仁德。所以'仁'与'智'是统一的。"⑤

应当说，在现代对于《论语》"未知，焉得仁"的解读中，冯友兰、唐君毅、冯契等把其中的"知"解读为"智"，是接着郑玄以及王充、班固、徐幹、李充、颜师古而来，而且是顺应了清代以来郑玄的解读占据主导地位的大趋势而来。尤其是，他们的解读，不仅把"未知，焉得仁"中

---

① （汉）王充著，黄晖撰：《论衡校释》，第354页。
② 程树德：《论语集释》，第1册，第428页。
③ 唐君毅：《中国哲学原论·原道篇》（1），《唐君毅全集》，第19卷，第62页。
④ 毛子水：《论语今注今译》，台湾商务印书馆1975年版，第70页。
⑤ 冯契：《中国古代哲学的逻辑发展》（上册），上海人民出版社1983年版，第89—90页。

的"知"解读为"智",而且包含了对于"仁"与"智"关系的进一步讨论,冯友兰讲"'未知,焉得仁?'是仁可包智",唐君毅讲"忠清而无知,皆不得为仁。是见仁者必不可无知",冯契讲"'曰:未知,焉得仁?',就是说,'知'是'仁'的必要条件",以为"未知,焉得仁"讲的是"仁智统一",这与惠栋言"古文《论语》曰:'未知,焉得仁?'仁与义、知,相须而成",是一致的。

因此,当今对于《论语》"未知,焉得仁"的解读,既要看到存在着由来已久的把"未知,焉得仁"中的"知"解读为"知晓"和解读为"智"的分歧,又要从学术发展的角度看到这两种解读自清代以来已经逐渐从先前以把"知"解读为"知晓"为主转向以把"知"解读为"智"为主。从这个意义上说,冯友兰、唐君毅、冯契等把"未知,焉得仁"中的"知"解读为"智",或许更为合乎现代学术发展的趋势。

九　"五十而知天命，六十而耳顺"*

孔子说："吾十有五而志于学，三十而立，四十而不惑，五十而知天命，六十而耳顺，七十而从心所欲，不逾矩。"（《论语·为政》）对此，冯友兰早年所撰《新原道》，以所谓"自然境界""功利境界""道德境界""天地境界"来解读。他认为，"三十而立"属功利境界；"四十而不惑"属道德境界；"五十而知天命"，有似于所谓"知天"，又经由"六十而耳顺"，即顺天命，而达到"七十而从心所欲，不逾矩"，属天地境界。①冯友兰晚年的《中国哲学史新编》又对此作了阐释，其中对于"四十而不惑，五十而知天命，六十而耳顺"的解说，依据《中庸》所谓"思修身，不可以不事亲；思事亲，不可以不知人；思知人，不可以不知天"，以为"不惑"就是"知人"，"就是对于人之所以为人有所理解，有所体会"；"知天命"就是"知天"；"耳顺"就是"顺天命"。②这里所谓"知人""知天""顺天命"三个阶段，有把"知人"与"知天命"分别开来之嫌，而且将"耳顺"解为"顺天命"也需要有更多的论证。

与冯友兰解"五十而知天命"为"知天"、解"六十而耳顺"为"顺天命"不同，杨伯峻解读为："五十岁，得知天命；六十岁，一听别人言语，便可以分别真假，判明是非。"③钱穆解读为："到五十，我能知道什么是天命了。到六十，凡我一切听到的，都能明白贯通，不再感到于心有违逆。"④李泽厚读为："五十岁认同自己的命运，六十岁自然地容受各种批评。"⑤问题是，既然"五十而知天命"，那么，为什么要再过十年，至

---

* 本章部分内容已以《朱熹论"四十而不惑，五十而知天命"——由知"当然之理"而知其"所以然之理"》为题发表于《福建行政学院学报》2017年第5期。
① 冯友兰：《新原道》，《三松堂全集》，第5卷，第18—20页。
② 冯友兰：《中国哲学史新编》，《三松堂全集》，第8卷，第164页。
③ 杨伯峻译注：《论语译注》，第18页。
④ 钱穆：《论语新解》，第30页。
⑤ 李泽厚：《论语今读》，第25页。

六十岁才能够"一听别人言语,便可以分别真假,判明是非",才能够"凡我一切听到的,都能明白贯通,不再感到于心有违逆",才能够"自然地容受各种批评"?

(一) 汉唐诸儒的解读

孔子讲"天命",说:"君子有三畏:畏天命,畏大人,畏圣人之言。小人不知天命而不畏也,狎大人,侮圣人之言。"(《论语·季氏》)对此,董仲舒说:"孔子曰:'君子有三畏:畏天命,畏大人,畏圣人之言。'彼岂无伤害于人,如孔子徒畏之哉!以此见天之不可不畏敬,犹主上之不可不谨事。不谨事主,其祸来至显;不畏敬天,其殃来至暗。暗者不见其端,若自然也。……由是观之,天殃与主罚所以别者,暗与显耳。不然,其来逮人,殆无以异。孔子同之,俱言可畏也。"① 对于"畏天命",魏何晏《论语集解》注曰:"顺吉逆凶,天之命也。"南北朝时期皇侃《论语义疏》疏曰:"天命,谓作善降百祥,作不善降百殃。从吉逆凶,是天之命,故君子畏之,不敢逆之也。"② 北宋邢昺《论语注疏》疏曰:"'畏天命'者,谓作善降之百祥,作不善降之百殃。顺吉逆凶,天之命也,故君子畏之。……孔安国云:'顺道吉,从逆凶。吉凶之报,若影之随形,响之应声,言不虚。'道即天命也,天命无不报,故可畏之。"③ 其中"作善降之百祥,作不善降之百殃"来自古文《尚书·伊训》。显然,汉唐诸儒将孔子所言"天命"解读为天对于人的善恶给予吉凶报应。

然而,对于孔子讲"不知命,无以为君子也"(《论语·尧曰》),汉唐诸儒却作出了不同的解读。西汉韩婴说:"子曰:'不知命,无以为君子。'言天之所生,皆有仁义礼智顺善之心。不知天之所以命生,则无仁义礼智顺善之心。无仁义礼智顺善之心,谓之小人。故曰:'不知命,无以为君子。'"④ 据《汉书·董仲舒传》载,董仲舒说:"人受命于天,固超然异于群生,……贵于物也。故孔子曰:'天地之性人为贵。'明于天性,知自贵于物;知自贵于物,然后知仁谊;知仁谊,然后重礼节;重礼

---

① (汉)董仲舒著,(清)苏舆撰:《春秋繁露义证》,第390页。
② (梁)皇侃:《论语义疏》,第432页。
③ (魏)何晏集解,(宋)邢昺疏:《论语注疏》,(清)阮元校刻:《十三经注疏》,第5册,第5479页。
④ (汉)韩婴撰,许维遹校释:《韩诗外传集释》卷6,第219页。

节，然后安处善；安处善，然后乐循理；乐循理，然后谓之君子。故孔子曰'不知命，亡以为君子'，此之谓也。"① 他们都认为"不知命，无以为君子"中的"天命"是指天之所赋予人的本性。与此不同，西汉孔安国注曰："命，谓穷达之分也。"皇侃《论语义疏》曰："命，谓穷通夭寿也。人生而有命，受之由天，故不可不知也。"又疏孔安国注，说："穷谓贫贱，达谓富贵，并禀之于天，如天之见命为之者也。"② 邢昺《论语注疏》疏曰："'命，谓穷达之分'，言天之赋命穷达有时，当待时而动；若不知天命而妄动，则非君子也。"③ 认为"不知命，无以为君子"中的"天命"是指天决定了人的穷达以及贫富贵贱。

至于孔子所言"四十而不惑，五十而知天命，六十而耳顺"，西汉孔安国注"不惑"曰："不疑惑也。"注"知天命"曰："知天命之终始也。"东汉郑玄注"耳顺"曰："耳顺，闻其言而知其微旨也。"对此，皇侃《论语义疏》疏曰："惑，疑惑也。业成后已十年，故无所惑也。……天命，谓穷通之分也。谓天为命者，言人禀天气而生，得此穷通，皆由天所命也。天本无言，而云有所命者，假之言也。人年未五十，则犹有横企无厓，及至五十始衰，则自审己分之可否也。……顺，谓不逆也。人年六十，识智广博，凡厥万事，不得悉须观见，但闻其言，即解微旨，是所闻不逆于耳。故曰'耳顺'也。"④ 邢昺《论语注疏》疏曰："'四十而不惑'者，志强学广，不疑惑也。'五十而知天命'者，命，天之所禀受者也；孔子四十七学《易》，至五十穷理尽性知天命之终始也。'六十而耳顺'者，顺，不逆也。耳闻其言，则知其微旨而不逆也。"⑤ 邢昺把"五十而知天命"解读为"至五十穷理尽性知天命之终始"，即《易传·说卦》所谓"穷理尽性以至于命"，是依据《论语·述而》载子曰："加我数年，五十以学《易》，可以无大过矣。"

显然，汉唐诸儒注"五十而知天命"之"天命"，主要是指天决定了人的穷达以及贫富贵贱；"知天命"是指"穷理尽性知天命之终始"。至于对"六十而耳顺"之"耳顺"的解读，大都依郑玄所言"闻其言而知

---

① （汉）班固：《汉书》卷56，第8册，第2516页。
② （梁）皇侃：《论语义疏》，第524页。
③ （魏）何晏集解，（宋）邢昺疏：《论语注疏》，（清）阮元校刻：《十三经注疏》，第5册，第5510页。
④ （梁）皇侃：《论语义疏》，第25—26页。
⑤ （魏）何晏集解，（宋）邢昺疏：《论语注疏》，（清）阮元校刻：《十三经注疏》，第5册，第5346页。

其微旨",或如皇侃《论语义疏》讲"所闻不逆于耳",或如邢昺《论语注疏》讲"耳闻其言,则知其微旨而不逆也"。但是,这样的解读大都无法解释孔子"五十而知天命",为什么要至十年后六十才能够"闻其言而知其微旨""所闻不逆于耳""耳闻其言,则知其微旨而不逆"?

对于"五十而知天命,六十而耳顺",唐韩愈、李翱的解读较以往有了变化。韩愈注"五十而知天命",曰:"天命深微至赜,非原始要终一端而已。仲尼五十学《易》,'穷理尽性以至于命',故曰'知天命'。"李翱注曰:"'天命之谓性'。《易》者,理性之书也。先儒失其传,惟孟轲得仲尼之蕴,故'尽心'章云:尽其心所以知性,知性所以知天。此天命极至之说。诸子罕造其微。"① 这一解读,即后来邢昺所谓"至五十穷理尽性知天命之终始"。但是,韩愈注"六十而耳顺"曰:"耳,当为'尔',犹言'如此'也。既知天命,又如此顺天也。"李翱注曰:"上圣既顺天命,岂待七十不逾矩法哉?盖孔子兴言时,已七十矣,是自卫反鲁之时也。删修《礼》、《乐》、《诗》、《书》,皆本天命而作,如其顺。"② 韩愈、李翱认为"耳顺"之"耳"为"尔",因而把"耳顺"解读为"顺",并进而把"顺"解读为"顺天",或"顺天命",这样就把"六十而耳顺"解读为六十而"顺天命",与"五十而知天命"相对应。这样的解读,虽然较以往的解读有很大的变化而有新意,但尚需更多的依据和论证,因此并没有为后来的邢昺所接受。

(二)"知其然"与"知其所以然"

二程讲"天命",是就天之所赋予人的本性而言。程颢说:"言天之自然者,谓之天道。言天之付与万物者,谓之天命。"③ 程颐说:"'知天命',是达天理也。……命者是天之所赋与,如命令之命。"④ 又说:"理也,性也,命也,三者未尝有异。穷理则尽性,尽性则知天命矣。天命犹天道也,以其用而言之则谓之命,命者造化之谓也。"⑤ 可见,二程所谓"天命",即是人之本性。至于"五十而知天命",程颐说:"知天命,穷

---

① (唐)韩愈、李翱:《论语笔解》,第2页。
② (唐)韩愈、李翱:《论语笔解》,第2页。
③ (宋)程颢、程颐:《河南程氏遗书》卷11,《二程集》,第125页。
④ (宋)程颢、程颐:《河南程氏遗书》卷15,《二程集》,第161页。
⑤ (宋)程颢、程颐:《河南程氏遗书》卷21下,《二程集》,第274页。

理尽性也。耳顺，所闻皆通也。"① 这里讲"知天命，穷理尽性也"，与邢昺把"五十而知天命"解读为"至五十穷理尽性知天命之终始"，都是依《易传·说卦》所谓"穷理尽性以至于命"，但程颐讲"尽性则知天命"，而邢昺则是要通过穷理尽性而知得天命之终始。

朱熹继承二程，以为"天命"，即《中庸》"天命之谓性，率性之谓道"中的"天命"，指天之所命的人的本性。朱熹《中庸章句》注"天命之谓性"，曰："命，犹令也。性，即理也。天以阴阳五行化生万物，气以成形，而理亦赋焉，犹命令也。于是人物之生，因各得其所赋之理，以为健顺五常之德，所谓性也。"② 所以，朱熹还注《论语》"君子有三畏：畏天命，畏大人，畏圣人之言"，曰："天命者，天所赋之正理也。"③

朱熹《论语集注》注"四十而不惑"，曰："于事物之所当然，皆无所疑，则知之明而无所事守矣。"注"五十而知天命"曰："天命，即天道之流行而赋于物者，乃事物所以当然之故也。知此则知极其精，而不惑又不足言矣。"④ 即把"不惑"解读为知"事物之所当然"，把"知天命"解读为知"事物所以当然之故"。朱熹还说："'四十而不惑'，于事上不惑。'五十而知天命'，知所从来。""不惑，是随事物上见这道理合是如此；知天命，是知这道理所以然。"⑤ 又说："四十时是见得那'率性之谓道'；五十时是见他'天命之谓性'。"⑥ "'四十而不惑'，于事物当然更无所疑。'五十知天命'，则穷理尽性，而知极其至矣。"⑦ 总之，"不惑者，是知其然；知天命者，是知其所以然"⑧。

朱熹《论语或问》对孔子在"三十而立"之后言"四十而不惑，五十而知天命"作了解释：

> 曰：所谓不惑者，何也？曰：既立矣，加以十年玩索涵养之功，而知见明彻，无所滞碍也。盖于事物之理，几微之际，毫厘之辨，无不判然于胸中。……曰：所谓天命者，何也？曰：无所疑惑，而充积十年，所知益精，所见益彻，而至于是也。盖天道运行，赋与万物，

---

① （宋）程颢、程颐：《河南程氏经说》卷6，《二程集》，第1135页。
② （宋）朱熹：《四书章句集注》，第17页。
③ （宋）朱熹：《四书章句集注》，第173页。
④ （宋）朱熹：《四书章句集注》，第54页。
⑤ （宋）黎靖德编：《朱子语类》卷23，第2册，第552页。
⑥ （宋）黎靖德编：《朱子语类》卷23，第2册，第553页。
⑦ （宋）黎靖德编：《朱子语类》卷23，第2册，第556页。
⑧ （宋）黎靖德编：《朱子语类》卷23，第2册，第556页。

莫非至善无妄之理而不已焉，是则所谓天命者也。物之所得，是之谓性，性之所具，是之谓理，其名虽殊，其实则一而已。故学至于不惑而又进焉，则理无不穷，性无不尽，而有以知此矣。①

在朱熹看来，"四十而不惑，五十而知天命"是孔子把握"天理"的两个阶段：四十把握事物之理，即事物"当然之理"，五十把握天所赋予事物之理，即事物"所以然之理"。据《朱子语类》载：

问："'五十知天命'，《集注》云：'天命，即天道也，事物所以当然之故也。'如何是'所以当然之故'？"曰："如孝亲悌长，此当然之事。推其所以然处，因甚如此？"②

朱熹还解"五十而知天命"，说："天命是源头来处。""如门前有一溪，其先得知溪中有水，其后知得水源头发源处。"③还说："这知天命是从不惑来。不惑，是见道理恁地灼然；知天命，是知个源头来处恁地彻。"④"不惑，则知事物当然之理矣。然此事此物当然之理，必有所从来。知天命，是知其所从来也。"⑤

朱熹对"四十而不惑，五十而知天命"的解读，旨在讲人对于事物之理的认知的深化，由知当然之理到知其所以然之理。这一解读对后世影响很大，争议也颇多。

明代焦竑不同意朱熹的观点。他的《焦氏四书讲录》说："晦庵子以'不惑'为知其所当然，'知天命'为知其所以然。愚意理之所以然者，就不出所当然之外；既知所当然便知所以然，知其性则知天矣，原是一时事。若说四十只知所当然，五十才知所以然，分而为二，便似支离。盖'不惑'者，所当然、所以然俱不惑了；'知天命'即知天地之化育，默而契之之谓也。"⑥认为"所当然"与"所当然"不可分割。

王夫之则赞同朱熹的解读，说："守是而安焉，至于四十，而昔之所以必然者，乃知其莫非理之当然矣。当其时，一事一理，而不杂众理以疑

---

① （宋）朱熹：《四书或问》，朱杰人等编：《朱子全书》，第6册，第641页。
② （宋）黎靖德编：《朱子语类》卷23，第2册，第553页。
③ （宋）黎靖德编：《朱子语类》卷23，第2册，第553页。
④ （宋）黎靖德编：《朱子语类》卷23，第2册，第553—554页。
⑤ （宋）黎靖德编：《朱子语类》卷23，第2册，第557页。
⑥ （明）焦竑：《焦氏四书讲录》卷4，《续修四库全书》，第162册，第66页。

一理之不可通也；万事万理，而不执一理以疑众理之不可齐也。固不敢深计夫理之何以必于此，而但见道之实在于此也。习是而通焉，至于五十，而始知夫理之必于此者，人所当然也，而实天也；性所自具也，而实命也。天以此理而为天，即以此理而为命；天以为命，而吾之所志、所立、所不惑者，固皆一因乎健顺化生、品物流行之实，而非但循人事之当然，乃所以为人事之当然也。"① 认为"四十而不惑"在于知"理之当然"，"五十知天命"在于知"所以为人事之当然"。

　　清代毛奇龄批评朱熹的解读。他的《四书改错》说："若'不惑'、'知天命'，则以经证经。不惑是知人，知天命是知天；不惑是穷理尽性，知天命是至于命；不惑是诚明，知天命是聪明圣知达天德。……《注》凡着层次，必以当然、所以然分别之。实则知当然便应知所以然，无大深浅，岂有十年知当然，又十年知所以然者？"② 显然，与朱熹的解读强调知当然之理与知其所以然之理的差别不同，毛奇龄认为"当然"与"所以然"，"无大深浅"，而强调"知人"与"知天命"的差别，"不惑是知人，知天命是知天"。

　　孔子讲"知者不惑"（《论语·子罕》），又答樊迟问"知"曰："知人。"（《论语·颜渊》）《中庸》引孔子说："君子不可以不修身；思修身，不可以不事亲；思事亲，不可以不知人；思知人，不可以不知天。"又说："质诸鬼神而无疑，知天也；百世以俟圣人而不惑，知人也。"这或许是毛奇龄把"知人"与"知天"分割开来，释"不惑"为"知人"、释"知天命"为"知天"的文本依据。但朱熹注曰："欲尽亲亲之仁，必由尊贤之义，故又当知人。亲亲之杀，尊贤之等，皆天理也，故又当知天。"③ "知天知人，知其理也。"④ 在朱熹看来，知人与知天虽有所差别，但"穷理尽性"既要知人又要知天，且都要知得"理"。

　　朱熹强调知天与知人的密切关系。他注孟子所谓"知其性，则知天"，曰："心者，人之神明，所以具众理而应万事者也。性则心之所具之理，而天又理之所从以出者也。……故能极其心之全体而无不尽者，必其能穷夫理而无不知者也。"⑤ 以为知人之性，就能知天。朱熹还说："性，以赋

---

① （清）王夫之：《四书训义》（上），《船山全书》，岳麓书社1990年版，第7册，第284—285页。
② （清）毛奇龄：《四书改错》，华东师范大学出版社2015年版，第429—430页。
③ （宋）朱熹：《四书章句集注》，第29页。
④ （宋）朱熹：《四书章句集注》，第38页。
⑤ （宋）朱熹：《四书章句集注》，第356页。

于我之分而言；天，以公共道理而言。天便脱模是一个大底人，人便是一个小底天。吾之仁义礼智，即天之元亨利贞。凡吾之所有者，皆自彼而来也。故知吾性，则自然知天矣。"①并且认为，在"五十而知天命"中，"'知天命'却是圣人知其性中四端之所自来"②。显然，在朱熹看来，天与人是统一的，知天与知人亦是统一的，所以"知其性，则知天"，"知天命"就是知天之所赋的人之性。由此亦可看出朱熹为什么不把"不惑"和"知天命"分别解读为知人和知天。

与此不同，毛奇龄把"知人"与"知天命"分割开来，讲"不惑是知人，知天命是知天；不惑是穷理尽性，知天命是至于命"，认为先要"知人"，然后"知天命"。这实际上是把天与人分割开来。孟子说："尽其心者，知其性也。知其性，则知天也。"（《孟子·尽心上》）把知人之性与知天之道统一起来，体现了儒家的天人合一思想。相比较之下，朱熹把知天与知人统一起来，以为"四十而不惑"是知事物"当然之理"，"五十而知天命"是知事物当然之理之所以然，即事物"所以然之理"，更合乎孟子的思想；而毛奇龄把"四十而不惑"解读为四十而"穷理尽性"，至五十而"知天命"，不仅与朱熹所谓"'五十知天命'，则穷理尽性，而知极其至矣"相冲突，而且也与邢昺所谓"孔子四十七学《易》，至五十穷理尽性知天命之终始也"相冲突。

对于毛奇龄《四书改错》解"四十而不惑，五十而知天命"强调"知人"与"知天命"的差别，并因而讲"不惑是诚明，知天命是聪明圣知达天德"，戴大昌所撰《驳四书改错》指出："毛氏谓'以经证经'，既将'不惑'、'知天命'分属知人与知天矣，又谓'不惑是诚明，知天德（命）是聪明圣知达天德'。夫'自诚明，谓之性'，乃不思不勉、生知安行之圣人，固即所谓'聪明圣知达天德'者，有何可分为四十、五十乎？且夫子不以生知自居，故自言进德之序，岂四十不惑而可以自诚明属生知者释之乎？"③在毛奇龄看来，"不惑"是知人，是"自诚明"，"知天命"是知天，是"聪明圣知达天德"；而在戴大昌看来，"自诚明"和"聪明圣知达天德"都是就生而知之的圣人而言，而不可分别开来去对应"四十而不惑"和"五十而知天命"，况且，孔子不以生而知之的圣人自居，因而不可能说自己四十而"自诚明"，五十而"聪明圣知达天德"。

---

① （宋）黎靖德编：《朱子语类》卷60，第4册，第1426页。
② （宋）黎靖德编：《朱子语类》卷4，第1册，第79页。
③ （清）戴大昌：《驳四书改错》卷18，《续修四库全书》，第169册，第254页。

后来的刘宝楠撰《论语正义》，注"五十而知天命"，指出："君子知命之原于天，必亦则天而行。故盛德之至，期于同天。《中庸》云：'仲尼上律天时，下袭水土。辟如天地之无不持载，无不覆帱。辟如四时之错行，如日月之代明。'言圣人之德能合天也。能合天，斯为不负天命；不负天命，斯可以云知天命。知天命者，知己为天所命，非虚生也。……夫子言'天生德于予'，天之所生，是为天命矣。惟知天命，故又言'知我者其天'，明天心与己心得相通也。孟子言'天欲平治天下，舍我其谁？'亦孟子知天命生德当在我也。是故知有仁、义、礼、智之道，奉而行之，此君子之知天命也。知己有得于仁、义、礼、智之道，而因推而行之，此圣人之知天命也。"① 可见，刘宝楠将天与人统一起来，讲"知天命"与"知人"的统一，并由此讲"五十而知天命"，这完全不同于毛奇龄以"知人"与"知天命"相分离的解读。

（三）"不思而得"与"不勉而中"

二程不仅以"穷理尽性"解读"五十而知天命"，而且把"六十而耳顺"看作对"穷理尽性"的进一步深入。二程说："六十闻一以知百，耳顺心通也。凡人闻一言则滞于一言，一事则滞于一事，不能贯通。耳顺者，闻言则喻，无所不通。"② 同时又依《中庸》所谓"诚者，不勉而中，不思而得，从容中道，圣人也"，而把"六十而耳顺"解读为"不思而得"，说："'五十而知天命'，思而知之也。'六十而耳顺'，耳者在人之最末者也，至耳而顺，则是不思而得也。"③ 在二程看来，"五十而知天命，六十而耳顺"是指五十而知天之所赋予人之本性，六十耳顺心通，不思而得。程颐还说："耳顺，所闻皆通也。从心，则不勉而中矣。"④

朱熹继承二程以"不思而得"解读"六十而耳顺"，以"不勉而中"解"七十而从心所欲不逾矩"。他的《论语集注》注"六十而耳顺"，曰："声入心通，无所违逆，知之至，不思而得也。"注"七十而从心所欲不逾矩"，曰："随其心之所欲，而自不过于法度，安而行之，不勉而中

---

① （清）刘宝楠：《论语正义》，第44—45页。
② （宋）程颢、程颐：《河南程氏外书》卷3，《二程集》，第368页。
③ （宋）程颢、程颐：《河南程氏遗书》卷9，《二程集》，第106页。
④ （宋）程颢、程颐：《河南程氏经说》卷6，《二程集》，第1135页。

也。"① 据《朱子语类》载:

> 问:"'六十而耳顺',在人之最末,何也?"曰:"听最是人所不著力。所闻皆是道理,无一事不是,可见其义精仁熟如此。"②
>
> 问耳顺。曰:"程子谓'知天命为思而得,耳顺为不思而得'。耳顺时所闻皆不消思量,不消拟议,皆尽见得。"又问:"闻无道理之言,亦顺否?"曰:"如何得都有道理?无道理底,也见他是那里背驰,那里欠阙。那一边道理是如何,一见便一落索都见了。"③
>
> 问"耳顺"。曰:"到得此时,是于道理烂熟了,闻人言语,更不用思量得,才闻言便晓,只是道理烂熟耳。"④

在朱熹看来,"五十知天命"是知事物"所以然之理";"六十而耳顺"是"心通",是"不思而得",是"烂熟"。他还说:"知天命,是知得微妙,而非常人之所可测度矣。耳顺,则凡耳闻者,便皆是道理,而无凝滞。伊川云:'知天命,则犹思而得。到耳顺,则不思而得也。'"⑤ 显然,"六十而耳顺"是对"五十而知天命"的进一步推进。朱熹还说:"不惑是事上知,知天命是理上知,耳顺是事理皆通,入耳无不顺。"⑥ 又说:

> 不惑,谓识得这个道理,合东便东,合西便西,了然于中。知天命,便是不惑到至处,是知其所以然,如事亲必孝,事君必忠之类。耳顺,是"不思而得",如临事迎刃而解,自然中节,不待思索。所欲不逾矩,是"不勉而中"。⑦

应当说,朱熹解"四十而不惑,五十而知天命"为"不惑者,是知其然;知天命者,是知其所以然",解"六十而耳顺,七十而从心所欲不逾矩"为"耳顺,是'不思而得'","所欲不逾矩,是'不勉而中'",由

---

① (宋)朱熹:《四书章句集注》,第54页。
② (宋)黎靖德编:《朱子语类》卷23,第2册,第553页。
③ (宋)黎靖德编:《朱子语类》卷23,第2册,第556页。
④ (宋)黎靖德编:《朱子语类》卷23,第2册,第557页。
⑤ (宋)黎靖德编:《朱子语类》卷23,第2册,第555页。
⑥ (宋)黎靖德编:《朱子语类》卷23,第2册,第558页。
⑦ (宋)黎靖德编:《朱子语类》卷23,第2册,第557页。

"知其然""知其所以然"到"不思而得""不勉而中",步步递进,不仅没有将"知天"与"知人"分别开来,而且解"耳顺"为"声入心通,无所违逆,知之之至,不思而得也",既讲"耳",又不拘泥于"耳"。

明末清初的王夫之对朱熹的解读作了具体说明,指出:"……至于六十,在万物之所自始,可以一理通之者,即在万物之所自变,而要于一理无违。声有贞淫,而贞者贞于此,淫者淫于此;声有逆顺,而逆者逆于此,顺者顺于此。则凡天化之不齐,天机之屡发,有言有声,皆入乎耳而无所逆亿,无所推求,咸有以通其故也。唯然,则可以尽受天下之情形,而盈吾前者无非道矣。往而遇之,因反而循之,孰而尝之,至于七十,则理之在万物者,吾可以任吾心而任之矣。故吾有心而必有欲,不容遏也;吾有欲而吾从之,无所择焉。……皆无有逾越者。"① 需要指出的是,王夫之的解读,只是强调朱熹解"六十而耳顺"所谓"声入心通,无所违逆",解"七十而从心所欲不逾矩"所谓"随其心之所欲,而自不过于法度",而不言"不思而得""不勉而中"。

毛奇龄批评朱熹把"六十而耳顺"解读为"不思而得",把"七十而从心所欲不逾矩"解读为"不勉而中"。他说:"'耳顺'、'从心所欲',注引'不思而得'、'不勉而中'为解,此似有经据而又不然。不思、不勉,安、勉之分,谓不勉强耳。耳顺、从心非生、安不勉强也。天下无生、安而迟之六七十者。且不思、不勉一齐俱到,岂有十年不思,又十年不勉之理?"② 毛奇龄把"不思而得""不勉而中"与《中庸》"或生而知之,或学而知之,或困而知之,及其知之,一也;或安而行之,或利而行之,或勉强而行之,及其成功,一也"结合起来,认为"不思而得""不勉而中"指的是"生而知之""安而行之",而不是"勉强而行之",由此认为,"六十而耳顺""七十而从心所欲不逾矩"说的并不是"生而知之""安而行之",而是"勉强而行之",因而不是"不思而得""不勉而中",所以朱熹把"六十而耳顺"解读为"不思而得",把"七十而从心所欲不逾矩"解读为"不勉而中",以为孔子到了六七十岁才达到"生而知之""安而行之"是说不通的;而且"不思而得"与"不勉而中"应当是"一齐俱到",怎么可能先是十年的"不思而得",然后又十年的"不勉而中"呢?

其实,朱熹在以"不思而得"解"六十而耳顺"、以"不勉而中"解

---

① (清)王夫之:《四书训义》(上),《船山全书》,第7册,第285页。
② (清)毛奇龄:《四书改错》,第430页。

"七十而从心所欲不逾矩"的同时,就已说过:"圣人生知安行,固无积累之渐,然其心未尝自谓已至此也。是其日用之间,必有独觉其进而人不及知者。"① 认为圣人虽然"生而知之""安而行之",但"其心未尝自谓已至此",直至六七十岁,孔子自己才觉得达到"不思而得""不勉而中"。

对于毛奇龄的质疑,戴大昌指出:"夫子不以生、安自居,然岂不以学知利行自居乎?则至六十而后能知之至,'不思而得';七十而后能行之熟,'不勉而中'。正所谓'及其知之,一也','成功,一也'。故朱注以此释'耳顺'与'从心不逾矩',非无据矣。"② 在戴大昌看来,孔子不以"生而知之""安而行之"自居,而是自称"学而知之""利而行之",因此到了六十"不思而得",即所谓"及其知之,一也",到了七十"不勉而中",即所谓"及其成功,一也",显然是为朱熹的解读辩护。

日本江户时代的伊藤仁斋《论语古义》解"六十而耳顺",说:"耳顺者,毁誉之来耳,受而不逆也。……虽已知天命,然毁誉之于耳,犹有所碍,然到此则一切漠然不觉其入也。"荻生徂徕《论语征》说:"六十而耳顺,言天下莫有逆耳之言。然彼岂无逆耳之言乎?我之不以为逆也,故曰'耳顺'。盖圣人能尽人之性,故人虽有逆耳之言,其心以为彼之过,不亦宜乎?是虽常人,其当事不怒,唯老成人为然,亦可以窥圣人焉。"③ 显然,这样的解读,来自郑玄所谓"耳顺,闻其言而知其微旨也",皇侃所谓"闻其言,即解微旨,是所闻不逆于耳",邢昺所谓"耳闻其言,则知其微旨而不逆也"。

焦循《论语补疏》注"六十而耳顺",曰:"耳顺,即舜之察迩言,所为善与人同乐,取于人以为善也。顺者,不违也。舍己从人,故言入于耳。隐其恶,扬其善,无所违也。学者自是其学,闻他人之言,多违于耳。圣人之道一以贯之,故耳顺也。"④ 所谓"舜之察迩言",即《中庸》子曰:"舜其大知也与!舜好问而好察迩言,隐恶而扬善,执其两端,用其中于民,其斯以为舜乎!"焦循还说:"孔子曰:'舜其大智也与!舜好问而好察迩言,隐恶而扬善,执其两端,用其中于民。'孟子曰:'大舜有大焉,善与人同。舍己从人,乐取于人以为善。'舜于天下之善,无不从

---

① (宋)朱熹:《四书章句集注》,第 55 页。
② (清)戴大昌:《驳四书改错》卷 18,《续修四库全书》,第 169 册,第 255 页。
③ [日] 松平赖宽:《论语征集览》,第 114—117 页。
④ (清)焦循:《论语补疏》,《雕菰楼经学九种》(上),凤凰出版社 2015 年版,第 626—627 页。

之，是真一以贯之，以一心而容万善，此所以大也。"① 在这里，焦循把"耳顺"解读为如同"舜之察迩言"。

刘宝楠《论语正义》依照郑玄所谓"耳顺，闻其言而知其微旨也"，把"六十而耳顺"解读为："闻人之言，而知其微意，则知言之学，可知人也。"② 把"六十而耳顺"与孔子曰"不知言，无以知人也"（《论语·尧曰》）结合起来。对于焦循《论语补疏》的解读，刘宝楠认为，焦循所谓"'耳顺'即舜之察迩言"，虽然与郑玄所谓"耳顺，闻其言而知其微旨也"有异，但"亦通"。③ 显然，清代有不少学者采纳郑玄的解读。但是，这样的解读都拘泥于"耳"之所闻，以为孔子"五十而知天命"之后，到了六十岁才"闻人之言，而知其微意"。

（四）余论

从以上讨论可以看出，对于孔子所言"五十而知天命，六十而耳顺"的解读，大致可分为两种主要观点：一是孔安国把"知天命"解为"知天命之终始也"，郑玄把"耳顺"解为"闻其言而知其微旨也"；二是朱熹把"知天命"解为"穷理尽性"，知"事物所以当然之故"，把"耳顺"解为"声入心通，无所违逆，知之之至，不思而得也"。

除此之外，韩愈、李翱《论语笔解》注"六十而耳顺"曰"耳，当为'尔'，犹言'如此'也"，把"耳顺"之"耳"当作虚词而同于"尔"，这一观点在清代也有所讨论。臧琳《经义杂记》说："唐李习之《论语笔解》好改本文。'六十而耳顺'，云：'"耳"当为"尔"，犹言"如此"也。'……凡所改易，皆无依据，义又浅陋，不可从也，学者无为所惑。"① 段玉裁注《说文解字》"耳，主听者也"，说："凡语云'而已'者，急言之曰'耳'，在古音一部；凡云'如此'者，急言之曰'尔'，在古音十五部。如《世说》云'聊复尔耳'，谓且如此而已是也。二字音义绝不容相混。"⑤ 认为"耳"与"尔"不可混同。稍后，阮元撰《四库未收书目提要》，引宋代俞琰撰《书斋夜话》言"经传之文，'耳'即

---

① （清）焦循：《论语通释》，《续修四库全书》，第155册，第36页。
② （清）刘宝楠：《论语正义》，第45页。
③ （清）刘宝楠：《论语正义》，第45页。
④ （清）臧琳：《经义杂记》卷17，《续修四库全书》，第172册，第175页。
⑤ （清）段玉裁：《说文解字注》，第597页。

'而已','尔'即'如是'"一条,证明段玉裁《说文解字注》"凡语云'而已'者,急言之曰'耳'","凡云'如此'者,急言之曰'尔'"的说法。① 需要指出的是,段玉裁所言虽然是对韩愈所谓"耳,当为'尔',犹言'如此'也"的否定,但所言"凡语云'而已'者,急言之曰'耳'",则与韩愈将"耳"解为虚词有相通之处。后来梁章钜《论语旁证》说:"'六十而耳顺',韩氏愈、李氏翱《笔解》云:'"耳"当作"尔",犹言"如此"也。既知天命,又如此顺天也。'此说颇凿不可从。"② 冯登府《论语异文考证》则采纳韩愈、李翱《论语笔解》的说法。③

重要的是,韩愈、李翱《论语笔解》对于"六十而耳顺"的"耳"的质疑仍然受到令人的关注。1945 年出版的冯友兰《新原道》对"六十而耳顺"提出了新看法,其中说道:"'六十而耳顺'。此句前人皆望文生义,不得其解。'耳'即'而已',犹'诸'即'之乎'或'之于'。徐言之曰而已,急言之曰耳。此句或原作'六十耳顺',即'六十而已顺'。后人不知'耳'即'而已'。见上下诸句中间皆有'而'字,于此亦加一'而'字,遂成为'而耳顺'。后人解释者,皆以耳为耳目之耳,于是此句遂费解(此沈有鼎先生说)。六十而已顺。此句蒙上文而言,顺是顺天命,顺天命有似于我们于《新原人》中所谓事天。"④ 显然,这是依据段玉裁所谓"凡语云'而已'者,急言之曰'耳'"的说法,而认为"六十而耳顺"中的"耳"即"而已","六十耳顺"为"六十而已顺",进而把"顺"解读为"顺天命"。如前所述,冯友兰晚年的《中国哲学史新编》明确把"四十而不惑"解读为"知人",把"五十而知天命"解说为"知天",同时还把"六十而耳顺"解读为"顺天命"。

1956 年出版的熊十力《原儒》解"六十而耳顺",说:"万物万事交乎前,心即感而遂通,犹如耳根聪利,乍有声来,即闻知是声,不待筹度而通,顺之至也。圣人之心澄然大明,本与天地万物一体流通、无有隔碍。……凡夫之心杂染为障,当不信有如是事。然圣人亦六十之年,方臻

---

① (清)阮元:《四库未收书目提要》,上海商务印书馆1955年版,第55页。
② (清)梁章钜:《论语旁证》卷2,《续修四库全书》,第155册,第63页。
③ (清)冯登府:《论语异文考证》卷1,《续修四库全书》,第155册,第351页。
④ 冯友兰:《新原道》,《三松堂全集》,第5卷,第19—20页。1943年,冯友兰发表的《先秦儒家哲学述评》指出:"'六十而耳顺',这个耳字很难解,……近来有一个新解释,'耳'大概就是'而已'的急读。像'之于'的急读是'诸'一样。"〔冯友兰:《先秦儒家哲学述评》,《三松堂全集》,第11卷,第476页〕

九 "五十而知天命，六十而耳顺"　169

斯诣，其涵养之深，积累之久，始得突化耳。"① 显然与朱熹所注"声入心通，无所违逆，知之之至，不思而得也"相一致。

据胡颂平的《胡适之先生晚年谈话录》所载，1958年12月26日，胡适问胡颂平，"耳顺"怎么解？胡颂平说："不是'耳闻其言，而知微旨'的说法吗？"胡适说："从来经师对于耳顺的解释都不十分确切的。我想，还是容忍的意思。古人说的逆耳之言，到了六十岁，听起人家的话来已有容忍的涵养，再也没有'逆耳'的了。还是这个意思比较接近些。"② 胡适的解读，其实就是皇侃所谓"闻其言，即解微旨，是所闻不逆于耳"，邢昺所谓"耳闻其言，则知其微旨而不逆也"，源自郑玄所谓"耳顺，闻其言而知其微旨也"。

于省吾于1980年发表的《论语新证》指出："耳字乃衍文，然自汉时已如此，则其衍必在秦汉之际矣，或以下言心而上增耳字，或以而与耳声韵相同，因之误衍。……此十四字应作四句读，六十而顺，七十而从，心所欲，不逾矩。……《庄子·寓言》：'二年而从，三年而通。'与六十而顺七十而从之语例相仿。综核此章，以吾十有五而志于学为发端，以心所欲不逾矩（矩指法则言之）为收束，中间无涉于耳闻之事。且四十而不惑，是就接触外界事物而不迷惑为言，其语意已重于耳顺，岂待六十始能耳顺乎？"③ 这段对于"六十而耳顺"的讨论，以为"耳"字乃衍文，显然推测的成分较大。

近年来，台湾学者程石泉撰《论语读训》（原名《论语读训解故》），其中解"六十而耳顺"，认为汉、唐石经有"耳"，不足靠，而且还引于省吾所谓"耳字乃衍文，然自汉时已如此"，进而指出："按此章义理，应无'耳'字。'耳'字必为后人所误入。""实则'六十而顺'乃一通行语句。"④ 当然，也有学者反对将"六十而耳顺"之"耳"视作衍字而改为"六十而顺"。台湾学者蔡仁厚说："或有谓，'六十而耳顺'，衍一'耳'字，应作'六十而顺'。顺什么？顺天命！结果成为五十知天命，六十顺天命。……其然？岂其然乎！""改'六十而耳顺'为'六十而顺'，实在很无谓。"⑤

1997年出版《定州汉墓竹简〈论语〉》，其中有"五十而……而耳顺，

---

① 熊十力：《原儒》，《熊十力全集》，第6卷，第644页。
② 胡颂平：《胡适之先生晚年谈话录》，中国友谊出版公司1993年版，第4页。
③ 于省吾：《论语新证》，《社会科学战线》1980年第4期。
④ 程石泉：《论语读训》，上海古籍出版社2005年版，第13页。
⑤ 蔡仁厚：《孔子的生命境界》，吉林出版集团2010年版，第10—11页。

七十而……"①，这对以往质疑"六十而耳顺"的各种说法，是一个有力的驳正。至此，肇始于韩愈、李翱《论语笔解》解"六十而耳顺"而对"耳"的质疑，或可以休矣！

　　至于郑玄解"耳顺"而言"闻其言而知其微旨"，或邢昺《论语注疏》讲"耳闻其言，则知其微旨而不逆也"，终究无法解释孔子"五十而知天命"之后，为什么还需要再过十年至六十才能够"闻其言而知其微旨"，才能"耳闻其言，则知其微旨而不逆"。与此不同，朱熹对"六十而耳顺"解读，讲"声入心通，无所违逆，知之之至，不思而得也"，强调"五十而知天命"思而得之到"声入心通""不思而得"的递进过程，即使在今天看来，仍有其合理而深刻之处，应当作为当今《论语》解读的重要参考。

---

① 河北省文物研究所定州汉墓竹简整理小组编：《定州汉墓竹简〈论语〉》，第11页。

十 "博学于文，约之以礼"*

孔子说："君子博学于文，约之以礼，亦可以弗畔矣夫！"（《论语·雍也》）对于其中"博学于文，约之以礼"，后世有不同解读。杨伯峻《论语译注》解读为"广泛地学习文献，再用礼节来加以约束"[①]，显然是将"博文"与"约礼"分为二事，先博文，再约礼。与此不同，钱穆说："就学言之谓之文，自践履言之谓之礼，其实则一。惟学欲博而践履则贵约，亦非先博文，再约礼，二者齐头并进，正相成，非相矫。"[②] 强调"博文"与"约礼"，"其实则一"，"非先博文，再约礼"。李泽厚《论语今读》依照杨伯峻，解读为"广泛学习文献、典籍，用礼制来驾驭统率"[③]。

杨伯峻的解读，实际上可以追溯到西汉的孔安国，直到南宋朱熹撰《论语集注》，亦采用这种观点。然而，与此不同，朱熹晚年却明确提出"博文约礼亦非二事"，后来，明代王阳明撰《博约说》，讲"约礼"与"博文"体用一源。此后，大多数学者都将二者统一起来，"博约一贯"说或"博约合一"说流行一时，清康熙皇帝还撰《博约一贯论》。直至清末刘宝楠撰《论语正义》以及民国时期出版的程树德撰《论语集释》，也都把孔子"博学于文，约之以礼"统为一体。钱穆强调"博文"与"约礼"，"其实则一"，概源于此。

（一）"博之以文，然后约之以礼"

《论语》讲"博文约礼"，共有二处：其一，《雍也》载子曰："君子

---

* 本章部分内容已以《"博文约礼"：朱熹的解读与王阳明的〈博约说〉》为题发表于《贵阳学院学报》2018年第3期。

① 杨伯峻译注：《论语译注》，第93页。
② 钱穆：《论语新解》，第162页。
③ 李泽厚：《论语今读》，第121页。

博学于文,约之以礼,亦可以弗畔矣夫!"其二,《子罕》载颜渊曰:"夫子循循然善诱人,博我以文,约我以礼。欲罢不能,既竭吾才,如有所立卓尔,虽欲从之,末由也已。"其三,《颜渊》中有与《雍也》相重合的一段。

对于《论语·子罕》载颜渊曰"博我以文,约我以礼",西汉孔安国注曰:"言夫子既以文章开博我,又以礼节节约我,使我欲罢而不能已。竭我才矣,其有所立,则又卓然不可及。言己虽蒙夫子之善诱,犹不能及夫子之所立也。"南北朝皇侃《论语义疏》疏"博我以文,约我以礼",曰:"此说善诱之事也。博,广也。文,文章也。言孔子广以文章诱引于我,故云'博我以文章'也;又以礼教约束我,故云'约我以礼'也。……文博礼束,故我虽欲罢止而不能止也。"① 北宋邢昺《论语注疏》疏曰:"言夫子既开博我以文章,又节约我以礼节,使我欲罢止而不能。"② 可见,对于"博我以文,约我以礼",无论是孔安国注为"以文章开博我,又以礼节节约我",还是皇侃疏为"以文章诱引于我""以礼教约束我",邢昺疏为"既开博我以文章,又节约我以礼节",都是将"博文约礼"中的"博文"与"约礼"分为二事。

至于对《论语·雍也》载子曰"君子博学于文,约之以礼,亦可以弗畔矣夫"的解读,郑玄注曰:"弗畔,不违道也。"皇侃《论语义疏》疏曰:"言君子广学六籍之文,又用礼自约束,能如此者亦可得不违背于道理也。"③ 邢昺《论语注疏》疏曰:"言君子若博学于先王之遗文,复用礼以自捡约,则不违道也。"④ 皇侃和邢昺的这些解读,与他们各自对"博我以文,约我以礼"的解读,是一致的。

北宋二程解《论语》"博文约礼"也是将"博文"与"约礼"分为二事。程颢说:"博学于文,而不约之以礼,必至于汗漫。所谓约之以礼者,能守礼而由于规矩者也。未及知之也,止可以不畔而已。"⑤ 程颐说:"此是颜子称圣人最切当处。圣人教人,只是如此,既博之以文,而后约之以礼,所谓'博学而详说之,将以反说约也'。博与约相对。圣人教人,只

---

① (梁)皇侃:《论语义疏》,第218—219页。
② (魏)何晏集解,(宋)邢昺疏:《论语注疏》,(清)阮元校刻:《十三经注疏》,第5册,第5409页。
③ (梁)皇侃:《论语义疏》,第148页。
④ (魏)何晏集解,(宋)邢昺疏:《论语注疏》,(清)阮元校刻:《十三经注疏》,第5册,第5385页。
⑤ (宋)程颢、程颐:《河南程氏外书》卷6,《二程集》,第382页。此段引文中的"汗漫",在《二程集》为"汗漫",在朱熹《四书章句集注》为"汗漫"。

此两字。博是博学多识，多闻多见之谓。约只是使之知要也。"① 此外，二程门人侯仲良说："博我以文，是致知格物；约我以礼，是克己复礼。颜子自得如此，孔子许之亦然，亦是感而遂通天下之故。"②

朱熹追随二程，注《论语》多采二程之说，因此，与二程一样，他于48岁时写成的《论语集注》也将"博文"与"约礼"分为二事，并且博学以文在先，约之以礼在后。对于《论语》载子曰"君子博学于文，约之以礼，亦可以弗畔矣夫"，朱熹注曰：

> 约，要也。畔，背也。君子学欲其博，故于文无不考；守欲其要，故其动必以礼。如此，则可以不背于道矣。程子曰："博学于文而不约之以礼，必至于汗漫。博学矣，又能守礼而由于规矩，则亦可以不畔道矣。"③

其中"程子曰"实际上是根据以上程颢所言改写的，强调既要博学以文，又要约之以礼。对于《论语》载颜渊曰"夫子循循然善诱人，博我以文，约我以礼"，朱熹注曰：

> 循循，有次序貌。诱，引进也。博文约礼，教之序也。言夫子道虽高妙，而教人有序也。侯氏曰："博我以文，致知格物也。约我以礼，克己复礼也。"程子曰："此颜子称圣人最切当处，圣人教人，惟此二事而已。"④

同时还引胡寅曰："……惟夫子循循善诱，先博我以文，使我知古今，达事变；然后约我以礼，使我尊所闻，行所知。"⑤

除了《论语集注》，朱熹还在宋淳熙四年（1177年）完成的《论语或问》中说道："夫圣门之学，升高自下，陟遐自迩，先博以文，而后约之以礼，始于繁悉，而终于简易，固亦有其序而不可躐矣。"⑥ 稍后，他又说："大抵圣人之教，博之以文，然后约之以礼，而大学之道以明明德为

---

① （宋）程颢、程颐：《河南程氏遗书》卷18，《二程集》，第209页。
② （宋）朱熹：《论孟精义》，朱杰人等编：《朱子全书》，第7册，第328页。
③ （宋）朱熹：《四书章句集注》，第91页。
④ （宋）朱熹：《四书章句集注》，第111—112页。
⑤ （宋）朱熹：《四书章句集注》，第112页。
⑥ （宋）朱熹：《四书或问》，朱杰人等编：《朱子全书》，第6册，第692页。

先，新民为后。"① 这里讲"先博以文，而后约之以礼"，明显是将"博文"与"约礼"分为二事。

需要指出的是，朱熹讨论"博文约礼"，与"尊德性道问学"联系在一起。他说："圣人之教学者，不过博文约礼两事尔。博文，是'道问学'之事，于天下事物之理，皆欲知之；约礼，是'尊德性'之事，于吾心固有之理，无一息而不存。"② 淳熙二年（1175年），朱陆鹅湖之会，"元晦之意，欲令人泛观博览，而后归之约。二陆之意，欲先发明人之本心，而后使之博览。朱以陆之教人为太简，陆以朱之教人为支离，此颇不合"③。朱熹强调先"博文"而后"约礼"，不同于陆九渊"先发明人之本心，而后使之博览"。后来，朱熹又说：

> 大抵子思以来，教人之法惟以尊德性、道问学两事为用力之要。今子静所说，专是尊德性之事，而熹平日所论，却是问学上多了。……今当反身用力，去短集长，庶几不堕一边耳。④

显然，在朱熹看来，"尊德性"与"道问学"，正如"博文"与"约礼"一样，亦分为二事；与此相关，"存心"与"致知"、"诚意正心"与"格物致知"，都可分为二事。朱熹还说："《大学》之道，虽以诚意正心为本，而必以格物致知为先。"⑤

朱熹讨论为学工夫，重视下手处。他将"博文"与"约礼"分为二事，实际上是强调"博文"是下手处。同样，他将"尊德性"与"道问学"、"存心"与"致知"、"诚意正心"与"格物致知"，都分为二事，实际上也是为了强调下手处，并非截然地将二者区分开来。当然，既然分为二事，那么就很容易被误解为将二者分割开来。

---

① （宋）朱熹：《晦庵先生朱文公文集》卷49《答林伯和》，朱杰人等编：《朱子全书》，第22册，第2264—2265页。
② （宋）黎靖德编：《朱子语类》卷24，第2册，第569页。
③ （宋）陆九渊：《陆九渊集》卷36《年谱》，第491页。
④ （宋）朱熹：《晦庵先生朱文公文集》卷54《答项平父》（2），朱杰人等编：《朱子全书》，第23册，第2541页。
⑤ （宋）朱熹：《晦庵先生朱文公文集》卷59《答曹元可》，朱杰人等编：《朱子全书》，第23册，第2811页。

（二）"博文约礼亦非二事"

淳熙十六年（1189年），朱熹六十岁，正式序定《中庸章句》，其中特别强调"尊德性"与"道问学"二者的不可分离，说："尊德性，所以存心而极乎道体之大也；道问学，所以致知而尽乎道体之细也。二者修德凝道之大端也。……盖非存心无以致知，而存心者又不可以不致知。"① 绍熙五年（1194年），朱熹《玉山讲义》说：

> 圣贤教人，始终本末，循循有序，精粗巨细，无有或遗。故才"尊德性"，便有个"道问学"一段事。虽当各自加功，然亦不是判然两事也。……盖道之为体，其大无外，其小无内，无一物之不在焉。②

显然，朱熹晚年更为强调"尊德性"与"道问学"、"存心"与"致知"的不可分割，"不是判然两事"。朱熹甚至还说："《大学》之序，自格物致知以至于诚意正心，不是两事，但其内外浅深自有次第耳。"③

与此同时，朱熹晚年在与门人的讨论中，对《论语集注》中的一些注释，觉得"尚有合改定处，未及下手"，"有说不到处"。④ 尤其是对于早年吸取二程思想将"博学于文"与"约之以礼"分为二事，有了新的认识，从较多讲"先博以文，而后约之以礼"转变到强调"博文"与"约礼"二者的相互贯通、相互统一。他说："'尊德性、道问学'一段，'博我以文，约我以礼'，两边做工夫都不偏。"⑤ 并且还明确说："博文约礼亦非二事。"⑥

需要指出的是，朱熹晚年甚至对于二程将"博文"与"约礼"分为二

---

① （宋）朱熹：《四书章句集注》，第36页。
② （宋）朱熹：《晦庵先生朱文公文集》卷74《玉山讲义》，朱杰人等编：《朱子全书》，第24册，第3591—3592页。
③ （宋）朱熹：《晦庵先生朱文公文集》卷56《答方宾王》（1），朱杰人等编：《朱子全书》，第23册，第2654页。
④ （宋）朱熹：《晦庵先生朱文公文集》卷63《答孙敬甫》（4），朱杰人等编：《朱子全书》，第23册，第3065页。
⑤ （宋）黎靖德编：《朱子语类》卷64，第4册，第1589页。
⑥ （宋）朱熹：《晦庵先生朱文公文集》卷62《答李敬子、余国秀》，朱杰人等编：《朱子全书》，第23册，第3022页。

事，颇有微词。据《朱子语类》"徐寓庚戌（1190 年）以后所闻"：

> 问："明道言：'"博学于文"，而不"约之以礼"，必至于汗漫。所谓"约之以礼"者，能守礼而由于规矩也，未及知之也。'既能守礼而由规矩，谓之未及于知，何也？"曰："某亦不爱如此说。……颜子亦只是这个博文约礼。但此说较粗，颜子所说又向上，然都从这工夫做来。学者只此两端，既能博文，又会约礼。"问："约礼，只是约其所博者否？"曰："亦不须如此说。有所未知，便广其知，须是博学。学既博，又须当约礼。到约礼，更有何事？所守在此理耳。"①

如前所述，朱熹《论语集注》曾引述程颢所言"博学于文，而不约之以礼，必至于汗漫"，而晚年却对该句所包含的将"博文"与"约礼"分为二事之意，有所不满。

又据《朱子语类》"杨道夫己酉（1189 年）以后所闻"：

> 蜚卿问："博约之说，程子或以为知要，或以为约束，如何？"曰："'博我以文，约我以礼'与'博学于文，约之以礼'一般。但'博学于文，约之以礼'，孔子是泛言人能博文而又能约礼，可以弗畔夫道，而颜子则更深于此耳。侯氏谓博文是'致知、格物'，约礼是'克己复礼'，极分晓。而程子却作两样说，便是某有时晓他老先生说话不得。"②

这里既讲《论语·子罕》"博我以文，约我以礼"与《论语·雍也》"博学于文，约之以礼"，其意大同小异，又认为二程将"博文"与"约礼"分为二事，是不对的。

有门人针对程颢言"所谓'约之以礼'者，能守礼而由于规矩也"，程颐言"博学而守礼"，说："'约'字恐不宜作'守'字训，若作'守礼'，则与博学成二事。非博文则无以为约礼，不约礼则博文为无用。……伊川之说，文自文，礼自礼，更无一贯说。看'博约'字与'之以'字有一贯意。伊川又说：'颜子博约，与此不同。'亦似大过。博文约礼，本无不同。始乎由是以入德，斯可以不畔；终乎由是以成德，欲罢而

---

① （宋）黎靖德编：《朱子语类》卷33，第3册，第835—836页。
② （宋）黎靖德编：《朱子语类》卷36，第3册，第969页。

不能。颜子与此不同处，只在'弗畔'与'欲罢不能'上，博约本无异。伊川以颜子之约为知要，以此章之约作约束之'约'，恐未安。此'约'字亦合作知要。"对于门人这一所言，朱熹说："此说大概多得之。但此'约'字与颜子所言'约'字，皆合只作约束之意耳。"① 显然，朱熹不赞同二程将"约礼"之"约"解读为"守"以及由此造成"约礼"与"博文"分为二事，而是强调二者的一贯。

为此，朱熹特别强调"博文"与"约礼"的不可分割。他说：

> 大抵为学，只是博文、约礼两端而已。博文之事，则讲论思索要极精详，然后见得道理，巨细精粗无所不尽，不可容易草略放过。约礼之事，则但知得合要如此用功，即便着实如此下手，更莫思前算后，计较商量。②

> 圣人之教循循有序，不过使人反而求之至近至小之中，博之以文，以开其讲学之端；约之以礼，以严其践履之实，使之得寸则守其寸，得尺则守其尺。如是久之，日滋月益，然后道之全体乃有所乡望而渐可识，有所循习而渐可能。③

朱熹晚年不仅强调"博文"与"约礼"的不可分割，而且较为强调"约礼"。朱熹门人吴必大引张载所言"学者必先守其至约"，"不必待博学而后至于约，其先固守于约也"，对此，朱熹说："未博学而先守约，即程子'未有致知而不在敬'之意，亦切要之言也。"④ 显然，朱熹赞同"未博学而先守约"。据《朱子语类》"林恪癸丑（1193年）所闻"：

> 行夫问"博文约礼"。曰："博文条目多，事事着去埋会。礼却只是一个道理，如视也是这个礼，听也是这个礼，言也是这个礼，动也是这个礼。若博文而不约之以礼，便是无归宿处。如读《书》，读《诗》，学《易》，学《春秋》，各自有一个头绪。若只去许多条目上

---

① （宋）黎靖德编：《朱子语类》卷33，第3册，第837页。
② （宋）朱熹：《晦庵先生朱文公文集》卷48《答吕子约》（47），朱杰人等编：《朱子全书》，第22册，第2237—2238页。
③ （宋）朱熹：《晦庵先生朱文公文集》卷54《答王季和》（2），朱杰人等编：《朱子全书》，第23册，第2555页。
④ （宋）朱熹：《晦庵先生朱文公文集》卷52《答吴伯丰》（19），朱杰人等编：《朱子全书》，第22册，第2452页。

做工夫，自家身己都无归着，便是离畔于道也。"①

可见，朱熹晚年在强调"博文"与"约礼"不可分割的同时，又较为强调"约礼"。当然，朱熹所言"未博学而先守约"，"若博文而不约之以礼，便是无归宿处"，很容易被等同于程颢所言"博学于文，而不约之以礼，必至于汗漫"，将"博文"与"约礼"分为二事。

朱熹之后，蔡节撰《论语集说》，大体上以朱熹《论语集注》为依据。对于"博学于文，约之以礼"，蔡节说："博文致其知也，约礼谨于行也。学文而不博，固无以知事事物物之理；既博矣不能约之于是礼之中，则必至于汗漫而无操履之实矣，唯博文而又约礼，然后可以弗畔于道。"② 显然，蔡节的注释类似于程颢所言"博学于文，而不约之以礼，必至于汗漫"，将"博文"与"约礼"分为二事，而不同于朱熹晚年讲"博文"与"约礼"的不可分割。

（三）王阳明的《博约说》

王阳明对于朱陆异同多有研究。③ 当时学者王文辕（号舆庵）推崇象山之学，而谓其"专以尊德性为主"；又有徐守诚（字成之）推崇朱熹之学，而谓其"专以道问学为事"。对此，王阳明于明正德六年（1511年）的《答徐成之》分别给予批评。针对所谓陆九渊"专以尊德性为主"，他说："今观《象山文集》所载，未尝不教其徒读书穷理。而自谓'理会文字颇与人异'者，则其意实欲体之于身。"针对所谓朱熹"专以道问学为事"，他说："晦庵之言，曰'居敬穷理'，曰'非存心无以致知'，曰'君子之心常存敬畏，虽不见闻，亦不敢忽，所以存天理之本然，而不使离于须臾之顷也'。是其为言虽未尽莹，亦何尝不以尊德性为事？而又乌在其为支离者乎？"④ 王阳明还说："夫君子之论学，要在得之于心。众皆以为是，苟求之心而未会焉，未敢以为是也；众皆以为非，苟求之心而有契焉，未敢以为非也。心也者，吾所得于天之理也，无间于天人，无分于

---

① （宋）黎靖德编：《朱子语类》卷33，第3册，第833页。
② （宋）蔡节：《论语集说》卷3，《景印文渊阁四库全书》，第200册，第600页。
③ 乐爱国：《阳明论朱陆异同——从现代朱子学研究的角度看》，《贵阳学院学报》2016年第4期。
④ （明）王守仁：《答徐成之》，《王阳明全集》卷21，中册，第890页。

古今。苟尽吾心以求焉，则不中不远矣。学也者，求以尽吾心也。是故尊德性而道问学，尊者，尊此者也；道者，道此者也。不得于心而惟外信于人以为学，乌在其为学也已！"① 认为朱陆异同并不在于是"专以道问学为事"，还是"专以尊德性为主"，因为朱陆之学都既讲尊德性又讲道问学。

正德七年（1512年），王阳明与门人徐爱论学，曾就"'博文'为'约礼'功夫"作出回答，指出："'礼'字即是'理'字。'理'之发见可见者谓之'文'；'文'之隐微不可见者谓之'理'；只是一物。'约礼'只是要此心纯是一个天理。要此心纯是天理，须就'理'之发见处用功。……这便是'博学'之于文，便是'约礼'的功夫。'博文'即是'惟精'，'约礼'即是'惟一'。"② 在王阳明看来，"博文"与"约礼"是统一的，正如古文《尚书·大禹谟》所言"人心惟危，道心惟微，惟精惟一，允执厥中"的"惟精"与"惟一"。

正德十六年（1521年），王阳明在《象山文集·序》中认为，圣人之学为"心学"；尧、舜、禹以"人心惟危，道心惟微，惟精惟一，允执厥中"，即"十六字心传"相授受，"此心学之源也"；"孔孟之学，惟务求仁，盖精一之传也"；与此不同，朱熹之学，"外索于刑名器数之末，以求明其所谓物理者，而不知吾心即物理，初无假于外也"，是"析心与理而为二"，只有象山之学，"其学之必求诸心，则一而已"，为孟氏之学。③ 在王阳明看来，朱熹之学是"析心与理而为二"，与陆九渊的"心学"相对立。

嘉靖四年（1525年），阳明门人南逢吉以王阳明《答徐成之》书求教。阳明说："此书于格致诚正，及尊德性而道问学处说得尚支离。盖当时亦就二君所见者将就调停说过。细详文义，然犹未免分为两事也。"据南逢吉所说，尝见一友问云："朱子以存心致知为二事。今以道问学为尊德性之功，作一事如何？"先生曰："天命于我谓之性，我得此性谓之德。今要尊我之德性，须是道问学。如要尊孝之德性，便须学问个孝；尊弟之德性，便须学问个弟。学问个孝，便是尊孝之德性；学问个弟，便是尊弟之德性，不是尊德性之外，别有道问学之功；道问学之外，别有尊德性之事也。心之明觉处谓之知，知之存主处谓之心，原非有二物。存心便是致知，致知便是存心，亦非有二事。"曰："存心恐是静养意，与道问学不

---

① （明）王守仁：《答徐成之》，《王阳明全集》卷21，中册，第891页。
② （明）王守仁：《传习录上》，《王阳明全集》卷1，上册，第7—8页。
③ （明）王守仁：《象山文集·序》，《王阳明全集》卷7，上册，第273—274页。

同。"曰:"就是静中存养,还谓之学否?若亦谓之学,亦即是道问学矣。观者宜以此意求之。"① 王阳明认为,朱熹之学的问题不在于是否偏向尊德性或道问学,而在于"析心与理而为二",在于把尊德性与道问学分为两事,"以存心致知为二事"。而在阳明看来,尊德性与道问学,"原非有二物";存心与致知,"亦非有二事"。稍后,南逢吉又就"博文"与"约礼"的先后关系前来求教,王阳明为之撰《博约说》。

王阳明《博约说》认为,"理,一而已矣;心,一而已矣",圣人合心与理而为一,所以,"圣人无二教,而学者无二学",不仅尊德性与道问学"原非有二物",存心与致知"亦非有二事",而且"博文"与"约礼"也统为一体,不分先后。与此同时,他运用程朱"体用一源"说对"礼"与"文"作出分析,指出:"夫礼也者,天理也。天命之性具于吾心,其浑然全体之中,而条理节目,森然毕具,是故谓之天理。天理之条理谓之礼。"认为心所具天命之性为天理,天理之条理谓之礼,这是"体"。他又说:"是礼也,其发见于外,则有五常百行、酬酢变化、语默动静、升降周旋、隆杀厚薄之属;宣之于言而成章,措之于为而成行,书之于册而成训,炳然蔚然,其条理节目之繁,至于不可穷诘,是皆所谓文也。"在王阳明看来,"礼"为"体",发见于外而为"文",为"用"。他还说:"是文也者,礼之见于外者也;礼也者,文之存于中者也。文,显而可见之礼也;礼,微而难见之文也。是所谓体用一源,而显微无间者也。""礼"在内,"文"在外;"礼"为"体","文"为"用";"礼"微而难见,"文"显而可见,因此,"礼"与"文"为一体,"约礼"与"博文"体用一源。所以,他说:"君子之学也,于酬酢变化、语默动静之间而求尽其条理节目焉,非他也,求尽吾心之天理焉耳矣;于升降周旋、隆杀厚薄之间而求尽其条理节目焉,非他也,求尽吾心之天理焉耳矣。求尽其条理节目焉者,博文也;求尽吾心之天理焉者,约礼也。文散于事而万殊者也,故曰博;礼根于心而一本者也,故曰约。博文而非约之以礼,则其文为虚文,而后世功利辞章之学矣;约礼而非博学于文,则其礼为虚礼,而佛、老空寂之学矣。是故约礼必在于博文,而博文乃所以约礼。二之而分先后焉者,是圣学之不明,而功利异端之说乱之也。"② 在王阳明看来,"礼"根于心而一本,"文"散于事而万殊;"约礼"是要"求尽吾心之天理","博文"是要"求尽其条理节目";"博文"与"约礼"二者统为一体,

---

① (明)王守仁:《传习录拾遗》,《王阳明全集》卷32,下册,第1288页。
② (明)王守仁:《博约说》,《王阳明全集》卷7,上册,第297页。

"约礼必在于博文,而博文乃所以约礼",反对将"博学于文"与"约之以礼"二分。

需要指出的是,王阳明《博约说》不仅讲"博文"与"约礼"二者为一体,而且还说:"博文以约礼,格物以致其良知,一也。"① "博文以约礼,格物以致其良知也。亦宁有二学乎哉?"②

同年,王阳明又在《答顾东桥书》中指出:"朱子所谓'格物'云者,在即物而穷其理也。即物穷理,是就事事物物上求其所谓定理者也,是以吾心而求理于事事物物之中,析'心'与'理'而为二矣。夫求理于事事物物者,如求孝之理于其亲之谓也。……以是例之,万事万物之理,莫不皆然。是可以知析心与理为二之非矣。……若鄙人所谓致知格物者,致吾心之良知于事事物物也。吾心之良知,即所谓天理也。致吾心良知之天理于事事物物,则事事物物皆得其理矣。致吾心之良知者,致知也。事事物物皆得其理者,格物也。是合心与理而为一者也。合心与理而为一,则凡区区前之所云,与朱子晚年之论,皆可以不言而喻矣!"③ 这里明确提出朱熹的格致说是"析心与理而为二",是错误的,而阳明之学为"合心与理而为一",并且与朱熹晚年较多讲"心与理一"相一致。

(四)"博约一贯"或"博约合一"

与王阳明同时的湛若水讲"随处体认天理",又说:"随处体认天理,与博约一贯同,皆本于精一执中之传。博文约礼,还是二句,然则一段工夫,一齐并用,岂不是同一体认天理?"④ 这里明确讲"博约一贯"。阳明再传弟子王时槐则讲"博约合一",说:"学者时时修实行,谓之博文;事事协天则,谓之约礼。即事是礼而非滞迹,即礼是事而非落空,此博约合一之学也。"⑤

晚明冯从吾认为,孔门以博约立教,"上符'精一'之传",而有"博约一贯"之说。他还说:"孔子之道,一贯之道也。又曰'博文约礼',何也?盖道有本原,功无泛用。'博文'原不是有心求博,盖所以探

---

① (明)王守仁:《博约说》,《王阳明全集》卷7,上册,第297页。
② (明)王守仁:《博约说》,《王阳明全集》卷7,上册,第298页。
③ (明)王守仁:《传习录中·答顾东桥书》,《王阳明全集》卷2,上册,第50—51页。
④ (清)黄宗羲:《明儒学案》卷37《甘泉学案一》,中华书局1985年版,第900页。
⑤ (清)黄宗羲:《明儒学案》卷20《江右王门学案五》,第478页。

本穷原耳。'博文约礼',则本立而逢原矣。故曰:'吾道一以贯之。'孟子曰:'博学而详说之,将以反说约也。'此博约一贯之说也。"① 在这里,冯从吾以"博文约礼"解孔子所谓"吾道一以贯之",进而讲"博约一贯"。

刘宗周对"博约合一"作了进一步说明。他说:"礼即文之体,博、约无先后,即所博而约之也。博约合一,即事即理,即理即心,道在是矣。学者一切聪明意见,皆足畔道。只格此二关,有始有卒,有伦有要,是入道之正路。博而不约,俗学也;约而不博,异端也。阳明先生曰:'博文是约礼工夫,约礼是博文主意。'愚按:博约固是一事,但学者初入门,只可就文上着力,未便是礼。迨循习之久,方有天则可归,方是约。迨即博即约,则一贯矣。"②

明末清初孙奇逢说:"夫博与约非二也。博,原自约出,非约不能博。约,原自博具,非博不能约,是义也。"③又说:"盖文礼非二物,博约非二事也。文者,礼之散见。礼者,文之统宗。"④需要指出的是,他推崇阳明所谓"约礼必在于博文,而博文乃所以约礼。二之而分先后焉者,是圣学之不明,而功利异端之说乱之也",认为"博约是一齐事,不分先后",还说:"随博随约,博中约也。随约随博,约后博也。"⑤同时,他也认为,程朱讲格物致知,"正博约合一之功",不同于"世之博物洽闻者"。⑥

王夫之明确也讲"博约合一",强调"博文约礼是一齐事"。他说:"君子之学以身为要,以心为主,由一心以推及于天下,无二致也,盖其约也;而名物不遗,事理必彻,无可遗也,则又博而且详也。乃见为约,则有孤守其心而托之于虚者;见为博且详,则有徒任其闻见而忘其本者;皆未知博约合一之理、相因之益也。……不知约而以博者,固徒为闻见之无实;知有约而不能博且详以说之者,抑失其固有之诚然,而终畔于道。"⑦认为把"博文"与"约礼"分割开来,"皆未知博约合一之理"。因此,他推崇朱熹《论语集注》的解读,说:"博文、约礼,只《集注》解无破绽。"还说:"博文约礼是一齐事,原不可分今昔。如当读书时,正襟危坐,不散不乱,

---

① (明)冯从吾:《少墟集》卷2,《景印文渊阁四库全书》,第1293册,第51—52页。
② (明)刘宗周:《论语学案》,《刘宗周全集》,浙江古籍出版社2007年版,第1册,第355页。
③ (清)孙奇逢:《日谱》,《孙奇逢集》(下),中州古籍出版社2003年版,第416页。
④ (清)孙奇逢:《日谱》,《孙奇逢集》(下),第1007页。
⑤ (清)孙奇逢:《日谱》,《孙奇逢集》(下),第697页。
⑥ (清)孙奇逢:《日谱》,《孙奇逢集》(下),第1109页。
⑦ (清)王夫之:《四书训义》(下),《船山全书》,第8册,第504页。

即此博文，即此便是约礼。而'孝弟谨信，泛爱亲仁，行有余力，则以学文'，缓急之序，尤自不诬，原不待前已博而今始约也。"①

清康熙皇帝爱新觉罗玄烨撰《博约一贯论》，指出："博而至于天下归仁，约而原于视、听、言、动，则夫所谓赞化育而参天地者。……由是言之，雅颂经曲、易象春秋，极其博矣，约而求之，岂有殊旨哉！或以涉猎强记为能，非博也；或以虚无寂灭为尚，非约也。《大学》言明、新始于格物，齐治归于修身，此则圣贤所为'若合符节'者，皆此义也。"② 清末刘宝楠《论语正义》也把《论语》"博学于文，约之以礼"与《大学》"格物致知，诚意正心"联系起来，说："'博文'即《大学》之致知格物，'约礼'即《大学》之诚意、正心、修身。人非博学，无由约礼。……然徒事博文，而不约之以礼，则后世文人记诵之习，或有文无行，非君子所许也。"③ 民国时期程树德《论语集释》引王夫之所谓"博文约礼是一齐事，原不可分今昔"④，又引清初李颙《四书反身录》所言："身心性命之道，灿然见于语默动作、人伦日用之常，及先觉之所发明，皆文也；莫不有当然之则焉，皆礼也。从而潜心默会，一一晰其当然之谓博；随所博而反躬实践之谓约。博即虞廷之惟精，《大学》之格物；约即虞廷之惟一，《大学》之诚正修。知行并进，无非在身心性命上做工夫，岂区区知古今达事变者所可同日而语耶？"⑤ 应当说，"博约一贯""博约合一"是明清时期绝大多数学者的共识。

（五）余论

与现代的学习既有知识学习又有道德学习不同，在传统儒家中，学习主要是就道德学习而言；而道德学习的目的不只是掌握道德知识，更在于通过道德学习，培养人的内在德性，这就是所谓"博学于文，约之以礼"。汉唐时期，无论是孔安国，还是皇侃，乃至北宋邢昺，都将"博文约礼"中的"博文"与"约礼"分为二事。朱熹《论语集注》亦采用同样的观

---

① （清）王夫之：《读四书大全说》，《船山全书》，第6册，第690—691页。
② （清）爱新觉罗玄烨：《御制文（第2集）》卷30《博约一贯论》，《清代诗文集汇编》，上海古籍出版社2010年版，第192册，第358页。
③ （清）刘宝楠：《论语正义》，第244页。
④ 程树德：《论语集释》，第2册，第539页。
⑤ 程树德：《论语集释》，第2册，第772页。

点，强调"博文"是下手处。但是，朱熹晚年不仅讲"尊德性"与"道问学"不可分割，"不是判然两事"，而且又强调"博文"与"约礼"二者相互贯通、相互统一，讲"博文约礼亦非二事"。

在阳明看来，朱熹把《大学》"格物致知"解读为"即物而穷其理"，是"析心与理而为二"，而不是"合心与理而为一"。事实上，朱熹讲"即物而穷其理"是以"心具众理""心与理一"为根本。他说："心与理一，不是理在前面为一物。理便在心之中。"① 因此反对"不求诸心，而求诸迹，不求之内，而求之外"。他说："人之所以为学，心与理而已矣。心虽主乎一身，而其体之虚灵，足以管乎天下之理；理虽散在万物，而其用之微妙，实不外乎一人之心，初不可以内外精粗而论也。然或不知此心之灵，而无以存之，则昏昧杂扰，而无以穷众理之妙。不知众理之妙，而无以穷之，则偏狭固滞，而无以尽此心之全。此其理势之相须，盖亦有必然者。"② 显然，朱熹既承认"心具众理"，又承认万物之理的存在，而且还特别强调万物之理统一于心，并要求在格物致知中，"求诸心""求之内"。朱熹晚年讲"格物致知"与"诚意正心"不是两事，讲"博文约礼亦非二事"，更是朱熹"心与理一"思想的进一步展现。

阳明虽然对朱熹讲"即物而穷其理"有所批评，但反对将"博学于文"与"约之以礼"二分，而提出"约礼必在于博文，而博文乃所以约礼"，这与朱熹晚年的思想是一致的，更加印证了王阳明《朱子晚年定论》所谓"予既自幸其说之不谬于朱子，又喜朱子之先得我心之同然"③。

此后，大多数学者，无论朱熹一派，或是阳明一派，都赞同将"博学于文"与"约之以礼"统为一体，并一直有学者将《论语》"博学于文""约之以礼"与《大学》"格物致知""诚意正心"联系在一起。

当代学者出于现代社会对于知识与道德二分关系的理解，以知识与道德对应于"博学于文"与"约之以礼"，把"博文约礼"解读为"广泛地学习文献，再用礼节来加以约束"，从而视之为两事。显然，这样的解读，在很大程度上源自朱熹之前的解读。不可否认，这样的解读可以体现儒家经典与现代社会的某种联系，但很可能是以当今的社会现实附会古代的经典，因而势必造成对于经典的误读，需要作出进一步的学术思想史的考辨，而这正是现代经典解读所严重缺乏的。

---

① （宋）黎靖德编：《朱子语类》卷5，第1册，第85页。
② （宋）朱熹：《四书或问》，朱杰人等编：《朱子全书》，第6册，第528页。
③ （明）王守仁：《朱子晚年定论》，《王阳明全集》卷3，上册，第145页。

十一 "贫而乐"与"孔颜之乐"*

孔子讲"仁",又讲"乐"。《论语·学而》载,子贡曰:"贫而无谄,富而无骄,何如?"子曰:"可也。未若贫而乐,富而好礼者也。"《论语·雍也》载,子曰:"贤哉,回也!一箪食,一瓢饮,在陋巷。人不堪其忧,回也不改其乐,贤哉,回也!"关于孔子所言"贫而乐",历来解读各不相同,有些《论语》版本在文本上为"贫而乐道"①,汉唐诸儒也多把"贫而乐"之"乐"解读为"乐道",并为清儒所采纳;直至现代,杨伯峻《论语译注》仍解"贫而乐"为"虽贫穷却乐于道"②,钱穆《论语新解》也解为"贫而能乐道"③。李泽厚《论语今读》也解"贫而乐"为"虽贫穷但快乐",又说:"古本'乐'后有'道'字(见皇侃《论语义疏补》),意更明确。此非以贫为乐,乃虽贫仍乐也。"④ 也认为应当是"贫而乐道"。与此不同,朱熹将"贫而乐"之"乐"解读为"超乎贫富之外"的"自乐"。与此相关,对于"回也不改其乐"所言"颜回之乐"的解读,历来也各不相同,多数学者把颜回之乐也解读为"乐道",而二程把颜回之乐解读为"自乐",尤其是程颐不赞同把颜回之乐只是简单地解读为"乐道",反对把"道"当作一物而乐之。朱熹并不反对将颜回之乐解读为"乐道",而是强调心中有"道",心中有"仁",自然而乐,既是"自乐"又包含了"乐道",是"乐道"与"自乐"的统一。因此他讲"唯仁故能乐","私欲克尽,故乐",要求像颜回那样着实做工夫,"博文约礼",从而真正感受颜回之乐。

---

* 本章部分内容已以《孔颜之乐:是"乐道",还是"自乐"——以朱熹的解读为中心》为题发表于《武汉科技大学学报》2021年第5期。
① 李方:《敦煌〈论语集解〉校证》,第39—40页。
② 杨伯峻译注:《论语译注》,第13页。
③ 钱穆:《论语新解》,第21页。
④ 李泽厚:《论语今读》,第19页。

（一）从"贫而乐"的不同解读说起

据定州汉墓竹简《论语》① 所载，《论语·学而》"未若贫而乐"，其"乐"下无"道"。② 但是，据《法藏敦煌西域文献》伯2618号写本，魏何晏《论语集解》载，子贡曰："贫而无谄，富而无骄，何如？"子曰："可也。未若贫而乐道，富而好礼者也。"其下有郑玄注曰："乐谓至（志）于道，不以贫贱为忧苦也。"接着又有孔安国注曰："能贫而乐道，富而好礼者，能自切磋琢磨。"③

关于《论语》文本应当是"贫而乐"还是"贫而乐道"，清儒讨论颇为深入。臧琳《经义杂记》说："《古论语》'未若贫而乐道'，《鲁论语》'未若贫而乐'。"④ 武亿《金石三跋》说："《论语》石经字旁注者，于'贫而乐'下注'道'字，《史记·仲尼弟子列传》'不如贫而乐道，富而好礼'，郑玄曰'乐谓志于道，不以贫为忧苦也'，皇侃《义疏》亦作'贫而乐道'，此古本皆有'道'字之征，今率从脱文矣。《旧唐书》云：石经脱'贫而乐道''道'字，使后人因循不改，未必非此书之作俑，信然哉！"⑤ 认为《古论语》文本应当是"贫而乐道"。陈鳣《论语古训》根据郑玄注曰"乐谓志于道，不以贫贱为忧苦也"，说："郑注本无'道'字。《集解》兼采《古论》，下引孔曰'能贫而乐道'，是孔注《古论》本有'道'字。司马迁从孔安国问《古文尚书》，《史记》所载《语》亦是《古论》，《仲尼弟子传》引《论语》曰'不如贫而乐道'正与孔合。……郑据本盖《鲁论》，故无'道'字。"⑥ 也就是说，孔安国注《古论语》，其文本为"贫而乐道"，郑玄注《论语》，其文本为"贫而乐"，但"贫而乐"之"乐"被解读为"志于道"，即"乐道"。

何晏《论语集解》的《论语》文本为"贫而乐道"，后来皇侃《论语义疏》以何晏《论语集解》为底本，疏曰："孔子更说贫行有胜于无谄者

---

① 据称，这部《论语》是公元前55年以前的本子，是时有《鲁论》《齐论》《古论》三种《论语》存在。（河北省文物研究所定州汉墓竹简整理小组编：《定州汉墓竹简〈论语〉》，文物出版社1997年版，第1页）
② 河北省文物研究所定州汉墓竹简整理小组编：《定州汉墓竹简〈论语〉》，第10页。
③ 上海古籍出版社、法国国家图书馆编：《法藏敦煌西域文献》，第16册，第294页。
④ （清）臧琳：《经义杂记》卷2，《续修四库全书》，第172册，第52页。
⑤ （清）武亿：《金石三跋》，《续修四库全书》，第892册，第619页。
⑥ （清）陈鳣：《论语古训》卷1，《续修四库全书》，第154册，第317页。

也。贫而无谄乃是为可，然而不及于自乐也。故孙绰云：'颜氏之子一箪一瓢，人不堪忧，回也不改其乐也。'"① 可见，皇侃将《论语》文本的"乐道"等同于"自乐"，并与颜回之乐联系在一起。

北宋邢昺《论语注疏》也以何晏《论语集解》为底本，但在文本上，并不采其"贫而乐道"，而采"贫而乐"，但是疏曰："此章言贫之与富皆当乐道自修也。"把"贫而乐"之"乐"解读为"乐道"，而且还说："子贡言：贫而乐道，富而好礼，其此能切磋琢磨之谓与？'子曰：赐也，始可与言《诗》已矣'者，……谓告之往以贫而乐道，富而好礼，则知来者切磋琢磨，所以可与言《诗》也。"② 显然，在邢昺《论语注疏》中，"贫而乐"之意就是"贫而乐道"。

宋代的《论语》文本大都与邢昺《论语注疏》一样，采"贫而乐"。苏辙《论语拾遗》说："子贡曰：'贫而无谄，富而无骄，何如？'子曰：'可也，未若贫而乐，富而好礼者也。'夫贫而无谄，富而无骄，亦可谓贤矣。然贫而乐，虽欲谄不可得也；富而好礼，虽欲骄亦不可得也。"③

二程对"贫而乐"与"富而好礼"有过讨论。程颢说："贫而能乐，富而能好礼，随贫富所治当如此。……若贫而言好礼，则至于卑，富而言乐，则至于骄。然贫而乐，非好礼不能；富而好礼，非乐不能。"④ 程颐《论语解》说："贫无谄，富无骄，能处其分也。乐与好礼，能自修也。切磋琢磨，自修各以其道也。告之以乐与好礼，而知为自修之道，知来者也。"⑤ 这里只是讲"贫而能乐"，并没有将之解读为"贫而乐道"，认为"贫而能乐，富而能好礼"是贫者和富者各自所修之道。

对此，朱熹说：

> 无谄无骄，程叔子以为能处其分，与伯子所论乐与好礼互相发明者，皆善矣。然以乐与好礼为随贫富所治，反了亦以为能自修，则似皆未安也。夫好礼以为修治可也，乐则岂修治之谓耶？⑥

---

① （梁）皇侃：《论语义疏》，第20页。
② （魏）何晏集解，（宋）邢昺疏：《论语注疏》，（清）阮元校刻：《十三经注疏》，第5册，第5338—5339页。
③ （宋）苏辙：《苏辙集》卷72，《论语拾遗》，曾枣庄等编：《三苏全书》，语文出版社2001年版，第18册，第204页。
④ （宋）程颢、程颐：《河南程氏外书》卷6，《二程集》，第379页。
⑤ （宋）程颢、程颐：《河南程氏经说》卷6，《二程集》，第1134页。
⑥ （宋）朱熹：《四书或问》，朱杰人等编：《朱子全书》，第6册，第634页。

188 朱熹《论语》诠释学研究

朱熹赞同程颐所谓"贫无谄，富无骄，能处其分也"以及程颢所谓"贫而乐，非好礼不能；富而好礼，非乐不能"，但对程颢所谓"贫而能乐，富而能好礼，随贫富所治当如此"以及程颐所谓"贫而乐，富而好礼"为"自修各以其道"，感到不妥，认为"乐"与"好礼"不同，"好礼"属道德修养，而"乐"并不属道德修养。也就是说，"乐"只是"自乐"，并非具有道德内涵的"乐道"。朱熹《论语集注》说：

> 谄，卑屈也。骄，矜肆也。常人溺于贫富之中，而不知所以自守，故必有二者之病。无谄无骄，则知自守矣，而未能超乎贫富之外也。凡曰可者，仅可而有所未尽之辞也。乐则心广体胖而忘其贫，好礼则安处善，乐循理，亦不自知其富矣。① 子贡货殖，盖先贫后富，而尝用力于自守者，故以此为问。而夫子答之如此，盖许其所已能，而勉其所未至也。②

在朱熹看来，"贫而无谄，富而无骄"，虽能"知自守"，但"未能超乎贫富之外"；"贫而乐，富而好礼"，则是能够"忘其贫"，"不自知其富"，超乎贫富之外。朱熹还说："昔子贡无谄无骄之问，盖自以为至矣，而夫子以为未若乐与好礼，何哉？无谄无骄，则尚局于贫富之中；乐且好礼，则已超然乎贫富之外也。然其所以至此，则必尝有所用其力矣。"③ 又说："《集注》谓'超乎贫富之外'者，盖若为贫而乐与富而好礼，便是不能超贫富了。乐，自不知贫；好礼，自不知富。"④ 也就是说，只有真正"超乎贫富之外"才能达到"贫而乐"，"富而好礼"。

据《朱子语类》载：

> 问："'贫而乐'，如颜子非乐于箪瓢，自有乐否？"曰："也不消说得高。大概是贫则易谄，富则易骄。无谄无骄，是知得骄谄不好而不为之耳。乐，是他自乐了，不自知其为贫也；好礼，是他所好者礼

---

① 《汉书·董仲舒传》载，董仲舒说："知仁谊，然后重礼节；重礼节，然后安处善；安处善，然后乐循理；乐循理，然后谓之君子。"[（汉）班固：《汉书》卷56，第8册，第2516页]
② （宋）朱熹：《四书章句集注》，第52页。
③ （宋）朱熹：《晦庵先生朱文公文集》卷54《汪子卿》，朱杰人等编：《朱子全书》，第23册，第2572页。
④ （宋）黎靖德编：《朱子语类》卷22，第2册，第530页。

而已，亦不自知其为富也。"曰："然则二者相去甚远乎？"曰："也在人做到处如何。乐与好礼，亦（自）有浅深。也消得将心如此看，且知得是争一截。学之不可已也如此。"①

朱熹认为，"贫而乐"，正如颜回之乐并非乐于箪瓢，是"自乐"，是由于"不自知其为贫"，犹如富者之所以能够好礼，在于"不自知其为富"；同时，无论是"贫而乐"，还是"富而好礼"，都有由浅入深、由低到高的过程，学者既不可"安于小成，而不求造道之极致"，又不可"骛于虚远，而不察切己之实病"，② 因此，"贫而乐"作为"自乐"，又并非如颜回之乐那样高，但应当由此而达到颜回之乐的高度。

清儒在《论语》文本上大都采"贫而乐"，与邢昺《论语注疏》一致，同时又依郑玄所谓"乐谓志于道，不以贫为忧苦"，从而把"贫而乐"之"乐"解读为"乐道"，③ 而不同于朱熹解读为"自乐"。

由此可见，对于《论语》"贫而乐"的解读，大致有两种意见：一是孔安国注《古论语》，文本上为"贫而乐道"，或郑玄注《论语》，文本为"贫而乐"，但"贫而乐"之"乐"被解读为"乐道"；二是程朱的解读，不仅其《论语》文本为"贫而乐"，而且"贫而乐"之"乐"被解读为"自乐"，是"超乎贫富之外"之乐，而不是"乐道"。这样的不同解读，事实上又与各自对于颜回之乐的不同解读相关联。

（二）"颜回之乐"与"乐道"

汉唐诸儒不仅在《论语》文本上采"贫而乐道"，或把"贫而乐"解读为"贫而乐道"，而且把颜回之乐也解读为"乐道"。何晏《论语集解》引孔安国注曰："颜渊乐道，虽箪食在陋巷，不改其所乐也。"皇侃《论语义疏》曰："颜回以此为乐，久而不变，故云'不改其乐'也。……所乐则谓道也。"④ 认为颜回之"乐"在于"乐道"。显然，《论语义疏》解"贫而乐道"，与解颜回之乐相联系，二者是一致的。此外，宋李昉《太平御览》引晋皇甫谧《高士传》："颜回字子渊，贫而乐道，退居陋巷，曲

---

① （宋）黎靖德编：《朱子语类》卷22，第2册，第528页。
② （宋）朱熹：《四书章句集注》，第53页。
③ （清）刘宝楠：《论语正义》，第32—33页。
④ （梁）皇侃：《论语义疏》，第135—136页。

肱而寝。"① 邢昺《论语注疏》疏曰:"'在陋巷,人不堪其忧,回也不改其乐'者,言回居处又在隘陋之巷,他人见之不任其忧,唯回也不改其乐道之志,不以贫为忧苦也。"② 又疏"饭疏食饮水,曲肱而枕之,乐亦在其中矣",曰:"此章记孔子乐道而贱不义也。"③ 疏"发愤忘食,乐以忘忧",曰:"其孔子之为人也,发愤嗜学而忘食,乐道以忘忧。"④ 由此可见,汉唐诸儒,直至北宋邢昺,大都把《论语》所言孔子之"乐"、颜回之"乐"解读为"乐道"。这与他们讲"贫而乐道"是一致的。

北宋周敦颐对颜回之乐做了思考,说:"颜子一箪食,一瓢饮,在陋巷,人不堪其忧,而不改其乐。夫富贵,人所爱者也。颜子不爱不求,而乐乎贫者,独何心哉? 天地间有至贵至爱可求,而异乎彼者,见其大而忘其小焉尔。见其大则心泰,心泰则无不足,无不足则富贵贫贱处之一也。处之一则能化而齐,故颜子亚圣。"⑤ 二程曾回忆说:"昔受学于周茂叔,每令寻颜子、仲尼乐处,所乐何事。"⑥ 这里讲颜回、孔子之乐,合称"孔颜之乐"。

对于颜回之乐,二程有过深入的思考。程颢说:"颜子在陋巷,'人不堪其忧,回也不改其乐'。箪瓢陋巷非可乐,盖自有其乐耳。'其'字当玩味,自有深意。"⑦ 程颐说:"颜子箪瓢陋巷不改其乐,箪瓢陋巷何足乐? 盖别有所乐以胜之耳。"⑧ 二程还说:"颜子箪瓢,非乐也,忘也。"⑨ "颜子非乐箪瓢陋巷也,不以贫累其心,而改其所乐也。"⑩ 认为颜回之乐不是乐于贫贱,而是忘记了贫贱和富贵。或问:"颜子在陋巷而不改其乐,与贫贱而在陋巷者,何以异乎?"程颐说:"贫贱而在陋巷者,处富贵则失乎本心。颜子在陋巷犹是,处富贵犹是。"⑪ 也就是说,颜回之乐,与贫贱和

---

① (宋)李昉:《太平御览》卷506,中华书局1960年版,第3册,第2310页。
② (魏)何晏集解,(宋)邢昺疏:《论语注疏》,(清)阮元校刻:《十三经注疏》,第5册,第5383页。
③ (魏)何晏集解,(宋)邢昺疏:《论语注疏》,(清)阮元校刻:《十三经注疏》,第5册,第5392页。
④ (魏)何晏集解,(宋)邢昺疏:《论语注疏》,(清)阮元校刻:《十三经注疏》,第5册,第5392—5393页。
⑤ (宋)周敦颐:《通书》,《周敦颐集》卷4,岳麓书社2007年版,第76—77页。
⑥ (宋)程颢、程颐:《河南程氏遗书》卷2上,《二程集》,第16页。
⑦ (宋)程颢、程颐:《河南程氏遗书》卷12,《二程集》,第135页。
⑧ (宋)程颢、程颐:《河南程氏外书》卷8,《二程集》,第399页。
⑨ (宋)程颢、程颐:《河南程氏遗书》卷6,《二程集》,第88页。
⑩ (宋)程颢、程颐:《河南程氏粹言》卷2,《二程集》,第1233页。
⑪ (宋)程颢、程颐:《河南程氏遗书》卷25,《二程集》,第320页。

富贵无关。为此,二程明确讲"颜子陋巷自乐,以有孔子在焉"①,认为颜回之乐是"自乐"。据《河南程氏外书》记载,鲜于侁问伊川曰:"颜子何以能不改其乐?"正叔曰:"颜子所乐者何事?"侁对曰:"乐道而已。"伊川曰:"使颜子而乐道,不为颜子矣。"② 显然,程颐不赞同鲜于侁把颜回之乐只是简单地解读为"乐道"。

后来,朱熹将颜回之乐与孔子"饭疏食饮水,曲肱而枕之,乐亦在其中矣"结合起来。据《朱子语类》载,子善谓:"夫子之乐,虽在饭疏食饮水之中,而忘其乐。颜子不以箪瓢陋巷改其乐,是外其箪瓢陋巷。"曰:"孔颜之乐,大纲相似,难就此分浅深。"③ 这里明确将孔子之乐与颜回之乐统一起来。当然,朱熹也讲孔子之乐与颜回之乐的细微差异,说:"虽同此乐,然颜子未免有意,到圣人则自然。"④ "唯是颜子止说'不改其乐',圣人却云'乐亦在其中','不改'字上,恐与圣人略不相似,亦只争些子。圣人自然是乐,颜子仅能不改。"⑤

朱熹赞同二程所谓颜回之乐不是乐于贫贱。据《朱子语类》载,贺孙因问:"《集注》云,颜回,言其乐道,又能安贫。以此意看,若颜子不处贫贱困穷之地,亦不害其为乐。"曰:"颜子不处贫贱,固自乐;到他处贫贱,只恁地更难,所以圣人于此数数拈掇出来。"⑥ 明确认为颜回之乐在于"自乐",而与贫贱无关。至于程颐不赞同鲜于侁把颜回之乐解读为"乐道",朱熹作了解释。

朱熹说:"鲜于侁言,颜子以道为乐。想侁必未识道是个何物,且如此莽莽对,故伊川答之如此。"⑦ "伊川说颜子乐道为不识颜子者,盖因问者元不曾亲切寻究,故就其人而答,欲其深思而自得之尔。"⑧ 在朱熹看来,程颐不赞同把颜回之乐简单地解读为"乐道",是针对鲜于侁轻率地将颜回之乐说成是"以道为乐"而答,并希望其"深思而自得之"。

为此,朱熹做了进一步解释,说:"程子盖曰颜子之心,无少私欲,天理浑然,是以日用动静之间,从容自得,而无适不乐,不待以道为可乐

---

① (宋)程颢、程颐:《河南程氏遗书》卷2上,《二程集》,第15页。
② (宋)程颢、程颐:《河南程氏外书》卷7,《二程集》,第395页。
③ (宋)黎靖德编:《朱子语类》卷31,第3册,第796—797页。
④ (宋)黎靖德编:《朱子语类》卷31,第3册,第796页。
⑤ (宋)黎靖德编:《朱子语类》卷31,第3册,第797页。
⑥ (宋)黎靖德编:《朱子语类》卷39,第3册,第1019页。
⑦ (宋)黎靖德编:《朱子语类》卷31,第3册,第800页。
⑧ (宋)黎靖德编:《朱子语类》卷101,第7册,第2589页。

然后乐也。"① 又说:"程子之言,但谓圣贤之心与道为一,故无适而不乐。若以道为一物而乐之,则心与道二,而非所以为颜子耳。"② 在朱熹看来,程颐不赞同把颜回之乐简单地解读为"乐道",是要强调颜回之乐"不待以道为可乐然后乐也",讲的是"圣贤之心与道为一",反对把"道"当作一物而乐之;如果是那样,就是心与道为二,那就不是颜回之乐。朱熹还说:"道是个公共底道理,不成真个有一个物事在那里,被我见得!只是这个道理,万事万物皆是理,但是安顿不能得恰好。而今颜子便是向前见不得底,今见得。向前做不得底,今做得,所以乐。不是说把这一个物事来恁地快活。"③ 也就是说,"道"不是外在的东西,不能把"道"当作一物而乐之,"才说乐道,只是冒罩说,不曾说得亲切"④。

据《朱子语类》载:

> 问:"程子云:'周茂叔令寻颜子仲尼乐处,所乐何事。'窃意孔颜之学,固非若世俗之著于物者。但以为孔颜之乐在于乐道,则是孔颜与道终为二物。要之孔颜之乐,只是私意净尽,天理昭融,自然无一毫系累耳。"曰:"然。但今人说乐道,说得来浅了。要之说乐道,亦无害。"⑤

由此可见,朱熹反对的是把颜回之乐简单地解读为"乐道",把"道"当作一物而乐之,并不完全反对讲"乐道"。他还说:"且如'伊尹耕于有莘之野,由是以乐尧舜之道',未尝以乐道为浅也。直谓颜子为乐道,有何不可。"⑥ 据《朱子语类》载:

> 或问:"程先生不取乐道之说,恐是以道为乐,犹与道为二物否?"曰:"不消如此说。且说不是乐道,是乐个甚底?说他不是,又未可为十分不是。但只是他语拙,说得来头撞。公更添说与道为二物,愈不好了。"⑦

---

① (宋)朱熹:《四书或问》,朱杰人等编:《朱子全书》,第6册,第724页。
② (宋)朱熹:《晦庵先生朱文公文集》卷70《记疑》,朱杰人等编:《朱子全书》,第23册,第3398页。
③ (宋)黎靖德编:《朱子语类》卷31,第3册,第799页。
④ (宋)黎靖德编:《朱子语类》卷31,第3册,第796页。
⑤ (宋)黎靖德编:《朱子语类》卷31,第3册,第798页。
⑥ (宋)黎靖德编:《朱子语类》卷31,第3册,第800页。
⑦ (宋)黎靖德编:《朱子语类》卷31,第3册,第800页。

问:"伊川谓'使颜子而乐道,不足为颜子',如何?"曰:"乐道之言不失,只是说得不精切,故如此告之。今便以为无道可乐,走作了。"①

可见,朱熹并不完全反对把颜回之乐解读为"乐道",而是反对把"道"当作一物而乐之。他还注《论语·先进》"回也其庶乎,屡空。赐不受命,而货殖焉,亿则屡中",曰:"子贡不如颜子之安贫乐道,然其才识之明,亦能料事而多中也。"② 这里明确讲"颜子之安贫乐道"。如上所述,朱熹认为"贫而乐"并非如颜回之乐那样高,概是认为颜回之乐不只是"超乎贫富之外"的"自乐",而且其中也包含了"乐道",但不等于是把"道"当作一物而乐之。

(三)"私欲克尽,故乐"

朱熹对于《论语》"贫而乐"的讨论,不仅讲贫者应当乐,而且进一步讨论如何才能实现"贫而乐",所以强调"超乎贫富之外"而达到"贫而乐"。同样,对于颜回之乐的讨论,朱熹也不仅仅讨论颜回是否"乐道",而是更多地思考颜回为什么能够于箪瓢陋巷之中而"自乐"。

朱熹说:"颜子之乐,非是自家有个道,至富至贵,只管把来弄后乐。见得这道理后,自然乐。故曰:'见其大,则心泰;心泰,则无不足;无不足,则富贵贫贱处之一也。'"③ 也就是说,孔颜之乐并不是把"道"当作一物而乐之,而在于心中有"道",自然而乐。他又说:"这道理在天地间,须是直穷到底,至纤至悉,十分透彻,尤有不尽,则于万物为一无所窒碍,胸中泰然,岂有不乐!"④ 还说:"惟其烛理之明,乃能不待勉强而自乐循理尔。夫人之性,本无不善,循理而行,宜无难者,惟其知之不至,而但欲以力为之,是以苦其难而不知其乐耳。知之而至,则循理为乐,不循理为不乐,何苦而不循理以害吾乐耶?"⑤ 在朱熹看来,孔、颜心中有"道",因而"自乐循理",同时又"循理为乐"。

---

① (宋)黎靖德编:《朱子语类》卷31,第3册,第801页。
② (宋)朱熹:《四书章句集注》,第128页。
③ (宋)黎靖德编:《朱子语类》卷31,第3册,第801页。
④ (宋)黎靖德编:《朱子语类》卷31,第3册,第795—796页。
⑤ (宋)朱熹.《四书或问》,朱杰人等编:《朱子全书》,第6册,第524页。

二程虽然认为颜回之乐是"自乐",尤其是程颐不赞同把颜回之乐只是简单地解读为"乐道",但是又特别强调颜回之"自乐"在于不失本心。或问:"陋巷贫贱之人,亦有以自乐,何独颜子?"二程说:"贫贱而在陋巷,俄然处富贵,则失其本心者众矣。颜子箪瓢由是,万钟由是。"①又说:"若颜子箪瓢,在他人则忧,而颜子独乐者,仁而已。"② 认为颜回之乐在于其心中有"仁"。对此,朱熹做了解释。据《朱子语类》载:

> 刘黻问:"伊川以为'若以道为乐,不足为颜子'。又却云:'颜子所乐者仁而已。'不知道与仁何辨?"曰:"非是乐仁,唯仁故能乐尔。是他有这仁,日用间无些私意,故能乐也。而今却不要如此论,须求他所以能不改其乐者是如何。缘能'非礼勿视,非礼勿听,非礼勿言,非礼勿动',这四事做得实头工夫透,自然至此。"③

在朱熹看来,颜回之乐并非"以道为乐",也不是"乐仁",而是"唯仁故能乐",在于"他有这仁,日用间无些私意",因而在"克己复礼"和"非礼勿视,非礼勿听,非礼勿言,非礼勿动"中,自然能获得快乐。所以,朱熹又提出"私欲克尽,故乐"。据《朱子语类》载:

> 问:"颜子'不改其乐',莫是乐个贫否?"曰:"颜子私欲克尽,故乐,却不是专乐个贫。须知他不干贫事,元自有个乐,始得。"④
> 伯丰问:"颜子之乐,不是外面别有甚事可乐,只颜子平日所学之事是矣。见得既分明,又无私意于其间,自然而乐,是否?"曰:"颜子见得既尽,行之又顺,便有乐底滋味。"⑤

在朱熹看来,颜回之乐在于"私欲克尽,故乐",在于"无私意于其间,自然而乐"。朱熹还说:"私欲未去,如口之于味,耳之于声,皆是欲。得其欲,即是私欲,反为所累,何足乐!若不得其欲,只管求之,于心亦不乐。惟是私欲既去,天理流行,动静语默日用之间无非天理,胸中

---

① (宋)程颢、程颐:《河南程氏粹言》卷2,《二程集》,第1238页。
② (宋)程颢、程颐:《河南程氏外书》卷1,《二程集》,第352页。
③ (宋)黎靖德编:《朱子语类》卷31,第3册,第801页。
④ (宋)黎靖德编:《朱子语类》卷31,第3册,第794—795页。
⑤ (宋)黎靖德编:《朱子语类》卷31,第3册,第795页。

廓然，岂不可乐！此与贫窭自不相干，故不以此而害其乐。"① 所以他说："人之所以不乐者，有私意耳。克己之私，则乐矣。"② 又注《论语》子曰"饭疏食饮水，曲肱而枕之，乐亦在其中矣"，曰："圣人之心，浑然天理，虽处困极，而乐亦无不在焉。"③ 显然，在朱熹看来，人之不快乐，在于有私欲，只有去除私欲，"浑然天理"，自然而有快乐。需要指出的，朱熹不仅认为颜回之乐在于"私欲克尽，故乐"，而且还解曾点之乐，说："曾点之学，盖有以见大人欲尽处，天理流行，随处允满，无少欠缺。故其动静之际，从容如此。……直与天地万物上下同流，各得其所之妙，隐然自见于言外。"④ 同样也认为曾点之乐在于"人欲尽处，天理流行"。

重要的是，朱熹对于颜回之乐的讨论，不仅要弄清颜回为什么而乐，更是要求像颜回那样着实做工夫，从而真正感受颜回之乐。他说："'乐'字只一般，但要人识得，这须是去做工夫，涵养得久，自然见得。"⑤ 据《朱子语类》载：

> 问："颜子乐处，恐是工夫做到这地位，则私意脱落，天理洞然，有个乐处否？"曰："未到他地位，则如何便能知得他乐处！且要得就他实下工夫处做，下梢亦须会到他乐时节。"⑥
>
> 问："濂溪教程子寻孔颜乐处，盖自有其乐，然求之亦甚难。"曰："先贤到乐处，已自成就向上去了，非初学所能求。况今之师，非濂溪之师，所谓友者，非二程之友，所以说此事却似莽广，不如且就圣贤着实用工处求之。"⑦

在朱熹看来，"孔颜乐处"虽然可以解释为"私欲克尽，故乐"，但重要的是要像他们那样着实做工夫，"就圣贤着实用工处求之"，才能真正感受到其中的快乐，体会"孔颜乐处"。朱熹《论语集注》注颜回之乐，曰：

> 颜子之贫如此，而处之泰然，不以害其乐，故夫子再言"贤哉回

---

① （宋）黎靖德编：《朱子语类》卷31，第3册，第796页。
② （宋）黎靖德编：《朱子语类》卷31，第3册，第798页。
③ （宋）朱熹：《四书章句集注》，第97页。
④ （宋）朱熹：《四书章句集注》，第131—132页。
⑤ （宋）黎靖德编：《朱子语类》卷31，第3册，第795页。
⑥ （宋）黎靖德编：《朱子语类》卷31，第3册，第795页。
⑦ （宋）黎靖德编：《朱子语类》卷31，第3册，第799页。

也"以深叹美之。程子曰:"颜子之乐,非乐箪瓢陋巷也,不以贫窭累其心而改其所乐也,故夫子称其贤。"又曰:"箪瓢陋巷非可乐,盖自有其乐尔。其字当玩味,自有深意。"……愚按:程子之言,引而不发,盖欲学者深思而自得之。今亦不敢妄为之说。学者但当从事于博文约礼之诲,以至于欲罢不能而竭其才,则庶乎有以得之矣。①

显然,朱熹注颜回之乐,强调的是"博文约礼",着实做工夫。又据《朱子语类》载:

问:"叔器看文字如何?"曰:"两日方思量颜子乐处。"先生疾言曰:"不用思量他!只是'博我以文,约我以礼'后,见得那天理分明,日用间义理纯熟后,不被那人欲来苦楚,自恁地快活。你而今只去博文约礼,便自见得。今却去索之于杳冥无朕之际,你去何处讨!将次思量得人成病。而今一部《论语》说得恁分明,自不用思量,只要着实去用工。"②

对于朱熹《论语集注》注颜回之乐,强调"博文约礼",门人黄榦也说:"博文约礼,颜子所以用其力于前;天理浑然,颜子所以收其功于后。博文则知之明,约礼则守之固。凡事物当然之理,既无不洞晓,而穷通得丧与凡可忧可喜之事,举不足以累其心,此其所以无少私欲,天理浑然,盖有不期乐而乐者矣。"③ 应当说,黄榦的这一解读合乎朱熹之意。

(四) 余论

由此可见,对于《论语》颜回之乐的解读,历来都与"贫而乐"的解读联系在一起。汉唐诸儒大都把"贫而乐"解读为"贫而乐道",因而也把颜回之乐解读为"乐道"。二程把颜回之乐解读为"自乐",而不赞同把颜回之乐只是简单地解读为"乐道",反对把"道"当作一物而乐之。朱熹继承二程,把"贫而乐"与颜回之乐都解读为"自乐",并强调由低

---

① (宋)朱熹:《四书章句集注》,第87页。
② (宋)黎靖德编:《朱子语类》卷31,第3册,第799—800页。
③ (宋)真德秀:《四书集编·论语集编》卷3,《景印文渊阁四库全书》,第200册,第142页。

到高的过程,"贫而乐"是"超乎贫富之外"的"自乐",颜回之乐是心中有"道"的"自乐",因而并不完全反对把颜回之乐解读为"乐道",而是肯定颜回的"自乐"中包含了"乐道",不只是"超乎贫富之外"的"自乐"。尤其是在朱熹看来,"道"之在于人心,颜回之乐就是乐于心中之道,就是克己复礼;一旦私欲克尽,"浑然天理",心中有"道",心中有"仁",自然而乐,因而是在"乐道"中"自乐",是在着实做工夫、"博文约礼"中"自乐",以实现"乐道"与"自乐"的统一。

稍后于朱熹的罗大经论及"孔颜之乐",说:"夫子有曲肱饮水之乐,颜子有陋巷箪瓢之乐,曾点有浴沂咏归之乐,曾参有履穿肘见、歌若金石之乐,周、程有爱莲观草、弄月吟风、望花随柳之乐。学道而至于乐,方能真有所得。大概于世间一切声色嗜好洗得净,一切荣辱得丧看得破,然后快活意思方自此生。"① 这与朱熹所谓"私欲克尽,故乐"的思想是一致的。

王阳明讲"乐是心之本体",赞同所谓"人之生理,本自和畅,本无不乐,但为客气物欲搅此和畅之气,始有间断不乐"的说法,② 并解《论语》"学而时习之,不亦说乎",曰:"学是学去人欲,存天理;从事于去人欲,存天理,则自正。诸先觉考诸古训,自下许多问辨、思索、存省、克治工夫,然不过欲去此心之人欲,存吾心之天理耳。……'说'是'理义之说我心'之'说'。人心本自说理义,如目本说色,耳本说声。惟为人欲所蔽所累,始有不说。今人欲日去,则理义日洽浃,安得不说?"③ 又说:"乐是心之本体。仁人之心,以天地万物为一体,欣合和畅,原无间隔。……时习者,求复此心之本体也。悦则本体渐复矣。朋来则本体之欣合和畅,充周无间。本体之欣合和畅,本来如是,初未尝有所增也。"④ 应当说,王阳明讲"乐是心之本体",以为心之本体就是乐,与以往学者认为"孔颜之乐"在于"乐道"或朱熹认为是在求道中而获得快乐,实现"乐道"与"自乐"的统一,有着很大的差异,但是,王阳明认为"学而时习之""去人欲,存天理"就能够"复此心之本体"而获得快乐,这与朱熹所谓"私欲克尽,故乐"又有相似之处。

工夫之对《论语》"贫而乐"和"孔颜之乐"的讨论,大致继承了朱熹的思想。他认为,"贫而无谄"之所以未若"贫而乐",是因为"欣然

---

① (宋)罗大经:《鹤林玉露》丙编卷2《忧乐》,中华书局1983年版,第273页。
② (明)王守仁:《与黄勉之》(2),《王阳明全集》卷5,上册,第216页。
③ (明)王守仁:《传习录上》,《王阳明全集》卷1,上册,第36—37页。
④ (明)王守仁:《与黄勉之》(2),《王阳明全集》卷5,上册,第216页。

有自得于贫之外者,乃适然能顺于贫之中,不知有可诎也,且不知有不当诎也"①。对于颜回之乐,他说:"其乐也,不以贫而改也。是其所为乐者,全乎心而忘乎身,全乎身而忘乎世。则使其处乎富贵福泽之中,亦乐而已矣;即使处于忧危患难之中,亦此而已矣。"② 显然,与朱熹一样,王夫之对如何能够"贫而乐",颜回如何能够"不改其乐",作了深入思考。同时,与朱熹并不完全反对把颜回之乐解读为"乐道"而只是不赞同把"道"当作一物而乐之相似,王夫之不赞同所谓"以道为乐",说:"以道为乐,只在乐上做工夫,而颜子之乐,乃在道上做工夫,此其所以别也。在乐上做工夫,便是硬把住心,告子之所以无恐惧疑惑也。在道上做工夫,则乐为礼复仁至之候,举凡动静云为,如驰轻车、下飞鸟,又如杀低棋相似,随手辄碎,如之何无乐!如之何其改也!"③ 认为颜子之乐不是"以道为乐",不是"只在乐上做工夫",而是"在道上做工夫",因而能够"不改其乐"。

清代雷鋐以程朱为宗,论"孔颜之乐",亦承朱熹之说。他说:"孔颜之乐,如何寻处?先儒隐而不发。窃思'人欲尽处,天理流行,随处充满,无少欠阙'数语,可形容孔颜乐处何也,即此生意之盎然、一心蔼然四达者也,所谓仁也。颜子心不违仁,虽箪瓢陋巷不改此乐也;孔子中心安仁,虽疏水曲肱,此乐亦在其中也。然则欲寻孔颜之乐,亦默体吾心之生意而已矣。……学者必有见于此,实加克己涵养功夫,孔颜之乐方可寻得。"④ 既认为"孔颜之乐"即所谓仁,又强调要寻得"孔颜之乐",必须做克己涵养功夫。

当然,清儒大都热衷于讨论颜回之乐在于"安贫乐道"。王鸣盛撰《回不改其乐,乐是乐道》,说:"'回也不改其乐',孔安国注明指'乐道';皇侃云'所乐则谓道也';《弟子列传》引孔安国及卫瓘注,皆明指'乐道'。宋人云,不是乐贫,亦不是乐道。鹘鹘突突,成何义理?下章冉有云:'非不说子之道。'因夫子独美颜渊,故以自解,则知'乐'为'乐道'无疑。"⑤ 黄式三《论语后案》也说:"皇疏云:'在陋巷'者,不愿爽垲而居处之,在穷陋之巷中也。'不改其乐',孔云'乐道',是

---

① (清)王夫之:《四书训义》(上),《船山全书》第7册,第273页。
② (清)王夫之:《四书训义》(上),《船山全书》第7册,第452页。
③ (清)王夫之:《读四书大全说》,《船山全书》第6册,第678页。
④ (清)雷鋐:《读书偶记》卷2,《景印文渊阁四库全书》,第725册,第697页。
⑤ (清)王鸣盛:《蛾术编》卷81《回不改其乐,乐是乐道》,第1259页。

也。《史记·弟子列传》引此经，裴注引卫瓘曰：'非大贤乐道，不能如此。'"① 刘宝楠《论语正义》引宋李昉《太平御览》注云："贫者，人之所忧，而颜志道，有所乐，故深贤之。"② 说："此注云'乐道'，与郑同。"又引赵岐注《孟子·离娄》"颜子当乱世，居于陋巷，一箪食，一瓢饮，人不堪其忧，颜子不改其乐，孔子贤之"，云："当乱世安陋巷者，不用于世，穷而乐道者也。"③ 而且还说："惟乐道，故能好学，夫子疏水曲肱，乐在其中，亦谓乐道也。"④ 此外，刘宝楠还注"发愤忘食，乐以忘忧"，曰："'发愤忘食'者，谓好学不厌，几忘食也。'乐以忘忧'者，谓乐道不忧贫也。"⑤

晚清桐城派吴汝纶撰《寻孔颜乐处论》，说："昔者，周子教程子以寻'孔颜乐处'，至所乐之事，则周子、程子、朱子皆不言。……然则程朱何以不言也？曰：何为其不言也！其曰'圣贤之心与道为一，故无适而不乐'，又曰'见处通达无隔碍，行处纯熟无龃龉'，此其以孔颜之乐示人者也。其曰'克己复礼，致谨于视听言动之间，久之自纯熟充达'，又曰'今且博文约礼便自见'，此其以寻之之方示人者也。虽不明言所乐之事，而其所以教人者，固已深切而著明矣。……程朱者，真知孔颜之乐处者也。是故必如孔颜而后能乐，必如程朱而后知孔颜之乐，必如程朱之言而后能寻孔颜之乐。"⑥ 在吴汝纶看来，讨论"孔颜之乐"，其重要之处不在于讨论所乐之事，而在于像程朱那样，在求道中寻得"孔颜之乐"。

康有为《论语注》解颜回之乐，说："颜子之贫如此，而乐道自娱，不以窭空为忧而改其乐。盖神明别有所悦，故体魄不足为累，境遇不能相牵，无入而不自得也。……故孔子再叹美之。周子令人寻孔、颜乐处。盖天人既通，别有建德之国，神明超胜，往来无碍，既不知富之可欣，亦不知贫之可忧，偶游人境，固不足为累也。"⑦ 既认为颜回之乐在于"乐道"，又认为颜回能够达到"天人合一"境界，所以"固不足为累"。这与朱熹的解读并无二致。

---

① （清）黄式三：《论语后案》，《续修四库全书》，第155册，第475页。
② （宋）李昉：《太平御览》卷402，第2册，第1856页。
③ （汉）赵岐注，（宋）孙奭疏：《孟子注疏》，（清）阮元校刻：《十三经注疏》，第5册，第5940页。
④ （清）刘宝楠：《论语正义》，第227页。
⑤ （清）刘宝楠：《论语正义》，第270页。
⑥ （清）吴汝纶：《寻孔颜乐处论》，《吴汝纶全集》，黄山书社2002年版，第1册，第224—225页。
⑦ （清）康有为：《论语注》，第76—77页。

应当说，朱熹对于"孔颜之乐"的解读，不是仅仅停留于汉唐儒家所谓"安贫乐道"，而且进一步讲孔颜如何在求道中获得快乐，讲"私欲克尽，故乐"，讲心中有"仁"，心中有"道"，自然而乐，并要求"就圣贤着实用工处求之"，以实现"乐道"与"自乐"的统一。这样的解读无疑是深化了汉唐儒家的解读。

现代学者对于颜回之乐的解读，既有解为"乐道"者，如唐文治《论语大义》所言："颜子之乐，乐道而已。"① 王缁尘《广解论语》解曰："大凡一个人，处富贵则欢乐，处贫贱则忧愁；只有乐道之士，富贵贫贱，都不足以动其心。"② 也有继承程朱，并不是简单地解为"乐道"者。冯友兰《中国哲学简史》赞同程颐所谓"使颜子而乐道，不为颜子矣"，说："程颐的这个说法，很像禅师的说法，所以朱熹编《二程遗书》时，不把这段语录编入遗书正文里，而把它编入《外书》里，似乎是编入'另册'。其实程颐的这个说法，倒是颇含真理。圣人之乐是他的心境自然流露，可以用周敦颐说的'静虚动直'来形容，也可以用程颢说的'廓然而大公，物来而顺应'来形容。他不是乐道，只是自乐。"③ 后来，冯友兰《中国哲学史新编》又说："'孔颜乐处'就在于'仁'，'所乐'的'事'也就是'仁'。"④ 又认为，"孔颜乐处"所乐的是"'与人同'，与物同，甚至与'无限'同"的精神境界。⑤ 既认为孔颜之乐"'所乐'的'事'也就是'仁'"，又认为孔颜之乐是精神境界。应当说，这与朱熹的解读有着许多相似之处。

如前所述，杨伯峻《论语译注》解"贫而乐"为"贫穷却乐于道"；但是，解颜回之乐却主要讲颜回有修养因而能够"不改变他自有的快乐"⑥。与此相类似，钱穆《论语新解》虽然也解"贫而乐"为"贫而能乐道"，但解颜回之乐则主要讲颜回之贤而能"不改其乐"⑦。李泽厚《论语今读》虽然认为"贫而乐"应当是"贫而乐道"，但在解颜回之乐时则既讲"儒学之不以贫困本身有何可乐"⑧，又引述朱熹《论语集注》所注言，并且说："马王堆帛书《五行篇》有：'君子无中心之忧则无中心之

---

① 唐文治：《论语大义》，上海人民出版社2018年版，第79页。
② 王缁尘：《广解论语》，生活·读书·新知三联书店2019年版，第108页。
③ 冯友兰：《中国哲学简史》，《三松堂全集》，第6卷，第245页。
④ 冯友兰：《中国哲学史新编》，《三松堂全集》，第10卷，第65页。
⑤ 冯友兰：《中国哲学史新编》，《三松堂全集》，第10卷，第118页。
⑥ 杨伯峻译注：《论语译注》，第86页。
⑦ 钱穆：《论语新解》，第149页。
⑧ 李泽厚：《论语今读》，第109页。

智,无中心之智则无中心之悦。无中心之悦则不安,不安则不乐,不乐则不德乐。'‘乐’在这里虽然并不脱离感性,不脱离心理,仍是一种快乐;但这快乐已经是一种经由道德而达到的超道德的稳定‘境界’(state of mind)。"① 可见,非常强调颜回之乐不仅仅是"安贫乐道",更在于讲由道德修养而达到快乐。显然,这与朱熹解颜回之乐是心中有"道"自然而乐,在"乐道"中而达到"自乐","乐道"与"自乐"的统一,是一致的。

① 李泽厚:《论语今读》,第 111—112 页。

十二 "君子和而不同,小人同而不和"*

《论语·子路》载,子曰:"君子和而不同,小人同而不和。"明显是就道德上相互对立的"君子"与"小人"而言。然而,当今学者的解读,大都以西周末史伯批评周幽王"去和而取同"并讲"和而不同"以及春秋末齐国晏婴讲"和如羹"为依据,将其中的"和"解读为"和谐"。李泽厚《论语今读》解"君子和而不同,小人同而不和",说:"君子和谐却不同一,小人同一却不和谐。"① 同时还特别强调:"'和'的前提是承认、赞成、允许彼此有差异、有区别、有分歧,然后使这些差异、区别、分歧调整、配置、处理到某种适当的地位、情况、结构中,于是各得其所,而后整体便有'和'——和谐或发展。"② 问题是,能够以史伯讲"和而不同"、晏婴讲"和如羹"解"君子和而不同,小人同而不和"吗?孔子讲"君子和而不同,小人同而不和",如果这里的"和"解读为"和谐",是否意味着君子与小人也应当"和谐"?在孔子那里,道德上相互对立的君子与小人能够"和谐"吗?孔子讲"道不同,不相为谋",讲的就是君子与小人不应当"和谐"。可见,孔子所讲"君子和而不同,小人同而不和",还需要作更多、更为深入的解读。

(一)"君子""小人"与"和""同"

《论语》讲"君子和而不同,小人同而不和",不仅就道德上相互对立的"君子"与"小人"而言,而且讲"和而不同""同而不和",讲"和"与"同"的区别。关于"和"与"同"的区别的讨论,可以追溯到

---

* 本章部分内容已以《历代对〈论语〉"君子和而不同,小人同而不和"的解读——以朱熹的诠释为中心》为题发表于《社会科学研究》2021年第6期。
① 李泽厚:《论语今读》,第255页。
② 李泽厚:《论语今读》,第256页。

《国语·郑语》记西周末史伯对周幽王"去和而取同"的批评。史伯说："夫和实生物，同则不继。以他平他谓之和，故能丰长而物归之，若以同裨同，尽乃弃矣。故先王以土与金木水火杂，以成百物。……于是乎先王聘后于异姓，求财于有方，择臣取谏工，而讲以多物，务和同也。声一无听，色一无文，味一无果，物一不讲。"[1] 这里将"和"与"同"区别开来，强调"以多物，务和同"，讲由"多"而"和"，反对"同"而"一"，讲"和而不同"，无疑具有"和谐"之意，且特别强调要有多种声音，所谓"声一无听"。但需要指出的是，这里讲的是先王治理国家应当"和而不同"，而不是讲君子为人处世应当"和而不同"。

又据《晏子春秋》载，春秋末齐国晏婴与齐景公论"和"与"同"的区别，说："和如羹焉，水火醯醢盐梅，以烹鱼肉，燀之以薪，宰夫和之，齐之以味，济其不及；以泄其过，君子食之，以平其心。君臣亦然。君所谓可，而有否焉，臣献其否，以成其可；君所谓否，而有可焉，臣献其可，以去其否。是以政平而不干，民无争心。故《诗》曰：'亦有和羹，既戒且平，奏鬷无言，时靡有争。'先王之济五味，和五声也，以平其心，成其政也。声亦如味：一气，二体，三类，四物，五声，六律，七音，八风，九歌，以相成也；清浊，小大，短长，疾徐，哀乐，刚柔，迟速，高下，出入，周流，以相济也。君子听之，以平其心，心平德和。……今据不然。君所谓可，据亦曰可；君所谓否，据亦曰否。若以水济水，谁能食之？若琴瑟之专一，谁能听之？同之不可也如是。"[2] 应当说，晏婴讲"和如羹"而反对"专一"，与史伯讲先王"和而不同"，具有较多的相似之处，都是对于治理国家中"和"与"同"的区别的讨论，其中的"和"也具有"和谐"之意，且同样只是讲先王"济五味、和五声"；至于所谓"君子听之，以平其心，心平德和"，其中的"君子"应当是指君王。

东汉荀悦《申鉴》推崇《晏子春秋》所谓"和如羹"，并引出《论语》讲"君子和而不同"，说："君子食和羹以平其气，听和声以平其志，纳和言以平其政，履和行以平其德。夫酸咸甘苦不同，嘉味以济，谓之和羹；宫商角徵不同，嘉音以章，谓之和声；臧否损益不同，中正以训，谓之和言；趋舍动静不同，雅度以平，谓之和行。……孔子曰：'君子和而不同。'晏子亦云：'以水济水，谁能食之？琴瑟一声，谁能听之？'《诗》

---

[1] 徐元诰：《国语集解》，中华书局 2002 年版，第 470—472 页。
[2] 吴则虞：《晏子春秋集释》卷 7，中华书局 1962 年版，第 442—443 页。

云：'亦有和羹，既戒且平，奏假无言，时靡有争。'此之谓也。"① 这里讲"君子食和羹"，"纳和言以平其政"，所谓"君子"指的是君王；接着又讲《论语》的"君子和而不同"，似乎是把《论语》"君子和而不同"中的"和"解读为不同事物的相互和谐。

另据《后汉书·刘梁传》载，刘梁著《辩和同之论》，说："君子之于事也，无适无莫，必考之以义焉。得由和兴，失由同起，故以可济否谓之和，好恶不殊谓之同。《春秋传》曰：'和如羹焉，酸苦以剂其味，君子食之以平其心。同如水焉，若以水济水，谁能食之？琴瑟之专一，谁能听之？'是以君子之行，周而不比，和而不同，以救过为正，以匡恶为忠。"② 显然，这里的解读也是以晏婴讲"和如羹"解《论语》"君子和而不同"，将"和"解为"和谐"。

应当说，无论是史伯讲"和而不同"还是晏婴讲"和如羹"，都是就先王而言，要求君王讲"和谐"，并不涉及君子与小人的道德对立；如果据此解读《论语》"君子和而不同，小人同而不和"，将其中的"和"解读为"和谐"，强调"和"的价值而否定"同"，很可能会消解君子与小人的道德对立，不合乎"君子和而不同，小人同而不和"所蕴含的君子与小人的道德对立之意。

与此不同，三国时何晏《论语集解》注"君子和而不同，小人同而不和"，曰："君子心和，然其所见各异，故曰不同；小人所嗜好者同，然各争其利，故曰不和也。"南北朝的皇侃《论语义疏》疏曰："和，谓心不争也。不同，谓立志各异也。君子之人千万，千万其心和如一，而所习立之志业不同也。……小人为恶如一，故云'同'也。好斗争，故云'不和'也。"③ 后来，北宋的邢昺《论语注疏》疏曰："此章别君子、小人志行不同之事也。君子心和，然其所见各异，故曰'不同'；小人所嗜好者则同，然各争利，故曰'不和'。"④ 应当说，何晏、皇侃以及邢昺的解读，从君子与小人的道德对立讲"和"与"同"，从君子与小人的道德对象讲"和"与"同"，不同于史伯讲"和而不同"，晏婴讲"和如羹"只是就治理国家而言，较为合乎《论语》"君子和而不同，小人同而不和"之意。

---

① （汉）荀悦：《申鉴》卷4，辽宁教育出版社2001年版，第18页。
② （南朝宋）范晔：《后汉书》卷80下，第9册，第2635—2636页。
③ （梁）皇侃：《论语义疏》，第344页。
④ （魏）何晏集解，（宋）邢昺疏：《论语注疏》，（清）阮元校刻：《十三经注疏》，第5册，第5449页。

然而，何晏、皇侃等的解读，在"和"与"同"概念的界定上，尚存在着某些不自洽。何晏《论语集解》讲"和"，把君子之"和"解读为君子之心的"和"，把小人之"不和"解读为小人"各争其利"；讲"同"，则把君子之"不同"解读为君子"所见各异"，把小人之"同"解读为小人"所嗜好者同"。皇侃《论语义疏》明确把君子的"和""不同"与小人的"同""不和"分别开来界定：就君子而言，"和，谓心不争也。不同，谓立志各异也"；就小人而言，"小人为恶如一，故云'同'也。好斗争，故云'不和'也"。也就是说，在何晏、皇侃等对"君子和而不同，小人同而不和"的解读中，无论是"和"的内涵还是"同"的内涵，都不是统一的，而是依君子、小人而各不相同。

由此可见，汉唐时期对于《论语》"君子和而不同，小人同而不和"解读，既有以史伯讲"和而不同"、晏婴讲"和如羹"为依据，而将其中的"和"解为"和谐"，实际上消解了君子与小人的道德对立；也有何晏、皇侃等的解读，突出君子与小人的道德对立，但尚没有就"和"与"同"的概念内涵作出自洽的解读。

（二）"和者，无乖戾之心；同者，有阿比之意"

南宋朱熹《论语集注》解"君子和而不同，小人同而不和"，曰："和者，无乖戾之心；同者，有阿比之意。尹氏曰：'君子尚义，故有不同。小人尚利，安得而和？'"[①] 这里从心性层面将"和"解读为"无乖戾之心"，将"同"解读为"阿比之意"，也就是认为君子"无乖戾之心"，因而无"阿比之意"；小人有"阿比之意"，因而有"乖戾之心"。显然，这样的解读，与何晏、皇侃等的解读一样，突出君子与小人的道德对立。重要的是，朱熹的解读还把"君子和而不同，小人同而不和"与义利联系起来，认为君子尚义，所以"和而不同"，小人尚利，所以"同而不和"。朱熹还说："大抵君子小人只在公私之间。和是公底同，同是私底和。""盖君子之心，是大家只理会这一个公当底道理，故常和而不可以苟同。小人是做个私意，故虽相与阿比，然两人相聚也便分个彼己了；故有些小利害，便至纷争而不和也。"[②] 也就是说，君子与小人的道德对立不只在

---

① （宋）朱熹：《四书章句集注》，第148页。
② （宋）黎靖德编：《朱子语类》卷43，第3册，第1111页。

"和"与"同"的区别，更在于"公"与"私"的对立，由公私、义利而有"和"与"同"的区别。朱熹门人辅广对《论语集注》引尹氏曰"君子尚义，故有不同；小人尚利，安得而和"作了讨论，说："尹氏本意，虽只是以义利二字说不同、不和之意，然细推之，则君子之于事，唯欲合于义，故常和，然义有可否，故有不同；小人徇利之意则固同矣，然利起争夺，安得而和？"① 显然，辅广进一步强调君子尚义，所以"和而不同"；小人尚利，所以"同而不和"。

与何晏、皇侃等的解读相比，朱熹的解读明显具有两大优势：其一，正如以上所述，何晏、皇侃等的解读尚没有就"和"与"同"的概念内涵作出自洽的解读，与此不同，朱熹的解读特别重视并明确给出了对于"和"与"同"的概念的统一界定；其二，何晏、皇侃等的解读讲君子与小人具有"和"与"不和"、"不同"与"同"的对立，但由于没有就"和"与"同"的概念内涵作出自洽的解读，这样的对立是含混的，与此不同，朱熹的解读对"和"与"同"的概念做出了明确的统一界定，并进一步强调由公私义利而有"和"与"同"的对立，突出了君子与小人的根本对立，因而是对何晏、皇侃等的解读的发展和完善。

需要指出的是，朱熹不仅从君子与小人道德对立的角度解读"君子和而不同，小人同而不和"，从心性层面讲"和者，无乖戾之心；同者，有阿比之意"，而且明确反对依据晏婴"和如羹"所作的解读。朱熹《论孟精义》收录了吕大临、杨时、侯仲良等的解读：

吕大临曰："和则可否相济，同则随彼可否。调羹者五味相合为和，以水济水为同。"

杨时曰："五味调之而后和，而五味非同也。如以咸济咸，则同而已，非所以为和也。君子有可否以相济，故其发必中节，犹之五味相得也。小人以同为说，犹之以咸济咸耳，尚何和之有？"

侯仲良曰："和非同也，和则虽有可不可之异，济其美而已，故曰：'君子和而不同。'同非和也，同恶相济，如以水济水，安能和哉？故曰：'小人同而不和。'"②

应当说，吕大临、杨时、侯仲良都是以晏婴"和如羹"解读《论语》"君子和而不同，小人同而不和"。对此，朱熹《论语或问》说："吕、杨、侯氏说，皆祖晏子之意。然晏子之言，乃就事而言，而此章之意，则

---

① （宋）赵顺孙：《四书纂疏》，《儒藏（精华编113）》，北京大学出版社2014年版，第591页。
② （宋）朱熹：《论孟精义》，朱杰人等编：《朱子全书》，第7册，第464页。

直指君子小人之情状而言,似不可引以为证也。盖此所论君子之和者,乃以其同寅协恭,而无乖争忌克之意;其不同者,乃以其守正循理,而无阿谀党比之风。若小人则反是焉。此二者,外虽相似,而内实相反,乃君子小人情状之隐微,自古至今如出一轨,非圣人不能究极而发明之也。……如此说,则君子之心,无同异可否之私,而惟欲必归于是;若晏子之说,则是必于立异,然后可以为和而不同也,岂非矫枉过直之论哉!"① 显然,朱熹对以晏婴"和如羹"解读"君子和而不同,小人同而不和",提出了批评,大致包括以下几个方面:

第一,在朱熹看来,晏婴所谓"和如羹",是"就事而言",而"君子和而不同,小人同而不和"是就"君子小人之情状而言",是就人的内在道德品质而言,所以"不可引以为证"。晏婴强调君主应当听取不同意见,所谓"君所谓可,而有否焉,臣献其否,以成其可。君所谓否,而有可焉,臣献其可,以去其否",又讲"清浊,小大,短长,疾徐,哀乐,刚柔,迟速,高下,出入,周流,以相济也"。然而,可否相济,只是"就事而言",并非就道德上对立的君子小人而言,换言之,君子与小人的对立,并不在于是否能够做到可否相济,而在于内在道德品质的截然相反。

第二,朱熹认为,君子小人"外虽相似,而内实相反",所以对于"和"与"同"的界定,不可只是从事物表面上看,而应当从人的内在心性看。朱熹《论语集注》从心性层面讲"和者,无乖戾之心;同者,有阿比之意",又进一步讲公私义利,以此讲君子与小人的相互对立;《论语或问》则讲"君子之和者,乃以其同寅协恭,而无乖争忌克之意;其不同者,乃以其守正循理,而无阿谀党比之风。若小人则反是焉"。显然,对于"君子和而不同,小人同而不和",朱熹的解读强调君子与小人的根本对立;而以晏婴"和如羹"为依据的解读则只是讲君子与小人在做事上的"和"与"同"的区别。

第三,朱熹认为,对于各种不同的事物,君子应当"必归于是",而晏婴"和如羹"要求"必于立异,然后可以为和而不同",过多讲不同事物之"和而不同",属于"矫枉过直之论"。朱熹《论语集注》注"道不同,不相为谋",曰:"不同,如善恶邪正之异。"② 并且认为:"君子小人

---

① (宋)朱熹:《四书或问》,朱杰人等编:《朱子全书》,第6册,第819—820页。
② (宋)朱熹:《四书章句集注》,第170页。

决无一事之可相为谋者也。"① 应当说，在朱熹的话语中，天理人欲、公私、义利，乃至君子小人，正如邪正、善恶，都是对立的，而不可"和而不同"，如果用晏婴"和如羹"来解读"君子和而不同"，实际上包含了对于小人的"和而不同"，必然会消解君子与小人的对立，那么君子就不是与小人对立的君子，也就不成其为君子，因而就会陷于悖论，所以用"和如羹"解"君子和而不同"是不可能的。

（三）后世的讨论

朱熹解《论语》"君子和而不同，小人同而不和"，从心性层面将"和"解读为"无乖戾之心"，将"同"解读为"阿比之意"，是就人的道德品质而言，并非"就事而言"。然而，人的道德品质与做事又是不可分割的，所以朱熹之后，有不少学者解"君子和而不同，小人同而不和"，既从心性的层面强调君子与小人在道德品质上的对立，又讲二者在做事上具有"和"与"同"的差异。

朱熹之后，元代陈天祥《四书辨疑》不满足于朱熹从心性层面讲"和者，无乖戾之心；同者，有阿比之意"的解读，说："和则固无乖戾之心，只以无乖戾之心为和，恐亦未尽。若无中正之气，专以无乖戾为心，亦与阿比之意相邻，和与同未易辨也。中正而无乖戾，然后为和。凡在君父之侧，师长、朋友之间，将顺其美，匡救其恶，可者献之，否者替之，结者解之，离者合之，此君子之和也。而或巧媚阴柔，随时俯仰，人曰可，己亦曰可，人曰否，己亦曰否，惟言莫违，无唱不和，此小人之同也。晏子辨梁丘据非和，以为'君所谓可，而有否焉，臣献其否，以成其可。君所谓否，而有可焉，臣献其可，以去其否。是以政平而不干，民无争心'；'今据不然。君所谓可，据亦曰可；君所谓否，据亦曰否'；'据亦同也，焉得为和'。此论辨析甚明，宜引以证此章之义。"② 陈天祥的解读试图在朱熹讲"和者，无乖戾之心；同者，有阿比之意"的基础上，引入"中正之气"，并进一步以晏婴的"和如羹"区别君子之和与小人之同，实际上是把朱熹的解读与晏婴讲"和如羹"结合起来。

明代程敏政也解释说："和是无乖戾之心，同是有阿比的意思。孔子

---

① （宋）朱熹：《四书或问》，朱杰人等编：《朱子全书》，第 6 册，第 864 页。
② （元）陈天祥：《四书辨疑》卷 7，《景印文渊阁四库全书》，第 202 册，第 423 页。

说君子的心术公正，专一尚义，凡与人相交，必同寅协恭，无乖戾之心。然事当持正处，又不能不与人辩论，故曰'君子和而不同'。小人的心术私邪，专一尚利，凡与人相交，便巧言令色，有阿比之意。然到不得利处，必至于争竞，故曰'小人同而不和'。"① 后来王夫之对朱熹的解读作了训释，说："君子以义为尚，所与共事功者，皆君子也。事无所争，情无所猜，心志孚而坦然共适，和也。若夫析事理于毫芒，而各欲行其所是，非必一唱众和而无辨者也，不同也。……小人以利为趋，所与相议论者小人也。以权相附，以党相依，依阿行而聚谋不逞，同也。乃其挟己私之各异，而阴图以相倾，则有含忌蓄疑而难平者也，不和也。"② 应当说，程敏政、王夫之的解释，合乎朱熹《论语集注》之意。

清代刘宝楠《论语正义》解"君子和而不同，小人同而不和"，引述何晏所言"君子心和，然其所见各异，故曰'不同'。小人所嗜好者则同，然各争利，故曰'不和'"，并指出："和因义起，同由利生。义者宜也，各适其宜，未有方体，故不同。然不同因乎义，而非执己之见，无伤于和。利者，人之所同欲也。民务于是，则有争心，故同而不和。此君子、小人之异也。"③ 显然，这里以义、利讲"和"与"同"，并由此从心性的层面讲君子与小人在道德品质上的对立。这与朱熹《论语集注》解"君子和而不同，小人同而不和"所引尹氏曰"君子尚义，故有不同。小人尚利，安得而和"是相通的。在讲君子与小人相互对立的基础上，刘宝楠《论语正义》又讲史伯的"和而不同"、晏婴的"和如羹"，从君子与小人在道德品质上的对立。引申出二者在做事上具有"和"与"同"的差异。

清末简朝亮《论语集注补正述疏》和康有为《论语注》解"君子和而不同，小人同而不和"，如出一辙，都是先引述史伯的"和而不同"、晏婴的"和如羹"，然后引申出君子与小人的相互对立。简朝亮说："由是言之，和则不乖戾，同则惟阿比，其义不昭然乎？"④ 康有为说："盖君子之待人也，有公心爱物，故和；其行己也，独立不惧，各行其是，故不同。小人之待人也，媚世易合，故同；其行己也，争利相忮，不肯少让，故不和。"⑤ 明显更为强调君子与小人在道德品质上的对立。

直到现代钱穆《论语新解》解"君子和而不同，小人同而不和"，说：

---

① （明）程敏政：《篁墩文集》卷2，《景印文渊阁四库全书》，第1252册，第31页。
② （明）王夫之：《四书训义》（上），《船山全书》，第7册，第759页。
③ （清）刘宝楠：《论语正义》，第545页。
④ （清）简朝亮：《论语集注补正述疏》，第436页。
⑤ （清）康有为：《论语注》，第202页。

"和者无乖戾之心；同者有阿比之意。君子尚义，故有不同。小人尚利，故不能和。或说：和如五味调和成食，五声调和成乐，声味不同，而能相调和。同如以水济水，以火济火，所嗜好同，则必互争。"① 显然，这样的解读都是从朱熹的解读强调君子与小人在道德品质上的对立出发，并进一步引申出二者在做事上具有"和"与"同"的差异。

（四）余论

从以上论述可以看出，中国古代对于《论语》"君子和而不同，小人同而不和"的解读，既有以史伯讲"和而不同"、晏婴讲"和如羹"为依据，而将其中的"和"解为"和谐"，又有何晏《论语集解》、皇侃《论语义疏》以及朱熹的解读，从心性层面强调君子与小人在道德品质上的对立。朱熹之后的学者大都既从心性层面强调君子与小人在道德品质上的对立，又由此引申出二者在做事上具有"和"与"同"的差异。应当说，在这些解读中，朱熹的解读从心性层面讲"和者，无乖戾之心；同者，有阿比之意"，并进一步讲由公私义利而有"和"与"同"的对立，发展并完善了何晏、皇侃等的解读，超越了以史伯讲"和而不同"、晏婴讲"和如羹"为依据的解读。

首先，史伯讲"和而不同"、晏婴讲"和如羹"是就先王而言，讲的是圣王治理国家之道，以此为依据解读《论语》"君子和而不同，小人同而不和"，是将圣王与君子混为一谈。据《论语·宪问》载，子路问君子。子曰："修己以敬。"曰："如斯而已乎？"曰："修己以安人。"曰："如斯而已乎？"曰："修己以安百姓。修己以安百姓，尧舜其犹病诸！"也就是说，君子首先在于"修己以敬"，如果在"修己以敬"的基础上做到"修己以安百姓"而天下和谐，就是尧舜也不容易做好。显然，在孔子看来，君子与圣王是有区别的。史伯讲"和而不同"、晏婴讲"和如羹"，讲的是圣王"和而不同"，而不是君子"和而不同"，因而不能用于解"君子和而不同，小人同而不和"。与此不同，朱熹的解读强调的是君子的内在品质，更为合乎《论语》讲君子"修己以敬"，并与圣王有所区别之意。

其次，史伯讲"和而不同"、晏婴讲"和如羹"是就做事而言，而《论语》讲"君子和而不同，小人同而不和"是就做人而言，做事与做人

---

① 钱穆：《论语新解》，第346页。

虽然相互联系，但不可完全混为一谈。《论语》讲君子与小人，首先是就人的内在品质而言，《论语·宪问》讲："君子而不仁者有矣夫，未有小人而仁者也。"与此不同，史伯讲"和而不同"，强调"以他平他"，反对"以同裨同"，又讲"先王聘后于异姓，求财于有方，择臣取谏工"，显然是就做事而言；同样，晏婴讲"和如羹"，讲不同事物的"相成""相济"，反对"以水济水"，也是就做事而言。以史伯讲"和而不同"、晏婴讲"和如羹"解读"君子和而不同，小人同而不和"，实际上是将做事与做人混为一谈，而朱熹的解读揭示出君子"和而不同"的内在品质，更为合乎《论语》的君子之意。

最后，史伯讲"和而不同"、晏婴讲"和如羹"由于只是就先王治理国家而言，就做事而言，因而不是就道德上相互对立的君子小人而言，史伯以"和而不同"批评周幽王"去和而取同"，并不是讲君子与小人的对立，所以，以此为依据解"君子和而不同，小人同而不和"，必定会带来对于君子与小人对立的消解，并且存在君子对于小人是否也应当"和而不同"这样的问题，陷于理论矛盾。与此不同，较何晏《论语集解》、皇侃《论语义疏》更为完善的朱熹的解读，讲"和者，无乖戾之心；同者，有阿比之意"，从心性层面强调了君子与小人在道德品质上的对立，因而更为合乎《论语》讲君子与小人相互对立之意。

日本江户时代的荻生徂徕解《论语》，把孔子之"道"解读为先王治国安民之道，强调其中的"君子""小人"主要是"以位言"。他说："君子者，在上之称也。……君者治下者也，士大夫皆以治民为职，故君尚之子以称之，是以位言之者也。虽在下位，其德足为人上，亦谓之君子，是以德言之者也。""小人，亦民之称也，民之所务，在营生，故其所志在成一己，而无安民之心，是谓之小人，其所志小故也。虽在上位，其操心如此，亦谓之小人。经传所言，或主位言之，或主德言之，所指不同，而其所为称小人之意，皆不出此矣。"[①] 在荻生徂徕看来，《论语》中的"君子"为上层官员，"小人"为下层百姓，"君子"与"小人"是相须的关系，而不是道德上相互对立的君子与小人。他的《论语征》以晏婴的"和如羹"解读"君子和而不同，小人同而不和"，反对何晏以"君子心和"、朱熹以"无乖戾之心"解其中的"和"，说："何晏曰'君子心和'、朱子曰'无乖戾之心'，皆徒求诸心而失其义焉。盖古之君子学先王之道，譬

---

① ［日］荻生徂徕：《辨名·君子小人》，《荻生徂徕全集》第 1 卷，东京河出书房新社 1973 年版，第 459 页。

诸规矩准绳，故能知其可否。苟不知可否之所在，其心虽和乎，乌能相成相济，如羹与乐乎？亦可谓之同已。"① 认为何晏讲"君子心和"、朱熹讲"无乖戾之心"，并非"君子和而不同，小人同而不和"之义，而君子之为君子在于知道事之可否，而使之达到相互和谐。问题是，君子与小人的道德对立，并不在于能否知道事之可否，能否和谐事物，而在于内在的心性道德。

《论语》中的"君子""小人"，确有一些并不是讲道德上相互对立的君子与小人，② 但是，由此而像荻生徂徕那样，以为《论语》中的"君子""小人"大都不是道德上相互对立的，尤其是认为"君子和而不同，小人同而不和"中的"君子""小人"并非就道德上相互对立的君子与小人而言，或需要做出进一步的讨论。

当今不少学者以史伯讲"和而不同"、晏婴讲"和如羹"为依据，将《论语》"君子和而不同，小人同而不和"中的"和"解为"和谐"，并将"和谐"解为"由'自然的和谐'、'人与自然的和谐'、'人与人的和谐'、'人自我身心内外的和谐'所构成的'普遍和谐'"，又进一步认为"儒家关于'和谐'的观念是把'自我身心内外的和谐'作为起点的"。③ 需要指出的是，这里所谓"自我身心内外的和谐"，实际上就是朱熹解"君子和而不同，小人同而不和"所言"和者，无乖戾之心；同者，有阿比之意"；今人所讲的"普遍和谐"，实际上正是朱熹之后不少学者既讲君子之"和"在"无乖戾之心"，因而无"阿比之意"，又讲史伯的"和而不同"、晏婴的"和如羹"，引申出人之外部事物的和谐，而朱熹讲"无乖戾之心"，因而无"阿比之意"，正是这一"普遍和谐"的起点。由此可以看出，朱熹解"君子和而不同，小人同而不和"，而讲"和者，无乖戾之心；同者，有阿比之意"，不仅更为合乎《论语》之意，而且至今仍具有重要的学术价值。

---

① ［日］荻生徂徕：《论语征》，［日］松平赖宽：《论语征集览》，第 1029 页。
② 乐爱国：《朱熹解〈论语〉中的"君子"、"小人"》，《江南大学学报》2020 年第 3 期。
③ 汤一介：《略论儒学的和谐观念》，《社会科学研究》1998 年第 3 期。

十三 "礼之用，和为贵"*

《论语》较多讲"仁""礼"，同时也讲"和"；既有《论语·子路》载子曰"君子和而不同，小人同而不和"，又有《论语·学而》载，有子曰："礼之用，和为贵。先王之道，斯为美；小大由之。有所不行，知和而和，不以礼节之，亦不可行也。"① 当今有些学者，不仅以西周末史伯讲"和而不同"以及春秋末晏婴讲"和如羹"为依据解"君子和而不同，小人同而不和"，而且还用以解"礼之用，和为贵"，把其中的"和"解读为"调和"而视之为糟粕②，或解读为"和谐"而视之为精华③。问题是，孔子所言"君子和而不同"，其中的"和"是否可解为"调和"或"和谐"？有子所言"礼之用，和为贵"之"和"是否就是孔子所言"君子和而不同"之"和"？事实上，自《论语》讲"礼之用，和为贵"，历代儒家学者似乎很少将"礼之用，和为贵"中的"和"解读为"调和"或"和谐"。汉唐儒者多从礼乐关系的角度，讲"和，即乐也"，"和，谓乐也"；宋代朱熹则从礼有体用的角度讲"和者，从容不迫之意"，强调礼的自然和缓；此后，王夫之讲"'和'者，以和顺于人心之谓"，清代刘宝楠以《中庸》"喜怒哀乐之未发，谓之中；发而皆中节，谓之和"解读"礼之用，和为贵"，从而继承发展了儒学。以下拟以朱熹对《论语》"礼

---

* 本章部分内容已以《历代对〈论语〉"礼之用，和为贵"的解读——以朱熹的诠释为中心》为题发表于《东南学术》2020年第6期。

① 此外，还有：《论语·述而》说："子与人歌而善，必使反之，而后和之。"《论语·季氏》说："盖均无贫，和无寡，安无倾。"《论语·子张》说："夫子之得邦家者，所谓立之斯立，道之斯行，绥之斯来，动之斯和。"

② 侯外庐等《中国思想通史》把"礼之用，和为贵"解读为："'礼'之本是别贵贱的，但其用则是'和而不同'的，即是在不同的阶级地位上而调和矛盾。"（侯外庐等：《中国思想通史》第1卷，人民出版社1957年版，第51页）

③ 杨逢彬《论语新注新译》解"礼之用，和为贵"说："礼的作用，以和谐为可贵。"（杨逢彬：《论语新注新译》，北京大学出版社2016年版，第11页）

之用，和为贵"的诠释为中心，粗略展现历代儒家学者解读"礼之用，和为贵"的历史变化和发展脉络，以体现其深刻的思想意蕴。

（一）"和，即乐也"与"和，谓乐也"

对于《论语》"礼之用，和为贵"的解读，可以追溯到三国何晏《论语集解》注引东汉马融所说："人知礼贵和。而每事从和，不以礼为节，亦不可行也。"对此，南北朝皇侃《论语义疏》疏曰："此以下明人君行化，必礼乐相须。用乐和民心，以礼检民迹。迹检心和，故风化乃美。故云'礼之用，和为贵'。和，即乐也。变乐言和，见乐功也。乐既言和，则礼宜云敬。但乐用在内为隐，故言其功也。"① 马融把"礼之用，和为贵"解读为"知礼贵和"，但对什么是"和"，并未作出说明。与之不同，皇侃从礼乐关系入手，以"礼乐相须"，即"用乐和民心，以礼检民迹"，解读"礼之用，和为贵"，进而提出"和，即乐也"，明确把"礼之用，和为贵"中的"和"解为礼乐中的"乐"。至于"知和而和，不以礼节之，亦不可行也"，皇侃说："上明行礼须乐，此明行乐须礼也。人若知礼用和，而每事从和，不复用礼为节者，则于事亦不得行也。"② 也就是说，"礼之用，和为贵。先王之道，斯为美，小大由之"，讲的是"行礼须乐"；"知和而和，不以礼节之，亦不可行也"，讲的是"行乐须礼"。皇侃正是通过"礼乐相须"解读《论语》"礼之用，和为贵"，并将其中的"和"解读为"乐"。

"和"字，古字为"龢"；在现代汉语中，"龢"通作"和"字。但在东汉许慎的《说文解字》中，"和"与"龢"分属两部。"和"从口，《说文解字》说："和，相应也。从口，禾声。"段玉裁《说文解字注》说："古唱和字，不读去声。"③ 也就是说，"和"，有"唱和"之意。"龢"从龠，《说文解字》说："龠，乐之竹管，三孔，以和众声也。……龢，调也。从龠，禾声。读与和同。"段玉裁注"和众声"，说："'和众声'，谓奏乐时也，万舞时只用龠以节舞，无他声。"又注"龢，调也"，说："此与口部'和'，音同义别。经传多假'和'为'龢'。"④ 也就是说，"龢"与"和"，二字"音同义别"，

---

① （梁）皇侃：《论语义疏》，第 17 页。
② （梁）皇侃：《论语义疏》，第 17 页。
③ （清）段玉裁：《说文解字注》，第 57 页。
④ （清）段玉裁：《说文解字注》，第 85—86 页。

"龢，调也"，"和"为"唱和"之"和"。段玉裁还注《说文解字》"调，龢也"，说："龢，各本作和。今正。龠部曰：'龢，调也。'与此互训。和，本系唱和字，故许云'相应也'。"① 还说："'龢，调也'，故调下曰龢也，不当作唱和之和。"② 也就是说，"龢，调也"与"调，龢也"，二者可以互训，而"调龢"之"龢"，不同于"唱和"之"和"。据此，有学者认为："龢之本义必当为乐器，由乐声之谐和始能引出调义。"③ 皇侃解《论语》"礼之用，和为贵"，言"和，即乐也"，概是由于"龢"与乐有关。

《礼记·乐记》曰："故乐者，审一以定和，比物以饰节，节奏合以成文。"东汉郑玄注曰："'审一'，审其人声也。'比物'，谓杂金、革、土、匏之属也。'以成文'，五声八音，克谐相应和。"唐代孔颖达疏曰："'故乐者，审一以定和'者，'一'谓人声，言作乐者详审人声，以定调和之音。但人声虽一，其感有殊，或有哀乐之感，或有喜怒之感，当须详审其声，以定调和之曲矣。'比物以饰节'者，'物'谓金、石、匏、土之属，言须比八音之物，以饰音曲之节也。'节奏合以成文'者，谓奏作其乐，或节止其乐，使音声和合，成其五声之义也。"④ 应当说，礼乐的"乐"与"和"有密切的关系。

《论语》讲"礼"，多与"乐"联系在一起。《论语·泰伯》曰："兴于诗，立于礼，成于乐。"对此，包咸曰："礼者，所以立身。""乐所以成性。"⑤ 皇侃说："人无礼则死，有礼则生，故学礼以自立身也。……学礼若毕，次宜学乐也。所以然者，礼之用和为贵，行礼必须学乐，以和成己性也。"⑥ 在皇侃看来，《论语》讲"立于礼，成于乐"，就是由于"礼之用，和为贵"。这就把"礼之用，和为贵"中的"和"等同于"立于礼，成于乐"中的"乐"。

郑玄注《礼记·乐记》"乐者为同，礼者为异；同则相亲，异则相敬"曰："同，谓协好恶也；异，谓别贵贱也。"又注"乐胜则流，礼胜则离"曰："流，谓合行不敬也；离，谓析居不和也。"对此，孔颖达疏曰：

---

① （清）段玉裁：《说文解字注》，第94页。
② （清）段玉裁：《说文解字注》，第702页。
③ 郭沫若：《甲骨文字研究·释龢言》，人民出版社1952年版，第46页。
④ （汉）郑玄注，（唐）孔颖达疏：《礼记正义》，（清）阮元校刻：《十三经注疏》，第3册，第3348—3349页。
⑤ （魏）何晏集解，（宋）邢昺疏：《论语注疏》，（清）阮元校刻：《十三经注疏》，第5册，第5401页。皇侃《论语义疏》为：包咸曰："礼者，所以立身也。"孔安国曰："乐所以成性也。"[（梁）皇侃：《论语义疏》，第193页]
⑥ （梁）皇侃：《论语义疏》，第193页。

"'乐者为同'者,此言乐论之事,谓上下同听莫不和说也;'礼者为异'者,谓尊卑各别、恭敬不等也。……'乐胜则流,礼胜则离'者,此明虽有同异而又有相须也。胜,犹过也。若乐过和同而无礼,则流慢无复尊卑之敬;若礼过殊隔而无和乐,则亲属离析,无复骨肉之爱。唯须礼乐兼有所以为美。故《论语》云'礼之用,和为贵'是也。"① 显然,孔颖达是用《礼记》"乐者为同,礼者为异","乐胜则流,礼胜则离"以及"唯须礼乐兼有所以为美"的礼乐关系解读《论语》"礼之用,和为贵"。

需要指出的是,《礼记·儒行》有"礼之以和为贵"一句。对此,孔颖达疏曰:"'礼之以和为贵'者,礼以体别为理,人用之,尝患于贵贱有隔、尊卑不亲。儒者用之,则贵贱有礼而无间隔,故云'以和为贵'也。"② 这里对于《礼记》"礼之以和为贵"中"和"的解读,讲"贵贱有礼而无间隔",似乎有和谐之意,但是却没有与《论语》"礼之用,和为贵"相联系,也就是说,孔颖达解《论语》"礼之用,和为贵",依据的是《礼记》"唯须礼乐兼有所以为美"的礼乐关系,而不是《礼记》"礼之以和为贵"的和谐之意,不可以《礼记》"礼之以和为贵"解《论语》"礼之用,和为贵"。

在唐代,除了孔颖达以礼乐关系解读《论语》"礼之用,和为贵",李翱还曾说过:"'礼之用,和为贵','不以礼节之,亦不可行',此言'发而皆中节谓之和'也。"③ 这里把《论语》"礼之用,和为贵"中的"和"看作《中庸》"喜怒哀乐之未发,谓之中;发而皆中节,谓之和"中的"和"。这一观点为后来清代刘宝楠《论语正义》所发挥,待后再叙。

北宋邢昺《论语注疏》接受皇侃从"礼乐相须"的角度,并结合《礼记》"乐胜则流,礼胜则离",也将《论语》"礼之用,和为贵"中的"和"解读为"乐",说:"'礼之用,和为贵'者,和,谓乐也,乐主和同,故谓乐为和。夫礼胜则离,谓所居不和也,故礼贵用和,使不至于离也。……先王治民之道,以此礼贵和美,'礼节民心,乐和民声'。乐至则无怨,礼至则不争,揖让而治天下者,礼乐之谓也。是先王之美道也。"④

---

① (汉)郑玄注,(唐)孔颖达疏:《礼记正义》,(清)阮元校刻:《十三经注疏》,第3册,第3315页。
② (汉)郑玄注,(唐)孔颖达疏:《礼记正义》,(清)阮元校刻:《十三经注疏》,第3册,第3625页。
③ (唐)韩愈、李翱:《论语笔解》,第10页。
④ (魏)何晏集解,(宋)邢昺疏:《论语注疏》,(清)阮元校刻:《十三经注疏》,第5册,第5338页。

显然，这里讲"和，谓乐也"，又讲"谓乐为和"，与皇侃讲"和，即乐也"是一致的。邢昺还认为，"每事小大皆用礼，而不以乐和之，则其政有所不行也"，反之，"人知礼贵和，而每事从和，不以礼为节，亦不可行也"。①既讲礼又讲乐，礼乐相须。

由此可见，在中国古代历史上，虽然史伯讲"和而不同"，晏婴讲"和如羹"，其中的"和"可以被解读为不同事物的调和、和谐，但是，"礼之用，和为贵"中的"和"古字为"龢"，与乐密切相关，因而往往又被解读为礼乐的"乐"。皇侃《论语义疏》、邢昺《论语注疏》都是从礼乐关系的角度将"礼之用，和为贵"中的"和"解读为"乐"，皇侃讲"和，即乐也"，邢昺讲"和，谓乐也"，并且认同包咸所谓"礼者，所以立身"，"乐所以成性"，这就是"礼之用，和为贵"。

（二）"和者，从容不迫之意"

北宋程颐解《论语》"礼之用，和为贵"，仍然依据《礼记》"乐胜则流，礼胜则离"所言，说："礼胜则离，故'礼之用，和为贵，先王之道斯为美，小大由之'。乐胜则流，故'有所不行，知和而和，不以礼节之，亦不可行'。礼以和为贵，故先王之道以此为美，而小大由之。然却有所不行者，以'知和而和，不以礼节之'，故亦不可行也。"②可见，与邢昺一样，程颐也是从礼乐关系的角度，结合《礼记》"乐胜则流，礼胜则离"，解读《论语》"礼之用，和为贵"，强调"礼以和为贵"。

与程颐同时的范祖禹，在解读《论语》"礼之用，和为贵"时，既从《礼记》"乐胜则流，礼胜则离"所言礼乐关系入手，而且还与礼的体用关系相结合，说："凡礼之体，主于敬；及其用，则以和为贵。……敬者，礼之所以立也；和者，乐之所由生也。有敬而无和，则礼胜；有和而无礼，则乐胜。乐胜则流，礼胜则离矣。知和之为美，而不以礼节之，则至于流，此其所以不可行也。故君子礼乐不可斯须去身。动而有节则礼也，行而有和则乐也。有子可谓达礼乐之本。"③认为礼之体主于敬，而礼之用则"以和为贵"。

---

① （魏）何晏集解，（宋）邢昺疏：《论语注疏》，（清）阮元校刻：《十三经注疏》，第5册，第5338页。
② （宋）程颢、程颐：《河南程氏遗书》卷19，《二程集》，第257页。
③ （宋）朱熹：《论孟精义》，朱杰人等编：《朱子全书》，第7册，第52页。

朱熹对于《论语》"礼之用,和为贵"的解读,既赞同程颐从礼乐关系的角度所作出的解读,也赞同范祖禹讲礼的体用关系并结合礼乐关系所作出的解读,尤其对礼的体用关系做了较多的发挥。朱熹《论语集注》注"礼之用,和为贵。先王之道斯为美,小大由之",曰:"礼者,天理之节文,人事之仪则也。和者,从容不迫之意。盖礼之为体虽严,然皆出于自然之理,故其为用,必从容而不迫,乃为可贵。先王之道,此其所以为美,而小事大事无不由之也。"又注"有所不行,知和而和,不以礼节之,亦不可行也",曰:"如此而复有所不行者,以其徒知和之为贵而一于和,不复以礼节之,则亦非复理之本然矣,所以流荡忘反,而亦不可行也。"并且还说:"严而泰,和而节,此理之自然,礼之全体也。毫厘有差,则失其中正,而各倚于一偏,其不可行均矣。"① 显然,朱熹较多地从礼的体用关系解读《论语》"礼之用,和为贵",也就是说,"礼之用,和为贵"之"用"是体用之用。

朱熹讲体用,讲本体与发用的关系,"见在底便是体,后来生底便是用。此身是体,动作处便是用。天是体,'万物资始'处便是用。地是体,'万物资生'处便是用。""体是这个道理,用是他用处。如耳听目视,自然如此,是理也;开眼看物,着耳听声,便是用。"② 朱熹既讲"道兼体用",又讲"心兼体用",同时也讲礼有体用。这就是所谓"礼之为体虽严,然皆出于自然之理,故其为用,必从容而不迫,乃为可贵"。也就是说,礼有体有用,礼之体既严又出于自然之理,所谓"严而泰,和而节,此理之自然,礼之全体也",所以礼之用,应当从容不迫,这就是"礼之用,和为贵"。

朱熹特别强调"礼之用,和为贵"的"和",是"礼中之和",所谓"'礼之用和'是礼中之和",③ 并且讲"礼中自有和",说:"礼中自有和。须是知得当如此,则行之自然和。到和处方为美。""礼如此之严,分明是分毫不可犯,却何处有个和?须知道吾心安处便是和,如'入公门,鞠躬如也',须是如此,吾心方安。不如此,便不安;才不安,便是不和也。以此见得礼中本来有个和,不是外面物事也。"④ 在朱熹看来,礼之体在于严,在于应当如此,而"须是如此,吾心方安","吾心安处便是和",所以"礼之用,和为贵"在于"礼中本来有个和,不是外面物事"。

---

① (宋)朱熹:《四书章句集注》,第51—52页。
② (宋)黎靖德编:《朱子语类》卷6,第1册,第101页。
③ (宋)黎靖德编:《朱子语类》卷22,第2册,第515页。
④ (宋)黎靖德编:《朱子语类》卷22,第2册,第515页。

朱熹讲"礼中自有和",但又认为不可说"礼之中便有一个和",他说:"礼虽主于严,其用则和。……也须看得各自为一物,又非判然二物。"① 也就是说,虽然"礼中自有和",但又不可将"和"与"礼"分为二物。为此,朱熹反对"和与礼成二物",说:"须是见得礼便是和,乃可。如'入公门,鞠躬如也,如不容',可谓至严矣!然而自肯甘心为之,而无厌倦之意者,乃所以为和也。至严之中,便是至和处,不可分做两截去看。"② 朱熹还说:"一向去求和,便是离了礼。"③ "和者,不是别讨个和来,只就严敬之中顺理而安泰者便是也。"④ 也就是说,礼之体在于严敬,但严敬必须是"顺理而安泰",这就是"和";而不是一味地求"和"。

问题是,《论语》"礼之用,和为贵"中的"和"指的是什么?如前所述,朱熹反对以晏婴所谓"和如羹"解《论语》"君子和而不同,小人同而不和",同样他也反对以此解"礼之用,和为贵"中的"和"。朱熹内弟程允夫说:"'礼之用,和为贵',礼之用,以和为贵也。和如和羹,可否相济。先王制礼,所以节人情,抑其太过而济其不及也。若知和而和,则有偏胜,如以水济水,谁能食之?"对此,朱熹回应说:"以和对同,则和字中已有礼字意思;以和对礼,则二者又不可不分,恐不必引和羹相济之说。"⑤ 也就是说,晏婴所谓"和如羹",强调"和"而反对"同",而"礼之用,和为贵"虽然也讲"和"之重要,但"和字中已有礼字意思",要严格按照"礼"的规定去做,也就是"同",换言之,"礼之用,和为贵"既讲"和"又讲"同",因而不是"和如羹"讲"和"而反对"同",不能用"和如羹"来解读"礼之用,和为贵"中的"和"。

同时,朱熹也反对先前儒者将"和"解说为"乐"。据《朱子语类》载,问:"诸先生以和为乐,未知是否?"曰:"和似未可便说乐,然亦有乐底意思。"⑥ 朱熹门人滕璘有书信说:"璘近读《论语》'礼之用,和为贵',观诸家解多以和为乐。璘思之,和固是乐,然使以和为乐,恐未稳当,须于礼中自求所谓和乃可。"对此,朱熹说:"和固不可便指为乐,然乃乐之所出生。……如《曲礼》之目皆礼也,然皆理义所宜、人情所安,

---

① (宋)黎靖德编:《朱子语类》卷22,第2册,第516页。
② (宋)黎靖德编:《朱子语类》卷22,第2册,第514页。
③ (宋)黎靖德编:《朱子语类》卷22,第2册,第515页。
④ (宋)黎靖德编:《朱子语类》卷22,第2册,第516页。
⑤ (宋)朱熹:《晦庵先生朱文公文集》卷41《答程允夫》(4),朱杰人等编:《朱子全书》,第22册,第1865页。
⑥ (宋)黎靖德编:《朱子语类》卷22,第2册,第520页。

行之而上下亲疏各得其所，岂非和乎？"① 认为"礼之用，和为贵"中的"和"是"乐之所由生"，但不等于乐。

朱熹从礼的体用关系解《论语》"礼之用，和为贵"中的"和"，尤其从心性层面讲"和"，将"和"与"敬"统一于心。他与门人讨论谢上蔡所谓"礼乐之道，异用而同体"时，说："礼主于敬，乐主于和，此异用也；皆本之于一心，是同体也。然敬与和，亦只一事。"② 据《朱子语类》载，问："礼乐同体，是敬与和同出于一理否？"曰："敬与和同出于一心。"曰："谓一理，如何？"曰："理亦说得。然言心，却亲切。敬与和，皆是心做。"曰："和是在事否？"曰："和亦不是在事，在心而见于事。""自心而言，则心为体，敬和为用；以敬对和而言，则敬为体，和为用。"③ 也就是说，朱熹讲"和"，不只是就事而言，而是由心之本体而发用于事。

对于"礼之用，和为贵"中的"和"，朱熹有过多种表述。如前所述，朱熹说过"吾心安处便是和"，又认为"顺理而安泰"就是"和"。他的《论语集注》曾注云："和者，心以为安，而行之不迫。"④ 最后又修改为："和者，从容不迫之意。"也就是说，礼之体在于严，但严必须是心安理得，这就是"和"，而心安理得就应当"行之不迫"，就是"从容不迫"。

至于朱熹《论语集注》所言"和者，从容不迫之意"，朱熹后来解释说："只是说行得自然如此，无那牵强底意思，便是从容不迫。那礼中自然个从容不迫，不是有礼后，更添个从容不迫。若离了礼说从容不迫，便是自恣。"⑤ 朱熹认为，《论语集注》所言"和者，从容不迫之意"，实际上就是指"礼中自然个从容不迫"。朱熹还说："礼主于敬，而其用以和为贵。然如何得他敬而和？着意做不得。才着意严敬，即拘迫而不安；要放宽些，又流荡而无节。须是真个识得礼之自然处，则事事物物上都有自然之节文，虽欲不如此，不可得也。故虽严而未尝不和，虽和而未尝不严也。"⑥ 所谓"从容不迫"，就是指"礼之自然"，就是指自然和缓，而不能执意于严敬，让人感到"拘迫而不安"，当然也不是过于宽松，"流荡而无节"。

事实上，从《朱子语类》看，朱熹解《论语》"礼之用，和为贵"中

---

① （宋）朱熹：《晦庵先生朱文公文集》卷49《答滕德粹》（9），朱杰人等编：《朱子全书》，第22册，第2276—2277页。
② （宋）黎靖德编：《朱子语类》卷22，第2册，第519页。
③ （宋）黎靖德编：《朱子语类》卷22，第2册，第519页。
④ （宋）黎靖德编：《朱子语类》卷22，第2册，第518页。
⑤ （宋）黎靖德编：《朱子语类》卷22，第2册，第517页。
⑥ （宋）黎靖德编：《朱子语类》卷22，第2册，第517页。

的"和",多就自然和缓而言。据《朱子语类》载,先生问学者:"今人行礼,多只是严,如何得他和?"答者皆不契。曰:"只是要知得礼合如此,所以行之则和缓而不迫。盖圣人制礼,无一节是强人,皆是合如此。且如孔子与上大夫言时,自然誾誾;与下大夫言时,自然侃侃。在学者须知道与上大夫言合用誾誾,与下大夫言合用侃侃,便自然和。……礼之出于自然,无一节强人。"①伯游问"礼之用,和为贵",云:"礼之体虽截然而严,然自然有个撙节恭敬底道理,故其用从容和缓,所以为贵。苟徒知和而专一用和,必至于流荡而失礼之本体。今人行事,莫是用先王礼之体,而后雍容和缓以行之否?"曰:"说固是恁地。"②显然,在朱熹那里,"礼之用,和为贵"之"和",意在自然和缓、从容和缓。朱熹还说:"'礼之用,和为贵'。见君父自然用严敬,皆是人情愿,非由抑勒矫拂,是人心固有之同然者,不待安排,便是和。才出勉强,便不是和。圣人品节裁限,使事事合于中正,这个当在这里,那个当在那里,更不得过。才过,便不是礼。若和而知限节,便是礼。""'礼之用,和为贵'。和是自家合有底,发见出来,无非自然。""礼是严敬之意。但不做作而顺于自然,便是和。"③在朱熹看来,"礼之用,和为贵"中的"和",就是指礼出自自然,"不待安排","不做作而顺于自然"。

此外,朱熹不赞同以《中庸》"喜怒哀乐之未发,谓之中;发而皆中节,谓之和"解"礼之用,和为贵"之"和",因为在他看来,"礼尚或有不中节处"。据《朱子语类》载,问:"周子不言'礼智',而言'中正',如何?"曰:"礼智说得犹宽,中正则切而实矣。且谓之礼,尚或有不中节处。若谓之中,则无过不及,无非礼之礼,乃节文恰好处也。谓之智,尚或有有正不正,若谓之正,则是非端的分明,乃智之实也。"④换言之,"发而皆中节谓之和"的"和",讲的是"中节",而为"天下之达道","和使事事都要和,这里也恰好,这处也中节,那处也中节。若一处不和,便不是和矣"⑤,而"礼之用,和为贵"的"和",讲的是礼之用,尚有中节或不中节处,所以,二者不可混为一谈。

由此可见,朱熹对于《论语》"礼之用,和为贵"的诠释,一方面,不同于先前只是从礼乐关系入手将"和"解说为"乐",而是较多地从礼

---

① (宋)黎靖德编:《朱子语类》卷22,第2册,第513页。
② (宋)黎靖德编:《朱子语类》卷22,第2册,第514页。
③ (宋)黎靖德编:《朱子语类》卷22,第2册,第516页。
④ (宋)黎靖德编:《朱子语类》卷94,第6册,第2382页。
⑤ (宋)黎靖德编:《朱子语类》卷22,第2册,第519页。

的体用关系的角度把"礼之用,和为贵"之"用"看作体用之用,讲"礼中自有和";另一方面,又讲"和"与"礼"不可分离,而强调"和"就"礼之出于自然"而言,并进而从心性层面讲"和",提出"和者,从容不迫之意",认为礼之用在于心之和,在于自然和缓;同时,又强调"礼尚或有不中节处",不赞同以"发而皆中节谓之和"解"礼之用,和为贵"之"和"。显然,朱熹把《论语》"礼之用,和为贵"之"和"解读为"从容不迫",其中包含了复杂的理论结构,具有丰富的心性意蕴。重要的是,朱熹的解读对后世产生了很大的影响。

(三)"以和顺于人心"与"发而皆中节谓之和"

与朱熹一样,王夫之也讲礼有体用。他说:"夫三纲五常者,礼之体也;忠、质、文者,礼之用也。所损益者固在用,而用即体之用,要不可分。"[1] 但是,他并不认为《论语》"礼之用,和为贵"中的"用"是体用之用。他说:"有子说'礼之用,和为贵',言'为贵',则非以其体言,而亦不即以用言也。'用'只当'行'字说,故可云'贵'。若'和'竟是用,则不须拣出说'贵'矣。'用'者,用之于天下也。故曰'先王之道',曰'小大由之',全在以礼施之于人而人用之上立论。此'用'字不与'体'字对。'贵'者,即所谓道之美而大小之所共由也。'和'者,以和顺于人心之谓也。用之中有和,而和非用礼者也。"[2] 在王夫之看来,"礼之用,和为贵"中的"用",只能解读为"行",而"和"解读为"以和顺于人心"。[3] 因此,他认为,《论语》"礼之用,和为贵。先王之道斯为美,小大由之"应当解读为:"礼之行于天下而使人由之以应夫事者,唯和顺于夫人之心而无所矫强之为贵;唯其然,斯先王之以礼为小大共由之道者,以纯粹而无滞也。"[4] 显然,王夫之对于"礼之用,和为贵"的解读,并不像朱熹那样从礼之体用的角度讲"礼中自有和",而是讲礼之行于天下以"和"为贵。至于王夫之讲"'和'者,以和顺于人心之谓

---

[1] (清)王夫之:《读四书大全说》,《船山全书》,第6册,第611页。
[2] (清)王夫之:《读四书大全说》,《船山全书》,第6册,第590页。
[3] 日本江户时代荻生徂徕的《论语征》注"礼之用和为贵"之"和",曰:"盖和者,和顺也,谓和顺于事情也。"([日]荻生徂徕:《论语征》,[日]松平赖宽:《论语征集览》,第82页)
[4] (清)王夫之:《读四书大全说》,《船山全书》,第6册,第590页。

也","唯和顺于夫人之心而无所矫强之为贵",这里的"和"并不是指不同事物的调和、和谐,而是具有和善、平和之意,与朱熹讲"和者,从容不迫之意"大同小异;如上所述,朱熹也曾讲"吾心安处便是和","和者,心以为安,而行之不迫",又多以"礼之出于自然"言"和",意在自然和缓、从容和缓。

需要指出的是,唐代李翱把《论语》"礼之用,和为贵"中的"和"看作《中庸》"喜怒哀乐之未发,谓之中;发而皆中节,谓之和"中的"和",朱熹并不赞同这样的解读,对此,王夫之说:"所云'和'者,有以德言,则《中庸》发皆中节之和是也。此则为礼之本,而非礼之用。由其有和,可使喜、怒、哀、乐之中节,则礼于是起焉。和,性情之德也。礼,天下之达道也。唯和乃中节而礼以达,斯和体而礼用,不得云'礼之用,和为贵'矣。"① 也就是说,《中庸》"发而皆中节谓之和"的"和",属于礼之本体,而"礼之用,和为贵"之"和",属于礼之行于天下的问题,二者不可相互牵连。这与朱熹讲"礼尚或有不中节处",而不以"发而皆中节谓之和"解"礼之用,和为贵"之"和",有某些关联之处。

清代刘宝楠《论语正义》把《中庸》"发而皆中节谓之和"的"和"与《论语》"礼之用,和为贵"联系起来,而不同于朱熹、王夫之的解读。刘宝楠注《论语》"中庸之为德也,其至矣乎,民鲜久矣",说:"夫子言'中庸'之旨,多著《易传》,所谓'中行',行即庸也。所谓'时',即时中也。时中则能和,和乃为人所可常行。故有子言:'礼之用,和为贵。'而子思作《中庸》,益发明其说曰:'喜怒哀乐之未发谓之中,发而皆中节谓之和。中也者,天下之大本也;和也者,天下之达道也。致中和,天地位焉,万物育焉。'"② 明确认为《中庸》"发而皆中节谓之和"是对《论语》"礼之用,和为贵"的发明。又在注"礼之用,和为贵"时案:"有子此章之旨,所以发明夫子中庸之义也。"③ 显然,对于《论语》"礼之用,和为贵",刘宝楠以《中庸》"发而皆中节谓之和"进行解读,既不同于朱熹讲"礼尚或有不中节处",把"发而皆中节谓之和"与"礼之用,和为贵"区别开来,也不同于王夫之把"礼之用,和为贵"的"用"只当"行"字说,不取体用之用,而与"发而皆中节谓之和"相区别,实际上是直承唐代李翱。

---

① (清)王夫之:《读四书大全说》,《船山全书》,第6册,第591页。
② (清)刘宝楠:《论语正义》,第248页。
③ (清)刘宝楠:《论语正义》,第29—30页。

后来俞樾《群经平议》说："'礼之用，和为贵'，与《礼记·儒行篇》曰：'礼之以和为贵。'文义正同。此'用'字止作'以'字解，当以六字为句。近解多以体用为言，失之矣。"① 俞樾以《礼记》"礼之以和为贵"解《论语》"礼之用，和为贵"，批评朱熹以礼有体用为言，很可能受到日本伊藤仁斋、荻生徂徕的影响。伊藤仁斋认为"礼之用，和为贵"中间不可断句，而为"礼之用和为贵"，并解说："用，以也。《礼记》作'礼之以和为贵'是也。和者，无乖戾之谓。盖礼胜则离，故行礼必以和为贵。"② 荻生徂徕说："'礼之用和为贵'，不可中间断句，《戴记》'礼之以和为贵'。用，训以，古书率然。仁斋先生引之，为是。……盖和者，和顺也，谓和顺于事情也。……《燕义》曰：'和宁礼之用也。'此言用礼则国家和宁也。"③ 如上所述，《礼记》"礼之以和为贵"中的"和"，经孔颖达的解读，确有和谐之意，但并没有与《论语》"礼之用，和为贵"联系起来。伊藤仁斋、荻生徂徕将"礼之用，和为贵"等同于《礼记》"礼之以和为贵"，把"和"解为"无乖戾"，"和顺于事情"，讲"用礼则国家和宁"，俞樾随其后，显然是将"礼之用，和为贵"中的"和"解为调和、和谐。

戴望《戴氏注论语》解"礼之用，和为贵"，曰："和，调也，合也。天地合和其气，故生阴阳，陶化万物。礼本于天，亦宓上下合和，以陶化万民。《春秋说》曰：'王者行礼，得天中和。'"④ 似乎也是将"礼之用，和为贵"中的"和"解为调和、和谐。

康有为《论语注》对"礼之用，和为贵"的解读，包含朱熹所言，但与朱熹的解读并不相同，说："礼者，天理之节文，人事之仪则也。用，施行也。和，调也。盖礼之为体虽严，然皆出于人情之自然，故其为用，必刚柔相调而不乖，乃免礼胜则离而可贵。"又说："严而泰，和而节，此理之自然，礼之全体也。毫厘有差，则失其中正，而各倚于一偏，其不行均矣。礼胜则离，必和之以乐；乐胜则流，必节之以礼。盖礼以严为体，而以和为用；乐以和为体，而以严为用。二者皆不可偏，庶几欣喜欢爱，中正无邪也。"⑤ 这里依朱熹所言"严而泰，和而节，此理之自然，礼之全体也"而讲"礼以严为体，而以和为用"，但是，康有为把"用"解读为

---

① （清）俞樾：《群经平议》卷30，《俞樾全集》，第2册，第882页。
② ［日］伊藤仁斋：《论语古义》，［日］松平赖宽：《论语征集览》，第80页。
③ ［日］荻生徂徕：《论语征》，［日］松平赖宽：《论语征集览》，第81—84页。
④ （清）戴望：《戴氏注论语》卷1，《续修四库全书》，第157册，第68页。
⑤ （清）康有为：《论语注》，第12页。

"施行",把"和"解读为"调",讲"刚柔相调而不乖",而不同于朱熹。

简朝亮《论语集注补正述疏》则坚持朱熹的观点,认为"礼之用,和为贵"中的"用"是体用之用,"和"即从容不迫,还说:"夫'从容不迫'者,即其无所乖戾而和顺于人心也。……《儒行》云:'礼之以和为贵,忠信之美,优游之法。'盖'优游'犹'从容'也。"① 认为朱熹解《论语》"礼之用,和为贵"的"和"为从容不迫,就是王夫之所谓"以和顺于人心",又与《礼记》"礼之以和为贵"相通。简朝亮甚至还认为屈原"从容于仁义,而节中之,即由礼也",以说明礼之贵和而从容不迫。应当说,朱熹对于《论语》"礼之用,和为贵"的解读直至清末仍具有重要学术价值。

(四)余论

从以上分析可以看出,古代儒家对于《论语》"礼之用,和为贵"的诠释,主要经历了从皇侃、邢昺讲"和,即乐也","和,谓乐也",到朱熹讲"和者,从容不迫之意",再到王夫之讲"'和'者,以和顺于人心之谓",刘宝楠以《中庸》"发而皆中节谓之和"解"礼之用,和为贵"以及俞樾、戴望把"礼之用,和为贵"的"和"解为"和谐"的过程。

现代学者杨树达1942年写成《论语疏证》,于1955年出版,其中对"礼之用,和为贵"的解读,在刘宝楠《论语正义》把《中庸》"发而皆中节谓之和"与《论语》"礼之用,和为贵"联系起来的基础上又有所推进。他说:"事之中节者皆谓之和,不独喜怒哀乐之发一事也。《说文》云:'龢,调也。''盉,调味也。'乐调谓之龢,味调谓之盉,事之调适者谓之和,其义一也。和,今言适合,言恰当,言恰到好处。礼之为用固在乎适合,然若专求适合,而不以礼为之节,则终日舍己徇人,而亦不可行矣。朱子训和为从容不迫,既与古训相违,以之释知和而和,尤不可通,恐未是也。"② 在杨树达看来,"事之中节者皆谓之和",和,即适合、恰当,或恰到好处,因此,"礼之用,和为贵",即"礼之为用固在乎适合"。杨伯峻《论语译注》把"礼之用,和为贵"解说为:"礼的作用,以遇事都做得恰当为可贵。过去圣明君王的治理国家,可宝贵的地方就在

---

① (清)简朝亮:《论语集注补正述疏》,第48页。
② 杨树达:《论语疏证》,上海古籍出版社2013年版,第28页。

这里；他们小事大事都做得恰当。但是，如有行不通的地方，便为恰当而求恰当，不用一定的规矩制度来加以节制，也是不可行的。"① 近年来，李泽厚《论语今读》也解说为："礼的作用，以恰到好处为珍贵。前代圣王的规矩，这样算美；不管大小事情都如此。也有行不通的时候，即如果为恰当而恰当，不用礼来规范衡量，那也是行不通的。"② 于是，杨树达把《论语》"礼之用，和为贵"解读为"礼之为用固在乎适合"，成为一家之言。

与此不同，于1957年出版的侯外庐等《中国思想通史》（第1卷）在论述"儒家是比较现实的"时，既讲"孔子主要是对于周代先王企图进行理论的维新，这就是他删《诗》、《书》、定礼、乐的宗教改革"，又说："儒者称周道、先王的另一意义，是在于调和阶级矛盾，所谓'礼之用，和为贵，先王之道斯为美。'（《论语·学而》）。因为'礼'之本是别贵贱的，但其用则是'和而不同'的，即是在不同的阶级地位上而调和矛盾的。"③ 这里把"礼之用，和为贵"之"和"等同于《论语·子路》所载子曰"君子和而不同"之"和"，并解读为"调和"。当今不少学者实际上接受了这一解读。无论是那些热衷于把传统文化与现代文化建设结合起来的学者，把"礼之用，和为贵"中的"和"说成是"和谐"，与建设和谐社会的愿望联系在一起，因而视之为精华，还是那些对传统文化持批评态度的学者，从历史的角度认为"'礼之用，和为贵'是维护纲常礼教的理论命题"，朱熹为之所做的诠释和维护所反映的是"专制主义和谐观"，④ 因而视之为糟粕，实际上都接受了侯外庐等《中国思想通史》对"礼之用，和为贵"的解读。

《论语》讲"君子和而不同"，又讲"礼之用，和为贵"，但历代学者大都不将"礼之用，和为贵"之"和"等同于"君子和而不同"之"和"，不将其解读为"调和""和谐"。直到清代俞樾将"礼之用，和为贵"之"和"等同于《礼记》"礼之以和为贵"之"和"，才解读为"调和""和谐"，戴望也解为"和，调也，合也"，但仍然没有与"君子和而不同"联系起来。侯外庐等《中国思想通史》为批判儒学而依据孔子所言"君子和而不同"，把《论语》"礼之用，和为贵"中的"和"解读为"调

---

① 杨伯峻译注：《论语译注》，第11页。
② 李泽厚：《论语今读》，第15页。
③ 侯外庐等：《中国思想通史》第1卷，第50—51页。
④ 张分田：《"礼之用，和为贵"是维护纲常礼教的理论命题——以朱熹的专制主义和谐观为典型例证》，《天津师范大学学报》2017年第1期。

和",为当今不少学者所接受,实际上尚须做更多的学术论证。

自唐代李翱把《论语》"礼之用,和为贵"中的"和"解读为《中庸》"喜怒哀乐之未发,谓之中;发而皆中节,谓之和"中的"和"以来,经清代刘宝楠《论语正义》的发挥,直至现代,杨树达进一步提出"事之中节者皆谓之和",把"礼之用,和为贵"之"和"解读为适合、恰当,或恰到好处,并且为不少学者所接受,显然是有其理论渊源的。

然而,《中庸》"喜怒哀乐之未发,谓之中;发而皆中节,谓之和"中的"和",讲的是"天下之达道",所谓"和也者,天下之达道也",而在李翱、刘宝楠那里,《论语》"礼之用,和为贵"中的"和",讲的是礼之用,如以上朱熹所言,"礼尚或有不中节处";如果只是从字面上将"礼之用,和为贵"解读为礼的施用必须以和之道为贵,似乎可通,但是《论语》又讲"知和而和,不以礼节之,亦不可行",这里的"和"与礼是并列的,而且应当以礼节之,不可能是"天下之达道"。

杨树达、杨伯峻、李泽厚将"礼之用,和为贵"中的"和"解为适合、恰当,或恰到好处,但是,杨树达讲"然若专求适合,而不以礼为之节,则终日舍己徇人,而亦不可行矣",杨伯峻讲"为恰当而求恰当,不用一定的规矩制度来加以节制,也是不可行的",李泽厚讲"如果为恰当而恰当,不用礼来规范衡量,那也是行不通的",实际上是将礼与适合、恰当分离开来。这也是难以说通的。适合、恰当是礼的基本要求,如前所述,朱熹对"和与礼成二物"有过批评。

相比较而言,朱熹对《论语》"礼之用,和为贵"的解读,继汉唐儒家学者讲"和,即乐也""和,谓乐也"而来,并由此做进一步分析,讲"礼中自有和",从心性层面讲"和",讲"和者,从容不迫之意",为后世所继承,虽然在措辞上仍有可商榷之处,但是,讲"礼者,天理之节义,人事之仪则也。和者,从容不迫之意",既讲礼之外在性,又讲礼之内在性,强调礼所内在的自然和缓,可以使我们更多地看到从"於穆不已"[1]的天道中,从人之"虚灵不昧"的心性中自然流出的礼,及其所内涵的自信、淡定和从容不迫,而这恰恰正是儒学之特点,也是今天重构人的主体性最为需要的。

---

[1] 《中庸》说:"《诗》云:'维天之命,於穆不已!'盖曰天之所以为天也。'於乎不显!文王之德之纯!'盖曰文王之所以为文也,纯亦不已。"朱熹解曰:"於,叹辞。穆,深远也。不显,犹言岂不显也。纯,纯一不杂也。引此以明至诚无息之意。程子曰:'天道不已,文王纯于天道,亦不已。纯则无二无杂,不已则无间断先后。'"[(宋)朱熹:《四书章句集注》,第35—36页]

十四 "无为而治者，其舜也与"[*]

道家讲"无为"，老子《道德经》讲"圣人处无为之事"，"为无为则无不治"。然而，孔子也讲"无为"。据《论语·卫灵公》载，子曰："无为而治者，其舜也与！夫何为哉，恭己正南面而已矣。"对此，历代不少儒家学者将其中"无为而治"诠释为"言任官得其人，故无为而治"。现代学者也大都据此言舜"无为而治"。杨伯峻《论语译注》注"无为而治"说："舜何以能如此？一般儒者都以为他能'所任得其人，故优游而自逸也'（《三国志·吴志·楼玄传》）。……赵岐《孟子注》也说：'言任官得其人，故无为而治。'"[①] 钱穆《论语新解》注"无为而治"说："任官得人，己不亲劳于事。"[②] 李泽厚《论语今读》也引述历代儒家学者所谓"言任官得其人，故无为而治"[③]。与此不同，朱熹对《论语》"无为而治"的解读，讲"德盛而民化，不待其有所作为"，又讲"得人以任众职"而"恭己"，与汉唐儒言"任官得其人"相区别；同时，朱熹又把对《论语》"为政以德"的解读，与"无为"联系在一起，讲"为政以德，则无为而天下归之"，并且与老子"无为"相区别。朱熹对《论语》"无为而治"和"为政以德"的解读，对后世影响很大，并引起清儒的讨论，对于今天重新理解儒家的"无为"仍具有重要的学术价值。

---

[*] 本章部分内容已以《朱熹解〈论语〉"无为而治"》为题发表于《中州学刊》2019年第3期。

[①] 杨伯峻译注：《论语译注》，第235页。其中有一句"赵岐《孟子注》也说：'言任官得其人，故无为而治。'"经查对，赵岐注，孙奭疏《孟子注疏》（十三经注疏本），并无"言任官得其人，故无为而治"之说，恐有笔误；或引自何晏《论语集解》注。

[②] 钱穆：《论语新解》，第399页。

[③] 李泽厚：《论语今读》，第287页。其中引述杨伯峻《论语译注》："赵岐《孟子注》也说：'言任官得其人，故无为而治。'"

（一）"无为而治者，圣人德盛而民化"

对于《论语》"无为而治者，其舜也与"，董仲舒说："王者有改制之名，无易道之实。孔子曰：'无为而治者，其舜乎！'言其主尧之道而已。此非不易之效与？"① 又说："三王之道所祖不同，非其相反，将以救溢扶衰，所遭之变然也。故孔子曰：'亡为而治者，其舜虖！'改正朔，易服色，以顺天命而已；其余尽循尧道，何更为哉？故王者有改制之名，亡变道之实。"② 认为舜"无为而治"在于不改尧之道。与此不同，刘向《新序》说："王者劳于求人，佚于得贤。舜举众贤在位，垂衣裳，恭己无为而天下治。"③ 王充《论衡》说："经曰：'上帝引逸。'谓虞舜也。舜承安继治，任贤使能，恭己无为而天下治。故孔子曰：'巍巍乎！舜、禹之有天下，而不与焉！'"④ 郑玄笺《诗经》"伴奂尔游矣，优游尔休矣"，说："伴奂，自纵弛之意也。贤者既来，王以才官秩之，各任其职，女则得伴奂而优自休息也。孔子曰：'无为而治者，其舜也与！恭己正南面而已。'言任贤故逸也。"⑤ 郑玄认为，"无为而治"在于任贤。这一解读，对后世影响很大。

魏何晏《论语集解》注"无为而治者，其舜也与！夫何为哉，恭己正南面而已矣"，曰："言任官得其人，故无为而治也。"南北朝皇侃《论语义疏》疏曰："舜上受尧禅于己，己又卜禅于禹，受授得人，故孔子叹舜无为而能治也。……既受授善得人，无劳千情虑，故云'夫何为哉'也。既垂拱而民自治，故所以自恭敬而居天位，正南面而已也。……由受授皆圣，举十六相在朝，故是任官得其人也。"⑥ 邢昺《论语注疏》疏曰："帝王之道，贵在无为清静而民化之，然后之王者，以罕能及。故孔子曰：'无为而天下治者，其舜也与！'所以无为者，以其任官得人。夫舜何必有为哉？但恭敬己身，正南面向明而已。……《舜典》命禹宅百揆，弃、后

---

① （汉）董仲舒著，（清）苏舆撰：《春秋繁露义证》，第18页。
② （汉）班固：《汉书》卷56，第8册，第2518页。
③ （汉）刘向撰，赵善诒疏证：《新序疏证》，华东师范大学出版社1989年版，第91页。
④ （汉）王充著，黄晖撰：《论衡校释》，第297页。
⑤ （汉）毛亨传，（汉）郑玄笺，（唐）孔颖达疏：《毛诗正义》，（清）阮元校刻：《十三经注疏》，第1册，第1176页。
⑥ （梁）皇侃：《论语义疏》，第394—395页。

稷、契作司徒，皋陶作士，垂、共工、益作朕虞，伯夷作秩宗。夔典乐教胄子，龙作纳言，并四岳十二牧，凡二十二人，皆得其人，故舜无为而治也。"① 应当说，直到北宋，《论语》所谓"无为而治"仍然多被诠释为"任官得其人"。

南宋朱熹《论孟精义》收录了当时对于"无为而治者，其舜也与"的各种主要解读，包括：

范祖禹曰："圣人酬酢天下万事之变，其中心实无为也。舜得禹、皋陶、稷、契而相之，如天运于上，而寒暑各司其序，故恭己正南面而已矣。"

吕大临曰："体信达顺，德孚于人，从欲以治，则四方风动，与人为善，则人效其能，夫何为哉？君犹心也，天下四体也，仁义礼智根于心，其生色也睟然，见于面，盎于背，施于四体，四体不言而喻，其是之谓与？"

谢良佐曰："扬子曰：'袭尧之爵，行尧之道，法度彰，礼乐著，垂拱而视，天民之阜也，无为也。'"

杨时曰："惇五典，庸五礼，章五服，用五刑，皆天也。舜何为哉？恭己奉天而已。"

侯仲良曰："笃恭而天下平，夫何为哉？"

尹焞曰："圣人之治天下，岂事事而为之哉？恭己正南面而已矣，其治天下之道毕矣。"②

对于各家解说，朱熹一一作了评说，指出："范氏以用人为说，吕氏以体信达顺、与人为善为说，杨氏以奉天为说，固皆善矣，而夫子之言未及乎此也。自古帝王之为治，盖亦莫不然者，夫子何独于舜而称之乎？故详味夫子之言，则此章之说，侯、尹氏得之为多，而谢氏说，又见其所以独言舜之意，虽若与侯氏小异，然合二说而观之，则知其时事心迹无一不然，而足以见圣人之言，盖非偶然而发矣。"③ 显然，在朱熹看来，孔子所言"无为而治者，其舜也与！夫何为哉，恭己正南面而已矣"，其中"无为而治"的内涵不在于范祖禹的以用人为说，也不是吕大临的以体信达顺、与人为善为说以及杨时的以奉天为说，而在于侯仲良讲的"笃恭"，尹焞讲的"恭己"。

---

① （魏）何晏集解，（宋）邢昺疏：《论语注疏》，（清）阮元校刻：《十三经注疏》，第5册，第5467页。

② （宋）朱熹：《论孟精义》，朱杰人等编：《朱子全书》，第7册，第519—520页。

③ （宋）朱熹：《四书或问》，朱杰人等编：《朱子全书》，第6册，第848页。

十四 "无为而治者，其舜也与" 231

朱熹《论语集注》注曰："无为而治者，圣人德盛而民化，不待其有所作为也。独称舜者，绍尧之后，而又得人以任众职，故尤不见其有为之迹也。恭己者，圣人敬德之容。既无所为，则人之所见如此而已。"① 显然，朱熹认为，"无为而治"讲的是"德盛而民化，不待其有所作为"，又能够"得人以任众职"而"恭己"。对此，朱熹《论语或问》说："或问：恭己之为圣人敬德之容，何也？曰：纯敬不已，无事乎操修，自外观之，见其恭己而已尔。"② 所谓"恭己"，实际上就是向内的"纯敬不已"，不断地修养自己，而具有恭谨律己之仪态。

关于"恭"与"敬"的关系，朱熹说："恭主容，敬主事。有事著心做，不易其心而为之，是敬。恭形于外，敬主于中。自诚身而言，则恭较紧，自行事而言，则敬为切。"③ 据《朱子语类》载，或云："敬，主于中者也；恭，发于外者也。"曰："凡言发于外，比似主于中者较大。盖必充积盛满，而后发于外，则发于外者岂不如主于中者！然主于中者却是本，不可不知。"④ 也就是说，"恭"指的是外在的容貌，"敬"为内在的恭敬之心，虽然外在的"恭"很重要，但"敬"为本，工夫在"敬"上。因此，朱熹说："敬是彻上彻下工夫。虽做得圣人田地，也只放下这敬不得。如尧舜，也终始是一个敬。如说'钦明文思'，颂尧之德，四个字独将这个'敬'做擗初头。如说'恭己正南面而已'，如说'笃恭而天下平'，皆是。"⑤ 由此可见，朱熹是以"恭己"解孔子之"无为而治"，而这实际上就是孔子所谓"修己以敬""修己以安人"。

应当说，朱熹把"无为而治"解读为"德盛而民化，不待其有所作为"，讲"恭己"，与汉唐儒家解读为"任官得其人"有着明显的区别：

第一，汉唐儒认为，舜的"无为而治"在于"任官得其人"，也就是说，舜的治国之道是"任官得其人"，是因为做到了"任官得其人"，所以能够"恭己正南面"；换言之，孔子所言"无为而治者，其舜也与！夫何为哉，恭己正南面而已矣"，其中"无为而治"与"恭己正南面"前后两句，其意各异。与此不同，朱熹认为，舜的"无为而治"，就是"德盛而民化，不待其有所作为"，就是要"恭己正南面"；"恭己正南面"是对"无为而治"的解释，前后两句，其意一致。

---

① （宋）朱熹：《四书章句集注》，第163页。
② （宋）朱熹：《四书或问》，朱杰人等编：《朱子全书》，第6册，第848页。
③ （宋）黎靖德编：《朱子语类》卷6，第1册，第122—123页。
④ （宋）黎靖德编：《朱子语类》卷6，第1册，第123页。
⑤ （宋）黎靖德编：《朱子语类》卷7，第1册，第126页。

第二，汉唐儒认为，舜的治国之道在于"任官得其人"；与此不同，朱熹虽然也认为舜能"得人以任众职"，但又强调，舜由于能"得人以任众职"，所以"尤不见其有为之迹"。朱熹《论语或问》说："曰：以《书》、《传》考之，舜之为治，朝觐、巡狩、封山、浚川、举元凯、诛四凶，非无事也，此其曰无为而治者，何耶？曰：即《书》而考之，则舜之所以为治之迹，皆在摄政二十八载之间，及其践天子位，则《书》之所载，不过命九官十二牧而已，其后无他事也。虽《书》之所记，简古稀阔，然亦足以见当时之无事也。曰：若是，则其治也，乃时事之适然，而非恭己之效也，奈何？曰：因其时事之适然也，而舜又恭己以临之，是以其治益以长久而不替也。"① 也就是说，舜不仅能够在有事时"得人以任众职"，而且能够在无事时"恭己以临之"，因此，"其治益以长久而不替"。按照朱熹的说法，国有有事之时，有无事之时，治国应当"因其时事之适然"；有事之时"得人以任众职"，无事之时"恭己以临之"。

第三，与汉唐儒认为舜的治国之道在于"任官得其人"不同，朱熹更为强调无事之时"恭己以临之"。他不仅讲舜"恭己以临之"，所以"其治益以长久而不替"，而且还说："若后世之君，当无事之时，而不知圣人恭己之道，则必怠惰放肆，宴安鸩毒，而其所谓无事者，乃所以为祸乱多事之媒也。"② 在朱熹看来，舜在无事之时，"恭己以临之"，因而国家能够长治久安；与之相反，如果"怠惰放肆，宴安鸩毒"，则只会导致"祸乱多事"。

如上所述，对于范祖禹的以用人为说，吕大临的以体信达顺、与人为善为说，杨时的以奉天为说，朱熹认为"自古帝王之为治，盖亦莫不然者"。也就是说，"任官得其人"之类，自古帝王治国都是这样做的。既然如此，为什么独称舜"无为而治"呢？不可能只是因为舜在有事之时"得人以任众职"，更多的是因为舜能够在无事之时"恭己以临之"，所以，孔子讲"无为而治者，其舜也与"，其中"无为而治"应当是指"恭己正南面"，就是指"德盛而民化，不待其有所作为"，而不是指汉唐儒所谓"任官得其人"；同时，舜又由于特别善于"得人以任众职"，因而更能够"恭己正南面"，所以"尤不见其有为之迹"。可见，在朱熹看来，孔子独称舜"无为而治"，既是由于舜能够"德盛而民化，不待其有所作为"，又在于舜善于"得人以任众职"，二者相辅相成，缺一不可，正如朱熹后

---

① （宋）朱熹：《四书或问》，朱杰人等编：《朱子全书》，第6册，第848—849页。
② （宋）朱熹：《四书或问》，朱杰人等编：《朱子全书》，第6册，第849页。

学饶鲁所说:"《集注》分两节,一节说'圣人德盛而民化,不待其有所作为',此是众圣人之所同;一节说舜'绍尧之后,又得人以任众职,故尤不见其有为之迹',此是舜之所独。"① 后来,蔡清《四书蒙引》也说:"'独称舜者,绍尧之后,而又得人以任众职',此二句都是推孔子所以独以无为而治归诸舜之意。然今人只知舜是绍尧之后又得人以任众职,所以无为。至于德盛民化,则又略之,殊不是。盖自古圣人德皆盛,德皆盛皆可无为而治,但舜不徒盛德,又有此两段机会尤为无为耳,故独称之。"② 但无论如何,在朱熹那里,"无为而治"是指"德盛而民化""恭己"而言。

(二)"为政以德,则无为而天下归之"

《论语》讲"无为"仅有一处,但历代儒家学者还把对《论语》"为政以德,譬如北辰,居其所而众星共之"的解读,与"无为"联系在一起。何晏《论语集解》注引郑玄曰:"德者无为,譬犹北辰之不移而众星拱之也。"③ 南北朝皇侃《论语义疏》疏曰:"此明人君为政教之法也。德者,得也。言人君为政,当得万物之性,故云'以德'也。……北辰镇居一地而不移动,故众星共宗之以为主也。譬人君若无为而御民以德,则民共尊奉之而不违背,犹如众星之共尊北辰也。"④ 北宋邢昺《论语注疏》疏曰:"'为政以德'者,言为政之善,莫若以德。德者,得也。物得以生,谓之德。淳德不散,无为化清,则政善矣。……人君为政以德,无为清静,亦众人共尊之也。"⑤ 据此,一直有儒家学者将"为政以德"解读为"德者无为"。

朱熹《论孟精义》收录了当时对于"为政以德"的各种主要解读,其中讲"无为"的有:

程颐曰:"为政以德,然后无为。"

---

① (明)胡广:《四书大全·论语集注大全》卷15,《景印文渊阁四库全书》,第205册,第437页。
② (明)蔡清:《四书蒙引》卷8,《景印文渊阁四库全书》,第206册,第342—343页。
③ (梁)皇侃:《论语义疏》,第23页。邢昺《论语注疏》引包咸曰:"德者无为,犹北辰之不移而众星共之。"
④ (梁)皇侃:《论语义疏》,第22—23页。
⑤ (魏)何晏集解,(宋)邢昺疏:《论语注疏》,(清)阮元校刻:《十三经注疏》,第5册,第5346页。

范祖禹曰:"人君欲天下之归己,则莫若务德而已。为政以德,则不动而化,不言而信,无为而成,如北辰之居其所而众星拱之。是故所守者至简,而能御烦;所处者至静,而能制动;所务者至寡,而能服众也。"

谢良佐曰:"北辰,天之机也。以其居中,故谓之北极。以其所建周于十二辰之舍,故谓之北辰。于此见无为而为矣,故为政以德者如之。"

杨时曰:"政者,正也。王中心无为,以守至正,而天下从之,故譬如北辰。"

尹焞曰:"为政以德,则不动而化,无为而治。"①

朱熹赞同程颐、范祖禹、尹焞的说法,而反对谢良佐"无为而为"、杨时"中心至正"的说法,并指出:"详圣人之意,但以为有德,然后能无为而天下归之,如北辰之不动,而众星拱之耳,非以北辰为有居中之德也。"② 认为"为政以德",首先要有德,然后又要能"无为",而不可只讲"无为",只讲"北辰之不动",而不讲北辰的"居中之德"。朱熹《论语集注》注"为政以德",曰:"为政以德,则无为而天下归之。"③ 并引述程颐与范祖禹所言。

关于"为政以德",朱熹特别强调不是"以德去为政"。据《朱子语类》载,问:"'为政以德',莫是以其德为政否?"曰:"不必泥这'以'字。'为政以德',只如为政有德相似。"文振问:"'为政以德',莫是以身率之?"曰:"不是强去率它。须知道未为政前先有是德。若道'以身率之',此语便粗了。"④ 所以,朱熹说:"'为政以德'者,不是把德去为政,是自家有这德,人自归仰,如众星拱北辰。……众星于北辰,亦是自然环向,非有意于共之也。"⑤ 也就是说,"为政以德"不是"以德去为政",或是刻意地"以身率之",而只是"我有是德而彼自服,不待去用力教他来服耳"⑥,"只是本分做去,不以智术笼络天下,所以无为"⑦。

与此同时,朱熹又讲"为政以德"之"无为"不是无所作为。据《朱子语类》载,或问"为政以德"。曰:"'为政以德',不是欲以德去为政,亦不是块然全无所作为,但德修于己而人自感化。然感化不在政事

---

① (宋)朱熹:《论孟精义》,朱杰人等编:《朱子全书》,第7册,第63—64页。
② (宋)朱熹:《四书或问》,朱杰人等编:《朱子全书》,第6册,第637—638页。
③ (宋)朱熹:《四书章句集注》,第53页。
④ (宋)黎靖德编:《朱子语类》卷23,第2册,第533页。
⑤ (宋)黎靖德编:《朱子语类》卷23,第2册,第534页。
⑥ (宋)黎靖德编:《朱子语类》卷23,第2册,第536页。
⑦ (宋)黎靖德编:《朱子语类》卷23,第2册,第536—537页。

上，却在德上。盖政者，所以正人之不正，岂无所作为。但人所以归往，乃以其德耳。故不待作为，而天下归之，如众星之拱北极也。"① 所以，朱熹说："'为政以德'，非是不用刑罚号令，但以德先之耳。以德先之，则政皆是德。"② 又说："所谓无为，非是尽废了许多簿书之类。"③ 据《朱子语类》载，问："'为政以德'，如何无为？"曰："圣人合做处，也只得做，如何不做得。只是不生事扰民，但为德而民自归之。非是说行此德，便要民归我。……但圣人行德于上，而民自归之，非有心欲民之服也。"④ 朱熹还说："圣人不是全无一事。如舜做许多事，岂是无事。但民心归向处，只在德上，却不在事上。许多事都从德上出。若无德而徒去事上理会，劳其心志，只是不服。'为政以德'，一似灯相似，油多，便灯自明。"⑤ 所以，他认为，"为政以德"不是全然不为，而只是"以德先之"，"以德则自然感化，不见其有为之迹耳"。

由此可见，朱熹所谓"为政以德，则无为而天下归之"，其中"无为"，是要以德为先，"自然感化"，不是全然不为，而且还不废礼乐刑政，明显不同于老子的"无为"。对此，朱熹做过深入的讨论。

朱熹说："老子之学，大抵以虚静无为、冲退自守为事。故其为说，常以懦弱谦下为表，以空虚不毁万物为实。"⑥ 在朱熹看来，老子讲"无为"，以"无为"为本，而与此不同，孔子讲"无为"，则是以德为本。朱熹还说："德与政非两事。只是以德为本，则能使民归。若是'所令反其所好'，则民不从。"⑦

据《朱子语类》载，问："'为政以德'，老子言无为之意，莫是如此否？"曰："不必老子之言无为。孔子尝言：'无为而治者，其舜也与！夫何为哉？恭己正南面而已矣。'老子所谓无为，便是全不事事。圣人所谓无为者，未尝不为，依旧是'恭己正南面而已矣'；是'己正而物正'，'笃恭而天下平'也。后世天下不治者，皆是不能笃恭尽敬。若能尽其恭敬，则视必明，听必聪，而天下之事岂有不理！"⑧ 在朱熹看来，老子讲"无为"，是"全不事事"，而与此不同，孔子讲"无为"，则是"未尝不

---

① （宋）黎靖德编：《朱子语类》卷23，第2册，第533—534页。
② （宋）黎靖德编：《朱子语类》卷23，第2册，第534页。
③ （宋）黎靖德编：《朱子语类》卷23，第2册，第536页。
④ （宋）黎靖德编：《朱子语类》卷23，第2册，第537页。
⑤ （宋）黎靖德编：《朱子语类》卷23，第2册，第537页。
⑥ （宋）黎靖德编：《朱子语类》卷125，第8册，第2986页。
⑦ （宋）黎靖德编：《朱子语类》卷23，第2册，第533页。
⑧ （宋）黎靖德编：《朱子语类》卷23，第2册，第537页。

为"。朱熹还说:"老子所谓无为,只是简忽。圣人所谓无为,却是付之当然之理。如曰:'无为而治者,其舜也与!夫何为哉?恭己正南面而已。'这是甚么样本领!岂可与老氏同日而语!"①

此外,在朱熹看来,老子讲"无为","虽曰'我无为而民自化',然不化者则亦不之问也"②,也就是说,老子讲"我无为而民自化",旨在我之"无为",不在民之"化"与"不化",而与此不同,孔子讲"无为",虽然"非有心欲民之服",但仍在意于"民自归之""自然感化"。

朱熹在《论语集注》中对"为政以德"的诠释,在其《中庸章句》中得到进一步的深化,而形成为政以诚思想。③ 朱熹《中庸章句》注"为政在人,取人以身,修身以道,修道以仁",说:"人君为政在于得人,而取人之则又在修身。能修其身,则有君有臣,而政无不举矣。"④ 并且注"凡为天下国家有九经,曰:修身也,尊贤也,亲亲也,敬大臣也,体群臣也,子庶民也,来百工也,柔远人也,怀诸侯也。……所以行之者一也",说:"一者,诚也。一有不诚,则是九者皆为虚文矣,此九经之实也。"⑤ 在朱熹看来,治理国家行"九经"之法,必须先有"诚";如果不"诚",则"九者皆为虚文";只有"诚",才能切实地行"九经"之法。

尤其是,朱熹《中庸章句》强调"不显之德"⑥,注"《诗》曰:'不显惟德!百辟其刑之。'是故君子笃恭而天下平",说:"笃恭,言不显其敬也。笃恭而天下平,乃圣人至德渊微,自然之应,中庸之极功也。"⑦ 又注"《诗》云:'予怀明德,不大声以色。'……'上天之载,无声无臭',至矣",说:"所谓不显之德者,正以其不大声与色也。……不若《文王》之诗所言'上天之事,无声无臭',然后乃为不显之至耳。"⑧ 可见,朱熹讲"为政以德",其中的"德",是"仁",是"诚",而且是"无声无臭"的"不显之德"。显然,这是朱熹所谓"为政以德,则无为而天下归之"的最高境界。同时,朱熹又说:"'不大声以色',只是说至德自无声色。今人说笃恭了,便不用刑政,不用礼乐,岂有此理!古人未尝不用礼

---

① (宋)黎靖德编:《朱子语类》卷23,第2册,第537—538页。
② (宋)黎靖德编:《朱子语类》卷125,第8册,第2986页。
③ 乐爱国:《朱熹〈中庸章句·哀公问政〉的为政以诚思想》,《厦门大学学报》2012年第1期。
④ (宋)朱熹:《四书章句集注》,第28页。
⑤ (宋)朱熹:《四书章句集注》,第31页。
⑥ 乐爱国:《朱熹〈中庸〉学阐释》,北京师范大学出版社2016年版,第257—273页。
⑦ (宋)朱熹:《四书章句集注》,第41页。
⑧ (宋)朱熹:《四书章句集注》,第41页。

乐刑政，但自有德以感人，不专靠他刑政尔。"① 据《朱子语类》载，公晦问："《中庸》末章说及本体微妙处，与老子所谓'玄之又玄'，庄子所谓'冥冥默默'之意同。不知老庄是否？"先生不答。良久，曰："此自分明，可且自看。某从前趁口答将去，诸公便更不思量。"临归，又请教。曰："开阔中又著细密，宽缓中又著谨严，这是人自去做。夜来所说'无声无臭'，亦不离这个。自'不显维德'引至这上，岂特老庄说得恁地？佛家也说得相似，只是他个虚大。"② 显然，朱熹认为，即使讲"不显之德"，也不是"不用礼乐刑政"，也与老、庄有根本的区别。

（三）清儒的讨论

朱熹对《论语》"无为而治"的解读，强调"恭己正南面"，讲"德盛而民化，不待其有所作为"，同时又讲"得人以任众职"，以及他对"为政以德"的解读，讲"为政以德，则无为而天下归之"，在后世产生很大影响，并在清代有过深入的讨论。

与朱熹不同，王夫之对"无为而治"的解读，虽然也强调"恭己正南面"，但把"恭己"与"正南面"分开而言，说："惟尽君德于己，精一之戒凛于中，而端敬之容型于外，恭己也，以立治之本；守君道于斧扆，听群后之政，求万民之安，正南面也，以尽君道之用。……恭而正者，百王不易之治源；有为有不为者，因时而行之妙用。论治者，可以知所先后矣。'为'字自制作立法言，非老、庄之清静也。'恭己'是修身，'正南面'是用人行政，原非为也。与《注》有别。"③ 因此，他解读"为政以德"，极力与"无为"区别开来。他说："程子曰'为政以德，然后无为'，朱子曰'则无为而天下归之'，无为者，治象也，非德休也。……若更于德之上加一'无为'以为化本，则已淫入于老氏'无为自正'之旨。抑于北辰立一不动之义，既与天象不合，且陷入于老氏'轻为重君，静为躁根'之说，毫厘千里，其可谬与？"④ 认为"为政以德"以德为本体，根本不同于老子以"无为"为本体。

毛奇龄《四书改错》则直接对朱熹的解读提出批评。他追随汉唐儒把

---

① （宋）黎靖德编：《朱子语类》卷64，第4册，第1599页。
② （宋）黎靖德编：《朱子语类》卷64，第4册，第1601页。
③ （清）王夫之：《四书训义》（上），《船山全书》，第7册，第831页。
④ （清）王夫之：《读四书大全说》，《船山全书》，第6册，第596—597页。

《论语》"无为而治"诠释为"任官得其人"。他说:"任人致治,不必身预,所为无为而治是也。……王充《论衡》云:'《经》云:"上帝引逸。"谓虞舜也。舜承安继治,任贤使能,恭己无为而天下治。故孔子曰:"巍巍乎! 舜、禹之有天下也而不与焉。"'是汉后儒者皆如此说。"① 为此,他还认为"为政以德"是"以德为政",并称朱熹以所谓"为政以德,则无为而天下归之"说明无为而治,是"驴头马嘴",还说:"包注'德者无为',此汉儒搀和黄、老之言。若何晏异学,本习老氏,故《晋书》耕籍诏早有'朕思与万国,以无为为政'语。实当时文臣变乱儒说,大启惠帝荒政及清谭虚无、神州陆沉之渐。今程、朱二氏援华山之教以参易圣经,宜其见此有冥契者。但圣道、圣学实不如是。本文明下一'为'字,与无为反。且《礼记》有哀公问为政,孔子曰:'政者,正也。君为政,则百姓从政矣。君之所为,百姓之所从也。君所不为,百姓何从?'明曰必有为,明曰必不可无为,重呼叠唤。"② 把朱熹对《论语》"为政以德"的解读等同于何晏《论语集解》注引包咸所谓"德者无为",并认为搀和了黄老之学。

程廷祚《论语说》则认为,朱熹对《论语》"为政以德"的解读,讲"无为而天下归之",虽不同于老子"无为",但也不合于孔子之意。他说:"'为政以德',谓行仁政也。……如孟子所谓'尊贤使能,俊杰在位','耕者,助而不税'之类。……旧《注》以'无为'为训,朱《注》载以简御烦、以静制动之说,虽与黄老之学有间,然直与经旨不合。"③

梁章钜《论语旁证》不赞同毛奇龄对朱熹讲"为政以德,则无为而天下归之"的批评,说:"毛氏此说驳包,即以驳朱,然独忘却'无为而治者,其舜也与',固明明夫子之言,岂唐虞时即有黄老之治乎?《集注》以以德为无为之本语,本无弊,且下复引程子曰'为政以德,然后无为',其旨益明,不烦辨也。"④ 戴大昌《驳四书改错》针对毛奇龄《四书改错》称朱熹所谓"为政以德,则无为而天下归之"是"驴头马嘴",说:"'为政以德',取象北辰居所而众星共此,犹《中庸》引《诗》言'不显惟德,百辟其刑之,君子笃恭而天下平'也。故朱《注》谓'无为而天下归之',其象如此。……且'无为'二字,亦非儒者所讳言。夫子言'无为而治者,其舜也与',《中庸》言'无为而成'。盖徒恃乎政,所谓'道之

---

① (清)毛奇龄:《四书改错》,第 413—414 页。
② (清)毛奇龄:《四书改错》,第 382—383 页。
③ (清)程廷祚:《论语说》,《续修四库全书》,第 153 册,第 455 页。
④ (清)梁章钜:《论语旁证》卷 2,《续修四库全书》,第 155 册,第 61 页。

以政'也；'为政以德'，则所谓'道之以德'也。譬之北辰居所，则所谓'恭己正南面'者是也。此正无为之象，何以谓'驴头马嘴'乎？"①

宋翔凤《论语说义》则把孔子讲"无为而治"与老子讲"无为"统一起来，说："曰'人君南面之术'，则老子与孔子道同一原。《论语》言'为政以德，譬如北辰，居其所'，又言'道之以德，齐之以礼'，又言'无为而治'，五千言之文，悉相表里。……《老子》曰：'圣人处无为之事，行不言之教。'无为而有事，不言而有教，非居敬而何？又曰：'圣人抱一为天下式。'一者，诚也，诚为敬，故抱一即居敬。"②

刘宝楠《论语正义》接受何晏《论语集解》把"无为而治者，其舜也与"注为："言任官得其人，故无为而治"，并做了进一步说明，说："《注》以恭己固可以德化，然亦因辅佐得人，乃成郅治。此《注》可补经义。"③刘宝楠认为，经文讲"无为而治"，是指"恭己"而以德化人，但还要补上"任官得其人"。同时，他又接受何晏《论语集解》注"为政以德"而引包咸曰"德者无为，犹北辰之不移，而众星共之也"，说："李氏允升《四书证疑》：'既曰为政，非无为也。政皆本于德，有为如无为也。'又曰：'为政以德，则本仁以育万物，本义以正万民，本中和以制礼乐，亦实有宰制，非漠然无为也。'案：李说足以发明此《注》之意。《礼·中庸》云：'《诗》云："不显惟德，百辟其刑之。"是故君子笃恭而天下平。''笃恭'者，德也，所谓共（恭）己正南面也。共（恭）己以作之则，则百工尽职，庶务孔修，若上无所为者然，故称舜无为而治也。"④实际上，刘宝楠的解读不仅相似于朱熹对《论语》"无为而治"的解读，以"恭己""德盛而民化"言"无为而治"，而且又相似于朱熹讲"为政以德"与"无为而治"的统一。

康有为《论语注》既讲"舜任官得人，故无为而治"，又说："盖民主之治，有先法之定章，有议院之公议，行政之官，悉由帅锡，公举得人，故但恭己，无为而可治。若不恭己，则恣用君权，挠犯宪法，亦不能治也。故无为之治，君无责任，而要在恭己矣。此明君主立宪，及民主责任政府之法。今欧人行之，为孔子预言之大义也。"⑤讲"无为而治"包括"恭己"与"得人"，而以"恭己"为重。又注"为政以德"，说："德

---

① （清）戴大昌：《驳四书改错》卷17，《续修四库全书》，第169册，第239页。
② （清）宋翔凤：《论语说义》，第112页。
③ （清）刘宝楠：《论语正义》，第615页。
④ （清）刘宝楠：《论语正义》，第39页。
⑤ （清）康有为：《论语注》，第229—230页。

无为也。升平世则行立宪之政，太平世则行共和之政。天下为公，尊贤使能，讲信修睦，人不独亲其亲，子其子，老有终，壮有用，幼有长。货恶弃地，不必藏于己，力恶不出，不必为己，人人共之以成大同，故端拱而致太平，如北极不动，而众星共绕而自团行也。无他，惟天下为公，故无为而治也。霸主专制为治，虽衡书担石，严刑重罚，智取术驭，威压强制，百出其道，职事愈瞭，乱机愈伏。无他，惟自私天下，故欲治无成也。"① 此解读与朱熹虽有小异而大同。

（四）余论

《论语》载孔子曰"无为而治者，其舜也与！夫何为哉，恭己正南面而已矣"，据《礼记·哀公问》载，鲁哀公曰："敢问君子何贵乎天道也？"孔子对曰："贵其不已，如日月东西相从而不已也，是天道也。不闭其久，是天道也。无为而物成，是天道也。已成而明，是天道也。"对于所谓"无为而物成，是天道也"，郑玄注曰："无为而成，使民不可以烦也。"孔颖达疏曰："'无为而物成是天道也'者，言春生夏长，无见天之所为，而万物得成，是天道。谓人君当则天道，以德潜化，无所营为，而天下治理，故云'是天道也。'"② 应当说，"无为"是孔子学说中重要的概念之一。

汉唐儒家以"任官得其人"言"无为而治"，又讲"德者无为"。与此不同，朱熹以"恭己""德盛而民化"言"无为而治"，又讲"为政以德，则无为而天下归之"，并将孔子讲"无为"与老子讲"无为"区别开来，从而对《论语》讲"无为"做了系统的论述，大致包括三个方面：

其一，《论语》讲"无为而治"，意在"恭己""德盛而民化"；讲"为政以德"，意在"无为而天下归之"，而以《中庸》讲"笃恭而天下平"为最高境界。

其二，《论语》讲"无为而治"，不是"无所作为"；不仅要"恭己"，而且要"得人以任众职"，并且不废礼乐刑政，要"以德先之"。

其三，《论语》讲"无为而治"，讲"为政以德"，不是"以德去为

---

① （清）康有为：《论语注》，第16—17页。
② （汉）郑玄注，（唐）孔颖达疏：《礼记正义》，（清）阮元校刻：《十三经注疏》，第3册，第3499页。

政"，或是刻意地"以身率之"，而是"自家有这德，人自归仰"，"我有是德而彼自服，不待去用力教他来服耳"，"德修于己而人自感化"，"圣人行德于上，而民自归之"，"以德则自然感化，不见其有为之迹耳"。

由此可见，朱熹解"无为"，是与有为联系在一起的，"是个无事无为底道理，却做有事有为底功业"①，而且，"惟无为，然后能有为"②。同时，朱熹尤为反对刻意的有为，而强调以德自然感化，所谓"无声无臭"。所以，他推崇程颐所谓"天地无心而成化，圣人有心而无为"，并说："这是说天地无心处。且如'四时行，百物生'，天地何所容心？至于圣人，则顺理而已，复何为哉！所以明道云：'天地之常，以其心普万物而无心；圣人之常，以其情顺万事而无情。'说得最好。"③又说："天地之间自有一定不易之理，要当见得不假毫发意思安排、不着毫发意见夹杂，自然先圣后圣如合符节，方是究竟处也。"④还说："譬如一泓水，圣人自然流出，灌溉百物，其它人须是推出来灌溉。"⑤显然，朱熹讲"无为"，强调以德自然感化，更多的是就如何"为"而言。

清儒对于孔子"无为而治"的解读，不限于汉唐儒以"任官得其人"而言"无为而治"，还较多地汲取朱熹的思想，而将孔子"无为而治"与"为政以德"联系起来。

今天对于孔子"无为而治"的解读，如果跨过清儒的解读，忽视朱熹的解读，而直接以汉唐儒家的解读为圭臬，只是以"任官得其人"言"无为而治"，显然是不妥的。与此不同，只有对前人的各种解读作出综合的考察，才能超越前人。从这个意义上说，朱熹对于孔子"无为而治"的解读，仍然是今天解读《论语》不可或缺的思想资源。

---

① （宋）黎靖德编：《朱子语类》卷40，第3册，第1035页。
② （宋）朱熹：《阴符经注》，朱杰人等编：《朱子全书》，第13册，第517页。
③ （宋）黎靖德编：《朱子语类》卷1，第1册，第4—5页。
④ （宋）朱熹：《晦庵先生朱文公文集》卷38《答黄叔张》，朱杰人等编：《朱子全书》，第21册，第1694页。
⑤ （宋）黎靖德编：《朱子语类》卷27，第2册，第693页。

十五 "民可使由之，不可使知之"*

对于《论语·泰伯》载子曰"民可使由之，不可使知之"，历来有不同解读。民国以来，有些学者将孔子此句解读为愚民政策，又有学者不赞同这样的解读，认为孔子反对愚民政策①，以致今天的不少解读仍一直纠结于该句是否属于愚民政策。尤其是对于宋代程朱的解读，当今学者也有不同的理解，既有认为程朱的解读有愚民说之嫌，又有认为程朱的解读反对愚民说。②因此，有必要就程朱对"民可使由之，不可使知之"的解读重新作出理论自洽的解释，对他们的解读是否属于愚民说，作出合理的判断。

（一）"不可使知之"与"百姓日用而不知"

东汉郑玄注《论语》"民可使由之，不可使知之"，有多种说法。郑玄注、唐贾公彦疏《仪礼注疏》引郑玄注为："民者，冥也，其见人道

---

* 本章部分内容已以《关于〈论语〉"民可使由之，不可使知之"的诠释——以何晏、朱熹、刘宝楠的解读为中心》为题发表于《南京社会科学》2019年第10期。
① 《大戴礼记·虞戴德》载子曰："圣人之教于民也，以其近而见者，稽其远而明者。天事曰明，地事曰昌，人事曰比，两以庆。违此三者，谓之愚民；愚民曰奸，奸必诛。是以天下平而国家治，民以无贷；居小不约，居大则治，众则集，寡则缪；祀则得福，以征则服。此唯官民之上德也。"
② 廖名春《孔子真精神：〈论语〉疑难问题解读》的第一章，即"愚民说——'民可使由之，不可使知之'的真相"，说："从东汉、三国的郑玄、何晏，到北宋、南宋的程颐、朱熹，他们的注解一脉相承，都是认为孔子在这里说的是老百姓只能用，不能让他们知道为什么。"并且认为，这是"把老百姓看成是睁眼瞎子，迹近于愚民"；但接着又引述程颐以及朱熹门人辅广的提出质疑，并说："程颐和辅广的意见是有道理的。"（廖名春：《孔子真精神：〈论语〉疑难问题解读》，贵阳孔学堂书局2014年版，第5—6页）既认为程颐、朱熹的解读有愚民说之嫌，又承认程颐以及朱熹弟子辅广的质疑"是有道理的"。

远。"① 唐李贤注《后汉书·方术列传》引郑玄注为:"由,从也。言王者设教,务使人从之,若皆知其本末,则愚者或轻而不行。"② 唐写本《论语郑氏注》则为:"由,从也。民者,冥也。以正道教之,必从;如知其本末,则暴者或轻而不行。"③ 问题是,对于郑玄注"民可使由之,不可使知之"而言"民者,冥也",有不同解释。有学者解郑玄所言"民者,冥也"以及"由,从也。言王者设教,务使人从之,若皆知其本末,则愚者或轻而不行",说:"这是说,老百姓是睁眼瞎子,做君王的发号施令,就一定要让人听命。如果老百姓都了解了君王的底细,那些愚蠢的人们就会看不起君王而不服从君命。一句话,就是《老子》说的'国之利器不可以示人'。"④ 认为郑玄讲"民者,冥也"是把百姓当愚者,并且不让百姓"知其本末",了解"君王的底细",因此郑玄注有愚弄百姓之嫌。其实,郑玄所谓"民者,冥也"可有另一解,即:"民可使由之,不可使知之"的"民"指的是愚者,并非指民众百姓(清儒大都持这种看法,待后再叙)。按照这样的解读,该句只是就愚者而言,讲的是如何对待愚者,并非愚弄民众百姓。⑤

三国时期魏何晏《论语集解》注孔子言"民可使由之,不可使知之",曰:"由,用也。可使用而不可使知者,百姓能日用而不能知也。"南北朝时期皇侃《论语义疏》疏曰:"此明天道深远,非人道所知也。由,用也。元亨日新之道,百姓日用而生,故云'可使由之'也。但虽日用而不知其所以,故云'不可使知之'也。"⑥ 北宋邢昺《论语注疏》疏曰:"此章言圣人之道深远,人不易知也。由,用也。'民可使用之,而不可使知之'者,以百姓能日用而不能知故也。"⑦ 可见,何晏、皇侃、邢昺对于"民可使由之,不可使知之"的解读,与《易传》所言"百姓日用而不知"相联系,把"不可使知之"中的"不可"解为"不能",把"知"解为"知

---

① (汉)郑玄注,(唐)贾公彦疏:《仪礼注疏》,(清)阮元校刻:《十三经注疏》,第2册,第2403页。
② (南朝宋)范晔:《后汉书》卷82上,第10册,第2705页。
③ 王素:《唐写本论语郑氏注及其研究》,第95页。
④ 廖名春:《孔子真精神:〈论语〉疑难问题解读》,第4页。
⑤ 另据《春秋左传正义》载,郑国子产说:"从政有所反之,以取媚也。"对此,唐孔颖达引郑玄曰:"云'从政有所反之,以取媚也',孔子曰:'民可使由之,不可使知之。'子产达于此也。"[(晋)杜预注,(唐)孔颖达疏:《春秋左传正义》,(清)阮元校刻:《十三经注疏》,第4册,第4451—4452页]
⑥ (梁)皇侃:《论语义疏》,第193—194页。
⑦ (魏)何晏集解,(宋)邢昺疏:《论语注疏》,(清)阮元校刻:《十三经注疏》,第5册,第5401页。

其所以"或"知故"。

《易传·系辞上》说:"一阴一阳之谓道。继之者善也,成之者性也。仁者见之谓之仁,知者见之谓之知。百姓日用而不知,故君子之道鲜矣。"其中所谓"百姓日用而不知",晋韩康伯注曰:"君子体道以为用也。仁知则滞于所见,百姓则日用而不知,体斯道者,不亦鲜矣。"孔颖达疏曰:"'百姓日用而不知'者,言万方百姓,恒日日赖用此道而得生,而不知道之功力也。言道冥昧不以功为功,故百姓日用而不能知也。……云'仁知则滞于所见'者,言仁知虽贤犹有偏,见仁者观道谓道为仁,知者观道谓道为知。不能遍晓,是滞于所见也。是道既以为用,若以仁以知,则滞所见也。至于百姓,但日用通生之道,又不知通生由道而来,故云'百姓日用而不知'也。"① 也就是说,百姓日常生活中有阴阳之道,但百姓滞于所见,而不能知晓其中的道理。

何晏《论语集解》解"民可使由之,不可使知之",与《易传》所言"百姓日用而不知"联系起来,并且将"不可使知之"中的"不可"解读为"不能",无非是要说明,虽然可以使百姓在日常生活中运用道,但却不能或无法使百姓知晓其中的道,换言之,不是不让百姓知晓其中的道,而是无能为力,无法做到。

对于何晏《论语集解》解"民可使由之,不可使知之",郭沫若所撰《十批判书》指出:"''可'和'不可'本有两重意义,一是应该不应该,二是能够不能够。假如原意是应该不应该,那便是愚民政策。假如仅是能够不能够,那只是一个事实问题。人民在奴隶制时代没有受教育的机会,故对于普通的事都只能照样做而不能明其所以然,高级的事理自不用说了。原语的涵义,无疑是指后者,也就是'百姓日用而不知'的意思。旧时的注家也多采取这种解释。这是比较妥当的。"② 按照郭沫若所言,何晏的解读,将"不可使知之"与"百姓日用而不知"联系起来,将其中的"不可"解读为"不能",与愚民政策并无关系。

事实上,《论语》所言"不可"确有不少应解读为"不能",《论语·里仁》载子曰:"不仁者不可以久处约,不可以长处乐。仁者安仁,知者利仁。"李泽厚《论语今读》注曰:"不仁的人,不能长期坚持在困苦环境中,也不能长期居处在安乐环境中。仁爱的人自然地实行仁,聪明的人

---

① (魏)王弼、(晋)韩康伯注,(唐)孔颖达疏:《周易正义》,(清)阮元校刻:《十三经注疏》,第1册,第161页。
② 郭沫若:《十批判书》,人民出版社1954年版,第86页。

敏锐地追求仁。"①《论语·雍也》载子曰:"中人以上,可以语上也;中人以下,不可以语上也。"杨伯峻《论语译注》注曰:"中等水平以上的人,可以告诉他高深学问;中等水平以下的人,不可以告诉他高深学问。"② 李泽厚《论语今读》也作出类似的解读,并引朱熹《论语集注》"言教人者,当随其高下而告语之,则其言易入而无躐等之弊也",说:"循序渐进,教学方法;因材施教,不拘一端。"③ 认为"中人以下,不可以语上",是就循序渐进的教学方法而言,并没有不让中等水平以下的人知晓高深学问之意。

重要的是,何晏《论语集解》的解读对后世影响很大。除了皇侃《论语义疏》、邢昺《论语注疏》,唐刘知几《史通》注《论语》"民可使由之,不可使知之",曰:"由,用也。可用而不可使知者,百姓日用而不能知。"④ 北宋陈祥道《论语全解》也把孔子言"民可使由之,不可使知之"与《易传》所言"百姓日用而不知"联系起来,说:"圣人制行以人不以己,议道以己不以人。以人不以己,故礼方而卑,所以广业而其仁显;以己不以人,故智圆而神,所以崇德而其用藏显。故民可使由之,藏故不可使知之。《易》曰'百姓日用而不知',孟子曰'终身由之而不知其道者众矣'是也。惟其不知,故不可使知之;不可使知之,而必其知。则是以己之所能者病人,以人之所不能者愧人。"⑤ 将"不可使知之"中的"不可"解读为"不能"。杨时说:"道者民所日用,故可使由之;以其日用而不知,故不可使知之。世儒以谓民可使由之而已,不可使知之,务为智术,笼天下之愚而役之,失其旨矣。夫商《盘》、周《诰》,至敷心腹肾肠以告之,其委曲训谕,无所不尽,则欲其知之也至矣,岂特使由之而已哉!为是说者,皆以文害辞、辞害意之过也。"⑥ 在杨时看来,百姓由于日用而不知,所以无法使知之,因此,"民可使由之,不可使知之"并不是要愚弄百姓。

---

① 李泽厚:《论语今读》,第69页。
② 杨伯峻译注:《论语译注》,第90页。
③ 李泽厚:《论语今读》,第117页。
④ (唐)刘知几:《史通》卷13,辽宁教育出版社1997年版,第108页。
⑤ (宋)陈祥道:《论语全解》卷4,《儒藏(精华编105)》,第99页。
⑥ (宋)朱熹:《论孟精义》,朱杰人等编:《朱子全书》,第7册,第298页。

（二）"不能使之知其所以然"

北宋理学家非常反对将孔子"民可使由之，不可使知之"解读为愚弄百姓。张载说："'不可使知之'，以其愚无如之何，不能使知之耳。圣人设学校以教育之，岂不欲使知善道？其不知，愚也。"① 认为"不可使知之"不是不想让百姓知晓，而是无法让百姓知晓。程颢说："民难与虑始，故不可使知之。先王所以为治者，非有隐蔽，但民不足与知，非可以家至而日见也。"② 问："'民可使由之，不可使知之'，是圣人不使之知耶？是民自不可知也？"程颐曰："圣人非不欲民知之也。盖圣人设教，非不欲家喻户晓，比屋皆可封也。盖圣人但能使天下由之耳，安能使人人尽知之？此是圣人不能，故曰：'不可使知之。'若曰圣人不使民知，岂圣人之心？是后世朝三暮四之术也。"③ 认为圣人并不是不想让百姓知之，只是无法让百姓人尽皆知，也就是说："民可使之由是道，不能使之皆也。"④ "不可使知之者，非民不足与知也，不能使之知尔。"⑤

二程反对将"不可使知之"解读为愚弄百姓，为朱熹所赞同。据《朱子语类》载，二程门人吕大临解"民可使由之，不可使知之"，说："'不可使知'，非以愚民，盖知之不至，适以起机心而生惑志也。"对此，朱熹说："此说亦自好。"又有人说："王介甫以为'不可使知'，尽圣人愚民之意。"对此，朱熹说："申韩庄老之说，便是此意，以为圣人置这许仁义礼乐，都是殃考人。"⑥ 在这里，朱熹把孔子讲"民可使由之，不可使知之"与申韩庄老的愚民区别开来。

应当说，无论是郑玄注"民可使由之，不可使知之"而言"民者，冥也"，何晏将"不可使知之"与"百姓日用而不知"联系起来，还是北宋理学家反对将孔子"不可使知之"解读为愚弄百姓，其中多少都含有百姓愚昧之意；是因为百姓愚昧而不能知，虽有圣人教之，但仍不能使之知。朱熹赞同二程反对将"不可使知之"解读为愚弄百姓，但又讲百姓不是不

---

① （宋）张载：《张子语录》（上），《张载集》，第 307 页。
② （宋）朱熹：《论孟精义》，朱杰人等编：《朱子全书》，第 7 册，第 296 页。
③ （宋）程颢、程颐：《河南程氏遗书》卷 18，《二程集》，第 220 页。
④ （宋）程颢、程颐：《河南程氏经说》卷 6，《二程集》，第 1149 页。
⑤ （宋）程颢、程颐：《河南程氏遗书》卷 22 上，《二程集》，第 296 页。
⑥ （宋）黎靖德编：《朱子语类》卷 35，第 3 册，第 937 页。

能知。如上所述，杨时反对将"民可使由之，不可使知之"解为愚民，并说"商《盘》、周《诰》，至敷心腹肾肠以告之，其委曲训谕，无所不尽，则欲其知之也至矣"，对此，朱熹认为，"不可使知之"指的并不是商《盘》、周《诰》之类事，说："商《盘》只说迁都，周《诰》只言代商，此不可不与百姓说令分晓。况只是就事上说，闻者亦易晓解。若义理之精微，则如何说得他晓！"① 在朱熹看来，商《盘》、周《诰》之类事，百姓容易明白，并不是不能知晓；而不能知晓的，只是精微之义理。所以，朱熹《论语集注》注"民可使由之，不可使知之"，曰："民可使之由于是理之当然，而不能使之知其所以然也。"② 也就是说，圣人能够教百姓知得"当然之理"，只是无法教百姓知得"所以然之理"。

朱熹讲"理"。关于"理"，朱熹认为，天下之物，"必各有所以然之故，与其所当然之则，所谓理也"③。也就是说，"理"包含"所以然之故"和"所当然之则"两个方面。"所以然之故"，即"所以然之理"；"所当然之则"，即"当然之理"。"当然之理"就是指事物本身所固有的合理性与必然性；"所以然之理"，是当然之理之所以"当然"之理，是较当然之理更为深层的"事物所以当然之故"。也就是说，先要知得当然之理，然后进一步知得其之所以"当然"的"所以然之故"；讲所以然之理，是为了明了当然之理，是为当然之理建立之所以"当然"的根本依据。由此可见，朱熹所谓"理"，不只是日常的当然之理，而且还有更深层次的所以然之理，同时，又不只是抽象的所以然之理，不只是道理而已，而且必须是落实到日常事物的当然之理，甚至朱熹往往更为重视当然之理。④

朱熹《论语或问》对《论语集注》所谓"民可使之由于是理之当然，而不能使之知其所以然"作了进一步说明，指出："理之所当然者，所谓民之秉彝、百姓所日用者也，圣人之为礼乐刑政，皆所以使民由之也。其所以然则莫不原于天命之性，虽学者有未易得闻者，而况于庶民乎？其曰'不可使知之'，盖不能使之知，非不使之知也，程子言之切矣。"⑤ 可见，朱熹不仅赞同二程将《论语》"不可使知之"解为"不能使之知"，而且进一步解为"不能使之知其所以然"，将"不能使之知"的内容缩小到比

---

① （宋）黎靖德编：《朱子语类》卷35，第3册，第937页。
② （宋）朱熹：《四书章句集注》，第105页。
③ （宋）朱熹：《四书或问》，朱杰人等编：《朱子全书》，第6册，第512页。
④ 乐爱国：《20世纪朱子学研究精华集成——从学术思想史的视角》，经济科学出版社2017年版，第228—230页。
⑤ （宋）朱熹：《四书或问》，朱杰人等编：《朱子全书》，第6册，第763页。

当然之理更深层次、更为抽象的"所以然之理",仅限于"天命之性",同时还从学者与百姓专业分工的不同,说明无法使百姓"知其所以然",是由于分工的不同,而不在于百姓的愚昧,更不是圣人不想让百姓知晓。朱熹还说:"圣人只使得人孝,足矣,使得人弟,足矣,却无缘又上门逐个与他解说所以当孝者是如何,所以当弟者是如何,自是无缘得如此。"①认为圣人只教得百姓应当如何,而不可能挨个上门讲明为什么应当如此。

此外,朱熹还认为,知其所以然,要靠自己。他说:"盖民但可使由之耳,至于知之,必待其自觉,非可使也。由之而不知,不害其为循理。及其自觉此理而知之,则沛然矣。……大抵由之而自知,则随其浅深,自有安处;使之知,则知之必不至,至者亦过之,而与不及者无以异。此机心惑志所以生也。"②也就是说,知所以然之理,不能靠外在的"使之知",而应当自觉地循当然之理而自知,"使之知,则知之必不至"。朱熹又说:"'不可使知之',谓凡民耳,学者固欲知之,但亦须积累涵泳,由之而熟,一日脱然自有知处乃可,亦非可使之强求知也。"③也就是说,知所以然之理,需要通过自己居敬穷理、积累涵养,并达到豁然贯通,而不能靠外在的"使之强求知"。朱熹还说:"想得个古人教人,也不甚说,只是说个方法如此,使人依而行之。……所谓'民可使由之,不可使知之',亦只要你不失其正而已,不必苦要你知也。"④在朱熹看来,所谓"不可使知之"是指"知其所以然"要靠自己,而不是靠外在的强求。朱熹说:"古人初学,只是教他'洒扫应对进退'而已,未便说到天理处。子夏之教门人,专以此,子游便要插一本在里面。'民可使由之,不可使知之',只是要他行矣而著,习矣而察,自理会得。须是'匡之,直之,辅之,翼之,使自得之,然后从而振德之'。"⑤也就是说,知所以然之理,只能是"自理会得",不能靠外在的"使之知"。这也就是朱熹解"不可使知之"为"不能使之知其所以然"之意。

应当说,朱熹对"民可使由之,不可使知之"的解读,是在何晏将"不可使知之"与"百姓日用而不知"联系起来并且把"不可使知之"中

---

① (宋)黎靖德编:《朱子语类》卷35,第3册,第936页。
② (宋)朱熹:《晦庵先生朱文公文集》卷39《答范伯崇》(1),朱杰人等编:《朱子全书》,第22册,第1768页。
③ (宋)朱熹:《晦庵先生朱文公文集》卷39《答范伯崇》(2),朱杰人等编:《朱子全书》,第22册,第1769页。
④ (宋)黎靖德编:《朱子语类》卷66,第4册,第1630页。
⑤ (宋)黎靖德编:《朱子语类》卷49,第4册,第1206—1207页。

的"不可"解为"不能"基础上的进一步深化,认为"不可使知"者只是较"当然之理"更为深层且须通过自己居敬穷理、积累涵养的工夫并达到豁然贯通才能知晓的"所以然之理",避免了以往的解读过多强调百姓愚而不能知的缺陷。

重要的是,朱熹的解读对后世产生了很大影响。元代袁俊翁《四书疑节》解"民可使由之,不可使知之",曰:"此'知'字,盖指所知之深者言也。何也?彼由之者固亦有所知矣,特徒知斯道之所当然,而未知斯道之所以然,此岂足以为知哉?……愚想圣人之意,亦曰民可使其由斯道之所当然,而不能使其知斯道之所以然。当时所谓'不可使知之'者,初非谓不可使知之也,正谓不可得而使之知也。圣人之为此语,盖有悠然感叹之意,自见于言外,学者要当沈潜反复玩味而求之可也。不然,圣人岂肯愚天下斯民之耳目哉?"① 明代蔡清《四书蒙引》接受朱熹的解读,并且说:"民,指凡民而言也。盖以斯道觉斯民者,圣人之本心也。然不能使人人皆觉者,则非圣人之本心也,势也。故孔子说:民但可使之由于事理之当然,而不可使之知其所以然。盖所当然者,如父当慈、子当孝之类,皆民生日用之事,固众人所能行者,故能使之由。若夫父子之所以慈孝,则皆出于天命之自然与人性之固有者,自非中人以上者未足以语此,故'不能使之知'。圣人本心,不但使民由之,更欲使民知之也,但不可得耳,故云。"② 认为圣人讲"不可使知之",并不是不想让百姓知道,而是自己无法做到。

(三) 清儒的解读

清代毛奇龄《四书改错》不赞同朱熹所谓"所以然之理"与"当然之理"的区分,认为"所以然亦即在当然之中,无界限也",并且说:"至于民可使由,不可使知,则由是行其理之所当然,知即知其理之所以然。知、行俱是理,大瞀乱矣。"③ 还说:"由者,行也,谓行事也。知则知此所行之事之义也。今曰由理之当然,不能知其所以然,则是由是理,知亦是理,吾不知理是何物,且不知上之使行理者作何如使法。不特民不

---

① (元)袁俊翁:《四书疑节》卷4,《景印文渊阁四库全书》,第203册,第797页。
② (明)蔡清:《四书蒙引》卷6,《景印文渊阁四库全书》,第206册,第243页。
③ (清)毛奇龄:《四书改错》,第443—444页。

能以理行，实未闻唐、虞、夏、商、周有使民行理者。"① 毛奇龄的批评，实际上只是要崇汉贬宋，反对朱熹的解读。

清代儒学推崇郑玄之学。清儒臧琳《经义杂记》有《人可使由之》一文，为何晏《论语集解》注孔子曰"民可使由之，不可使知之"而曰"由，用也。可使用而不可使知者，百姓能日用而不能知也"作案语："《后汉书·方术列传》引郑玄注曰'由，从也。言王者设教，务使人从之，若皆知其本末，则愚者或轻而不行'，文意周浃，远胜何（晏）解，深得圣人'不可'二字之旨，若如何（晏）说为不能使知之矣。"同时又引《尚书正义》载郑玄《六艺论》云："若尧知命在舜，舜知命在禹，犹求于群臣，举以侧陋，上下交让，务在服人。孔子曰：'人可使由之，不可使知之。'此之谓也。"认为郑玄注《鲁论语》的文本可能为"人可使由之，不可使知之"，其意在于"愚者不可使尽知本末也"，若是让愚者"知其本末"，他们就会"轻而不行"。② 按照这一说法，孔子只是讲"人可使由之，不可使知之"，讲的是如何对待愚者，"不可使尽知本末"，并非是要愚弄百姓，与是否愚民没有关系。

焦循《孟子正义》解孟子曰"行之而不著焉，习矣而不察焉，终身由之而不知其道者，众也"，与孔子曰"民可使由之，不可使知之"以及《易传》"百姓日用而不知"结合起来，说："行、习即由之也。著、察即知之也。圣人知人性之善，而尽其心以教之，岂不欲天下之人皆知道乎？所以可使由之、不可使知之者，则以行而能著、习而能察者，君子也；行而不著、习而不察者，众庶也。则以能知道者，君子也；终身由之而不知其道者，众庶也。众庶但可使由，不可使知，故必尽其心，通其变，使之不倦，神而化之，使民宜之也。……日用而不知，即所谓终身由之而不知其道也。"③ 这里讲"圣人知人性之善，而尽其心以教之，岂不欲天下之人皆知道"，显然是反对将"民可使由之，不可使知之"解读为愚民。需要指出的是，焦循还把"不可使知之"与儒家的"无为而治"联系起来，说："盖伏羲以前人，苦于不知，则恶其愚。黄帝尧舜以后人，不苦于不知，正苦于知而凿其知，则圣人转恶其智，故无为而治，可使由而不可使知也。"④ 又说："盖伏羲、神农以前，民苦于不知，伏羲定人道，而民知男女之有别；神农教耒耜，而民知饮食之有道。……黄帝、尧、舜承伏

---

① （清）毛奇龄：《四书改错》，第368页。
② （清）臧琳：《经义杂记》卷19，《续修四库全书》，第172册，第188页。
③ （清）焦循：《孟子正义》，中华书局2015年版，第951页。
④ （清）焦循：《孟子正义》，第631页。

羲、神农之后，以通变神化为治，所谓'民可使由之，不可使知之'。伏羲、神农之治，在使民有所知；黄帝、尧、舜之治，在不使民知。不使民知，所以无为。何以无为，由于恭己。恭己则无为而治，即所谓'笃恭而天下平'。"① 这里把"民可使由之，不可使知之"中的"知"解读为"知而凿其知"，"不使民知，所以无为"，也就是说，不使民知，并不是愚民，而是不使民为知所困。

刘宝楠《论语正义》集清儒解《论语》之大成，其对"民可使由之，不可使知之"的解读，以何晏注为主，与《易传》"百姓日用而不知"相联系，讲"百姓能日用而不能知"；又认为此"民"亦指弟子，或"庶人"；同时引述郑玄注云"民，冥也，其见人道远。由，从也，言王者设教，务使人从之。若皆知其本末，则愚者或轻而不行"，认为郑玄注只是就"愚者"而言，并非泛言"万民"；而且与焦循一样，结合孟子曰"行之而不著焉，习矣而不察焉，终身由之而不知其道者，众也"，认为"民可使由之，不可使知之"中的"民"指的平庸之人；还认为"先王教民，非概不使知者"，但对待愚者，只能"使由之"而不能"使知之"；又引惠栋所言"日用不知，愚不肖之不及"，说："是言民不可知道也。然虽不知而能日用，则圣人鼓万物之权。"②

与朱熹把"不可使知"者限于较"当然之理"更为深层的"所以然之理"不同，刘宝楠把"不可使知"者界定为"道"，所谓百姓只会日用而不能知其"道"，从理论上说，虽然更为简单明了，但明显不及朱熹的解读更为的深刻，而且讲百姓只会日用而不能知"道"，仍含有百姓愚昧而无知之意。但无论如何，刘宝楠的解读，与先前何晏《论语集解》、朱熹《论语集注》一样，都不能被视为愚民说。

当然，清代也有一些对于"民可使由之，不可使知之"的解读，与老子"国之利器不可以示人"联系在一起，而这样的解读可以追溯到晚明的李贽，他说："盖可使之由者同井之出，而不可使之知者则六艺之精，孝弟忠信之行也。……以不可使知者而欲使之知，固不可也。故曰：'圣人之道，非以明民，将以愚之。鱼不可以脱于渊，国之利器不可以示人。'至哉深乎！"③ 显然，这里把"民可使由之，不可使知之"解读为愚民，并与老子"国之利器不可以示人"相联系。晚清戴望《戴氏注论语》则把

---

① （清）焦循：《论语补疏》，《雕菰楼经学九种》（上），第666页。
② （清）刘宝楠：《论语正义》，第299—300页。
③ （明）李贽：《焚书·续焚书》，岳麓书社1990年版，第95—96页。

郑玄注曰"民者，冥也，其见人道远"以及"由，从也。言王者设教，务使人从之，若皆知其本末，则愚者或轻而不行"，与老子"国之利器不可以示人"联系起来，说："民之言冥，其见人道远。由，从也。王者设教，皆于经隐权，故可使民从，不可使民知。老子曰'国之利器不可以示人'，此之谓。"①

（四）余论

通过以上分析，可以看出：

第一，尽管历史上有学者将《论语》子曰"民可使由之，不可使知之"解读为愚民政策，但同时，这样的解读也受到历代儒家学者的多方批评，尤其是受到宋代理学家的批评。重要的是，对古代影响较大的何晏《论语集解》、朱熹《论语集注》以及刘宝楠《论语正义》都不将"民可使由之，不可使知之"解读为愚民政策。至于郑玄的注释，虽从字面上看，似有将孔子"民可使由之，不可使知之"解读为愚弄百姓之嫌，但清儒大都认为在郑玄注中，"民可使由之，不可使知之"中的"民"特指愚者，并非指民众百姓。

第二，古代儒家学者之所以能够将"民可使由之，不可使知之"与愚民说区分开来，其关键在于将《论语》"不可使知之"与《易传》"百姓日用而不知"相联系，进而将"不可使知之"中的"不可"解为"不能"，讲的是没有能力、没有办法使百姓知晓，而不是不让百姓知晓。这样的解读，由何晏《论语集解》开其先，朱熹《论语集注》作了进一步阐释，刘宝楠《论语正义》还进一步与孟子曰"行之而不著焉，习矣而不察焉，终身由之而不知其道者，众也"相联系，将"不可使知"之"知"界定为知"道"。

第三，何晏《论语集解》将"不可使知之"与"百姓日用而不知"联系起来，讲没有能力使百姓知晓，虽与愚民说区分开来，但含有百姓愚昧无知之意。朱熹《论语集注》将"不可使知"者限定于较"当然之理"更为深层且须通过自己居敬穷理、积累涵养的工夫并达到豁然贯通才能知晓的"所以然之理"。据此，"民可使由之，不可使知之"，可解读为：民众百姓，我们有能力使他们按照应当走的路去走，但不能够强使他们知晓为什么应当

---

① （清）戴望：《戴氏注论语》卷8，《续修四库全书》，第157册，第131页。

这样走。清儒不赞同朱熹所谓"所以然之理"与"当然之理"之分，刘宝楠《论语正义》将"不可使知"之"知"界定为知"道"。据此，"民可使由之，不可使知之"，可解读为：民众百姓，我们有能力使他们跟着走，但没有能力使他们知晓其中的道理。相较之下，朱熹的解读更为深刻。

由此可见，历史上对于"民可使由之，不可使知之"的占主导地位的解读大都不属于愚民说，将其解读为愚民政策者，只是少数，而将其与老子"国之利器不可以示人"联系在一起的解读，很可能发端于晚明的李贽和晚清的戴望。

清末民初，仍有不少学者反对将"民可使由之，不可使知之"解读为愚民政策。晚清学者文廷式曾说："《慎子》，法家之书也。然其《威德》篇云：'使得美者，不知所以德；使得恶者，不知所以怨，此所以塞愿望也。'此即'民可使由，不可使知'之意，夫子固有取尔也。"① 显然是将"不可"解读为"不能"。而且还说："孔子曰：'民可使由之，不可使知之。'此政教之异，非愚民之说也。可使由之，盖法令无不能从；不可使知，则知识各有所限。此民之所自取，圣人特因之而已。"② 明确认为孔子所言"非愚民之说"。

严复于1913年发表《"民可使由之不可使知之"讲义》③，说："此章圣言，自西学东渐以来，甚为浅学粗心人所疑谤，每谓孔术胚胎专制，此为明证，与老氏'国之利器不可以示人'一语同属愚民主义，与其平日所屡称之'诲人不倦'一语矛盾参差，不可合一，此其说甚似矣。特自不佞观之，则孔子此言，实无可议，不但圣意非主愚民，即与'诲人不倦'一言，亦属各有攸当，不可偏行。"于是，严复对"民可使由之，不可使知之"中的"民"与"不可"作了解释："考字书，民之为言'冥'也，'盲'也，'瞑'也。……可知此章'民'字，是乃统一切氓庶无所知者之称……又章中'不可'二字乃术穷之词，由于术穷而生禁止之义。"也就是说，这里的"民"并非指民众百姓；这里的"不可"意为"不能"。严复还认为，只有浅学粗心之人才会"将'不可'二字看作十成死语，与'毋'、'勿'等字等量齐观，全作禁止口气"。

1926年出版的由陈彬龢翻译的日本宇野哲人著《孔子》，说："《泰伯章》曰：'民可使由之，不可使知之。'或据此而非议孔子为愚民之说，是大误解也。所谓不可者，非不许之意，盖言不能尽使知之也。尧舜以来，

---

① （清）文廷式：《纯常子枝语》卷2，广陵古籍刻印社1990年版，第55页。
② （清）文廷式：《纯常子枝语》卷35，第530页。
③ （清）严复：《"民可使由之不可使知之"讲义》，《严复集》，中华书局1986年版，第2册，第326页。

儒教之目的，在于修己治人，君主以身为民之模范，先正己，以正臣民之不正，……故孔子主张先富之而后教之，岂可谓之愚民哉？朱子《集注》解之曰：'民可使之由，而不能使之知。'又引用程子之说曰：'圣人说教，非不欲人家喻而户晓也；然不能使之知，但能使之由之耳。'此最稳当之解释也。"①肯定朱熹对于"民可使之由，不可使之知"的注释。

程树德于1943年出版的《论语集释》注"民可使由之，不可使知之"，说："《孟子·尽心》篇：'孟子曰："行之而不著焉，习矣而不察焉，终身由之而不知其道者，众也。"'众，谓庸凡之众，即此所谓民也，可谓此章确诂。"又说："赵佑《温故录》云：'民性皆善，故可使由之。民性本愚，故不可使知之。王者为治但在议道自己，制法宜民，则自无不顺。若必事事家喻户晓，日事其语言文字之力，非惟势有所不给，而天下且于是多故矣，故曰不可。'其言至为明显，毫无流弊。《集注》将'不可'改为'不能'，本煞费苦心。"②显然也是把"民可使由之，不可使知之"中的"民"解为"庸凡之众"，并赞同朱熹把"不可"解为"不能"。

杨树达于1942年所撰《论语疏证》，注孔子所言"民可使由之，不可使知之"曰："孔子此语似有轻视教育之病，若能尽心教育，民无不可知也。"③显然，杨树达并没有将孔子此语解读为愚民说，而是认为其中有轻视教育之病，以为通过尽心教育，就能够使人民百姓不仅由之，而且知之，实际上是将其中的"不可"解为"不能"。

如上所言，郭沫若于1945年出版的《十批判书》也将孔子所言"民可使由之，不可使知之"中的"不可"解读为"不能"，不赞同解读为"不应该"，因而不赞同将该句解读为愚民政策，还说："要说'民可使由之，不可使知之'为愚民政策，不仅和他'教民'的基本原则不符，而在文字本身的解释上也是有问题的。"④

与此同时，由于种种原因，将孔子所言"民可使由之，不可使知之"解读为愚民政策者，也越来越占主流。其实，孔子讲"民可使由之，不可使知之"是一回事，而打着孔子所言的旗号搞愚民政策是另一回事。但是，由于一些搞愚民政策者打着孔子所言的旗号，也有一些反对愚民政策者也会因而反对孔子所言，其结果是，都有可能将孔子所言解读为愚民政策，而这样的解读又会影响到学术界对于孔子所言的解读。

---

① ［日］宇野哲人：《孔子》，上海商务印书馆1926年版，第91页。
② 程树德：《论语集释》，第2册，第687页。
③ 杨树达：《论语疏证》，第195页。
④ 郭沫若：《十批判书》，第86页。

十五 "民可使由之，不可使知之" 255

　　杨伯峻《论语译注》注"民可使由之，不可使知之"，说："孔子说：
'老百姓，可以使他们照着我们的道路走去，不可以使他们知道那是为什
么。'"并且认为，这两句与《史记》载西门豹所言"民可以乐成，不可
与虑始"和商鞅所言"民不可与虑始，而可与乐成"意思大致相同。① 直
到最近出版的李泽厚《论语今读》也解读为："孔子说：'可以要老百姓
跟着走，不一定要老百姓知道这是为什么。'"还说："古语亦有'民可与
乐成，未可与虑始'，均同一经验，不足为怪，不足为病。时移世变，孔
子之是非当然不是今日的是非。"② 明确将"民可使由之，不可使知之"
解读为愚民政策。需要指出的是，这样的解读完全不同于历史上占主导地
位的解读。事实上，《史记》载西门豹所言"民可以乐成，不可与虑始"
和商鞅所言"民不可与虑始，而可与乐成"，其意在于说明百姓愚昧，而
与愚民说没关系。如前所述，程颢说："民难与虑始，故不可使知之。先
王所以为治者，非有隐蔽，但民不足与知，非可以家至而日见也。"程颢
将"民难与虑始"与"不可使知之"联系起来，意在说明百姓愚昧，而无
法使他们知，也与愚民没有关系。今人毛子水《论语今注今译》解"民可
使由之，不可使知之"，说："'可'字意同'能'。（《吕氏春秋·乐成》：
'民不可与虑化举始，而可以乐成功。'）"也将"民不可与虑化举始，而
可以乐成功"与"民可使由之，不可使知之"联系起来，但是把其中的
"可"解读为"能"，并将孔子所言译为："我们能够使人民照着我们的方
法去做，却很难使他们懂得所以这样做的道理。"③ 得出了与杨伯峻《论语
译注》完全不同的解读。

　　据《郭店楚墓竹简》所载，《尊德义》篇有："民可使道之，而不可
使智（知）之。民可道也，而不可强也。"④ 裘锡圭按："道，由也；《论
语·泰伯》：'子曰：民可使由之，不可使知之。'"⑤ 对此，有学者指出：
"简文的'民可使道之，而不可使知之'即《论语·泰伯》所载'子曰：
民可使由之，不可使知之'。'民可使道之，而不可使知之'与'民可导
也，而不可强也'语意非常接近。'民可导也'，从'民可使道之'出；
'不可强也'，从'不可使知之'出。这就是说……老百姓可以引导，但

---

① 杨伯峻译注：《论语译注》，第 120 页。
② 李泽厚：《论语今读》，第 155—156 页。
③ 毛子水：《论语今注今译》，第 119 页。
④ 荆门市博物馆编：《郭店楚墓竹简》，第 174 页。
⑤ 荆门市博物馆编：《郭店楚墓竹简》，第 175 页，注［八］。

这种引导不能强迫……"①

笔者赞同所谓"民可导也"从"民可使道之"出、"不可强也"从"不可使知之"出的说法。但是，如果能够像汉唐儒家学者那样将其中的"不可"解为"不能"，像刘宝楠《论语正义》那样将"不可使知"之"知"规定为知"道"，或像朱熹《论语集注》那样进一步将"不可使知"之"知"限定于较"当然之理"更为深层的"所以然之理"，并如以上朱熹所述："'不可使知之'，谓凡民耳，学者固欲知之，但亦须积累涵泳，由之而熟，一日脱然自有知处乃可，亦非可使之强求知也。"那么也就更能自然地从"不可使知之"导出"不可强也"，从而也可证明将《论语》"民可使由之，不可使知之"解读为愚民政策是不妥的。换言之，郭店楚简《尊德义》篇，实际上证明了《论语》"民可使由之，不可使知之"并非愚民政策。

今人对于《论语》"民可使由之，不可使知之"的解读，应当站在前人包括古人的肩膀上，因而首先要对古人的解读作出深入而明晰的辨析，尤其要对何晏《论语集解》、朱熹《论语集注》、刘宝楠《论语正义》的相关注释作出深入的思考和研究，既不能误解古人的解读，同时又要对其合理性作出判断和比较，从而给予今天的解读提供有价值的学术参考。

---

① 廖名春：《孔子真精神：〈论语〉疑难问题解读》，第11页。

十六　"唯上知与下愚不移"*

对于《论语·阳货》载子曰"唯上知与下愚不移",杨伯峻《论语译注》解为:"只有上等的智者和下等的愚人是改变不了的。"并且说:"译文仅就字面译出。"① 李泽厚《论语今读》解为:"只有最聪明的和最愚蠢的,才不改变。"并引王阳明《传习录》"问:上智下愚如何不可移?先生曰:不是不可移,只是不肯移。"② 显然,前者解"不移"为"改变不了",不可改变,不可移;后者解为"不改变",不肯移。然而事实上,把"唯上知与下愚不移"的"不移"解为"不可移",只是汉唐时期儒家的解读。自宋代开始,乃至清代,大多数儒家学者不采纳这样的解读;而明代阳明学派进一步解为"不肯移",实际上来自宋代程颐、朱熹的解读,所谓"以其不肯移,而后不可移",但又有所不同。需要指出的是,朱熹认为"唯上知与下愚不移"只是说"不移",并不是说"不可移","曰不移而已,不曰不可移也",对后世影响很大,直至后来清代戴震也讲"曰不移,不曰不可移",并为焦循以及刘宝楠《论语正义》所接受。应当说,朱熹的解读对于今人"仅就字面译出"的解读,或是对于理解王阳明的解读,都具有重要的参考价值。

(一)汉唐诸儒的解读

汉唐儒家解"唯上知与下愚不移",大都将其中的"不移"解为"不可移",认为上智与下愚之不可移。西汉刘向《说苑》说:"圣人之治天下也,先文德而后武力。凡武之兴为不服也,文化不改,然后加诛。夫下

---

* 本章部分内容已以《历代对〈论语〉"唯上知与下愚不移"的解读——以朱熹的诠释为中心》为题发表于《南京社会科学》2022年第8期。
① 杨伯峻译注:《论语译注》,第263页。
② 李泽厚:《论语今读》,第325页。

愚不移，纯德之所不能化，而后武力加焉。"① 显然，在刘向看来，"唯上知与下愚不移"之"不移"是指"不能化"，不可移。

《汉书·古今人表》引述孔子曰："生而知之者，上也；学而知之者，次也；困而学之，又其次也；困而不学，民斯为下矣。""中人以上，可以语上也。""唯上知与下愚不移。"并作解说："譬如尧舜，禹、稷、卨与之为善则行，鲧、讙兜欲与为恶则诛。可与为善，不可与为恶，是谓上智。桀纣，龙逢、比干欲与为善则诛，于莘、崇侯与之为恶则行。可与为恶，不可与为善，是谓下愚。齐桓公，管仲相之则霸，竖貂辅之则乱。可与为善，可与为恶，是谓中人。"② 在班固看来，上智"可与为善，不可与为恶"，下愚"可与为恶，不可与为善"，也就是说，"唯上知与下愚不移"之"不移"是指不可移。

东汉王充说："孔子曰：'性相近也，习相远也。'夫中人之性，在所习焉，习善而为善，习恶而为恶也。至于极善极恶，非复在习，故孔子曰：'惟上智与下愚不移。'性有善不善，圣化贤教，不能复移易也。"③ 可见，王充将"唯上知与下愚不移"与"性相近也，习相远也"对应起来，以为"性相近也，习相远也"是指中人，中人"习善而为善，习恶而为恶"，而"唯上知与下愚不移"则是指上智与下愚之性善与性不善"不能复移易"。

荀悦《汉纪》说："人有不教而自成者，待教而成者，无教化则不成者，有加教化而终身不可成者。故上智下愚不移，至于中人，可上下者也。……夫上智下愚虽不移，而教之所以移者多矣；大数之极虽不变，然人事之变者亦众矣。"④ 在荀悦看来，"唯上知与下愚不移"指的是上智与下愚大多数是不可移的，而实际上通过教化而可移者也不在少数。

南北朝皇侃《论语义疏》解"唯上知与下愚不移"，引述西汉孔安国注曰："上智不可使强为恶，下愚不可使强贤也。"并疏曰："今云'上智'，谓圣人；'下愚'，愚人也。夫人不生则已，若有生之始，便禀天地阴阳氤氲之气。气有清浊，若禀得淳清者，则为圣人；若得淳浊者，则为愚人。愚人淳浊，虽澄亦不清；圣人淳清，搅之不浊。故上圣遇昏乱之世，不能挠其真；下愚值重尧迭舜，不能变其恶。故云'唯上智与下愚不

---

① （汉）刘向撰，赵善诒疏证：《说苑疏证》，第420页。
② （汉）班固：《汉书》卷20，第3册，第861页。
③ （汉）王充著，黄晖撰：《论衡校释》，第119页。
④ （汉）荀悦：《汉纪》卷6，《两汉纪》（上），中华书局2002年版，第86页。

移'也。"① 在皇侃看来，上智为圣人，下愚为愚人，是由于出生时禀受淳清之气与淳浊之气的不同，而且也不因世道的改变而变化，所以上智与下愚不可改变。

唐孔颖达说："《乐记》云：'人生而静，天之性也；感于物而动，性之欲也。'故《诗序》云'情动于中'是也。但感五行，在人为五常。得其清气备者，则为圣人；得其浊气简者，则为愚人。降圣以下，愚人以上，所禀或多或少，不可言·，故分为九等。孔子云：'唯上智与下愚不移。'二者之外，逐物移矣，故《论语》云'性相近，习相远也'，亦据中人七等也。"② 与王充一样，孔颖达将"唯上知与下愚不移"与"性相近也，习相远也"结合起来，认为前者所言上智与下愚因禀受清气和浊气之不同，而不可移；后者则是就中人而言，"逐物移矣"。

后来韩愈讲"性三品"，说："性也者，与生俱生也；……性之品有上中下三。上焉者，善焉而已矣；中焉者，可导而上下者也；下焉者，恶焉而已矣。……上之性，就学而愈明；下之性，畏威而寡罪。是故上者可教而下者可制也。其品则孔子谓不移也。"③ 认为"唯上知与下愚不移"是指人的善性与恶性之不可移。同时，他也将"性相近也，习相远也"与"唯上知与下愚不移"结合起来解读，说："上文云'性相近'，是人可以习而上下也。此文云'上下不移'，是人不可习而迁也。二义相反，先儒莫究其义。"④ 在韩愈看来，"性相近也，习相远也"讲的是"人可以习而上下"，"唯上知与下愚不移"讲的是"人不可习而迁"，讲上智与下愚之不可移。

（二）"'惟上智与下愚不移'，非谓不可移"

与汉唐儒家讲性有善恶不同，北宋王安石虽推崇孟子，但不赞同孟子言人之性善，而明确讲"性不可以善恶言"⑤，并批评韩愈"性三品"，说："孔子曰：'性相近也，习相远也。'吾是以与孔子也。韩子之言性也，

---

① （梁）皇侃：《论语义疏》，第 446 页。
② （汉）郑玄注，（唐）孔颖达疏：《礼记正义》，（清）阮元校刻：《十三经注疏》，第 3 册，第 3527 页。
③ （唐）韩愈：《原性》，《韩愈集》卷 11，第 148 页。
④ （唐）韩愈、李翱：《论语笔解》，第 25 页。
⑤ （宋）王安石：《原性》，《王文公文集》（上）卷 27，上海人民出版社 1974 年版，第 316 页。

吾不有取焉。然则孔子所谓'中人以上可以语上，中人以下不可以语上'，'惟上智与下愚不移'，何说也？曰：习于善而已矣，所谓上智者；习于恶而已矣，所谓下愚者；一习于善，一习于恶，所谓中人者。上智也、下愚也、中人也，其卒也命之而已矣。……惟其不移，然后谓之下愚，皆于其卒也命之，夫非生而不可移也。"① 在王安石看来，上智与下愚并非与生俱来，而是后天"习于善"或"习于恶"的结果，因此并非生而不可移。显然是将孔子所谓"唯上知与下愚不移"的"不移"解为不可移。② 此外，还有张载说："上知下愚，习与性成，相远既甚，而不可变者也。"范祖禹说："人之性本同，及其为上知，则不可复为下愚矣；为下愚，亦不可复为上知矣。"③ 也认为孔子所谓"唯上知与下愚不移"的"不移"是不可移。

程颐推崇孟子讲人之性善，说："孟子言人性善是也。……孟子所以独出诸儒者，以能明性也。性无不善，而有不善者才也。性即是理，理则自尧、舜至于途人，一也。才禀于气，气有清浊。禀其清者为贤，禀其浊者为愚。……孔子谓上智与下愚不移，然亦有可移之理，惟自暴自弃者则不移也。……性只一般，岂不可移？却被他自暴自弃，不肯去学，故移不得。使肯学时，亦有可移之理。"④ 既讲人之性善，性无不善，又讲才有善与不善，因气禀而有贤愚；既讲孔子谓上智与下愚不移，又讲有"可移之理"，因自暴自弃而不移。这里认为孔子"唯上知与下愚不移"有"可移之理"，因此"不移"并非不可移；又说"性只一般，岂不可移"，"使肯学时，亦有可移之理"，可见上智与下愚并非不可移。

程颐《周易程氏传》解"革卦"，说："人性本善，有不可革者，何也？曰：语其性则皆善也，语其才则有下愚之不移。所谓下愚有二焉：自暴也，自弃也。人苟以善自治，则无不可移者，虽昏愚之至，皆可渐磨而进也。唯自暴者，拒之以不信；自弃者，绝之以不为，虽圣人与居，不能化而入也，仲尼之所谓下愚也。然天下自弃自暴者，非必皆昏愚也，往往

---

① （宋）王安石：《性说》，《王文公文集》（上）卷27，第317—318页。
② 王安石门人陈祥道的《论语全解》解"性相近也，习相远也"，说："天命之谓性，人为之谓习，性则善恶混，故相近；习则善恶判，故相远。"解"唯上知与下愚不移"，曰："上智生而知之者也，不移而为愚；下愚困而不学者也，不移而为智。"［（宋）陈祥道：《论语全解》卷9，《儒藏（精华编105）》，第206—207页］既坚持了王安石上智下愚并非与生俱来的观点，又以上智"不移而为愚"、下愚"不移而为智"解读孔子所谓"唯上知与下愚不移"。
③ 转引自（宋）朱熹《论孟精义》，朱杰人等编：《朱子全书》，第7册，第567页。
④ （宋）程颢、程颐：《河南程氏遗书》卷18，《二程集》，第204—205页。

强戾而才力有过人者，商辛是也。圣人以其自绝于善，谓之下愚，然考其归，则诚愚也。"① 在程颐看来，人性本善，而才有上智与下愚之不移；下愚，即是自暴自弃，只因自暴自弃才有下愚不移。显然，这里讲"下愚之不移"，特指自暴自弃、"自绝于善"的下愚之不移，而且还讲"人苟以善自治，则无不可移"，显然主要是说可移。

程颐还说："性出于天，才出于气，气清则才清，气浊则才浊。……才则有善与不善，性则无不善。'惟上智与下愚不移'，非谓不可移也，而有不移之理。所以不移者，只有两般：为自暴自弃，不肯学也。使其肯学，不自暴自弃，安不可移哉？"② 在这里，程颐不仅认为下愚自暴自弃则不可移，而且讲"'惟上智与下愚不移'，非谓不可移"，明确认为"唯上知与下愚不移"的"不移"并不是"不可移"，而是特指自暴自弃的下愚之不移，"不自暴自弃，安不可移"。

程颐门人吕大临，先是从学于张载；他的《论语解》解"唯上知与下愚不移"，说："所谓虽柔必强、虽愚必明者，指中人而言，习而善则可以上，习而恶则可以下。若上智虽不学，不流为下愚；下愚虽学，亦不能进于上知，此谓'不移'。"③ 显然是受张载的影响，解"唯上知与下愚不移"的"不移"为不可移，不同于程颐讲"'惟上智与下愚不移'，非谓不可移"。

谢良佐解"唯上知与下愚不移"，说："人之性不同如莠麦，地有肥硗，雨露之所养，人事之不齐，然其初皆善，故曰相近。克念作圣，罔念为狂，其流虽一，而相远矣。上知下愚，二者非得于有生之初，自其不移而名之也。上知可移非上知，下愚可移非下愚，然性无不可移之理，人自不移也。"④ 在这里，谢良佐既说"上知可移非上知，下愚可移非下愚"，认为上智与下愚不可移，又说"性无不可移之理，人自不移也"，认为人性之可移，只是自己不移。这一说法较程颐讲"不自暴自弃，安不可移"又进了一步。

---

① （宋）程颐：《周易程氏传》卷4，《二程集》，第956页。关于"自暴自弃"，孟子曰："自暴者，不可与有言也；自弃者，不可与有为也。言非礼义，谓之自暴也；吾身不能居仁由义，谓之自弃也。"（《孟子·离娄上》）
② （宋）程颢、程颐：《河南程氏遗书》卷19，《二程集》，第252页。
③ （宋）吕大临：《论语解》，陈俊民辑校：《蓝田吕氏遗著辑校》，第463页。
④ 转引自（宋）朱熹《论孟精义》，朱杰人等编：《朱子全书》，第7册，第568页。

（三）"曰不移而已，不曰不可移也"

正如程颐讲"'惟上智与下愚不移'，非谓不可移"，两宋之际的范浚①说："'惟上智与下愚不移'，何也？曰：上智下愚、性之相近，固自若也。所谓不移，非不可移也。上智知恶之为恶，介然不移而之恶；下愚不知善之为善，冥然不移而之善。故曰'惟上智与下愚不移'。"②稍后，余允文《尊孟辨》说："夫子不云乎，'唯上智与下愚不移'，非谓不可移也，气习渐染之久，而欲移下愚而为上智，未见其遽能也。"③都认为"唯上知与下愚不移"之"不移"并非言不可移。

朱熹言性，继承程颐讲人性本善而为天命之性，又讲气质之性有善有恶。需要指出的是，朱熹反对把天命之性与气质之性截然分开。他说："大抵本然之性与气质之性，亦非判然两物也。"④又说："人性本善而已，才堕入气质中，便熏染得不好了。虽熏染得不好，然本性却依旧在此，全在学者着力。今人却言有本性，又有气质之性，此大害理！"⑤所以，朱熹讲天命之性为善，其中包含了气质之性的有善有恶，讲气质之性的有善有恶，也包含了天命之性之善，即二程所谓："论性不论气，不备；论气不论性，不明。"⑥

朱熹较多讲气质之性，并据此解"唯上知与下愚不移"，且将此句与上一句"性相近也，习相远也"结合起来。他解"性相近也，习相远也"，说：

> 此所谓性，兼气质而言者也。气质之性，固有美恶之不同矣。然

---

① 范浚（1102—1150年），字茂明，浙江兰溪香溪人，世称香溪先生。所撰《心箴》为朱熹《孟子集注》引述。[（宋）朱熹：《四书章句集注》，第342页] 全祖望称："范香溪生婺中，独为崛起，其言无不与伊洛合，晦翁取之。"[（清）黄宗羲原著，（清）全祖望补修：《宋元学案》卷45《范许诸儒学案》，第2册，第1438页]
② （宋）范浚：《性论下》，《范浚集》，浙江古籍出版社2014年版，第3页。
③ （宋）朱熹：《晦庵先生朱文公文集》卷73《读余隐之尊孟辨》，朱杰人等编：《朱子全书》，第24册，第3516页。
④ （宋）朱熹：《晦庵先生朱文公文集》卷44《答方伯谟》（3），朱杰人等编：《朱子全书》，第22册，第2012页。
⑤ （宋）黎靖德编：《朱子语类》卷95，第6册，第2432页。
⑥ （宋）程颢、程颐：《河南程氏遗书》卷6，《二程集》，第81页。

以其初而言，则皆不甚相远也。但习于善则善，习于恶则恶，于是始相远耳。程子曰："此言气质之性，非言性之本也。若言其本，则性即是理，理无不善，孟子之言性善是也，何相近之有哉？"①

又解"唯上知与下愚不移"，说：

> 此承上章而言。人之气质相近之中，又有美恶一定，而非习之所能移者。程子曰："人性本善，有不可移者何也？语其性则皆善也，语其才则有下愚之不移。所谓下愚有二焉：自暴自弃也。人苟以善自治，则无不可移，虽昏愚之至，皆可渐磨而进也。惟自暴者拒之以不信，自弃者绝之以不为，虽圣人与居，不能化而入也，仲尼之所谓下愚也。然其质非必皆昏且愚也，往往强戾而才力有过人者，商辛是也。圣人以其自绝于善，谓之下愚，然考其归则诚愚也。"②

朱熹认为，"性相近也，习相远也"，"此所谓性，兼气质而言者也"，而"唯上知与下愚不移"，"此所谓性，亦指气质之性而言。'性习远近'与'上智下愚'本是一章"。③ 他还说："'性相近'，是通善恶智愚说；'上智、下愚'，是就中摘出悬绝者说。"④ 正因为"性相近也，习相远也"和"唯上知与下愚不移"都是就气质而言，因而都是可以变化的。朱熹还在答门人王子合的书信中说："所谕变化气质，方可言学，此意甚善，但如鄙意，则以为惟学为能变化气质耳。若不读书穷理，主敬存心，而徒切切计较于今昨是非之间，恐其劳而无补也。"⑤ 认为变化气质既要读书穷理又要主敬存心。

从朱熹对"性相近也，习相远也"和"唯上知与下愚不移"的注释可以看出，他既认为"习于善则善，习于恶则恶"，又认为上智与下愚"非习之所能移"，同时还引述程颐所言"人苟以善自治，则无不可移"，讲下愚之可移。也就是说，下愚之可移，但"非习之所能移"。《荀子·性恶篇》说："小人可以为君子而不肯为君子，君子可以为小人而不肯为小人。

---

① （宋）朱熹：《四书章句集注》，第176—177页。
② （宋）朱熹：《四书章句集注》，第177页。
③ （宋）黎靖德编：《朱子语类》卷47，第4册，第1178页。
④ （宋）黎靖德编：《朱子语类》卷47，第4册，第1178页。
⑤ （宋）朱熹：《晦庵先生朱文公文集》卷49《答王子合》（1），朱杰人等编：《朱子全书》，第22册，第2246页。

小人、君子者，未尝不可以相为也，然而不相为者，可以而不可使也。故涂之人可以为禹则然，涂之人能为禹未必然也。虽不能为禹，无害可以为禹。"在荀子看来，小人可以为君子，但不肯为君子，因此涂之人可以为禹，但未必能为禹。换言之，可以移未必能移，不能移未必不可移。与此相似，朱熹讲下愚"非习之所能移"，并不否定下愚之可移，甚至包含了程颐所言"人苟以善自治，则无不可移"之意，即包含了下愚可移之意。

朱熹《论语或问》说：

> 曰：其不移也，则终不以习而有所变耶？曰：其习于善而日进乎高明，习于恶而日流乎污下者，固皆亦有之，但善者不习于恶而失其善，恶者不习于善而失其恶耳。曰：然则终不可移也耶？曰：以圣人之言观之，则曰不移而已，不曰不可移也。以程子之言考之，则曰以其不肯移，而后不可移耳。盖圣人之言，本皆以气质之禀而言，其品第未及乎肯不肯可不可之辨也。程子之言，则以人责其不可移也，而徐究其本焉，则以其禀赋甚异，而不肯移，非以其禀赋之异，而不可移也。①

朱熹认为，虽然"习于善则善，习于恶则恶"，但善者未必肯"习于恶而失其善"，恶者也未必肯"习于善而失其恶"，甚至最终也可能"不以习而有所变"，所以上智与下愚"非习之所能移"。但朱熹又说：

> 盖习与性成而至于相远，则固有不移之理。然人性本善，虽至恶之人，一日而能从善，则为一日之善人，夫岂有终不可移之理！当从伊川之说，所谓"虽强戾如商辛之人，亦有可移之理"是也。②

在朱熹看来，虽然上智与下愚"非习之所能移"，而固有"不移之理"，然而，人性本善，即使是恶人也可从善而为善人，即使是商纣王这样的人，只要不"自绝于善"，亦有"可移之理"。可见，朱熹讲上智与下愚"非习之所能移"，并非要讲"不可移"。此外，朱熹还明确认为，孔子言"唯上知与下愚不移"，只是讲"不移"，而不是讲"不可移"，所谓"曰不移而已，不曰不可移"，而程颐讲下愚自暴自弃则不可移，讲的

---

① （宋）朱熹：《四书或问》，朱杰人等编：《朱子全书》，第6册，第876页。
② （宋）黎靖德编：《朱子语类》卷47，第4册，第1178页。

是"以其不肯移,而后不可移",也并非只讲"不可移"。此外,朱熹还批评张载、范祖禹以及谢良佐把"唯上知与下愚不移"的"不移"解为不可移,说:"若诸家之说,张子、范、谢氏皆以为习既相远,而后不移,盖皆失之。"①

然而需要指出的是,朱熹讲上智与下愚"非习之所能移",不仅"不曰不可移",而且也并非完全否定"不可移"。他认为程颐讲的是"以其不肯移,而后不可移",其中包含了"不可移",并且认为上智与下愚固有"不移之理",甚至还明确反对解"唯上知与下愚不移"而只讲"可移",说:"然殊不发明所以不移之意,而专以可移为言,亦疏矣。"② 以为只讲"可移",也有所疏忽。据《朱子语类》载:

> 问:"'性相近,习相远。''惟上智与下愚不移。'《书》中谓'惟圣罔念作狂,惟狂克念作圣',又有移得者,如何?"曰:"上智、下愚不移。如狂作圣,则有之。既是圣人,决不到得作狂。此只是言其人不可不学。"又问:"或言:'人自不移耳。'此说如何?"曰:"此亦未是。有一般下愚底人,直有不可移者。"③

《尚书》曰:"惟圣罔念作狂,惟狂克念作圣。"孔安国传曰:"惟圣人无念于善则为狂人,惟狂人能念于善则为圣人。言桀纣非实狂愚,以不念善,故灭亡。"④ 在朱熹看来,《尚书》所言,讲圣作狂、狂作圣,"此只是言其人不可不学",不可据以讲上智与下愚之可移,而且并非所有下愚之人都可移,因此谢良佐讲"性无不可移之理,人自不移",以为所有人之性都可移,"此亦未是"。朱熹还说:"孔子说'相近'至'不移',便定是不移了。人之气质,实是有如此者,如何必说道变得!所以谓之下愚。而其所以至此下愚者,是怎生?这便是气质之性。"⑤ 可见,朱熹讲上智与下愚"曰不移而已,不曰不可移",只是"不曰不可移",并非就等于"可移",重点仍然是"曰不移"。

---

① (宋)朱熹:《四书或问》,朱杰人等编:《朱子全书》,第6册,第876页。
② (宋)朱熹:《四书或问》,朱杰人等编:《朱子全书》,第6册,第877页。
③ (宋)黎靖德编:《朱子语类》卷47,第4册,第1178页。
④ (汉)孔安国传、(唐)孔颖达疏:《尚书正义》,(清)阮元校刻:《十三经注疏》,第1册,第487页。
⑤ (宋)黎靖德编:《朱子语类》卷47,第4册,第1178页。

（四）"不是不可移，只是不肯移"

朱熹解"唯上知与下愚不移"，既讲上智与下愚"非习之所能移"，又讲"曰不移而已，不曰不可移也"，讲"以其不肯移，而后不可移"，不仅是对汉唐儒家解"不移"只是讲"不可移"的纠正，而且也克服了只讲上智与下愚之"可移"所存在的问题。然而，朱熹之后，越来越多的学者强调上智与下愚，不是不可移，只是不肯移。

陆九渊的门人杨简说："'唯上知与下愚不移。'亦非谓其断不可移也，特甚言下愚之不可告语，不肯为善，亦犹上知之不肯为不善，故曰不移。"① 认为"唯上知与下愚不移"之"不移"并不是断不可移，而是指下愚之人不肯为善，上智之人不肯为不善，所以"不移"。

朱熹再传弟子饶鲁曰："'性相近'，是说性；'上知下愚'，是说才。善恶，性也；知愚，才也。性虽相近，而才之等级不同，有相去甚悬绝者。才既悬绝，则性亦非习之所能移矣。'不移'，不是不可移，是不肯移耳。善底性不肯移而为恶，恶底性不肯移而为善。肯不肯虽属心，其所以肯不肯者，则才实为之也。"② 饶鲁既讲"性亦非习之所能移"，又讲"不是不可移，是不肯移"，既继承了朱熹讲上智与下愚"非习之所能移"，又对朱熹讲"以其不肯移，而后不可移"作了发挥。

朱熹门人蔡沈后学王充耘撰《四书经疑贯通》，解"唯上知与下愚不移"，说："'上知与下愚不移'，此以生禀论；愚必明，柔必强，此以学问言。自生禀论之，则知者为知，愚者为愚。愚之不肯为知，犹知之不肯为愚，是固一定而不移也。以学问言之，愚者知择善则亦有时而通，柔者能固执则亦有时而立，此学问之所以能变化气质也。愚者，岂真不可移哉？人自不肯移耳。"③ 朱熹讲上智与下愚"非习之所能移"，王充耘讲"固一定而不移也"；朱熹讲"以其不肯移，而后不可移"，王充耘则讲"岂真不可移哉！人自不肯移耳"。

然而需要指出的是，无论是饶鲁讲"不是不可移，是不肯移"，还是王充耘讲"岂真不可移哉？人自不肯移耳"，虽然源自朱熹，但从学理上

---

① （宋）杨简：《慈湖先生遗书》卷10《论〈论语〉上》，《杨简全集》，第8册，第2111页。
② （宋）饶鲁撰，（清）王朝榘辑：《饶双峰讲义》卷8，《四库未收书辑刊》（第2辑），北京出版社2000年版，第15册，第407页。
③ （元）王充耘：《四书经疑贯通》卷2，《景印文渊阁四库全书》，第203册，第900页。

看，又都较为接近朱熹所批评的谢良佐所言"性无不可移之理，人自不移"。

明代王阳明反对朱熹以气质之性解"性相近也，习相远也"，说："夫子说'性相近'，即孟子说'性善'，不可专在气质上说。"① 因而讲人人皆有良知，并认为愚不肖者亦有良知，甚至强调良知为"圣愚之同具"②，还说："良知良能，愚夫愚妇与圣人同。"③ 为此，他解"唯上知与下愚不移"，说："不是不可移，只是不肯移。"④ 应当说，阳明的说法，很可能是对朱熹《论语或问》所言"以圣人之言观之，则曰不移而已，不曰不可移也。以程子之言考之，则曰以其不肯移，而后不可移耳"，所做的发挥，并且与朱熹再传弟子饶鲁所言"不是不可移，是不肯移"几乎相同。就他们都认为"唯上知与下愚不移"的"不移"不是"不可移"而言，实际上都是对程颐所言"'惟上智与下愚不移'，非谓不可移"以及下愚自暴自弃而不移的继承。当然，阳明说"不是不可移，只是不肯移"，又有所不同：

其一，阳明之说完全否定"不可移"而肯定"可移"。如前所述，朱熹讲"曰不移而已，不曰不可移"，但又并非完全否定"不可移"，甚至不赞同只讲"可移"，所谓"专以可移为言，亦疏矣"，不赞同谢良佐讲"性无不可移之理，人自不移"，因此重点仍然在于"不移"，讲上智与下愚"非习之所能移"。也就是说，朱熹只是"不曰不可移"，而且不赞同只讲"可移"；阳明则明确讲"不是不可移"而肯定"可移"。

其二，阳明之说更为强调"不肯移"。如前所述，朱熹认为程颐讲下愚自暴自弃则不可移，讲的是"以其不肯移，而后不可移"，不仅没有完全否定"不可移"，而且"不肯移"与"不可移"是先后关系。饶鲁讲"不是不可移，是不肯移"，阳明进一步讲"不是不可移，只是不肯移"，认为上智与下愚之不移，只是因为"不肯移"，"不肯移"与"不可移"是因果关系。⑤ 就逻辑而言，阳明讲"不是不可移，只是不肯移"，以为只要肯移，就能移；而朱熹讲"以其不肯移，而后不可移"，则是认为先要

---

① （明）王守仁：《传习录下》，《王阳明全集》卷3，上册，第140页。
② （明）王守仁：《书魏师孟卷》，《王阳明全集》卷8，上册，第312页。
③ （明）王守仁：《传习录中》，《王阳明全集》卷2，上册，第56页。
④ （明）王守仁：《传习录上》，《王阳明全集》卷1，上册，第36页。
⑤ 后来高拱说："伊川之意，谓下愚者，非不可移，乃不肯移也。"[（明）高拱：《问辨录》，《高拱论著四种》，中华书局1993年版，第192页] 李光地说："苟下愚者而肯从善，则亦无不可移之质。惟其不肯移，所以为不可移，所以为下愚也。"[（清）李光地：《榕村语录》卷4，《榕村语录·榕村续语录》，第67页] 恐是以阳明解程朱。

肯移，然后才可能移，但肯移，未必能移。

其三，阳明之说更为强调圣愚之相同，强调上智与下愚的相通之处。如上所述，朱熹讲上智与下愚"非习之所能移"，只是"不曰不可移"，并非完全否定"不可移"，甚至不赞同只讲"可移"，既反对将上智与下愚对立起来，又不赞同上智与下愚完全"可移"。阳明讲"不是不可移，只是不肯移"，更为强调上智与下愚的相通，与他讲良知为"圣愚之同具"是一致的。

由此可见，朱熹讲"曰不移而已，不曰不可移"，王阳明讲"不是不可移，只是不肯移"，二者都认为上智与下愚并非"不可移"，但朱熹只是"不曰不可移"，而没有完全否定"不可移"，同时也不赞同只讲"可移"，而是更为强调"不移"，从字面上看，更为接近孔子之意；而王阳明则完全否定"不可移"而肯定"可移"，强调"不肯移"，更多的是依据于其良知之说，而有所发挥。

阳明讲"不是不可移，只是不肯移"，影响很大，但也有批评者。明代学者冯柯有《求是编》，说："阳明之意，盖以天下无不可变之人，但其心不肯移尔。设使肯移，必无不可移者。殊不知此以论凡人可也，非所以论上智下愚也。盖上智之善，……虽欲肯移，而器局已定，未有哲人而愚者也。下愚之恶，……虽使肯移，而蔽锢已甚，未有小人而仁者也。故夫子不言其不可移，亦不言其不肯移，但曰'不移'而已。"① 显然更为赞同朱熹讲上智与下愚"非习之所能移"以及"曰不移而已，不曰不可移"。

明末清初孙奇逢学本陆王，他的《四书近指》解"唯上知与下愚不移"，赞同阳明之说，说："智习而上，愚习而下，是各就造极处而疑性之有善有不善，见为不移耳。不移还是他自不肯移，非不可移也。若不可移，便非人性皆善。……相近言性，而不移不言性，夫子初未尝指气质为性也。"② 陈确说："阳明子谓'是不肯移，非不可移'，斯言当矣。而程子于'不移'字中，添一'可'字，便滞。又曰'语其性则无不善，语其才则有下愚之不移'，不益支乎？朱子则统以气质之性言之，谓'相近之中，又有美恶一定，非习所能移者'。子本言习，朱子偏以诬性，程子更以诬才，其乖谬如此。"③ 他们都肯定王阳明讲"不是不可移，只是不肯

---

① （明）冯柯：《求是编》卷3，严佐之等编：《历代"朱陆异同"典籍萃编》，上海古籍出版社2018年版，第2册，第255—256页。
② （清）孙奇逢：《四书近指》卷12，《儒藏（精华编117）》，北京大学出版社2014年版，第195—196页。
③ （清）陈确：《气性才辨》，《陈确集》（下）别集卷4，中华书局1979年版，第453页。

移"，反对朱熹以气质之性解"性相近也，习相远也"和"唯上知与下愚不移"，而讲上智与下愚"非习之所能移"。

（五）余论

通过以上讨论可以看出，历代对《论语》"唯上知与下愚不移"的解读，只有汉唐时期儒家把"不移"解为"不可移"，自宋代开始，尤其是程颐提出"'惟上智与下愚不移'，非谓不可移"之后，朱熹认为"唯上知与下愚不移"只是说"不移"，只不是说"不可移"，"曰不移而已，不曰不可移也"，后来王阳明说"不是不可移，只是不肯移"，都认为"唯上知与下愚不移"的"不移"，并不是"不可移"。王阳明的解读，较为强调"不肯移"，实际上来自朱熹认为程颐讲下愚自暴自弃则不可移，讲的是"以其不肯移，而后不可移"，但又有所不同，朱熹只是"不曰不可移"，而阳明则讲"只是不肯移"。

清代戴震对朱熹学说多有批评，也包括批评朱熹以气质之性解"性相近也，习相远也"和"唯上知与下愚不移"。戴震《孟子字义疏证》认为，朱熹所讲气质之性，实际上就是荀子的性恶论，或扬雄的人性善恶混，就是孟子门人公都子引或曰"性可以为善，可以为不善"，或曰"有性善，有性不善"，而朱熹解"性相近也，习相远也"言"气质之性固有美恶之不同矣，然以其初而言，皆不甚相远也，但习于善则善，习于恶则恶，于是始相远耳"，以及解"唯上知与下愚不移"言"人之气质，相近之中又有美恶一定，而非习之所能移也"，是"盲会通公都子两引'或曰'之说解《论语》矣"。① 但是，戴震又并非完全反对朱熹讲上智与下愚"非习之所能移"，而是进一步认为生而下愚之人，"虽习不足以移之"，"苟悔而从善，则非下愚矣；加之以学，则日进于智矣"，"故曰不移，不曰不可移。虽古今不乏下愚，而其精爽几与物等者，亦究异于物，无不可移也"。② 应当说，戴震解"唯上知与下愚不移"而强调"曰不移，不曰不可移"，正是对朱熹言"曰不移而已，不曰不可移也"的肯定，而且所谓"苟悔而从善，则非下愚矣；加之以学，则日进于智矣"，与朱熹讲"以其不肯移，而后不可移"，多有一致之处。重要的是，戴震所言

---

① （清）戴震：《孟子字义疏证》，第33—34页。
② （清）戴震：《孟子字义疏证》，第30页。

"曰不移,不曰不可移",还为后来焦循《孟子正义》所引述,① 刘宝楠《论语正义》解"唯上知与下愚不移",也对戴震言"曰不移,不曰不可移"作了引述。②

由此可见,中国古代对于《论语》"唯上知与下愚不移"之"不移"有两种解读:一是汉唐时期儒家解为"不可移",一是宋代程颐、朱熹不赞同解为"不可移",尤其是朱熹讲"曰不移而已,不曰不可移也",对后世影响很大。明代阳明学派对朱熹的解读有所发展,进一步讲"不是不可移,只是不肯移"。直至后来清代戴震也讲"曰不移,不曰不可移",并为焦循以及刘宝楠《论语正义》所接受。可见,程颐、朱熹不将"唯上知与下愚不移"之"不移"解为"不可移",实际上为自宋代而至清代大多数儒家学者所接受。

民国时期,唐文治于 1924 年写成的《论语大义》解"唯上知与下愚不移",不仅引述朱熹《论语集注》的解说,而且还说:"然则上知可自恃为上知,下愚可自安于下愚乎?"③ 对下愚之人之"不可移"提出质疑。1925 年出版的姚永朴《论语解注合编》解"唯上知与下愚不移",引述朱熹《论语集注》以及韩愈的解说,并案:"……上知之不移,是自然不移;下愚之不移,直是不肯移。圣人于此,惟有制之以威,使寡罪而已。"④ 显然是赞同朱熹以及王阳明的解读,讲下愚之不移,只是在于"不肯移"。

然而,1936 年出版的王缁尘《广解论语》解"唯上知与下愚不移",则明确说:"有极顶聪明的人,有极顶呆笨的人,也有不聪明不呆笨的中等人才。极顶聪明的人,与极顶呆笨的人,从小到老,总不会变易的。……其余的,都是中等人才,就不免随着环境而改变,即习于恶则恶,习于善则善也。"⑤ 认为上智与下愚"总不会变易"。1941 年出版的蒋伯潜《四书读本》解"唯上知与下愚不移",对此多有参照,说:"绝顶聪明的人,与绝顶呆笨的人,从小到老,总不会改变的。"⑥ 如前所述,杨伯峻《论语译注》解为"只有上等的智慧和下等的愚人是改变不了的",

---

① (清) 焦循:《孟子正义》,第 795—796 页。
② (清) 刘宝楠:《论语正义》,第 679 页。
③ 唐文治:《论语大义》,第 290 页。
④ 姚永朴:《论语解注合编》,黄山书社 2014 年版,第 299 页。
⑤ 王缁尘:《广解论语》,第 371 页。王缁尘《广解孟子》解"曹交问曰'人皆可以为尧、舜,有诸?'孟子曰'然'",说:"(曹交)道:'人人都可以做尧、舜一样的人,有这道理吗?'孟子道:'有的。'……言要做尧、舜那样的人,也只要去做就罢了!"[王缁尘:《广解孟子》,生活·读书·新知三联书店 2019 年版,第 379 页]
⑥ 蒋伯潜:《四书读本》,吉林出版集团股份有限公司 2017 年版,第 588 页。

以及钱穆《论语新解》解为"只有上知与下愚之人不可迁移"①，恐都源于此，较多是依据汉唐儒家的解读。

1943年出版的程树德《论语集释》解"唯上知与下愚不移"，在最后的"发明"中，既引述阳明解"唯上知与下愚不移"而言"不是不可移，只是不肯移"，又引述清初李颙《四书反身录》所言："上知明善诚身，之死靡他；下愚名利是耽，死而后已，非不移而何？迟钝人能存好心，行好事，做好人，虽迟钝亦是上知。明敏人若心术不正，行事不端，不肯做好人，即明敏亦是下愚。"②认为"不移"只是在于"不肯移"。

1944年出版的熊十力《新唯识论》则说："若夫言性，而就人生本原处目之者，则不可与材性相混，如性相近也之性字，即材性之性，相近之言，即据中材立论，凡属中材，其材性皆相去不远，故云相近。但视其所习，习于上，则成上智矣；习于下，则流为下愚矣，故云'习相近也'。唯上智之人，其材性生来即是上，不会习向坏处；下愚之人，其材性生来即下，难得习向好处，故曰：'上智与下愚不移。'"③这里讲下愚之人"难得习向好处"，并不是讲完全"不可移"；与朱熹讲上智与下愚"非习之所能移"，多有相通之处。熊十力又说："同为人类之气质，其相差也不必甚远，虽下愚之资，倘能从事尽性之学，以慎其所习，则气质可以转化，而不至障碍其天性，是在庄敬日强，毋自暴弃而已。……孔云'不移'，责之之辞也，所谓不屑之教也。"④认为孔子说"唯上知与下愚不移"，只是责备下愚之人，是"不屑之教"⑤，显然，在熊十力看来，"不移"并非不可移。应当说，这种自宋代程颐、朱熹以来不将"唯上知与下愚不移"的"不移"解为"不可移"的传统，理应作为当今《论语》解读的重要参考。

---

① 钱穆：《论语新解》，第443页。
② 程树德：《论语集释》，第4册，第1531页。
③ 熊十力：《新唯识论》，《熊十力全集》，第3卷，第487页。
④ 熊十力：《新唯识论》，《熊十力全集》，第3卷，第489—490页。
⑤ 孟子曰："教亦多术矣，予不屑之教诲也者，是亦教诲之而已矣。"（《孟子·告子下》）《章指》言："学而见贱，耻之大者，激而厉之，能者以改。教诲之方，或折或引，同归殊途，成之而已。"[（清）焦循：《孟子正义》，第940页]

十七 "唯女子与小人为难养也"*

对于《论语·阳货》载子曰"唯女子与小人为难养也,近之则不孙,远之则怨",历来有不同诠释;既有将"女子"解为全称者,也有解为特称者。① 现代有不少学者还将孔子所言视为对于女性的歧视。近年来,朱熹《论语集注》将"女子与小人"解为"臣妾"的诠释受到关注。钱穆《论语新解》解该章说:"此章女子小人指家中仆妾言。……因其指仆妾,故称养。"② 把"女子与小人"解为"妾侍和仆人"。直到2015年出版的李泽厚《论语今读》也采纳朱熹注,并将孔子所言解读为:"只有妻妾和仆从难以对付:亲近了,不谦逊;疏远了,又埋怨。"③ 但是,这些解读对于朱熹的诠释所具有的深刻内涵并未作出深入的分析和发掘。事实上,朱熹《论语集注》的诠释,不仅将"女子与小人"解为"臣妾",而且还由此进一步阐述与臣妾的相处之道,要求对待臣妾"庄以莅之,慈以畜之",实与歧视女性无关。

(一) 汉唐诸儒的解读

据《后汉书·杨震传》载,东汉杨震通过讲"昔郑严公从母氏之欲,恣骄弟之情,几至危国,然后加讨,《春秋》贬之,以为失教。夫女子小人,近之喜,远之怨,实为难养",以言明"妇人不得与于政事"。④ 又据《后汉书·爰延传》载,东汉爰延讲"昔宋闵公与强臣共博,列妇人于侧,

---

* 本章部分内容已以《朱熹对"唯女子与小人为难养也"的诠释及其意蕴》为题发表于《江淮论坛》2019年第4期。
① 廖名春:《孔子真精神:〈论语〉疑难问题解读》,第56—61页。
② 钱穆:《论语新解》,第464页。
③ 李泽厚:《论语今读》,第339页。
④ (南朝宋)范晔:《后汉书》卷54,第7册,第1761页。

积此无礼,以致大灾。武帝与倖臣李延年、韩嫣同卧起,尊爵重赐,情欲无厌,遂生骄淫之心,行不义之事,卒延年被戮,嫣伏其辜",并且引孔子曰"唯女子与小人为难养,近之则不逊,远之则怨",说:"盖圣人之明戒也!"① 显然,杨震、爰延是以个别女性的行为导致灾祸,而嫁祸于全称女性,而且还通过引述孔子所言"唯女子与小人为难养也",以表达对全称女性的歧视。

东汉荀悦《汉纪》说:"夫内宠嬖近阿保御竖之为乱,自古所患,故寻及之。孔子曰'惟女子与小人为难养',性不安于道,智不周于物。其所以事上也,唯欲是从,唯利是务;……是以明主唯大臣是任,惟正直是用,内宠便嬖请求之事,无所听焉。"② 显然,与杨震、爰延一样,荀悦也是以个别女性致祸乱而引孔子所言来表达对全称女性的歧视。

应当说,以孔子所言"唯女子与小人为难养也"表达对女性的歧视,并不意味着该句本身包含了对女性的歧视,至多只能说明杨震、爰延以及荀悦将该句解读为对女性的歧视。然而,无论该句是否具有歧视女性之意,这些事例至少可以说明,该句很容易被理解为对于女性的歧视;现代有不少学者将该句解读为对于女性的歧视,或许也正由于此,因而也可说明,这样的解读与杨震、爰延以及荀悦是一致的,只是立场各有不同。

西晋杜预注《春秋左传》"女德无极,妇怨无终",曰:"妇女之志,近之则不知止足,远之则忿怨无已。"③ 显然,这是依照孔子所言"唯女子与小人为难养也,近之则不孙,远之则怨"而言"妇女之志";虽然只是讲妇女,而没有牵扯小人,但其中包含了对于女性的歧视。

南北朝时期,刘义庆《世说新语》载:"刘真长、王仲祖共行,日旰未食。有相识小人贻其餐,肴案甚盛,真长辞焉。仲祖曰:'聊以充虚,何苦辞?'真长曰:'小人都不可与作缘。'"刘孝标注曰:"孔子称:'唯女子与小人为难养,近之则不逊,远之则怨。'刘尹之意,盖从此言也。"④ 这里把孔子所言"唯女子与小人为难养也"中的"女子"与小人等同起来。

皇侃《论语义疏》解孔子所言"唯女子与小人为难养也",不仅把"女子"与小人等同起来,而且还将"女子与小人"和君子对立起来,加

---

① (南朝宋)范晔:《后汉书》卷48,第6册,第1619页。
② (汉)荀悦:《汉纪》卷28,《两汉纪》(上),第493页。
③ (晋)杜预注,(唐)孔颖达疏:《春秋左传正义》,(清)阮元校刻:《十三经注疏》,第4册,第3946页。
④ 余嘉锡:《世说新语笺疏》,中华书局1983年版,第327页。

以论证，说："女子、小人，并禀阴闭气多，故其意浅促，所以难可养立也。……君子之人，人愈近愈敬，而女子、小人，近之则其承狎而为不逊从也。……君子之交如水，亦相忘江湖，而女子、小人，人若远之则生怨恨，言人不接己也。"① 皇侃把孔子所言中"女子与小人"和君子对立起来，实际上成为今人将孔子所言解读为歧视女性的重要理论来源。

唐代释道世所撰《法苑珠林》说："书云：仲尼称难养者小人与女子。近之则不逊，远之则怨已。是以经言：'妖冶女人有八十四态。大态有八，慧人所恶：一者嫉妒，二者妄瞋，三者骂詈，四者咒诅，五者镇压，六者悭贪，七者好饰，八者含毒。是为八大态。'是故女人多诸妖媚。"② 显然，这是佛教借孔子所言，以表达对于女性的歧视。

白居易《白氏六帖事类集》卷二十八"小人第九"门，在"小人从迩，……难养"下注曰："唯女子与小人为难养也。"③ 也是把孔子所言"唯女子与小人为难养也"中的"女子"归为小人一类。

需要指出的是，晚唐皮日休撰《陵母颂》，说："孔父称：'惟小人与女子为难养也。'夫女子之忠贞义烈，或闻于一时；小人之奸诈暴乱，不忘于一息。使千百女子如小人奸诈暴乱者，有矣。使千百小人如女子忠贞义烈者，未之有也。"④ 显然，皮日休反对把女子与小人归为一类，因而不赞同孔子所言"唯女子与小人为难养也"。然而，这恰恰说明他也把孔子所言"唯女子与小人为难养也"中的"女子"解为全称者，并归为小人一类。

皮日休推崇孔子，称"尧之德有时而息，禹之功有时而穷，夫子之道久而弥芳，远而弥光，用之则昌，舍之则亡"⑤，但是，他依照汉唐儒对于孔子所言"唯女子与小人为难养也"的解读，把该句中"女子"归为小人一类，因而对该句提出质疑。其实，皮日休完全可以由此批评汉唐儒对该句的解读，而不是简单地对孔子所言提出质疑；但是，他终究没有走出这一步。

---

① （梁）皇侃：《论语义疏》，第472页。
② （唐）释道世著，周叔迦、苏晋仁校注：《法苑珠林校注》，中华书局2003年版，第694—695页。
③ （唐）白居易：《白氏六帖事类集》（贴册6）卷28，第35页。
④ （唐）皮日休：《陵母颂》，傅云龙、吴可主编：《唐宋明清文集（第1辑）：唐人文集（卷4）》，天津古籍出版社2000年版，第2431—2432页。
⑤ （唐）皮日休：《襄州孔子庙学记》，傅云龙、吴可主编：《唐宋明清文集（第1辑）：唐人文集（卷4）》，第2482页。

（二）"此小人，亦谓仆隶下人也"

北宋邢昺《论语注疏》解孔子所言"唯女子与小人为难养也"，强调其中的"女子"并非就全称女性而言，说："此章言女子与小人皆无正性，难畜养。所以难养者，以其亲近之则多不孙顺，疏远之则好生怨恨。此言女子，举其大率耳。若其禀性贤明，若文母之类，则非所论也。"① 显然，这里将孔子所言"唯女子与小人为难养也"中的"女子"，说成是"举其大率耳"，不包括"禀性贤明"的女性，明显不是就全称女性而言。

南宋朱熹《论语集注》解孔子所言"唯女子与小人为难养也"，说："此小人，亦谓仆隶下人也。君子之于臣妾，庄以莅之，慈以畜之，则无二者之患矣。"② 显然，朱熹把孔子所言"唯女子与小人为难养也"仅限于家的范围，"小人"指的是"仆隶下人"，"女子与小人"则指的是"臣妾"。汉孔安国传《尚书》曰："役人贱者，男曰臣，女曰妾。"③ 朱熹《孝经刊误》引《古文孝经》所言："子曰：'闺门之内，具礼矣乎！严父严兄，妻子臣妾，犹百姓徒役也。'"④ 也就是说，"臣妾"即家中地位较低的男仆与女仆。

以"臣妾"解孔子所言"唯女子与小人为难养也"中的"女子与小人"，可见程颐《程氏易传》。《周易》遯卦："九三，系遯，有疾厉，畜臣妾吉。九四，好遯，君子吉，小人否。"对此，程颐传曰："臣妾小人女子，怀恩而不知义，亲爱之则忠其上。系恋之私恩，怀小人女子之道也，故以畜养臣妾，则得其心为吉也。然君子之待小人，亦不如是也。"⑤ 这里既讲"臣妾，小人女子，怀恩而不知义，亲爱之则忠其上"，又讲"怀小人女子之道也，故以畜养臣妾，则得其心为吉"，明显是以"臣妾"解孔子所言"唯女子与小人为难养也"中的"女子与小人"；同时，这里又讲"君子之待小人，亦不如是也"，把臣妾与小人区别开来。对此，朱

---

① （魏）何晏集解，（宋）邢昺疏：《论语注疏》，（清）阮元校刻：《十三经注疏》，第5册，第5489页。
② （宋）朱熹：《四书章句集注》，第183页。
③ （汉）孔安国传，（唐）孔颖达疏：《尚书正义》，（清）阮元校刻：《十三经注疏》，第1册，第542页。
④ （宋）朱熹：《晦庵先生朱文公文集》卷66《孝经刊误》，朱杰人等编：《朱子全书》，第23册，第3211页。
⑤ （宋）程颐：《周易程氏传》卷3，《二程集》，第868页。

熹说:"君子小人,更不可相对,更不可与相接。若臣妾,是终日在自家脚手头,若无以系之,则望望然去矣。"① 也就是说,臣妾不同于与君子对立的小人。

关于《论语》中"小人"之意,杨伯峻《论语译注》认为有二:一是指无德之人(20次),一是指老百姓(4次)。② 比如,注"君子之德风,小人之德草"为:"领导人的作风好比风,老百姓的作风好比草。"③ 注"君子学道则爱人,小人学道则易使也"为:"做官的学习了,就会有仁爱之心;老百姓学习了,就容易听指挥,听使唤。"④ 尤其是注"君子而不仁者有矣夫,未有小人而仁者也",杨伯峻《论语译注》说:"这个'君子''小人'的含义不大清楚。'君子''小人'若指有德者无德者而言,则第二句可以不说;看来,这里似乎是指在位者和老百姓而言。"⑤ 其实,南北朝皇侃《论语义疏》就有类似的解读,其中解"君子怀德,小人怀土"时,引述当时一云:"君子者,人君也;小人者,民下也。上之化下,如风靡草。君若化民安德,则下民安其土,所以不迁也。"又一云:"人君若安于刑辟,则民下怀利惠也。"⑥ 又解"君子之德风,小人之德草"曰:"君子,人君。小人,民下也。言人君所行,其德如风也;民下所行,其事如草。"⑦ 这至少可以说明,《论语》中的"小人"并非全都是指无德之人,也有可能指平民百姓,或是"民下"。

朱熹解《论语》,也多将其中"小人"解为平民百姓;⑧ 而他之所以将孔子所言"唯女子与小人为难养也"中的"小人"解为"仆隶下人",主要是通过对该句的分析。朱熹《论语或问》说:"何以知其为仆隶下人也?曰:若为恶之小人,则君子远之,惟恐不严,怨亦非所恤矣。"⑨ 按照孔子所言,对于"女子与小人",不只是远之,也要近之,因而不可能是指与君子对立的小人。

《周易》遁卦《象》曰:"遁,君子以远小人,不恶而严。"对此,程颐传曰:"君子观其象,以避远乎小人,远小人之道,若以恶声厉色,适

---

① (宋)黎靖德编:《朱子语类》卷72,第5册,第1823页。
② 杨伯峻译注:《论语译注》,第317页。
③ 杨伯峻译注:《论语译注》,第186页。
④ 杨伯峻译注:《论语译注》,第264页。
⑤ 杨伯峻译注:《论语译注》,第212页。
⑥ (梁)皇侃:《论语义疏》,第88、89页。
⑦ (梁)皇侃:《论语义疏》,第314页。
⑧ 乐爱国:《朱熹解〈论语〉中的"君子"、"小人"》,《江南大学学报》2020年第3期。
⑨ (宋)朱熹:《四书或问》,朱杰人等编:《朱子全书》,第6册,第889页。

足以致其怨忿，唯在乎矜庄威严，使知敬畏，则自然远矣。"① 朱熹《周易本义》解曰："严者，君子自守之常，而小人自不能近。"② 也就是说，君子对待小人，应当避而远之，不以恶声厉色，以免致其怨忿，而要"矜庄威严"，"自守之常"，使小人知敬畏而"自不能近"。据《孟子》载："孟子为卿于齐，出吊于滕，王使盖大夫王骥为辅行。王骥朝暮见，反齐、滕之路，未尝与之言行事也。公孙丑曰：'齐卿之位，不为小矣；齐、滕之路，不为近矣。反之而未尝与言行事，何也？'曰：'夫既或治之，予何言哉？'"对此，朱熹注曰："夫既或治之，言有司已治之矣。孟子之待小人，不恶而严如此。"③ 这就是朱熹《论语或问》所认为的，君子对待"为恶之小人"应当避而远之，惟恐不严，"怨亦非所恤矣"。

然而，与此不同，孔子在讲"唯女子与小人为难养也"的同时，又讲"近之则不孙，远之则怨"，对待"小人"，既要"远之"，又要"近之"，还要在意其"不孙"和"怨"。据此，朱熹认为，孔子所言中的"小人"并非"为恶之小人"，而应当是"仆隶下人"。同样，孔子所言中的"女子"，与"仆隶下人"并列，应当是指与"仆隶下人"同等地位的女性，而且对待"女子"，与对待"仆隶下人"一样，既可"远之"，又可"近之"，还要在意其"不孙"和"怨"，所以，朱熹在把"小人"解为"仆隶下人"的同时，把"女子与小人"解为"臣妾"，这是有道理的。④

朱熹把孔子所言"唯女子与小人为难养也"中的"小人"解为"仆隶下人"，把"女子与小人"解为"臣妾"，将其中的"女子"解为妾，为女仆，为特称者，并非如汉唐诸儒解为全称者；"小人"解为"仆隶下人"，为男仆，与"女子"为女仆相对应，并非无德之人，这样，孔子所言"唯女子与小人为难养也"，讲的是主仆关系，而不是君子与小人、男性与女性的关系，因而不具有把女性归为小人的意味，不存在汉唐诸儒的解读中所包含的对女性的歧视。

---

① （宋）程颐：《周易程氏传》卷3，《二程集》，第867页。
② （宋）朱熹：《周易本义》，朱杰人等编：《朱子全书》，第1册，第114页。
③ （宋）朱熹：《四书章句集注》，第247页。
④ 新加坡国立大学教授劳悦强《从〈论语〉"唯女子与小人为难养"章论朱熹的诠释学》说："朱《注》谓'此小人亦谓仆隶下人也。君子之于臣妾，庄以莅之，慈以畜之'，注文中先总说'小人亦谓仆隶下人'，意谓'女子'亦为'仆隶下人'，而下文所说的'臣妾'则分指'小人'与'女子'。注文中'臣妾'二字正从《尚书》孔《传》中'役人贱者，男曰臣，女曰妾'的说法而来，渊源有自，有根有据。"［劳悦强：《从〈论语〉"唯女子与小人为难养"章论朱熹的诠释学》，《汉学研究》2007年第2期］

（三）"庄以莅之，慈以畜之"

孔子讲"唯女子与小人为难养也，近之则不孙，远之则怨"，说"女子与小人"为"难养"，具有"近之则不孙，远之则怨"的品性，只是为了表达自己对于"女子与小人"的看法，表达一种情绪？还是另有其他目的，包含其他道理？汉唐诸儒的解读停留于字面上的注释，较多地讨论为什么"女子与小人"为"难养"。如上所述，皇侃《论语义疏》说"女子、小人，并禀阴闭气多，故其意浅促，所以难可养立也"。与此不同，宋代诸儒的解读，更加关注孔子所言中包含的道理，从"女子与小人"为"难养"，具有"近之则不孙，远之则怨"的品性，而进一步讨论和"女子与小人"的相处之道。

陈善《扪虱新话》中有"女子小人自有固宠之术"一节，说："孔子以女子、小人为难养也，'近之则不逊，远之则怨'，此固中才庸主之所无可奈何者。然彼小人、女子，亦自有固宠之术。……然孔子但言其难养，而不言所以处之之术，何也？"[①] 显然，关注的重点不在于"女子与小人"之所指，以及如何难养、为什么难养，而是要由此弄清楚对于"女子与小人"的"处之之术"。

如上所述，程颐《程氏易传》解《周易》遁卦，将孔子所言"唯女子与小人为难养也"中的"女子与小人"解为"臣妾"，又以遁卦《象》曰"君子以远小人，不恶而严"阐发"远小人之道"，认为对于小人，不能只是"恶声厉色"而致其怨忿，而应当"矜庄威严，使知敬畏"，从而远离小人。但是，对于孔子所言"唯女子与小人为难养也"，程颐并没有就如何对待其中"女子与小人"作出进一步讨论。

二程门人接受程颐对于《易传》"君子以远小人，不恶而严"的解读，并将其运用于解读孔子所言"唯女子与小人为难养也，近之则不孙，远之则怨"。对于孔子所言，谢良佐曰："此君子所以不恶而严也。"杨时曰："《易》之《家人》曰：'女正位乎内，男正位乎外。'故男女有别而不相渎。《遁》之《象》曰：'君子以远小人，不恶而严。'夫如是，则不孙之与怨远矣。"侯仲良曰："女子小人不安分，故近之则不孙，远之则怨。"

---

① （宋）陈善著，孙钒婧、孙友新校注：《扪虱新话评注》，第209页。

尹焞曰："是以君子远之，不恶而严。"① 应当说，二程门人以《易传》"君子以远小人，不恶而严"解孔子所言"唯女子与小人为难养也"，似乎又回到了汉唐诸儒的解读，把其中"女子与小人"归为小人一类；但又需指出的是，他们认为对待"女子与小人"应当"不恶而严"，实则是要探讨和"女子与小人"的相处之道，并非是要把女性归为小人。

吕祖谦也把《易传》"君子以远小人，不恶而严"与孔子所言"唯女子与小人为难养也，近之则不孙，远之则怨"结合起来，说："'不恶而严'，大凡小人之情，近之则僭，远之则怨，当待之以不严之威，则自然远矣。《语》曰：'唯女子与小人为难养也，近之则不逊，远之则怨。'要当思其所以处之之道。夫不恶而严，最人之所难。盖常人不恶则不严，苟欲其严，必作意而为之。亦如'恭而安'，寻常人恭敬者多拘束，才安肆则不恭矣。惟性情涵养，则自然严恭，苟内不足，则必待造作。"② 显然，这也是通过对《易传》"君子以远小人，不恶而严"的解读，来探讨如何和"女子与小人"相处。

张栻解《论语》"唯女子与小人为难养也"，说："女子阴质，小人阴类，其所望于人者常深，故难养。知其难养如此，则当思所以待之之道，其惟和而有制与夫不恶而严乎？"③ 认为对待"女子与小人"，应当取"和而有制""不恶而严"的待之之道。

与以上这些讨论不同，朱熹不仅将孔子所言中的"小人"解为"仆隶下人"，将"女子与小人"解为"臣妾"，而且不以《易传》"君子以远小人，不恶而严"作为和"女子与小人"的相处之道，而是提出"君子之于臣妾，庄以莅之，慈以畜之"。

所谓"庄以莅之"，据《论语·为政》载，季康子问："使民敬、忠以劝，如之何？"子曰："临之以庄则敬，孝慈则忠，举善而教不能则劝。"朱熹注曰："庄，谓容貌端严也。临民以庄，则民敬于己。"④ 也就是说，对待百姓应当"庄以莅之"。《论语·卫灵公》载子曰："知及之，仁能守之，不庄以莅之，则民不敬。"朱熹注曰："莅，临也。谓临民也。知此理而无私欲以间之，则所知者在我而不失矣。然犹有不庄者，盖气习之偏，

---

① 转引自（宋）朱熹《论孟精义》，朱杰人等编：《朱子全书》，第7册，第593页。
② （宋）吕祖谦：《丽泽论说集录》卷2，《吕祖谦全集》，浙江古籍出版社2008年版，第2册，第73页。
③ （宋）张栻：《南轩先生论语解》，《张栻集》，第1册，第284页。
④ （宋）朱熹：《四书章句集注》，第58页。

或有厚于内而不严于外者,是以民不见其可畏而慢易之。"① 在朱熹看来,对待臣妾,不仅要"庄以莅之",而且还要"慈以畜之"。《孟子·梁惠王上》讲"仰足以事父母,俯足以畜妻子",韩婴《韩诗外传》说:"夫为人父者,必怀慈仁之爱,以畜养其子。"② 显然,朱熹讲"君子之于臣妾,庄以莅之,慈以畜之",与《易传》"君子以远小人,不恶而严"有着明显的不同。

由此可见,在朱熹那里,不仅孔子所言"唯女子与小人为难养也"中的"女子与小人",即臣妾,不是小人,而且君子对待臣妾"庄以莅之,慈以畜之",也不同于君子对待小人应当"以远小人,不恶而严"。换言之,朱熹要求对待臣妾"庄以莅之,慈以畜之",强调家庭内部各成员之间的相互平等,实际上包括对于臣妾的尊重。

通过以上分析可以看出,朱熹对于孔子所言"唯女子与小人为难养也"的诠释,不仅把孔子所言限于家的范围,"女子"解为特称者,"小人"解为"仆隶下人",因而不同于汉唐诸儒解"女子"为全称者,而具有把女性归为小人的意味,而且还从孔子讲"女子与小人"为"难养"且具有"近之则不孙,远之则怨"的品性,而进一步讨论孔子所言中包含的道理,讨论和"女子与小人"的相处之道。也就是说,在朱熹看来,孔子所言不只是表达对于"女子与小人"的看法,表达一种情绪,更在于讲明一个道理,即阐述和"女子与小人"的相处之道,尤其是,朱熹讲"君子之于臣妾,庄以莅之,慈以畜之",与对女性的歧视并无关系。因此,朱熹的诠释,不仅实现了从汉唐诸儒解"女子"为全称者,到解"女子"为特称者的转化,而且实现了从汉唐诸儒的解读把"女子"归为小人而包含对女性的歧视,到进一步探讨如何和"女子与小人"相处的转化,消解了以往解读中的歧视女性之意。

(四)对后世的影响

朱熹《论语集注》对于孔子所言"唯女子与小人为难养也"的诠释,对后世影响很大,以至于后来学者对于孔子所言的解读,大都不同于汉唐诸儒把"女子"归为小人的解读,而且主要是围绕着如何和"女子与小

---

① (宋)朱熹:《四书章句集注》,第168页。
② (汉)韩婴撰,许维遹校释:《韩诗外传集释》卷7,第270页。

人"相处而展开。

　　宋赵顺孙《论语纂疏》解孔子所言"唯女子与小人为难养也",引述朱熹的注释,并引朱熹门人辅广曰:"此正所谓不近不远之间道理也。夫小人女子虽有难养之情,在君子则有善养之道。庄以莅之,则有以销其不孙之心;慈以畜之,则有以弭其多怨之意。"[①] 钱时《融堂四书管见》则进一步说:"不必专言仆妾。凡女子、小人皆然也,近之既不孙,远之则又怨,将安所处乎? 夫子此语正是欲人就其中思所以处之,身不行道,不行于妻子,反己而求,庶乎其可矣!"[②] 明代刘宗周说:"女子小人难养,自古皆然。知此,便须得反身正物之道。区区谋所以养之之术,鲜克胜者。"[③] 钱时与刘宗周对于"唯女子与小人为难养也"的解读,其中"女子与小人"并非只是指臣妾,而且强调对待"女子与小人"应当"反己而求","得反身正物之道",虽与朱熹略有不同,但都是围绕着如何和"女子与小人"相处而展开。

　　尤为需要指出的是,不少学者还认为,孔子所言"唯女子与小人为难养也"是为统治者立戒。宋戴溪《石鼓论语答问》说:"圣人察于人情之际亦微矣,上而宦官宫妾,下而家人臧获,皆是物也。远之不可,近之不可,则亦难乎! 其为养也,不求诸家而求诸身,得其所以养矣。"[④] 蔡节《论语集说》解孔子所言"唯女子与小人为难养也",曰:"女子、小人之情,其望于人者,无有纪极,近之则狎侮生,远之则猜嫌起,故难养也。圣人患之,为世立戒,使夫有国有家者,不昵不恶,则庶乎其可矣!"[⑤] 认为孔子所言是为有国有家者立戒。明代湛若水说:"人主之于臣妾,奈何? 孔子曰:'惟女子与小人为难养也。'必庄以莅之,慈以畜之,明以断之,斯为得御之之道矣。"[⑥] 又说:"人主御臣妾之道,诚不可不讲也。孔子曰:'惟女子与小人为难养也,近之则不孙,远之则怨。'传者云'庄以莅之,慈以畜之',然后能无二者之弊。……不庄不慈,可谓御臣妾之道乎?"[⑦] 明清之际,顾炎武曾说:"孔子曰:'惟女子与小人为难养也。'警笑有时,

---

① (宋)赵顺孙:《四书纂疏》,《儒藏(精华编113)》,第672页。
② (宋)钱时:《融堂四书管见》,《景印文渊阁四库全书》,第183册,第667页。
③ (明)刘宗周:《论语学案》,《刘宗周全集》,第1册,第528页。
④ (宋)戴溪:《石鼓论语答问》,《景印文渊阁四库全书》,第199册,第99页。
⑤ (宋)蔡节:《论语集说》卷9,《景印文渊阁四库全书》,第200册,第696页。
⑥ (明)湛若水:《格物通》卷41《御臣妾上》,《景印文渊阁四库全书》,第716册,第358页。
⑦ (明)湛若水:《格物通》卷42《御臣妾下》,《景印文渊阁四库全书》,第716册,第367页。

恩泽有节，器使有分，而国之大防不可以逾，何有外戚宦官之祸乎！"① 王夫之解孔子所言"唯女子与小人为难养也"，引朱熹的注释，并且说："夫子曰：为人上者，制奸有道，惩恶有法，格顽有礼，教不能有恩，皆君子所不难也。唯妾媵之女子与左右之小人，服劳于上，上之所养也，而养之难矣。盖其人安于卑贱而不知名义，近于君上则妄自尊高，而抑旦夕所不能无，祸患所不胜防，欲使畏我而怀我，难也。以其日在吾前而供使令，必且近之，嚬笑狎而不逊之习渐成，于是以其不可近而远之，一旦失恩，而怨蕴于心矣。近之而又远之，不逊之余怨不可戢也；远之而又若近之，怨不忘而不逊抑加甚焉。权移于宫闱，而祸伏于弑逆，岂不难哉！"②

清乾隆皇帝爱新觉罗弘历撰《〈家人〉"上九：有孚威如，终吉"论》，说："治国必始于齐家，而齐家又在于修身。身修则孚与威自然而合。待之以诚，而不使之怨；临之以庄，而不使之狎，则家道永昌，以之治国、平天下，将无所不可矣。……孔子曰：'惟女子与小人为难养也，近之则不孙，远之则怨。'夫惟以威御之，则近而不至于不孙，以诚待之，则远而不至于怨。虽然，所谓威者岂鞭挞棰楚之加，而所谓孚者岂煦煦焉徒事姑息为哉？自胜其私，语言可爱，行止可法，而不蹈非礼，则人自畏其威矣；自勉以仁，立爱惟亲，立敬惟长，妻子好合，兄弟既翕，则人自感其诚矣。此又反身之要，而治家者所宜先也。"③ 直至清代刘宝楠《论语正义》仍认为，孔子所言"唯女子与小人为难养也"，"此为有家国者戒也"。④

应当说，对于孔子所言"唯女子与小人为难养也"的解读，汉唐儒者大都将其中的"女子"解为全称者，并且将"女子"归为小人一类，不可否认，具有歧视女性之意。朱熹将孔子所言中的"小人"解为"仆隶下人"，将"女子与小人"解为"臣妾"，并且进一步阐述与臣妾的相处之道，提出"君子之于臣妾，庄以莅之，慈以畜之"。朱熹之后的学者解读孔子所言，重在阐述和"女子与小人"的相处之道，尤其探讨有家国者和下属的"女子与小人"的相处之道。毫无疑问，这样的解读，完全不同于汉唐诸儒将"女子"归为小人的解读，而与歧视女性并无关系。

---

① （清）顾炎武著，（清）黄汝成集释：《日知录集释》卷 1，第 28 页。
② （清）王夫之：《四书训义》（上），《船山全书》，第 7 册，第 934—935 页。
③ （清）爱新觉罗弘历：《乐善堂全集》卷 2《〈家人〉"上九：有孚威如，终吉"论》，《清代诗文集汇编》，第 331 册，第 84—85 页。
④ （清）刘宝楠：《论语正义》，第 709 页。

（五）余论

如果不了解自汉代以来历代对于孔子所言"唯女子与小人为难养也，近之则不孙，远之则怨"的不同注释，而只是借用现代汉语的理解从字面上作出解读，那么很容易就会得出或接受类似于杨伯峻《论语译注》的译文："孔子道：'只有女子和小人是难得同他们共处的，亲近了，他们会无礼；疏远了，他会怨恨。'"[1]毫无疑问，在崇尚男女平等、反对性别歧视的今天，这样的解读会使人们以为孔子所言包含了对于女性的歧视。应当说，这样的解读，在表面上类似于汉唐诸儒为表达对于女性的歧视所作的解读。但需要指出的是，现代学者作出这样的解读，不可能是要表达对于女性的歧视，相反，往往包含了对于这种歧视的反对，并且还包含了对于孔子所言的批评，实际上是对于汉唐诸儒解读孔子所言的批评，因此在根本上不同于汉唐诸儒的解读及其对于孔子的追随；而且，这样的解读，以为孔子所言包含了对于女性的歧视，与朱熹以及其后大多数儒者的解读更是大相径庭。也就是说，现代学者把孔子所言"唯女子与小人为难养也"解读为对于女性的歧视，完全不同于自汉代以来历代的解读。

当然，现代也有一些学者接受朱熹以及其后大多数儒者的解读。唐文治《论语大义》注孔子所言"唯女子与小人为难养也"，引朱熹注"庄以莅之，慈以畜之，则无二者之患"，并案："《易·遁卦》三爻曰'畜臣妾，吉。'……修身齐家之道，惟在宽严相济而已。"[2] 王缁尘《广解论语》解孔子所言"唯女子与小人为难养也"，说："对待别人不难，只有对待女人和仆役，是很难的。你和他们接近些吧，结果必至不谦逊而弄出非礼的事情来。你和他们离得远些吧，他们必全怨恨男人或主人。……按：女子小人，或是专指宫廷的阉宦、嫔妾和士大夫的婢仆而言。"[3] 吕思勉曾作《释"唯女子与小人为难养也"》，指出："《论语·阳货》：'子曰：唯女子与小人，为难养也，近之则不孙，远之则怨。'斯言也，读者惑焉。人有善恶，男女一也，安得举天下之女子，而悉侪诸小人？曰：此所谓女子，乃指女子中之小人言，非谓凡女子也。小人犹言臣，女子犹言妾耳，

---

[1] 杨伯峻译注：《论语译注》，第 276 页。
[2] 唐文治：《论语大义》，第 303 页。
[3] 王缁尘：《广解论语》，第 390 页。

古臣妾恒并称。"① 明显是接受朱熹《论语集注》的注释。钱基博《论语约纂》也接受朱熹的注释。② 金景芳解《周易》遁卦"九三,系遁,有疾厉,畜臣妾吉",则引程颐传说:"臣妾,小人女子,怀恩而不知义,亲爱之则忠其上。系恋之私恩,怀小人女子之道也,故以畜养臣妾,则得其心为吉也。然君子之待小人,亦不如是也。"③ 此外,还有如前所述,钱穆《论语新解》解"女子与小人"为"妾侍和仆人",还说:"善御仆妾,亦齐家之一事。"④ 李泽厚《论语今读》也把"女子与小人"解为"妻妾和仆从",采纳朱熹注。⑤

值得关注的是,杜维明曾说:"有的人常常谈到,'惟女子与小人为难养也',但是我认为那绝对不是性别论说而是政治论说,包括男人也包括女人。一个没有受过教育的男人或女人,你作为政治领导在与他们相处时就要特别小心,不能太亲近他们,让他们说你滥用权力;又不能太疏远他们,让他们说你不体贴下属。怎样处理这种复杂的人际关系,维持你正常的生活,同时不被他们所蛊惑,又要他们帮忙维持你的行政运作。所以,这只是政治论说,不是歧视妇女的性别论说。"⑥ 这段论述,将孔子所言"唯女子与小人为难养也"中的"女子与小人"解为"没有受过教育的男人或女人",又对孔子所言的解读与"怎样处理这种复杂的人际关系"相结合,并认为"那绝对不是性别论说而是政治论说",实际上是对朱熹以及其后大多数儒者的解读的一种发挥。

当然,现代不少学者将孔子所言"唯女子与小人为难养也"解读为对于女性的歧视,而与现代人与人相互平等的理念对立起来,其目的不只在于批评孔子的思想,还在于批评那些依据孔子所言而歧视女性的思想。然而,人与人的平等和相互尊重,不能只是口号,也不能停留于口头上对于歧视女性的批评,更要落实到人与人的相处之道中去。朱熹对孔子所言的解读,不仅将其中的"小人"解为"仆隶下人",避免了把"女子"归为小人的性别歧视,而且还进一步揭示孔子所言中包含的道理,阐述和"女

---

① 吕思勉:《释"唯女子与小人为难养也"》,《论学集林》,上海教育出版社1987年版,第660页。
② 钱基博:《论语约纂》,《钱基博集·子部论稿》,华中师范大学出版社2014年版,第107页。
③ 金景芳:《周易讲座》,吉林大学出版社1987年版,第260页。
④ 钱穆:《论语新解》,第464页。
⑤ 李泽厚《论语今读》较早的版本注孔子所言为:"只有妇女和小人难以对付:亲近了,不谦逊;疏远了,又埋怨。"(李泽厚:《论语今读》生活·读书·新知三联书店2008年版,第527页。)
⑥ 杜维明:《杜维明文集》,武汉出版社2002年版,第5卷,第695页。

子与小人"的相处之道，要求对待臣妾——或相当于今天所谓下属、家政服务人员之类，"庄以莅之，慈以畜之"，这不仅不能理解为歧视，而且很可以理解为一种尊重。这正是朱熹解读的意蕴和现代价值之所在。

十八　"父为子隐，子为父隐，直在其中"*

在儒家讲求孝道的文化背景下，讨论如何面对父母之过，一直是一个很能引起兴趣的问题。近十几年来，学术界围绕《论语》"父子相隐"的讨论便是一例。据《论语·子路》载，叶公语孔子曰："吾党有直躬者，其父攘羊，而子证之。"孔子曰："吾党之直者异于是。父为子隐，子为父隐，直在其中矣。"对此，李泽厚《论语今读》解为：叶公对孔子说："我们那里有正直的人，他父亲偷羊，儿子出来揭发。"孔子说："我们这里正直的人不这样，父亲替儿子隐瞒，儿子替父亲隐瞒，正直也就在其中了。"① 这里把《论语》"父子相隐"的"隐"解读为"隐瞒"，把"父子相隐"解读为儿子隐瞒父亲的过错，也就是说，父亲偷了羊，儿子应当替父亲隐瞒。对此，李泽厚又说："在现代社会，这当然违反法治，构成伪证罪；却又是人情，在现实中仍可看到。这涉及社会学、心理学好些问题。中国传统法律允许家人一定程度内的隐瞒。从社会学说，这是重视家庭作为社会基础的巩固；从心理学说，这是重培植情感高于其他。因此所谓'直'、'正直'在这里就并不是法律是非、社会正义的含义，凸现了社会性公德与宗教性私德的差异及其冲突。"② 问题是，"父子相隐"之"隐"是否可解读为隐瞒？梁涛在《〈论语〉"亲亲相隐"章新释》③ 一文中提出一个问题："孔子难道会主张：我父亲偷东西我可以视而不见，可以为其隐瞒，隐瞒之后且心安理得？这符合孔子的思想吗？"该文通过对《论语》"亲亲相隐"章中"直"的内涵的分析，指出："孔子在这里只是对直躬'证父'作出了回应，只是说明告发父亲是不对的，而不是对'其

---
* 本章部分内容已以《朱熹对〈论语〉"父子相隐"的解读——美论"父为子隐，子为父隐"并非要隐瞒》为题发表于《湖北大学学报》2018年第5期。
① 李泽厚：《论语今读》，第251页。
② 李泽厚：《论语今读》，第251页。
③ 梁涛：《〈论语〉"亲亲相隐"章新释》，《中原文化研究》2015年第6期。

父攘羊'的整个事件的态度,更不等于孔子默认了其父攘羊的合理性,或对其有意回避,视而不见。"笔者赞同这一观点,但又感觉有所不足。

在儒学史上,历代儒家学者对"父母有过""父子相隐"之类的问题都作过讨论。东汉郑玄注《礼记》"事亲有隐而无犯",将"隐"解读为"不称扬其过失",并要求"不犯颜而谏";后来的朱熹也认为,父母有过,要不停地劝谏,并且不可触怒父母。与此同时,朱熹还强调"父子相隐,天理人情之至也",又讲"父子相隐,本非直,而'直在其中'"。这些论述可以为今天理解"父子相隐""直在其中"提供有价值的思想资源。

(一)"父子相隐"与"事父母几谏"

《论语》中多次讲到"隐"。除了"父为子隐,子为父隐",《论语·泰伯》载孔子曰:"天下有道则见,无道则隐。"《论语·季氏》载孔子曰:"言及之而不言谓之隐。"应当说,这里的"隐"是指藏匿而不让人知道。若是把这里的"隐"解读为"隐瞒",恐有不妥,因为"隐瞒"之"瞒"亦可被读作"欺瞒";同样,把"父子相隐"的"隐"解读为"隐瞒",也容易引起误解。《说文解字》说:"隐,蔽也。"① 可见,"隐"字的本意只在于不让人知道,是"隐蔽""隐匿",不是"隐瞒"。

《论语》"父子相隐"所"隐"之事是"其父攘羊"。所谓"攘",南北朝皇侃《论语义疏》引周生烈曰"有因而盗,曰攘也",说:"谓他人物来己家而藏隐取之,谓之攘也。"② 北宋邢昺《论语注疏》疏曰:"'有因而盗,曰攘',言因羊来入己家,父即取之,而子言于失羊之主,证父之盗。叶公以此子为直行而夸于孔子也。"③ 可见,所谓"攘羊",是把进入自家的他人之羊窃为己有,而非直接到他人家里进行偷盗。所以,"攘羊"应属于尚未违反法律而只是道德上的过失,相当于贪小便宜。叶公认为,儿子面对"其父攘羊"这样的道德过失,应当向外告发;与此不同,孔子则提出应当"父子相隐"。

现代学者很早就将《论语》"父子相隐"之"隐"解读为隐瞒。杨伯

---

① (清)段玉裁:《说文解字注》,第741页。
② (梁)皇侃:《论语义疏》,第338页。
③ (魏)何晏集解,(宋)邢昺疏:《论语注疏》,(清)阮元校刻:《十三经注疏》,第5册,第5448页。

峻《论语译注》解"父子相隐"为"父亲替儿子隐瞒,儿子替父亲隐瞒"①;还在解释《论语·季氏》孔子曰"言及之而不言谓之隐"时,说:"该说话了,却不说,叫做隐瞒。"② 钱穆《论语新解》也把"父子相隐"解为"父亲替儿子隐瞒,儿子替父亲隐瞒"③。问题是,面对"其父攘羊"这样的道德过失,孔子反对儿子向外告发,而提出"父子相隐",正如今人所谓"家丑不可外扬"之"隐",其中包含了复杂的内涵,不可仅仅被解读为对"其父攘羊"这一事实的隐瞒,而更大的可能是由于"其父攘羊"而感到道德上的羞耻,并且试图在家庭内部父子之间解决问题。④

讨论"父子相隐",实际上是讨论父母有过,儿子如何处理的问题,或向外告发,或不向外告发。儒家讲孝敬父母,但对于父母有过,应当如何处理,也有过深入的讨论。《礼记·内则》曰:"父母有过,下气、怡色、柔声以谏;谏若不入,起敬起孝,说(悦)则复谏。不说,与其得罪于乡、党、州、闾,宁孰谏。父母怒不说,而挞之流血,不敢疾怨,起敬起孝。"此被孔颖达认为是"论父母有过子谏诤之礼"⑤。也就是说,父母有过,儿子应当和颜悦色、柔声细语、忍辱无怨地劝谏父母。

其实,在《论语》中,孔子不仅讲"父子相隐",而且还说:"事父母几谏。见志不从,又敬不违,劳而不怨。"对此,包咸注曰:"几,微也。言当微谏,纳善言于父母也。""见志者,见父母志有不从己谏之色,则又当恭敬,不敢违父母意而遂己之谏也。"皇侃《论语义疏》疏曰:"子事父母,义主恭从。父母若有过失,则子不获不致极而谏。虽复致谏,犹当微微纳进善言,不使领领也。……虽许有谏,若见父母志不从己谏,则己仍起敬起孝,且不违距于父母之志,待父母悦,乃更谏也。故《礼记》云'父母有过,下气柔声,怡色以谏。谏若不入,起敬起孝,悦则后谏'是也。……若谏又不从,或至十至百,则己不敢辞己之劳以怨于亲也。故《礼记》云'凡虽挞之流血,不敢疾怨'是也。"⑥ 邢昺疏曰:"'事父母几谏'者,几,微也。父母有过,当微纳善言以谏于父母也。

---

① 杨伯峻译注:《论语译注》,第200页。
② 杨伯峻译注:《论语译注》,第255页。
③ 钱穆:《论语新解》,第341页。
④ 就像今天有的父母因贪小便宜偷拿了超市的物品,身边的子女不向外声张,不能简单地认为这是认同父母的做法,是为了要隐瞒,而更多地应理解为"家丑不可外扬",是为了要更好地规劝父母。
⑤ (汉)郑玄注,(唐)孔颖达疏:《礼记正义》,(清)阮元校刻:《十三经注疏》,第3册,第3169页。
⑥ (梁)皇侃:《论语义疏》,第92页。

'见志不从,又敬不违'者,见父母志有不从己谏之色,则又当恭敬,不敢违父母意而遂己之谏也。'劳而不怨'者,父母使己以劳辱之事,己当尽力服其勤,不得怨父母也。"① 认为父母有过,应当恭恭敬敬地以善言劝谏父母。

与《论语》"事父母几谏"相一致,《礼记·檀弓上》曰:"事亲有隐而无犯。"对此,东汉郑玄注曰:"隐,谓不称扬其过失也。无犯,不犯颜而谏。《论语》曰:'事父母几谏。'"唐代孔颖达疏曰:"据亲有寻常之过,故无犯。若有大恶,亦当犯颜。故《孝经》云'父有争子,则身不陷于不义'是也。《论语》曰'事父母几谏',是寻常之谏也。"② 显然,郑玄把"事亲有隐"之"隐",解读为"不称扬其过失",也就是说,父母有过,不要向外声张,但是不向外声张,并不是要隐瞒,而是要劝谏,"不犯颜而谏"。孔颖达还特别强调此仅限于寻常小过而言,"若有大恶,亦当犯颜"。

由此可见,汉唐之前的儒家学者都主张,父母有道德过失,应当在孝敬父母的前提下,不仅要"不称扬其过失"而且要"不犯颜而谏",这就是所谓"事亲有隐而无犯";显然,这也可以看作对于孔子所谓"父子相隐"的解读。因此,"父子相隐"之"隐",只是相对于将"其父攘羊"这样的道德过失向外告发之"显"而言,是要通过不向外告发的方式,在家庭内部对父亲进行道德上的劝谏,完全不是对父母的过失视而不见,更没有隐瞒父母过失之意。

宋代朱熹对《论语》"事父母几谏"多有讨论,并与《礼记·内则》所言相对应。朱熹《论语集注》注曰:"几,微也。微谏,所谓'父母有过,下气怡色,柔声以谏'也。见志不从,又敬不违,所谓'谏若不入,起敬起孝,悦则复谏'也。劳而不怨,所谓'与其得罪于乡、党、州、闾,宁熟谏。父母怒不悦,而挞之流血,不敢疾怨,起敬起孝'也。"③ 朱熹还说:"几,微也,只是渐渐细密谏,不恁峻暴,硬要阑截。《内则》'下气、怡色、柔声以谏',便是解此意。"④ 又说:"上不违微谏之意,切恐唐突以触父母之怒;下不违欲谏之心,务欲置父母于无过之地。其心心

---

① (魏)何晏集解,(宋)邢昺疏:《论语注疏》,(清)阮元校刻:《十三经注疏》,第5册,第5367—5368页。
② (汉)郑玄注,(唐)孔颖达疏:《礼记正义》,(清)阮元校刻:《十三经注疏》,第3册,第2758—2759页。
③ (宋)朱熹:《四书章句集注》,第73页。
④ (宋)黎靖德编:《朱子语类》卷27,第2册,第704页。

念念只在于此。若见父母之不从，恐触其怒，遂止而不谏者，非也；欲必谏，遂至触其怒，亦非也。"① 在朱熹看来，对于父母有过，一方面要不断地进行劝谏，另一方面又不可触父母之怒，这就是孔子所谓"事父母几谏"。

需要指出的是，历史上不少儒家学者在解读道德上的"父子相隐"时，往往与当时的法律结合在一起。西汉韩婴《韩诗外传》载，楚昭王有士曰石奢，其为人也，公而好直，掌管刑法。其父杀人，他没有抓捕，楚昭王欲赦罪于他，但他说："不私其父，非孝也。不行君法，非忠也。以死罪生，不廉也。君欲赦之，上之惠也。臣不能失法，下之义也。"遂不去鈇锧，刎颈而死乎廷。君子闻之曰："贞夫法哉，石先生乎！"对此，韩婴说："孔子曰：'子为父隐，父为子隐，直在其中矣。'《诗》曰：'彼己之子，邦之司直。'石先生之谓也。"② 桓宽《盐铁论》说："父母之于子，虽有罪犹匿之，其不欲服罪尔。闻子为父隐，父为子隐，未闻父子之相坐也。"③ 东汉何休注《春秋公羊传》十有五年，"十有二月，齐人来归子叔姬。其言来何？闵之也。此有罪，何闵尔？父母之于子，虽有罪，犹若其不欲服罪然"，说："孔子曰：'父为子隐，子为父隐，直在其中矣。'所以崇父子之亲也。"④ 皇侃《论语义疏》引范宁曰："夫子所谓直者，以不失其道也。若父子不相隐讳，则伤教破义，长不孝之风焉，以为直哉？故相隐乃可为直耳。今王法则，许期亲以上得相为隐，不问其罪，盖合先王之典章。"⑤ 邢昺疏在阐释"父子相隐"时又说："今《律》'大功以上得相容隐，告言父祖者入十恶'，则典礼亦尔。"⑥ 朱熹《论语或问》在论及"父子相隐"时，也说："邢氏引《律》'大功以上得相容隐，告言父祖者入十恶'，以为得此意，善乎其推言之也。"⑦ 把当时法律上允许父子间的相互隐瞒等同于道德上的"父子相隐"。

清代刘宝楠《论语正义》对"父子相隐"做了深入分析，说："'隐'者，《说文》云'蔽也'。《檀弓》云：'事亲有隐而无犯。'郑《注》：

---

① （宋）黎靖德编：《朱子语类》卷27，第2册，第705页。
② （汉）韩婴撰，许维遹校释：《韩诗外传集释》卷2，第48—49页。
③ （汉）桓宽撰，王利器校注：《盐铁论校注》，中华书局1992年版，第585页。
④ （汉）何休注，（唐）徐彦疏：《春秋公羊传注疏》，（清）阮元校刻：《十三经注疏》，第5册，第4938页。
⑤ （梁）皇侃：《论语义疏》，第339页。
⑥ （魏）何晏集解，（宋）邢昺疏：《论语注疏》，（清）阮元校刻：《十三经注疏》，第5册，第5448页。
⑦ （宋）朱熹：《四书或问》，朱杰人等编：《朱子全书》，第6册，第817页。

'隐谓不称扬其过失也。'盖子之事亲,当时微谏,谕父母于道,不致有过误。若不幸而亲陷不义,亦当为讳匿。"又引述何休注《春秋公羊传》、桓宽《盐铁论》所言,并且说:"汉宣《诏》曰:'自今子首匿父母,妻匿夫,孙匿大父母,皆勿坐。其父母匿子,夫匿妻,大父母匿孙,殊死皆上请。'足知汉法凡子匿父母等,虽殊死皆勿坐;父母匿子等,殊死以下,皆不上请。盖皆许其匿可知。皇《疏》云'今王法则许期亲以上,得相为隐,不问其罪'是也。"[①] 在这里,刘宝楠既讲道德上儿子面对"其父攘羊"之过失的"父子相隐",又讲法律上重罪者的父子允许相互隐瞒,以为二者可以互证。

然而,从现代社会看,道德上小过者的"父子相隐"与法律上重罪者的父子允许相互隐瞒是根本不同的。这不仅是小过与重罪在量上的变化,而且是在道德与法律上的质的差异。法律上重罪者的父子相互隐瞒,完全是为了要逃避罪责,是对社会正义的伤害;与此不同,孔子所谓的"父子相隐",原本就不是对父母的过错的默认或隐瞒,而是在对父母的过错及其所造成的对于社会正义的危害有清醒认识的前提下,为解决问题而提供的一条可选择的途径。更重要的是,只有通过这样的途径,才有可能使父母对自己的过错有所悔悟,避免同类过错的再次发生;与此不同,若是采取儿子向外告发的方式,不仅有可能造成家庭内部的父子纠纷,增加解决问题的难度,而且即使暂时解决了问题,也不一定能够避免同类过错的再次发生,因而也不一定能够达到伸张社会正义的目的。

因此,刘宝楠《论语正义》将道德上儿子面对"其父攘羊"之过失的"父子相隐",与法律上重罪者的父子允许相互隐瞒统为一体,虽然可以在理论上达到互证的效果,但从现代社会看,这不仅混淆了道德与法律的差异,而且很容易将道德上的"父子相隐"等同于法律上的相互隐瞒。应当说,面对道德上"其父攘羊"之过失,孔子反对儿子直接向外告发,而是提出"父子相隐",即采取一种不向外告发而只在家庭内部父子之间进行道德劝谏的处理方式,原本就没有隐瞒父母过失之意。

(二)"父子相隐,天理人情之至也"

在《论语》中,"直"字共出现 22 次,杨伯峻《论语译注》认为,

[①] (清)刘宝楠:《论语正义》,第 537 页。

有三种解释:"坦白爽快"(9次),"公平正直"(9次),"正直的人"(4次)。① 而对于《论语》所载,叶公语孔子曰:"吾党有直躬者,其父攘羊,而子证之。"孔子曰:"吾党之直者异于是。父为子隐,子为父隐,直在其中矣。"杨伯峻解释为:叶公告诉孔子道:"我那里有个坦白直率的人,他父亲偷了羊,他便告发。"孔子道:"我们那里坦白直率的人和你们的不同:父亲替儿子隐瞒,儿子替父亲隐瞒——直率就在这里面。"② 这里不仅把"父子相隐"解为"父亲替儿子隐瞒,儿子替父亲隐瞒",而且把"直"解释为"直率"。问题是,"父亲替儿子隐瞒,儿子替父亲隐瞒",既有这样的隐瞒,又如何有"坦白直率"可言?与此不同,钱穆《论语新解》将《论语》所载叶公与孔子的对话解释为:叶公告诉孔子说:"我们这里有一个能行直道的人,他父亲盗窃人羊,他出来证明了。"孔子说:"我们的直道和此相异。父亲替儿子隐瞒,儿子替父亲隐瞒,直道便在其中了。"③ 这里把"直"解释为"直道"。问题是,"父亲替儿子隐瞒,儿子替父亲隐瞒",既有这样的隐瞒,是否可以说"直道便在其中"?

正如以上所述,孔子所谓"父子相隐",是儿子面对"其父攘羊"的道德过失,采取一种不向外告发而只在家庭内部父子之间进行道德劝谏的处理方式,原本就没有隐瞒父母过失之意。所以,将"父为子隐,子为父隐"解读为"父亲替儿子隐瞒,儿子替父亲隐瞒",这一解读本身就与孔子之意不完全符合。而且,儿子面对"其父攘羊",要为其隐瞒,孔子能够赞同这种行为并称之为"直在其中"吗?既然孔子赞同"父为子隐,子为父隐"并称之为"直在其中",那么就不能将这"父子相隐"解读为"父亲替儿子隐瞒,儿子替父亲隐瞒"。

事实上,南北朝皇侃《论语义疏》以及北宋邢昺《论语注疏》都把"父为子隐,子为父隐,直在其中"的"直"解释为"道"或"正直"。皇侃《论语义疏》注"父为子隐,子为父隐,直在其中矣",曰:"孔子举所异者,言为风政者,以孝悌为主。父子天性,率由自然至情,宜应相隐。若隐惜则自不为非,故云'直在其中矣'。若不知相隐,则人伦之义尽矣。"④ 在皇侃看来,孔子之所以讲"父子相隐",一是因为"为风政者,以孝悌为主",二是因为相隐是"父子天性"。如上所述,皇侃《论语义疏》还引范宁云:"夫子所谓直者,以不失其道也。若父子不相隐讳,

---

① 杨伯峻译注:《论语译注》,第364页。
② 杨伯峻译注:《论语译注》,第200页。
③ 钱穆:《论语新解》,第341页。
④ (梁)皇侃:《论语义疏》,第338—339页。

则伤教破义,长不孝之风焉,以为直哉? 故相隐乃可为直耳。"① 显然,这里的"直",主要就"道"而言,而且,"相隐乃可为直",不相隐则可能造成"伤教破义,长不孝之风"。

邢昺《论语注疏》说:"'孔子曰:吾党之直者异于是。父为子隐,子为父隐,直在其中矣'者,孔子言此,以拒叶公也。言吾党之直者,异于此证父之直也。子苟有过,父为隐之,则慈也;父苟有过,子为隐之,则孝也。孝慈则忠,忠则直也。故曰'直在其中矣'。"② 在邢昺看来,孔子之所以讲"父子相隐",是因为"父为子隐,子为父隐"则孝慈,"孝慈则忠,忠则直",显然主要是从孝道的角度讨论"父子相隐",讲"直在其中",而且这里所谓"直",乃就正直而言。

朱熹《论语集注》把《论语》中的"直",大都解读为正直。《论语·阳货》说:"好直不好学,其蔽也绞。"有学者把这里的"直"解读为"直率"。③ 但是,朱熹《论语集注》则把这个"直"与"仁""知""信""勇""刚"一起称为美德,说:"六言皆美德,然徒好之而不学以明其理,则各有所蔽。"④ 当然也有例外。《论语·阳货》说:"古之愚也直。"学者们大都把这里的"直"解读为"直率"。⑤ 朱熹《论语集注》说:"直,谓径行自遂。"⑥ 这里对"直"的解读,就相当于"直率"之意。

朱熹注《论语》"父为子隐,子为父隐,直在其中矣",曰:"父子相隐,天理人情之至也。故不求为直,而直在其中。"⑦ 认为孔子之所以讲"父子相隐",是因为"父子相隐,天理人情之至也",也就是说,父子相隐,既是天理,又是人的至纯至真之情,而且,父子相隐,"不求为直,而直在其中"。显然,这里的"直"相当于"正直",认为父子相隐,"天理人情之至",自有正直在其中。

朱熹曾提出"存天理,灭人欲"而受到后世的批评,以为朱熹将"天理"与"人欲"对立了起来。事实上,在朱熹那里,在确定什么是天理、什么是人欲时,天理与人欲并非截然对立,而是要具体情况具体分析;只

---

① (梁)皇侃:《论语义疏》,第339页。
② (魏)何晏集解,(宋)邢昺疏:《论语注疏》,(清)阮元校刻:《十三经注疏》,第5册,第5448页。
③ 杨伯峻译注:《论语译注》,第267页。
④ (宋)朱熹:《四书章句集注》,第179页。
⑤ 杨伯峻译注:《论语译注》,第271页。
⑥ (宋)朱熹:《四书章句集注》,第181页。
⑦ (宋)朱熹:《四书章句集注》,第147页。

是当天理与人欲被确定之后,二者才是对立的,不可调和。人之有情,并非皆为"人欲";人之常情,至纯至真之情,则为"天理",否则才是"人欲"。由此可见,朱熹并未将天理与人欲完全对立起来。朱熹讲"父子相隐,天理人情之至也",就是认为父子相隐,既合乎天理,又是人之至纯至真之情。

朱熹《论语集注》是在其《论孟精义》的基础上写成的。《论孟精义》在讨论"父为子隐,子为父隐,直在其中矣"时,主要引述范祖禹、谢良佐、杨时、侯仲良、尹焞等人的言论:

范曰:"父为子隐则慈,子为父隐则孝,父慈子孝,天下之直也。夫隐有似乎不直,至于父子天性,则以隐为直也。……隐与直反,然而父子必隐乃为直。"

谢曰:"顺理为直,父不为子隐,子不为父隐,于理顺邪?瞽瞍杀人,舜窃负而逃,遵海滨而处,当是时,爱亲之心胜,其于直不直,何暇计哉!"

杨曰:"父子相隐,人之情也,若其情,则直在其中矣。子证其父,岂人情也哉!逆而为之,曲孰甚焉。"又曰:"父子之真情,岂欲相暴其恶哉!行其真情,乃所谓直,反情以为直,则失其所以直矣。"

侯曰:"父子相隐,直也,岂有反天理而为直哉?故孔子曰:'父为子隐,子为父隐,直在其中矣。'"

尹曰:"顺理为直,父为子隐,子为父隐,所以直在其中矣。"①

对于这些言论,朱熹说:"范氏推广言之甚善。至于本章之指,则杨氏之说本乎情,谢、侯氏、尹氏之说本乎理,皆有所不同也。今试以身处之,则所谓情者,可体而易见;所谓理者,近于泛而不切。然徒徇夫易见之近情,而不要之以至正之公理,则人情之或邪或正,初无准则,若之何其必顺此而皆可以为直也邪?"②在朱熹看来,要说清楚"父为子隐,子为父隐,直在其中矣",既要像杨时那样,从人之情而言,讲父子相隐,行其真情乃为直,讲儿子告发其父,违背人情而为曲;又要像谢良佐、侯仲良、尹焞那样,从天理而言,讲父子相隐合乎天理,顺理为直,讲儿子告发其父是反天理,而非直。后来朱熹在《论语集注》中仅留下谢良佐所言,概是因为谢氏虽然主要是从天理而言,讲父子相隐是"顺理为直",父不为子隐,子不为父隐,并非顺乎天理;同时也包括了从人之情而言,

---

① (宋)朱熹:《论孟精义》,朱杰人等编:《朱子全书》,第7册,第459—460页。
② (宋)朱熹:《四书或问》,朱杰人等编:《朱子全书》,第6册,第817—818页。

讲父子相隐出于"爱亲之心胜"。

应当说，在朱熹之前，对于《论语》"父为子隐，子为父隐，直在其中矣"的解读，除了皇侃《论语义疏》讲父子相隐，既合乎孝悌，又合乎父子天性，大都是或从孝道上说，或从人之情上说。朱熹讲"父子相隐，天理人情之至也"，既从理上说，又从人之情上说，且二者统而为一，是有新意的。尤其是，朱熹的从理上说，不只是就形而下的孝悌而言，而是就以孝道为基础的形而上的天理而言，因而也超越了皇侃。

由此可以看出，在朱熹那里，儿子将"其父攘羊"的道德过失向外告发，既不合情，又不合理，因而非直；与此不同，通过父子相隐，采取一种不向外告发的道德劝谏方式，则合乎天理人情。问题是，既然"其父攘羊，而子证之"既不合情又不合理而非直，父子相隐合乎天理人情，"直在其中"，那么孔子为什么不能直接明说父子相隐本身即为直，而却要说"直在其中"？既然父子相隐，"直在其中"，那么，父子相隐本身就不能是直。

（三）"父子相隐，本非直，而'直在其中'"

如前所述，皇侃《论语义疏》认为，孔子之所以赞同父子相隐，是因为必需"以孝悌为主"，是出于"父子天性"，所谓"相隐乃可为直"，并没有直接讲父子相隐本身即为直。邢昺《论语注疏》认为，孔子赞同父子相隐，是因为"父为子隐，子为父隐"则孝慈，"孝慈则忠，忠则直"，也没有直接回答父子相隐本身是不是直的问题。由于对父子相隐本身是不是直的问题没有作出直接的回答，所以，父子相隐往往被看作即是直。

与皇侃、邢昺只是形而下地讨论父子相隐与直的关系不同，朱熹作为理学家，较多地从形而下之事物中把握形而上之理，进而把形而下之事物与形而上之理统一起来。在朱熹看来，父子相隐是合情合理的形而下之事，但合情合理的形而下之事并非就是形而上之理。这种不同，不是形而下的不同事物之间的差异，而是"形而上者谓之道"与"形而下者谓之器"的不同。朱熹《论语集注》注"孝弟也者，其为仁之本与"，特别强调该句应解读为"所谓孝弟，乃是为仁之本"，"谓之行仁之本则可，谓是仁之本则不可"。① 朱熹说："仁是理，孝弟是事。有是仁，后有是孝弟。"② 也就是说，仁是理，仁是本，是体，孝是事，是用，不能说孝是仁之本，只能说孝是为仁之本。同样，在朱熹看来，无论是"其父攘羊，而子证之"，还是"父为子隐，子为父隐"，就其均属形而下之事而言，都不是形而上之理；而且，"其父攘羊，而子证之"，既不合情又不合理，因而与直完全对立，与此不同，父子相隐，合情合理，虽本非直，但"直在其中"。为此，朱熹就父子相隐与直的关系作了明确回答，指出："父子相隐，本非直，而'直在其中'。"③ 认为父子相隐，本不是直，而只能是"直在其中"。

朱熹《论语集注》注孔子曰"父为子隐，子为父隐，直在其中矣"，不仅说"父子相隐，天理人情之至也。故不求为直，而直在其中"，而且引谢氏曰："顺理为直。父不为子隐，子不为父隐，于理顺耶？瞽瞍杀人，舜窃负而逃，遵海滨而处。当是时，爱亲之心胜，其于直不直，何暇计哉？"④ 在朱熹看来，父子相隐，并不是要去追求直，而是因为父不为子隐，子不为父隐，不合情理；所以，从情理出发，选择父子相隐，尤其是，"当是时，爱亲之心胜"，根本没时间考虑直或不直。

朱熹不仅认为，父子相隐，由于是依据情理而为，与直或不直无关，而且还特别从《论语》的言语表述方式来说明父子相隐，只能是"直在其中"，与直或不直无关。他说："凡《论语》言'在其中'，皆是反说。如'耕也'，则'馁在其中'；耕非能馁也，然有旱干水溢，则馁在其中。'学也，禄在其中'；学非干禄也，然学则禄在其中。'父为子隐，子为父隐'，本非直也，而直已在其中。若此类，皆是反说。"⑤ 也就是说，《论语》凡是言"在其中"，都是说明其本身并不是，都是反说，所以，父子相隐，"直在其中"，就是指父子相隐本身，本非直也。朱熹还说："《论语》凡言在其中，皆是与那事相背。且如'父为子隐，子为父隐'，本不干直事，然直却在其中。"⑥

问题是，既然"父为子隐，子为父隐'，本不干直事"，那么又如何会是"直却在其中"？朱熹说："'父为子隐，子为父隐'，本不是直。然父

---

① （宋）朱熹：《四书章句集注》，第48页。
② （宋）黎靖德编：《朱子语类》卷20，第2册，第462页。
③ （宋）黎靖德编：《朱子语类》卷24，第2册，第591页。
④ （宋）朱熹：《四书章句集注》，第147页。
⑤ （宋）黎靖德编：《朱子语类》卷49，第4册，第1202页。
⑥ （宋）黎靖德编：《朱子语类》卷24，第2册，第592页。

子之道，却要如此，乃是直。凡言'在其中矣'者，道理皆如此。"① 也就是说，父子相隐，虽然本不是直，但却是合乎情理之事，而正因为是合乎情理之事，所以"直在其中"；与此相反，"其父攘羊，而子证之"，不合乎情理，因而非直。朱熹说："凡言在其中者，皆不求（或作期）而自至之辞。如耕，本是求饱，却言'馁在其中'；父子相为隐，直却在其中。"② 也就是说，父子相隐，虽然本不是直，但因为是合乎情理之事，所以，尽管不是求直，而"直在其中"，不求而自至。

由此可见，在朱熹那里，父子相隐，虽然是合乎情理之事，但此合乎情理之事，并非为了求直，因此并不就是直，而只能是"直在其中"。所以，按照朱熹的看法，那种认为"孔子主张父子之间应当为双方做的坏事隐瞒（父为子隐，子为父隐），说这才是合情合理合乎道德的做法（直在其中）"③ 的说法，实在是对于孔子"父子相隐"观点的误读。这不仅因为孔子讲"父子相隐"本不存在隐瞒之意，而且还因在朱熹看来，父子相隐，"直在其中"，只是说明父子相隐可以达到"直"，但其本身并不是"直"；据此亦可以明白孔子之所以赞同父子相隐，并不是认为父子相隐本身即是根本的道德原则，而是认为，父子相隐是面对"其父攘羊"时所作出的合乎情理的道德选择。

应当说，"其父攘羊，而子证之"，儿子向外告发父母的道德过失，并非合乎情理，因而无正直可言。为此，杨伯峻《论语译注》并不认为"其父攘羊，而子证之"以及"父亲替儿子隐瞒，儿子替父亲隐瞒"是正直，而认为只是"坦白直率"。与此不同，"父子相隐"，儿子对于父母的道德过失，不仅不向外告发，而且进行尽力地劝谏，合情合理；虽然不是为了求直，"本非直"，但"直在其中"，不求而自至，包含了正直。当然，由于"父子相隐"不只是不向外告发，而且还包括对父母进行劝谏的复杂过程，是否一定能够由"直在其中"而达到正直，如何才能达到正直，还需要有很多的努力。

（四）后世的讨论

朱熹《论语集注》注"父为子隐，子为父隐，直在其中矣"而言

---

① （宋）黎靖德编：《朱子语类》卷24，第2册，第590页。
② （宋）黎靖德编：《朱子语类》卷24，第2册，第591页。
③ 邓晓芒：《对儒家"亲亲互隐"的判决性实验》，《南风窗》2010年第23期。

"父子相隐，天理人情之至也"，"父子相隐，本非直，而'直在其中'"，对后世影响很大。

元代倪士毅《论语辑释》引胡氏曰："曰直，直之常也。父为子隐，子为父隐，权也。故曰'直在其中'，非指隐以为直也。……父子主恩，委曲以全其恩，虽不得正谓之直，然亦理所当然，顺理而行，不失其为直也。"① 认为父子相隐，并非指隐以为直，但亦理所当然。

明代程敏政注曰："孔子说：我乡里中也有直道行己的人，比这个人不同。他做父亲的，若儿子有过失，便替儿子隐讳，不忍对人说；做儿子的，若父亲有过失，便替父亲隐讳也，不忍对人说。这等人虽是不求直，自有个直的道理在其中。盖顺理为直，父子相隐乃天理人情之至。若叶公所论，乃是伤恩害义的事，如何得为直。故孔子正之。"② 这一解读基本上来自朱熹，认为父为子隐，"虽是不求直，自有个直的道理在其中"。

蔡清《四书蒙引》注曰："父为子隐，子为父隐，虽不求为直，然而顺天理合人情，直固在其中矣。寻常说隐，与直正相反。夫子此言，非指隐以为直也，只是隐其所当隐，于天理人情为正，故曰'直在其中'，直便不隐，而此以隐为直者，直之权理之经也。"③ 显然，在蔡清看来，孔子讲父子相隐，并非指隐以为直，而是出于天理人情。然而，就天理人情而言，蔡清说："凡言人情，有天理内之人情，有天理外之人情。天理内之人情可为也，天理外之人情不可为也。盖天理内之人情，亦即天理也，如'父为子隐，子为父隐'之类，故今之律，亲属得相容隐而不坐罪，孰谓法律有外于道理哉？其与道理背者，非先王之法也。"④

明代孙应鳌对阳明学多有继承，同时对朱子学也有所吸取。他的《四书近语》，被认为"与朱《注》相表里"，其中说道："揆诸天理而顺，即诸人心而安。无矫逆委曲之私，谓之直。其父攘羊，而子证之。揆诸天理不顺，即诸人心之不安矣，故夫子不谓之直。父为子隐矣，其实子有不善，父必有义方之训也……子为父隐矣，其实父有不善，子有几谏之道也……所以，夫子谓'直在其中'者，最有味不是就以隐为直也，言有直以成其隐也。"⑤ 认为孔子"直在其中"，不是以隐为直，而是因直而成其隐。

---

① （元）倪士毅：《论语辑释》，《四书辑释大成》，天津古籍出版社2018年版，第2册，第293页。
② （明）程敏政：《篁墩文集》卷2，《景印文渊阁四库全书》，第1252册，第29页。
③ （明）蔡清：《四书蒙引》卷7，《景印文渊阁四库全书》，第206册，第315页。
④ （明）蔡清：《四书蒙引》卷7，《景印文渊阁四库全书》，第206册，第315页。
⑤ （明）孙应鳌：《四书近语》，《孙应鳌文集》，贵州教育出版社1996年版，第258页。

十八 "父为子隐，子为父隐，直在其中" 299

  明末清初孙奇逢的《四书近指》说："以证父为直，天理人情安在！夫子易一隐字，而曰父为子、子为父，则天性至情，合当如是。直心循理，直躬循迹，全在知学。或曰：'相隐内寓义方之训、几谏之道在，须想见积诚感悟、父子一体、关切不能自已的意思，此便是原来直遂底本性。故曰直在其中，非尚指容隐为直也。'"① 认为孔子讲父子相隐，出于人的本性，并非以隐为直。

  王夫之对"直在其中"多有阐述。他说："子有过也，父则隐之；父有过也，子则隐之；自然不容不隐也，而无所用其低回。人亦信其必隐也，而不从而致诘。有几谏教诲以善之于先，特不济恶文奸以求逭于后。若然者，全其大不忍之情，以反之幽独而无愧。执法在国家，公论在天下，而究亦未尝枉也。其为直也，即隐而在焉。而何至任一端之情，逞一时之气，如子党者乎！"② 这里强调父子相隐是自然之事，合乎人之常情。这一观点与朱熹完全一致。但是，对于朱熹所谓"不求为直，而直在其中"的"不求为直"，王夫之有不同意见。他说："《集注》云：'凡云"在其中"者，皆不求而自至之辞。'此语亦未圆在。如云'馁在其中'，岂可云不求馁？天下无求馁者，则固不得云不求馁也。新安泥《注》而不达，乃云'直在其中，仁在其中，其训皆同'。父子相隐，虽非以求直，而岂可云不求直如不求禄之比？禄自不可求，直其不可求乎？况'博学、笃志，切问、近思'，正求仁之先务哉！"③ 在王夫之看来，父子相隐，虽然不是为了求直，但不等于不是求直，而是求直过程的组成部分。

  清代陆陇其强调要具体分析情与理的关系，说："情与理必相准，天理内之人情，乃是真人情；人情内之天理，乃是真天理。天理外之人情，非人情也；人情外之天理，非天理也。直躬证父，此人情外之天理也。……夫子所谓父子相隐，乃为天理人情之至。"④ 认为应当从人情和天理两方面的统一进行考量。

  李光地对"直在其中"有更深入的思考。他说："若父子相庇护而济其恶，则真曲矣。掀然揭之于外，又所谓矫枉而过直，不得为直也。惟'隐'字最妙，盖不敢护其恶以伤理，又不忍列其过以害情，是以'直在其中'。如只说得相隐是至情，却遗了道理一层。……'父为子隐，子为父隐'，'隐'字最妙。不是回互，是不敢响人说吾至亲恶事，岂有嘿嘿的理，不敢响便是亏理

---

① （清）孙奇逢：《四书近指》卷10，《儒藏（精华编117）》，第162页。
② （清）王夫之：《四书训义》（上），《船山全书》，第7册，第750—751页。
③ （清）王夫之：《读四书大全说》，《船山全书》，第6册，第609—610页。
④ （清）陆陇其：《四书讲义困勉录》卷16，《景印文渊阁四库全书》，第209册，第399页。

可知。所以说'直在其中',不徒在人情一边说,连天理一边亦不碍方是。"①这里强调"父子相隐",不是"父子相庇护而济其恶",其中的"隐"是"不敢响人说吾至亲恶事",而"不敢响便是亏理"。也就是说,"父子相隐"之所以"隐",不是要隐瞒,不是要"父子相庇护而济其恶",而是因为"亏理",而"不敢响",更多的是为之而感到道德上的羞耻。

后来的何焯《义门读书记》说:"何故要隐?正谓其事于理有未当耳,则就其隐时,义理昭然自在,是非之理即在恻隐羞恶之中并行不悖,在中之解如是,原无所枉也。苟有过,人必知之,直之至矣。"②认为"父子相隐",是非之理自在其中。

(五)余论

儒家讲孝道,但并不赞同"子从父命""子从父之令"。据《荀子·子道》载,孔子曰:"父有争子,不行无礼。……故子从父,奚子孝?臣从君,奚臣贞?审其所以从之之为孝、之谓贞也。"又据《孝经·谏诤章》载,曾子曰:"若夫慈爱恭敬、安亲扬名,则闻命矣。敢问子从父之令,可谓孝乎?"子曰:"是何言与,是何言与!……父有争子,则身不陷于不义。故当不义,则子不可以不争于父。臣不可以不争于君,故当不义,则争之。从父之令,又焉得为孝乎!"③所以,对于父母有过,儒家历来认为,儿子应当劝谏,而不可向外告发;而且自《论语》讲"父为子隐,子为父隐,直在其中矣",历代儒家学者作出各种诠释,似乎很少有学者把"父子相隐"解读为父亲有过,儿子应当予以隐瞒,同时,也不可能有人认为父子对于过错的相互隐瞒,这本身即是正直。在朱熹之前,儒家学者强调这种父子相隐之合理,但并没有直接回答父子相隐本身是不是正直的问题。朱熹在前人各种解读的基础上,从"形而上者谓之道"与"形而下者谓之器"相互贯通的角度,强调"父子相隐,天理人情之至也",既肯定父子相隐是合乎情理之事,又认为合乎情理之事并非就是形而上之"理",进而提出"父子相隐,本非直,而'直在其中'"。按照朱熹的说法,孔子赞同"父为子隐,子为父隐",但并非把父子相隐看作根本的道

---

① (清)李光地:《榕村语录》卷4,《榕村语录·榕村续语录》,第55页。
② (清)何焯:《义门读书记》(上册),中华书局1987年版,第68页。
③ (唐)李隆基注,(宋)邢昺疏:《孝经注疏》,(清)阮元校刻:《十三经注疏》,第5册,第5563页。

德原则，而是认为儿子在面对"其父攘羊"时，"父子相隐"是一种与儿子向外告发不同的合乎情理的选择：一方面，父子相隐，"天理人情之至"，合乎情理，但"本非直"；另一方面，由于父子相隐之"隐"含有"不犯颜而谏"之意，"直在其中"，即包含了正直在其中。

朱熹之后，多数学者赞同朱熹所谓"父子相隐，本非直，而'直在其中'"。当然也有例外。清代戴望撰《戴氏注论语》，解"父子相隐"曰："父子之道，天性也。故虽过恶得相容隐。《春秋传》曰：'父母之于子，虽有罪，犹若其不欲服罪然。'"① 也就是说，即使父亲有罪恶，儿子也当相容隐。这样的解读，把父子之道凌驾于法律之上，而且不讲儿子对父亲的劝谏，只讲相容隐，恐不合《论语》所谓"父子相隐"以及"事父母几谏"之意，给后世批儒者留下话柄。

应当说，孔子讲"父子相隐"，在很大程度上是出于对孝道、父子之道的考虑。《论语》讲"孝弟也者，其为仁之本与"，郑玄注云："孝为百行之本，言人之为行，莫先于孝。"② 皇侃《论语义疏》说："孝是仁之本，若以孝为本，则仁乃生也。"③ 邢昺《论语注疏》说："君子务修孝弟，以为道之基本，基本既立，而后道德生焉。"④ 都认为，孝是仁之本，孝而仁乃生。因此，在儒家看来，面对父母的过错，同样必须以孝为本，采取"父子相隐"的方式，而不赞同将父亲的道德过失直接向外告发而有可能对父子之道造成危害的方式。当然，正如郑玄对《礼记》"事亲有隐而无犯"的解读，父子相隐之"隐"，不仅是"不称扬其过失"，而且包括"不犯颜而谏"在内，要对父母的过失予以合理的劝谏。

孟子强调"孝"。《孟子·离娄上》载孟子曰："父子之间不责善。责善则离，离则不祥莫大焉。"同时又讲"义"，曰："事孰为大？事亲为大；守孰为大？守身为大。不失其身而能事其亲者，吾闻之矣；失其身而能事其亲者，吾未之闻也。"对此，东汉赵岐注曰："事亲，养亲也。守身，使不陷于不义也。失不义，则何能事父母乎？"⑤ 朱熹注曰："守身，持守其身，使不陷于不义也。一失其身，则亏体辱亲，虽日用三牲之养，

---

① （清）戴望：《戴氏注论语》卷13，《续修四库全书》，第157册，第193页。
② （唐）李隆基注，（宋）邢昺疏：《孝经注疏》，（清）阮元校刻：《十三经注疏》，第5册，第5543页。
③ （梁）皇侃：《论语义疏》，第6页。
④ （魏）何晏集解，（宋）邢昺疏：《论语注疏》，（清）阮元校刻：《十三经注疏》，第5册，第5335页。
⑤ （汉）赵岐注，（宋）孙奭疏：《孟子注疏》，（清）阮元校刻：《十三经注疏》，第5册，第5921页。

亦不足以为孝矣。"① 也就是说，孝敬父母，不能使父母陷于不义。朱熹还说："子从父之令，本似孝，孔子却以为不孝。与其得罪于乡间，不若且谏父之过，使不陷于不义，这处方是孝。"② 这是讲孝与义的统一。

所以，儿子面对"其父攘羊"的道德过失，若是向外告发，可能造成对父母的伤害而违背儒家孝道，若是视而不见、隐瞒包庇，又有悖于儒家"君子喻于义"而可能使父母陷于不义，也不可能是儒家孝道。孔子讲"父子相隐"，正如郑玄解《礼记》"事亲有隐而无犯"，为"不称扬其过失"，目的是要"不犯颜而谏"，而不在于隐瞒，按今天的话说，就是要通过家庭内部父子之间的对话，而这是实现将孝与义统为一体的儒家孝道的重要途径。同时，正因为"父子相隐"包含了"不犯颜而谏"的复杂对话过程，所以朱熹不仅讲"父子相隐，天理人情之至也"，而且又说"父子相隐，本非直，而'直在其中'"。也就是说，"父子相隐"，并非要隐瞒包庇父亲的过错，而是试图在儒家的父子关系中，通过"不称扬其过失"以及"不犯颜而谏"的对话方式，解决父母有过的问题。而且正是由于这一过程的复杂性，最终并非一定能够解决问题，因而"父子相隐，本非直"，需要在"下气、怡色、柔声以谏"，"见志不从，又敬不违，劳而不怨"的过程中展现出正直。应当说，这样的努力，在道德领域中是合乎情理的，并且包含着合理解决问题的可能性，即所谓"直在其中"。按照朱熹的话说，形而下的父子相隐，并非形而上的直，而内涵形而上的直。这或许是对于孔子所谓"父为子隐，子为父隐，直在其中矣"的合理解读。

朱熹讲"父子相隐，天理人情之至也"，又讲"父子相隐，本非直，而'直在其中'"，既肯定了"父子相隐"是儒家讲究天理人情的合理选择，又认为"父子相隐"本非直，需要在对父母的和颜悦色、柔声细语、忍辱无怨的劝谏中展现出正直，并由此证明"直在其中"。所以，只是从字面上静态地解读"父子相隐"，讨论"父子相隐"是不是直，只是研究的出发点，而那些对于文本的辨析也只是必需的学术准备；若是仅仅纠缠于此，是远远不够的。正如在儒学发展中，由汉学过渡到宋学一样，只有在发掘圣人微言大义的过程中，在"父子相隐"与"直在其中"之间，在儒家孝道与"直"之间，建立起由此及彼的桥梁，才有可能真正理解《论语》"父为子隐，子为父隐，直在其中矣"的深刻含义，而这需要有形而上的哲学思考。在这样的思考中，朱熹的解读无疑是最具有参考价值的。

---

① （宋）朱熹：《四书章句集注》，第290页。
② （宋）黎靖德编：《朱子语类》卷14，第1册，第263页。

十九 "自行束脩以上"*

《论语·述而》载，子曰："自行束脩以上，吾未尝无诲焉。"对此，杨伯峻《论语译注》把"束脩"注释为"十条干肉"，并将孔子所言解读为："只要是主动地给我一点见面薄礼，我从没有不教诲的。"① 钱穆《论语新解》说："束脩：一解，脩是干脯，十脡为束。古人相见，必执贽为礼，束脩乃贽之薄者。又一解，束脩谓束带脩饰。古人年十五，可自束带脩饰以见外傅。又曰：束脩，指束身脩行言。今从前一解。"② 显然，钱穆把"束脩"解读为"干脯"，类似于杨伯峻。与此不同，李泽厚《论语今读》不同意将"束脩"注释为"十条干肉"，而是解读为"十五岁以上"，并且认为，这种解读与孔子所讲"十有五而志于学"，《书传》"十五入小学"相应。为此，他把孔子所言解读为："凡十五岁以上，我没有不收教的。"③ 显然，这一解读，与杨伯峻、钱穆相去甚远。宋代朱熹《论语集注》把"束脩"解读为肉脯，但不只是"见面薄礼"，而是把"束脩"诠释为"心"，表达为心意，其中蕴含了许多合理的思想，可以为今人的解读和研究提供启迪。

（一）束脩：是"礼"还是"十五岁以上"

对于《论语·述而》子曰"自行束脩以上，吾未尝无诲焉"，西汉孔

---

* 本章部分内容已以《朱熹对〈论语〉"自行束脩以上"的诠释及其意义》为题发表于《南京社会科学》2018年第9期。
① 杨伯峻译注：《论语译注》，第100页。
② 钱穆：《论语新解》，第171页。
③ 李泽厚：《论语今读》，第129页。

安国曰："言人能奉礼，自行束脩以上，则皆教诲之。"① 孔安国只是讲到"奉礼"而需要"束脩"，并没有对"束脩"是什么作出进一步解读。孔安国还在注《尚书·秦誓》"如有一介臣，断断猗，无他伎，其心休休焉"，曰："如有束脩一介臣，断断猗然专一之臣，虽无他伎艺，其心休休焉。"② 也没有对"束脩"是什么作出解读。

东汉许慎《说文解字》解"脩"，说："脩，脯也。从肉，攸声。"③后来郑玄注《周礼·天官·膳夫》"凡肉脩之颁赐，皆掌之"，引郑司农云："脩，脯也。"④ 可见，东汉时，"脩"解为"脯"。

郑玄遍注群经，但是其《论语郑氏注》大约于宋初开始失传。近年来，唐写本《论语郑氏注》的研究有较大进展。有学者以《吐鲁番出土文书》阿斯塔那184号墓72TAM184：18/7（b），18/8（b）唐写本《论语》郑氏注《述而》篇残卷⑤为底本，并且结合敦煌文献，认为唐写本郑玄注的原文应该是："自（始）行束脩，谓年十五之时（奉?）酒脯。十五已上有恩好者以施遗焉。"⑥ "束脩"对应的是"酒脯"。郑玄还在讲到亲朋好友结婚自己有事而无法前往需要遣人送礼时，说："其礼盖壶酒、束脩若犬也。"孔颖达疏曰："礼物用壶酒及束脩。束脩，十脡脯也。若无脯，则壶酒及一犬。"⑦ 显然，在郑玄那里，"束脩"是一种与"酒脯"有关的礼物。

南北朝皇侃《论语义疏》疏孔安国曰"言人能奉礼，自行束脩以上，则皆教诲之也"，曰："此明孔子教化有感必应者也。束脩，十束脯也。古者相见，必执物为贽。贽，至也，表己来至也。上则人君用玉，中则卿羔，大夫雁，士雉，下则庶人鹜，工商执鸡。其中或束脩壶酒一犬，悉不得无也。束脩最是贽之至轻者也。孔子言：人若能自施贽行束脩以上来见谒者，则我未尝不教诲之。故江熙云：'见其翘然向善思益也。'古以贽

---

① （魏）何晏集解，（宋）邢昺疏：《论语注疏》，（清）阮元校刻：《十三经注疏》，第5册，第5390页。
② （汉）孔安国传，（唐）孔颖达疏：《尚书正义》，（清）阮元校刻：《十三经注疏》，第1册，第545页。
③ （清）段玉裁：《说文解字注》，第176页。
④ （汉）郑玄注，（唐）贾公彦疏：《周礼注疏》，（清）阮元校刻：《十三经注疏》，第2册，第1422页。
⑤ 中国文物研究所等编：《吐鲁番出土文书》（肆），第141页。
⑥ 何亦凡：《敦煌吐鲁番出土〈郑玄论语注〉"束修"条缀补复原研究》，《敦煌吐鲁番研究》第16卷，2016年，第289页。
⑦ （汉）郑玄注，（唐）孔颖达疏：《礼记正义》，（清）阮元校刻：《十三经注疏》，第3册，第2687页。

见。脩，脯也。孔注虽不云脩是脯，而意亦不得离脯也。"① 显然，皇侃把"束脩"解读为"十束脯"，并且还认为，在孔安国那里，"束脩"与"脯"有关。该说法对后世影响很大。

唐孔颖达虽然在《礼记正义》中说"束脩，十脡脯也"，但在《尚书正义》中疏孔安国"如有束脩一介臣"，却说："孔注《论语》以束脩为束带脩节，此亦当然。"② 认为在孔安国那里，"束脩"为"束带脩节"。

南北朝范晔撰《后汉书》，唐代李贤等为之作注。其中注《伏湛传》"自行束脩，讫无毁玷"，曰："自行束脩谓年十五以上。"③ 又注《延笃传》"且吾自束脩已来"，曰："束脩谓束带修饰。郑玄注《论语》曰'谓年十五已上'也。"④ 在这里，李贤既讲"自行束脩谓年十五以上"，又讲"束脩谓束带修饰"，应当是指年十五以上自行束脩，"束带修饰"。因此，"束脩"是就"束带修饰"而言，而不是就"年十五以上"而言。

可见，汉唐时期诸儒解读"束脩"，既有如郑玄解读为与"酒脯"有关的礼物，或皇侃解读为"脯"，也有如李贤解读为"束带修饰"，虽然郑玄、李贤的解读与"年十五以上"有关，但都不是就"年十五以上"而言。

李泽厚《论语今读》把"束脩"解读为"十五岁以上"，是依据民国时期出版的程树德《论语集释》引清黄式三《论语后案》所言："《后汉·伏湛传》：杜诗荐湛自行束脩，讫无毁玷。注：自行束脩，谓年十五以上。《延笃传》曰：吾自束脩以来。注：束脩，谓束带修饰。郑玄注《论语》曰：谓年十五以上也。"⑤ 这段言论实际上来自李贤等注《后汉书》。应当说，无论是李贤，还是郑玄，都没有把"束脩"解读为"十五岁以上"。

清代毛奇龄对"束脩"多有研究。他的《四书剩言》说："《论语》'自行束脩以上'，束脩是贽见薄物，其见于经传甚众。如《檀弓》'束脩之问'、《谷梁传》'束脩之肉'、《后汉·第五伦传》'束脩之馈'，则皆泛以大夫、士出境聘问之礼为言。若《孔丛子》云：'子思居贫，或致樽酒束脩，子思弗为当也。'此犹是偶然馈遗之节。至《北史·儒林传》冯

---

① （梁）皇侃：《论语义疏》，第157页。
② （汉）孔安国传，（唐）孔颖达疏：《尚书正义》，（清）阮元校刻：《十三经注疏》，第1册，第545页。
③ （南朝宋）范晔：《后汉书》卷26，第4册，第897页。
④ （南朝宋）范晔：《后汉书》卷64，第8册，第2107页。
⑤ 李泽厚：《论语今读》，第129页。

伟'门徒束脩,一毫不受',则直指教学事矣。又《隋书》刘炫博学,后进质疑受业不远千里,然'啬于财,不行束脩者未尝有所教诲。时人以此少之'。则直与《论语》'未尝无诲'作相反语。又《唐六典》国子生初入学,'置束帛一篚,酒一壶,脩一案,为束脩之礼',则分束帛与脩为二,然亦是教学贽物。近儒以汉后史书多有'束修'字作约束修饬解,如《盐铁论》桑弘羊曰'臣结发束修'、《元和诏》'郑均束修安贫'、三国魏桓范荐管宁'束修其躬'类,遂谓束修不是物,历引诸束修词以为辨。夫天下词字相同者多有,龙星不必是龙、王良又不必是星,必欲强同之,谬矣。试诵本文,有'行'字,又有'以上'字。若'束修其躬',何必又行;'躬自束修',何能将之而上乎?"① 在毛奇龄看来,《论语》所谓"束脩",一直就被解读为"贽见薄物",是见面的薄物之礼,而汉以后所修史书中所谓"束修",并不是指薄物之礼,而是指"约束修饬"。毛奇龄赞同把《论语》子曰"自行束脩以上"中的"束脩"解读为"贽见薄物"。

王鸣盛对"束脩"与"束修"做了进一步研究,认为"修"与"脩"并非同义。他说:"《论语》'束脩',孔云:'言人能奉礼。'皇侃疏以为'十束脯',邢昺引《檀弓》、《少仪》、《谷梁传》为证。……《正义》:'束脩,十脡脯也。若无脯,则壶酒及一犬。'《谷梁传》'束脩之肉,不行竟中',杨士勋疏:'脩,脯也。'朱子亦从疏说。然孔颖达《书正义》云:'孔注《论语》以束脩为束带脩饰。'是皇、邢疏未得孔意也。《汉·王莽传》'自初束修',师古曰:'束修,谓初学官之时。'《后汉·延笃传》'吾自束修以来',注:'束修谓束带修饰。'郑康成注《论语》曰:'谓年十五已上也。'《伏湛传》:南阳太守杜诗上疏荐湛曰:'窃见故大司徒阳都侯伏湛,自行束修,讫无毁玷。'注亦谓'年十五以上'。……郑康成注'束修',与孔安国'奉礼'之义同,其意与下章'不愤不启'相发,疏误解耳。且此字本当作'修',唐石经作'脩',则解为'脯'矣,疑后人所改。"② 显然,在王鸣盛看来,《论语》中应当为"束修",而解读为"束带修饰"。

后来,方观旭撰《论语偶记》,根据李贤等注《后汉书》所引郑玄注"束脩"而言"谓年十五以上",说:"盖古人称'束脩',有指束身脩行言者。《列女传》秋胡妇云'束发脩身',《盐铁论》桑弘羊曰'臣结发束脩,得宿卫',《后汉·延笃传》曰'且吾自束脩以来',马援、杜诗二传

---

① (清)毛奇龄:《四书剩言》,《儒藏(精华编120)》,北京大学出版社2013年版,第24页。
② (清)王鸣盛:《蛾术编》卷82《束脩》,第1266—1267页。

又并以束脩为年十五，俱是郑注佐证。《书传》云'十五入小学，殆行束脩时矣。"① 这里把"束脩"又解读为"束身脩行"。后来，朱次琦、康有为也把《论语》"自行束脩以上"中的"束脩"解读为束身修行。②

黄式三《论语后案》认为，《论语》"自行束脩以上"是指"年十五以上能行束带脩饰之礼"，"郑君注如此，汉时相传之师说也"。黄式三还说："《后汉·伏湛传》杜诗荐湛'自行束脩，讫无毁玷'。注：'自行束脩，谓年十五以上。'《延笃传》笃曰：'吾自束脩以来。'注：'束脩，谓束带脩饰。郑玄注《论语》曰："谓年十五以上也。"'今疏本申孔注，异于郑君。然《书·秦誓》孔疏引孔注《论语》以束脩为束带脩饰，为某传束脩一介臣之证，是孔郑注同。盖年十五以上，束带脩饰以就外傅，郑君与孔义可合也。"③ 显然，黄式三是要说明"束脩"为"束带脩饰"。

与王鸣盛强调"修"与"脩"的区别而将《论语》中"束脩"解读为"束带修饰"不同，刘宝楠《论语正义》说："'修'与'脩'同，谓以脩为挚，见其师也。"④ 显然是接受毛奇龄的说法，认为《论语》中的"束脩"为"挚礼"，即见面礼，而不同于黄式三《论语后案》对于"束脩"的解读。刘宝楠还说："李贤《后汉·延笃传》注：'束脩谓束带脩饰，郑注《论语》曰："束脩谓年十五以上也。"'李引郑注，所以广异义。人年十六为成人，十五以上可以行挚见师，故举其所行之挚以表其年。"⑤ 也就是说，郑玄把"束脩"说成是"年十五以上"，是指"十五以上可以行挚见师"。刘宝楠还认为，《后汉·伏湛传》"杜诗荐湛曰：'湛自行束脩，讫无毁玷'"，以及其他一些文献中所言"束脩"，是"以'束脩'表年，与郑义同"，而另有一些文献所言"束修"，是"以约束修饰为义，而其家与'脩'通用"。因此，刘宝楠说："后之儒者，移以解《论语》此文，且举李贤'束带修饰'之语，以为郑义亦然，是诬郑矣。"⑥ 认为郑玄不可能把《论语》"束脩"解读为"束带修饰"。

需要指出的是，无论是毛奇龄、刘宝楠把"束脩"解读为"十五以上可以行挚见师"，还是王鸣盛、方观旭、黄式三把"束脩"解读为"年十五以上能行束带脩饰之礼"，他们都把"束脩"看作"礼"，并且是"十

---

① （清）方观旭：《论语偶记》，《续修四库全书》，第155册，第334页。
② （清）康有为：《论语注》，第90—91页。
③ （清）黄式三：《论语后案》，《续修四库全书》，第155册，第483—484页。
④ （清）刘宝楠：《论语正义》，第258页。
⑤ （清）刘宝楠：《论语正义》，第258页。
⑥ （清）刘宝楠：《论语正义》，第258页。

五岁以上"所行之礼。但这并不能说明"束脩"只是就"十五岁以上"而言，不可由此得出"束脩"就是指"十五岁以上"。

与此不同，李泽厚《论语今读》根据程树德《论语集释》所引黄式三《论语后案》中的有关文献材料，把"束脩"解读为"十五岁以上"，实际上是把重点落在年龄上，而不是落在"礼"上，这不仅不同于黄式三《论语后案》，而且也不同于刘宝楠《论语正义》，甚至不同于所有把"束脩"看作"礼"的解读。把孔子所言"自行束脩以上，吾未尝无诲焉"解读为"凡十五岁以上，我没有不收教的"，更像是说孔子在做义务教育。

（二）"脩"与"束"

继孔安国注《论语》"自行束脩以上"之后，皇侃之疏明确讲"束脩，十束脯也"，"束脩最是贽之至轻者也"；后来，孔颖达讲"束脩，十脡脯也"，北宋邢昺也疏郑玄注曰"人能奉礼自行束脩以上，则皆教诲"，曰："束脩，礼之薄者。言人能奉礼自行束脩以上而来学者，则吾未曾不诲焉，皆教诲之也。……云言'人能奉礼自行束脩以上'者，案：《书传》言束脩者多矣，皆谓十脡脯也。"① 此外，北宋释文莹《湘山野录》在论及"束帛、束脩之制"时说："若束脩则十挺之脯，其实一束也；若束帛则卷其帛，屈为二端，五疋遂见十端，表王者屈折于隐沦之道也。"② 可见，在皇侃讲"束脩，十束脯也"之后，较多学者认为"束脩"为十脡脯，其实只是一束，在数量上有了变化。

南宋朱熹撰《论语集注》，注"自行束脩以上，吾未尝无诲焉"，曰："脩，脯也。十脡为束。古者相见，必执贽以为礼，束脩其至薄者。盖人之有生，同具此理，故圣人之于人，无不欲其入于善，但不知来学，则无往教之礼，故苟以礼来，则无不有以教之也。"③ 显然，朱熹所作的注释，就"束脩"而言，与皇侃有一定的相像性。如前所述，在皇侃那里，"束脩，十束脯也"，"古者相见，必执物为贽"，"束脩最是贽之至轻者也"，而在朱熹《论语集注》中，也有类似的表述。只是皇侃讲"束脩，十束脯"，朱熹讲"脩，脯也。十脡为束"，而与孔颖达、邢昺等的解读相同。

---

① （魏）何晏集解，（宋）邢昺疏：《论语注疏》，（清）阮元校刻：《十三经注疏》，第5册，第5390—5391页。
② （宋）文莹：《湘山野录 续录玉壶清话》，中华书局1984年版，第51页。
③ （宋）朱熹：《四书章句集注》，第95页。

朱熹还说：“古人空手硬不相见。束脩是至不直钱底，羔雁是较直钱底。”①这里所谓"羔雁是较直钱底"，即皇侃所说"中则卿羔，大夫雁"。

其实，朱熹不仅把《论语》"自行束脩以上"的"束脩"解读为"脩，脯也。十脡为束"，而且还在《仪礼经传通解》中，也同孔颖达《礼记正义》那样讲"束脩，十脡脯也"②。杨伯峻《论语译注》把"束脩"注释为"十条干肉"，在数量上等同于皇侃所谓"束脩，十束脯"。

平心而论，朱熹对于《论语》子曰"自行束脩以上，吾未尝无诲焉"的解读，从字面上看，并没有超过皇侃、孔颖达、邢昺。那么，朱熹的解读，其新意又何在？

以朱熹为首的宋代理学家，其对儒家经典的解读，实际上并不只是停留于字面上，其重点更在于探讨这些字面含义背后的所以然之理，因此，要在弄清楚孔子所说"自行束脩以上，吾未尝无诲焉"的字面含义的基础上，进一步探讨孔子为什么要这么说，即其中所蕴含的微言大义。因此，朱熹《论语集注》注"自行束脩以上，吾未尝无诲焉"，不仅要对"束脩"作出解读，而且还要将"束脩"与孔子的教育思想联系起来，这就是朱熹所谓"盖人之有生，同具此理，故圣人之于人，无不欲其入于善，但不知来学，则无往教之礼，故苟以礼来，则无不有以教之也"。

在朱熹看来，之所以要"自行束脩以上"，是因为如果没有"束脩"，那么就"不知来学"，"不知来学，则无往教之礼"，与此相反，"苟以礼来，则无不有以教之也"。按照朱熹这一解读，孔子之所以要求"自行束脩以上"，其目的只是在于表明来学之诚意，并能够据此而有教之之礼；而之所以"未尝无诲"，是因为"人之有生，同具此理，故圣人之于人，无不欲其入于善"。

在《论语》中，孔子讲"仁"，"仁者爱人"；而在《论语集注》中，朱熹则不仅讲"仁"，而且讲"仁者之心""仁之体"。朱熹注《论语》"夫仁者，己欲立而立人，己欲达而达人"，曰："以己及人，仁者之心也。于此观之，可以见天理之周流而无间矣。状仁之体，莫切于此。"③ 认为"己欲立而立人，己欲达而达人"，是指自己欲立达，由此而想到他人也欲立达，这是"以己及人"，是仁者之心，仁之本体。至于仁者为什么能够"己欲立而立人，己欲达而达人"，朱熹引程颢所说："医书以手足痿痹为

---

① （宋）黎靖德编：《朱子语类》卷34，第3册，第871页。
② （宋）朱熹：《仪礼经传通解》，朱杰人等编：《朱子全书》，第2册，第443页。
③ （宋）朱熹：《四书章句集注》，第92页。

不仁，此言最善名状。仁者以天地万物为一体，莫非己也。认得为己，何所不至；若不属己，自与己不相干。如手足之不仁，气已不贯，皆不属己。故博施济众，乃圣人之功用。仁至难言，故止曰：'己欲立而立人，己欲达而达人。能近取譬，可谓仁之方也已。'欲令如是观仁，可以得仁之体。"① 也就是说，因为仁者"以天地万物为一体"，所以能够"己欲立而立人，己欲达而达人"。这也就是朱熹注"束脩"所说"人之有生，同具此理，故圣人之于人，无不欲其入于善"，由此可以理解孔子为什么能够"自行束脩以上，吾未尝无诲焉"，做到"诲人不倦"。

孔子不仅讲"仁"，而且讲"恕"；而朱熹则不仅讲"以己及人"的仁者之心，而且还讲"推己及人"，并讨论"仁""恕"之别。朱熹注《论语》曾子曰"夫子之道，忠恕而已矣"，指出："尽己之谓忠，推己之谓恕。"并引述程颢所言"以己及物，仁也。推己及物，恕也，违道不远是也"②，认为孔子所谓"恕"，即"推己及人"。据《论语》所载，子贡曰："我不欲人之加诸我也，吾亦欲无加诸人。"子曰："赐也，非尔所及也。"对此，朱熹注曰："子贡言我所不欲人加于我之事，我亦不欲以此加之于人。此仁者之事，不待勉强，故夫子以为非子贡所及。程子曰：'我不欲人之加诸我，吾亦欲无加诸人，仁也；施诸己而不愿，亦勿施于人，恕也。恕则子贡或能勉之，仁则非所及矣。'愚谓无者自然而然，勿者禁止之谓，此所以为仁恕之别。"③ 认为"我所不欲人加于我之事，我亦不欲以此加之于人"，为"仁"，而"施诸己而不愿，亦勿施于人"，为"恕"；"仁"为"不待勉强""自然而然"，"恕"为"推己及人"。

朱熹不仅讲"仁""恕"之别，而且特别强调"推己及人"为"仁之方"。朱熹《论语集注》在注"夫仁者，己欲立而立人，己欲达而达人"为"以己及人，仁者之心也"的同时，又注"能近取譬，可谓仁之方也已"，曰："近取诸身，以己所欲譬之他人，知其所欲亦犹是也，然后推其所欲以及于人，则恕之事而仁之术也。"④ 认为"能近取譬"，从自己所欲而推知他人所欲，推己及人，是仁之方。据《论语》所载，子贡问曰："有一言而可以终身行之者乎？"子曰："其恕乎！己所不欲，勿施于人。"对此，朱熹注曰："推己及物，其施不穷，故可以终身行之。"⑤ 认为孔子

---

① （宋）朱熹：《四书章句集注》，第 92 页。
② （宋）朱熹：《四书章句集注》，第 72 页。
③ （宋）朱熹：《四书章句集注》，第 78—79 页。
④ （宋）朱熹：《四书章句集注》，第 92 页。
⑤ （宋）朱熹：《四书章句集注》，第 167 页。

所谓"恕","己所不欲,勿施于人",是"推己及人",可以终身行之。这也就是朱熹注《论语》"束脩"所谓"不知来学,则无往教之礼,故苟以礼来,则无不有以教之"。因而可以理解孔子为什么强调要"自行束脩以上",也就是说,若能够"自行束脩以上",以礼而来,那么就能知得来学,因而才有"往教之礼"。

(三)"束脩"之理

孔子强调要"自行束脩以上"。如果把"束脩"只是解读为"干肉",很容易使今天的人们联想到孔子是把"束脩"当作教人的报酬。郭沫若所撰《十批判书》指出:"这也是教书匠的买卖不得不然,假如连'十小条干牛肉'都没有,你叫教书匠靠吃什么过活呢?"[①] 问题是,孔子肯定不只是为了获得"束脩"而教人;在一定意义上看,"自行束脩以上"只是"礼",所以孔安国解读为"人能奉礼,自行束脩以上,则皆教诲之"。汉唐儒家把"束脩"解说为或干肉之类的"贽见薄物"或"束带修饰",都是从"礼"的层面进行解读。朱熹说:"古人空手硬不相见。束脩是至不直钱底,羔雁是较直钱底。真宗时,讲筵说至此,云:'圣人教人也要钱。'"[②] 在朱熹看来,"礼"和"钱"是不能混淆的,而有些人将二者混为一谈,所以才有"圣人教人也要钱"的说法。由此亦可推想,李泽厚《论语今读》从年龄的角度把"束脩"理解为"十五岁以上",并且能够得到一些学者认同,在很大程度上可能就是担心如果把"束脩"解读为"十肉",会与教人之报酬混为一谈,而导致所谓"圣人教人也要钱"的说法,与孔子讲"有教无类"以及"君子喻于义,小人喻于利"相冲突。

朱熹《论语集注》注孔子所谓"束脩",包含了从"礼"的层面进行解读,认为"苟以礼来,则无不有以教之"。但是,在朱熹看来,孔子所谓"自行束脩以上",不止于"礼",又超出了"礼"的层面,而是在落实"推己及人"之恕道,也就是说,通过"自行束脩以上"便能够知得来学者,而最重要的是知得来学者的诚意,由此才能有教之之礼。

朱熹对于孔子所谓"束脩"的解读,重视并继承了谢良佐、杨时等人的说法。他的《论孟精义》引谢良佐所说:"束脩不必用于见师,古人相

---

① 郭沫若:《十批判书》,第85页。
② (宋)黎靖德编:《朱子语类》卷34,第3册,第871页。

见之礼皆然。言及我门者苟以是心至，未尝不教之。"又引杨时所说："苟以是心至，斯受之而已，故不倦也。"① 也就说，"束脩"不只是"礼"，而是"心"，是来学者的诚意之心。朱熹的理解与此完全一致。为此，朱熹还说："诸说无他异。"②

朱熹《论语集注》注孔子所谓"自行束脩以上"之后，接着又注孔子所说"不愤不启，不悱不发。举一隅不以三隅反，则不复也"，指出："愤者，心求通而未得之意。悱者，口欲言而未能之貌。启，谓开其意。发，谓达其辞。物之有四隅者，举一可知其三。反者，还以相证之义。复，再告也。上章已言圣人诲人不倦之意，因并记此，欲学者勉于用力，以为受教之地也。程子曰：'愤悱，诚意之见于色辞者也。待其诚至而后告之。既告之，又必待其自得，乃复告尔。'又曰：'不待愤悱而发，则知之不能坚固；待其愤悱而后发，则沛然矣。'"③ 朱熹还说："愤悱，便是诚意到；不愤悱，便是诚不到。"④ 在朱熹看来，老师教学生，要根据学生是否有诚意而施教，这与朱熹注"束脩"所表达的根据来学者是否有诚意而决定是否教之，是一致的。

由此看来，对于孔子所谓"束脩"，既可以从"礼"的层面诠释为"束脩"之礼，也可以在此基础上进一步从"理"的层面诠释为"束脩"之理，把"束脩"诠释为"心"，以表达学生诚意向学之心意。

同时，由于"束脩"的目的在于教学，"束脩"之礼和"束脩"之理对于教学所起的作用各不相同。"束脩"之礼，作为"礼"，相对于教学而言，是外在的。教者为"束脩"而教，学者为"束脩"而学，"束脩"与教学二分，不能真正落实儒家"为仁由己"的"为己之学"。与此不同，"束脩"之理，作为"理"，即为心之诚意，相对于教学而言，是内在的。诚意不仅是教学的内在根本，也是为人之根本，所以，"束脩"之理所内涵的诚意，与教学互为一体。

因此，朱熹把孔子所谓"束脩"解说为"脩，脯也。十脡为束"，虽然从字面上看，并没有超越前人，但是，朱熹从"理"的层面把"束脩"诠释为"束脩"之理，诠释为"心"，超越了以往只是从"礼"的层面把"束脩"诠释为"束脩"之礼。而且，这种对于"束脩"的形上学的诠释，也是后来学者的解读所未能超越的。

---

① （宋）朱熹：《论孟精义》，朱杰人等编：《朱子全书》，第7册，第252页。
② （宋）朱熹：《四书或问》，朱杰人等编：《朱子全书》，第6册，第743页。
③ （宋）朱熹：《四书章句集注》，第95页。
④ （宋）黎靖德编：《朱子语类》卷34，第3册，第871页。

（四）余论

对于朱熹解读孔子所言"自行束脩以上，吾未尝无诲焉"而提出的"盖人之有生，同具此理，故圣人之于人，无不欲其入于善，但不知来学，则无往教之礼，故苟以礼来，则无不有以教之也"，后来的王夫之多有批评。他说："吾之与学者相接也，唯因吾不容自已之心而已。道无可吝，教无不可施，而安能已于吾心哉！始来学者，执束脩以见，则已有志于学，而愿受教于吾矣。吾则因其所可知而示之知焉，因其所可行而示之行焉，其未能知而引之以知焉，其未能行而勉之以行焉，未尝无有以诲之也。盖教者之道固然，而吾不容有倦也。神而明之，下学而上达，存乎其人而已矣。"[①] 王夫之认为，教者在于教，而不能不教，这是教者之道，而且不能仅仅停留于"吾心"。显然，这是针对朱熹所谓"不知来学，则无往教之礼"而言。

诚然，就一般道理而言，朱熹讲"圣人之于人，无不欲其入于善"，王夫之讲"道无可吝，教无不可施"，二者是一致的。就具体而言，对于执束脩以见的来学者，朱熹讲"苟以礼来，则无不有以教之也"，王夫之讲"未尝无有以诲之"，二者也有一致之处。但是，对于没有执束脩以见，且不知是否来求学者，朱熹讲"不知来学，则无往教之礼"，而王夫之讲"道无可吝，教无不可施"，不能只停留于"吾心"。按照王夫之的说法，无论是执束脩以见的来学者，还是没有执束脩以见的非来学者，都必须是"道无可吝，教无不可施"。显然，王夫之对于儒学之道的理解，与朱熹是有一定差异的。后来康有为把"束脩"解读为束身修行，并且说："凡束身修行之士来请问者，圣人未尝不诲之。盖圣人有教无类，其不屑之教诲者，是亦教诲。然雨露不能苏已枯之草，巧匠不能雕已朽之木，苟无志向上，虽诲何益？"[②] 显然更为强调来学者的志向，而与"干肉"无关；但是又与朱熹强调来学者的诚意相一致。

程树德《论语集释》引述了历史上各种关于"束脩"的解读，也包括清代毛奇龄《四书剩言》、黄式三《论语后案》等的观点，但并没有就"束脩"是什么，给出明确的回答，最后只是引述汪绂《四书诠义》所

---

① （清）王夫之：《四书训义》（上），《船山全书》，第 7 册，第 485 页。
② （清）康有为：《论语注》，第 91 页。

言:"大道为公,夫子岂不欲尽天下人而诲之?而不知来学,则圣人亦不能强也。自行束脩以上,未尝无诲焉,公之至也。"① 显然,这一引述大致依据朱熹的解读而来。所谓"大道为公,夫子岂不欲尽天下人而诲之",讲孔子无不欲尽天下人而诲之,这与朱熹讲"圣人之于人,无不欲其入于善"是一致的;所谓"不知来学,则圣人亦不能强也",正是依据朱熹所言"不知来学,则无往教之礼,故苟以礼来,则无不有以教之也"。

朱熹生活的宋代,是中国文化发展的高峰。陈寅恪指出:"华夏民族之文化,历数千载之演进,造极于赵宋之世。"② 宋代理学追求自我,追求成圣,自我意识日益强大,人们需要更多的相互尊重。在这种文化背景下,朱熹重视人与人之间因气禀的不同而造成的差异,尊重他人自己的选择,讲"不知来学,则无往教之礼,故苟以礼来,则无不有以教之也"。这与当时人们强调自我意识可能有很大的关系。王夫之所在的明末清初,人们的自我意识日渐弱化,启蒙开始逐渐成为社会文化的主题。在这种文化背景下,王夫之强调"道无可吝,教无不可施"不能只停留于"吾心",也可见得其合理之处。换言之,儒家在不同文化时代会呈现出不同的状况,体现出内部的差异性。

但是,对于儒学来说,其根本宗旨是不变的。先秦儒家讲"仁者爱人",讲"夫仁者,己欲立而立人,己欲达而达人",这是儒家不变的基本原则。当然,仅仅停留于这些基本原则是不够的。正是从这些基本原则出发,朱熹既讲人与人之间的共同性,又要求尊重个体间的差异,在对孔子所谓"束脩"的诠释中,既提出"盖人之有生,同具此理,故圣人之于人,无不欲其入于善"的基本原则,又阐发了"不知来学,则无往教之礼,故苟以礼来,则无不有以教之"的具体待人之道。相对于孔子所谓"己所不欲,勿施于人"的恕道,朱熹不仅讲"不知来学,则无往教之礼",而且还讲"苟以礼来,则无不有以教之";这不仅在对"束脩"的诠释上超越了以往的诠释,而且对于理解儒家的待人之道也颇有新意,同时对于今天人与人之间越来越需要相互尊重来说,也具有一定的启发意义。

相比之下,现代各种解读,大都不是接朱熹而来,也不同于王夫之,而显得较为肤浅。杨伯峻《论语译注》、钱穆《论语新解》依据汉唐诸儒

---

① 程树德:《论语集释》,第 2 册,第 578 页。
② 陈寅恪:《邓广铭〈宋史职官志考证〉序》,《金明馆丛稿二编》,生活·读书·新知三联书店 2001 年版,第 277 页。

的一家之言，把"束脩"只是理解为"束脩"之礼，不能从形而上的层面，理解为"束脩"之理，很容易被误解为孔子教人，需要收礼，需要获得报酬，而不是出于"仁"之理；李泽厚《论语今读》讲"凡十五岁以上，我没有不收教的"，则从年龄的角度把"束脩"理解为"十五岁以上"，似乎能够克服孔子教人需要收礼、"圣人教人也要钱"的误解，体现了一种平等的义务教育，但这样的解读，似乎还缺乏必要的文本依据。

二十　"子罕言利与命与仁"*

《论语》较少言利。《论语·里仁》载子曰："放于利而行，多怨。""君子喻于义，小人喻于利。"《论语·子罕》则明确说："子罕言利与命与仁。"对此，历代解读各异，争议颇多。于省吾《〈论语〉"子罕言利与命与仁"解》将汉代以来各家说法，归结为10种，包括郑玄《论语注》、何晏《论语集解》、皇侃《论语义疏》、韩愈李翱《论语笔解》、朱熹《论语集注》、史绳祖《学斋占毕》、阮元《揅经室集·论仁篇》、焦循《论语补疏》、刘宝楠《论语正义》、黄式三《论语后案》的解读，并指出："《论语》中言利者只数章，《里仁》篇称：'放于利而行，多怨'；又称：'君子喻于义，小人喻于利'；《宪问》篇称：'见利思义'。可见专言利而不言义，自必为孔子所鄙夷，故罕言之。"① 无论如何，"子罕言利"是可以肯定的。问题是，孔子为什么罕言利？"子罕言利"，其中有何深意？胡适《中国哲学史大纲》（卷上）认为，《论语》讲"子罕言利"，是"把义利分作两个绝对相反的物事"②，把利与义对立起来，是要排斥利。杨树达《论语疏证》解"子罕言利"，首先引述《论语·里仁》载子曰"放于利而行，多怨"，"君子喻于义，小人喻于利"，以及《孟子》首章"王何必曰利？亦有仁义而已矣"，又引述司马迁据此而言"利诚乱之始"。③ 于省吾则认为，孔子罕言利是鄙夷"专言利而不言义"。然而笔者认为，在对"子罕言利与命与仁"解读的历史发展过程中，朱熹对"子罕言利"的解读，既讲程颐所言"计利则害义"，反对"计利"，又与《易传》"利者义之和"结合起来，强调义与利二者相互联系，讲"惟合于义，则利自至"，

---

* 本章部分内容已以《朱熹解〈论语〉"子罕言利"：不是不言，又不可多言》为题发表于《晋阳学刊》2020年第5期。

① 于省吾：《〈论语〉"子罕言利与命与仁"解》，载王仲荦主编《历史论丛》第1辑，齐鲁书社1980年版，第31页。

② 胡适：《中国哲学史大纲》（卷上），第104页。

③ 杨树达：《论语疏证》，第208—209页。

并且明确提出"利不是不好",对利的正面价值多有肯定,因此,"子罕言利",不是不言,而是不可多言,只是担心多言利可能会使人们产生误解而唯利是求、趋利害义,并非是要将义与利对立起来。应当说,朱熹对"子罕言利"的解读,讲义与利二者相互联系,对于今天解读《论语》较多讲义与利的相互对立,或许有新的启示。

(一)"子罕言利"与"利者义之和"

汉儒对于《论语》"子罕言利与命与仁"的解读,可以追溯到司马迁。据司马迁《史记·孔子世家》载:"孔子以四教:文,行,忠,信。绝四:毋意,毋必,毋固,毋我。所慎:齐,战,疾。子罕言利与命与仁。"[①]《史记·孟子荀卿列传》载太史公曰:"余读《孟子》书,至梁惠王问'何以利吾国',未尝不废书而叹也。曰:嗟乎,利诚乱之始也!夫子罕言利者,常防其原也。故曰'放于利而行,多怨'。自天子至于庶人,好利之弊何以异哉!"[②]在司马迁看来,《孟子》"王何必曰利?亦有仁义而已矣",与《论语》"子罕言利"以及孔子讲"放于利而行,多怨"一样,都是要说明"利诚乱之始";显然是将"子罕言利"与"放于利而行,多怨"相联系,强调"好利之弊"。

据《唐写本论语郑氏注》,东汉郑玄注《论语》"子罕言利与命与仁",曰:"罕,希也。利有货之殖否,命有受(寿)之长短,仁有行之穷达。孔子希言利者,为其伤行也;希言命与仁者,为民不可使知也。"[③]可见,郑玄解"子罕言利",讲"孔子希言利者,为其伤行也",强调利的负面价值。郑玄还注"放于利而行,多怨",说:"仁(人)操行常衣(依)利而为之。是近贪(贪)鄙而远谦让。故多为仁(人)所怨。"[④]显然,与司马迁一样,郑玄也是把"子罕言利"之利看作"放于利而行,多怨"之利,多从负面言利。

许慎《说文解字》解"利",说:"利,铦也。刀和然后利。从刀。和省。《易》曰:'利者,义之和也。'"清段玉裁《说文解字注》曰:"铦利引伸为凡利害之利。……又引《易》说,从和省之意。上云'刀和然后

---

① (汉)司马迁:《史记》卷47,第6册,第1938页。
② (汉)司马迁:《史记》卷74,第7册,第2343页。
③ 王素:《唐写本论语郑氏注及其研究》,第104页。
④ 王素:《唐写本论语郑氏注及其研究》,第34页。

利'者，本义也；引《易》者，引伸之义也。"① 可见汉代有不少儒者是用《易传》"利者义之和"解"利"字，讲义与利的相互联系，并不否定利。

后来，魏何晏《论语集解》解"子罕言利与命与仁"，曰："罕者，希也。利者义之和也。命者，天之命也。仁者，行之盛也。寡能及之，故希言也。"② 将《论语》"子罕言利"与《易传》"利者义之和"结合起来，强调利与义的相互联系。南朝宋裴骃解《史记》载"子罕言利与命与仁"，引何晏曰："罕者，希也。利者，义之和也。……寡能及之，故希言之。"③ 又有南朝梁皇侃《论语义疏》对何晏《论语集解》注"子罕言利与命与仁"作了疏释，曰："利者，天道元亨利万物者也。与者，言语许与之也。……弟子记孔子为教化所希言及所希许与人者也。所以然者，利是元亨利贞之道也，百姓日用而不知，其理玄绝，故孔子希言也。命是人禀天而生，其道难测，又好恶不同，若逆向人说，则伤动人情，故孔子希说与人也。仁是行盛，非中人所能，故亦希说许与人也。"④ 在皇侃看来，"子罕言利"之"利"，是"天道元亨利万物"，是"元亨利贞之道"，百姓日用而不知，所以孔子罕言。需要指出的是，皇侃又说"与者，言语许与之也"，将"与命"中的"与"解为"说与人"，将"与仁"中的"与"解为"许与人"。皇侃又疏何晏"罕者，希也。利者义之和也"，说："义者，宜也。和者，无害也。凡人世之利，利彼则害此，非义和也。若天道之利，利而无害，故万物得宜而和，故曰'义之和'也。"⑤ 在皇侃看来，利有"人世之利"与"天道之利"之分：人世之利，利彼则害此，并非"义和"；天道之利，利而无害，"万物得宜而和"，故称"义之和"。也就是说，"子罕言利"之利，即《易传》"利者义之和"之利万物，为"天道之利"，由于百姓只知"人世之利"，而不知"天道之利"，不知"利者义之和"，以至于"其理玄绝"，所以孔子罕言。皇侃还解《论语·里仁》"放于利而行，多怨"，曰："放，依也。谓每事依财利而行者也。……若依利而行者则为怨府，故云'多怨'。"⑥ 显然，这里将

---

① （清）段玉裁：《说文解字注》，第 180 页。
② （魏）何晏集解，（宋）邢昺疏：《论语注疏》，（清）阮元校刻：《十三经注疏》，第 5 册，第 5407 页。
③ （汉）司马迁：《史记》卷 47，第 6 册，1939 页。
④ （梁）皇侃：《论语义疏》，第 205 页。
⑤ （梁）皇侃：《论语义疏》，第 206 页。
⑥ （梁）皇侃：《论语义疏》，第 89 页。

"放于利而行，多怨"所言之"利"指为"财利"，而归于"人世之利"，不同于"子罕言利"之"天道之利"。

北宋邢昺《论语注疏》也对何晏《论语集解》注"子罕言利与命与仁"作了疏释，曰："罕，希也。与，及也。利者，义之和也。命者，天之命也。仁者，行之盛也。孔子以其利、命、仁三者常人寡能及之，故希言也。……云'利者义之和也'者，乾卦《文言》文也。言天能利益庶物，使物各得其宜而和同也。此云利者，谓君子利益万物，使物各得其宜，足以和合于义，法天之利也。"① 在邢昺看来，"子罕言利"之"利"，即"利者义之和"之利，是"君子利益万物"，"和合于义"，并且还认为，"常人寡能及之，故希言也"。显然，这里讲的是"君子之利"，因而又有与之相对应的"常人之利"。邢昺《论语注疏》疏"放于利而行，多怨"，说："此章恶利也。放，依也。言人每事依于财利而行，则是取怨之道也，故多为人所怨恨也。"② 这里反对"每事依于财利而行"，实际上是将"放于利而行，多怨"所言之"利"指为"财利"，归于"常人之利"，而不是"子罕言利"之"君子之利"。

由此可见，自何晏解《论语》"子罕言利与命与仁"，以《易传》"利者义之和"解"利"，皇侃、邢昺进一步把利区分为："天道之利"与"人世之利"，或"君子之利"与"常人之利"。他们所谓"天道之利"或"君子之利"，是利益万物，是利物、利人、利天下百姓，利而无害，与义相互联系；他们所谓"人世之利"或"常人之利"，是"财利"，利彼则害此，与义相互对立。而且在他们看来，"子罕言利"之利，是就"天道之利"或"君子之利"而言，与义相互联系，这样的利，百姓日用而不知，所以孔子罕言；而"放于利而行，多怨"，其中所言"利"，是就"人世之利"或"常人之利"而言，是财利，与义相互对立。应当说，这样的解读，与此前司马迁以"利诚乱之始"、郑玄以"孔子希言利者，为其伤行也"解"子罕言利"，只讲利的负面价值，有很大的不同，提供了新的解读思路。

但需要指出的是，何晏以"利者义之和"解"子罕言利"之利，以及皇侃、邢昺对"天道之利"、"君子之利"的肯定，明显是对"人世之利"、"常人之利"包括财利的否定。因此，无论是司马迁、郑玄解"子

---

① （魏）何晏集解，（宋）邢昺疏：《论语注疏》，（清）阮元校刻：《十三经注疏》，第5册，第5407页。
② （魏）何晏集解、（宋）邢昺疏：《论语注疏》，（清）阮元校刻：《十三经注疏》，第5册，第5367页。

罕言利"较多讲利的负面价值，还是何晏、皇侃、邢昺以《易传》"利者义之和"解"子罕言利"，讲"天道之利"、"君子之利"而区别于"人世之利"、"常人之利"，实际上都是对"人世之利"、"常人之利"包括财利的鄙视和排斥。总体而言，汉唐儒家解"子罕言利与命与仁"，虽然与《易传》"利者义之和"结合起来，讲"天道之利"或"君子之利"，讲利物、利人、利天下百姓，但是鄙视"人世之利"或"常人之利"，鄙视财利，较多讲利的负面价值；正因为如此，汉唐儒者大都讲"君子羞言利名"①，认为君子应当"舍欲利而取仁义"②。

（二）"惟合于义，则利自至"

北宋程颐《论语解》解"子罕言利与命与仁"，说："计利则害义，命之理微，仁之道大，皆所罕言也。"③ 在程颐看来，孔子之所以罕言利，在于"计利则害义"。但是，程颐又说："'子罕言利'，非使人去利而就害也，盖人不当以利为心。《易》曰：'利者义之和。'以义而致利斯可矣。"④ 认为"子罕言利"，既是要反对"计利"，又不是要人们"去利而就害"，不是要排斥利，而是要"不当以利为心"，其中内涵《易传》"利者义之和"以及"以义而致利"的道理。程颐还反对汉唐儒者解"子罕言利"，将"天道之利"或"君子之利"与"人世之利"或"常人之利"对立起来，而排斥财利。他在解《论语》"子罕言利"时，说："所谓利者一而已。财利之利与利害之利，实无二义，以其可利，故谓之利。圣人于利，不能全不较论，但不至妨义耳。乃若惟利是辨，则忘义矣，故罕言。"⑤ 明确认为"子罕言利"，并不是要排斥利，排斥财利，只是要反对"惟利是辨"、见利忘义。因此，程颐说："利非不善也，其害义则不善也，其和义则非不善也。"⑥ 显然，在程颐看来，利本身并非不善，只是"害

---

① 汉刘向《说苑》说："君子羞言利名，言利名尚羞之，况居而求利者乎？"[（汉）刘向撰，赵善诒疏证：《说苑疏证》，第 123 页]
② 唐李善注《文选》"君子舍彼取此"，曰："言舍欲利而取仁义也。"[（梁）萧统编，（唐）李善等注：《六臣注文选》卷 53，中华书局 1987 年版，第 986 页]
③ （宋）程颢、程颐：《河南程氏经说》卷 6，《二程集》，第 1150 页。
④ （宋）程颢、程颐：《河南程氏外书》卷 6，《二程集》，第 383 页。
⑤ （宋）程颢、程颐：《河南程氏外书》卷 7，《二程集》，第 396 页。
⑥ （宋）程颢、程颐：《河南程氏粹言》卷 1，《二程集》，第 1170 页。

义"之"利"为不善。他还说:"夫利和义者善也,其害义者不善也。"①这与汉唐儒者只讲"利物",而反对财利,并较多讲利的负面价值,是完全不同的。

需要指出的是,程颐讲"利非不善",又讲"害义"之"利"为不善,并且特别反对"以利为心",提出"人不当以利为心"。据《河南程氏遗书》载,赵景平问:"'子罕言利与命与仁',所谓利者何利?"曰:"不独财利之利,凡有利心,便不可。如作一事,须寻自家稳便处,皆利心也。圣人以义为利,义安处便为利。"②反对"利心",就是不能有唯利是求之利心。

与二程同时的范祖禹解"子罕言利",说:"利者,义之和也。其大者,如天地之于万物也,无所不利,故言之也难。若小人所谓利,则君子所不言也。"③认为"子罕言利"的"利",指的是《易传》"利者义之和"之"利物"。二程门人杨时说:"知义而后可与言利。……中人以上,乃可以与此,故罕言也。""又问:'罕言利是何等利?'曰:'一般若利用出入之利皆是。'"④也认为"子罕言利",指的是"利者义之和"之"利物"。尹焞说:"君子以义为利,计利则害义;……皆难言者也,故罕言。"⑤认为"子罕言利"的"利"与义相互联系,是"以义为利",但"计利则害义"。

朱熹解《论语》"子罕言利与命与仁",继承程颐,而与《易传》"利者义之和"相结合。据《朱子语类》金去伪"乙未(1175年)所闻",朱熹说:"义之和处便是利,如君臣父子各得其宜,此便是义之和处。安得谓之不利!如'君不君、臣不臣、父不父、子不子',此便是不和,安得谓之利!孔子所以'罕言利'者,盖不欲专以利为言,恐人只管去利上求也。"⑥显然,朱熹讲《易传》"利者义之和",强调"义之和处便是利",并据此解《论语》"子罕言利",反对"专以利为言""只管去利上求"。后来,他撰写的《论语集注》解"子罕言利与命与仁",引述程颐所言:"计利则害义,命之理微,仁之道大,皆夫子所罕言也。"⑦从字面

---

① (宋)程颢、程颐:《河南程氏遗书》卷19,《二程集》,第249页。
② (宋)程颢、程颐:《河南程氏遗书》卷16,《二程集》,第173页。
③ (宋)朱熹:《论孟精义》,朱杰人等编:《朱子全书》,第7册,第314页。
④ (宋)朱熹:《论孟精义》,朱杰人等编:《朱子全书》,第7册,第314页。
⑤ (宋)朱熹:《论孟精义》,朱杰人等编:《朱子全书》,第7册,第315页。
⑥ (宋)黎靖德编:《朱子语类》卷68,第5册,第1704—1705页。
⑦ (宋)朱熹:《四书章句集注》,第109页。

上看，这里解"子罕言利"，只是讲"计利则害义"，并没有与《易传》"利者义之和"结合起来，很容易被误解为是对利的排斥。

然而，朱熹《论语或问》说："或问：夫子之有罕言，何也？曰：利者，义之和也，惟合于义，则利自至；若多言利，则人不知义，而反害于利矣。"并且认为，"利"与"命"、"仁"一样，"三者皆理之正，圣人所不能不言，而其忧深虑远，则又不可以多言也，故罕言而已"，还说："自义为之，则君子之为；自利为之，则小人之事也。"① 这里明显是以"利者义之和"解"子罕言利"，将"利者义之和"解读为"惟合于义，则利自至"，是"理之正"；并且认为，对于利，"圣人所不能不言"，但又不可以多言，若多言利，则不知义，甚至反害于利，因此强调"自义为之"，反对"自利为之"，这就是所谓"计利则害义"，所以"子罕言利"。

朱熹《论语集注》对于"子罕言利"的解读，在文本上只是讲"计利则害义"，反对"计利"，从字面上看，似乎是强调义利对立，而排斥利，但实际上诚如二程门人尹焞所说"君子以义为利，计利则害义"，并不是讲义利对立，而是要反对"计利"，反对对于利的计较和以利为心，并非完全排斥利。而且，朱熹《论语或问》在进一步的解释中，又与"利者义之和"结合起来，与何晏、皇侃以及邢昺多有一致，而且还讲"惟合于义，则利自至"，明显不是要否定利，排斥利，超越了汉唐儒家的解读。

第一，汉唐儒家的解读较多讨论利的有害或无害，而朱熹的解读则主要是讨论利由何而来。司马迁认为"子罕言利"在于"利诚乱之始"，郑玄认为"孔子希言利者，为其伤行也"；何晏、皇侃以及邢昺则把利分为"天道之利"或"君子之利"利而无害与"人世之利"或"常人之利"彼则害此，实际上包含了对"人世之利"或"常人之利"的鄙视。与此不同，朱熹解"子罕言利"，讲"计利则害义"，反对"计利"，看似讲义利对立，实际上是讨论利由何而来，讲义与利的相互联系；他讲"惟合于义，则利自至；若多言利，则人不知义，而反害于利"，并要求"自义为之"，不可"自利为之"，并非是要排斥利。

第二，皇侃以及邢昺区分"天道之利"与"人世之利"，或"君子之利"与"常人之利"，朱熹则反对所谓"君子之利"与"小人之利"的区分。如上所述，北宋范祖禹解"子罕言利"说"利者，义之和也。其大者，如天地之于万物也，无所不利，故言之也难。若小人所谓利，则君子所不言也"。这样的解读，既讲"利者义之和"，又讲"君子之利"与

---

① （宋）朱熹：《四书或问》，朱杰人等编：《朱子全书》，第 6 册，第 768 页。

"小人之利",与皇侃以及邢昺颇为一致。对此,朱熹说:"范氏亦得之,而以利为有二则非也,盖利一而已。"① 既肯定范祖禹以"利者义之和"解"子罕言利",又反对将利区分为"君子之利"与"小人之利",强调"利一而已","自义为之,则君子之为;自利为之,则小人之事也"。在朱熹看来,并非利本身有君子小人之分,而是利之由来有"自义为之"与"自利为之"之分。

第三,汉唐儒家强调"天道之利"或"君子之利",讲的是"利物",而反对"人世之利"或"常人之利",则是要反对"财利"。与这种讲"利物"与"财利"的对立不同,朱熹强调"利物"与"自利"的对立。朱熹曾说过:"利物,谓使物各得其所,非自利之私也。"② 又说:"夫利物之与自利,其为善恶,如阴阳水火之相反。"③ 还说:"如言'利物足以和义',只去利物,不言自利。"④ 可见,朱熹并非一概排斥财利,而在意于是"利物"还是"自利",要求反对"自利"。⑤ 也就是说,朱熹解"子罕言利",讲"计利则害义",其中"计利",不是就"财利"而言,只是就"自利"而言。

朱熹《论语集注》解"子罕言利",引述程颐言"计利则害义",又解"放于利而行,多怨",引述程颐所言:"欲利于己,必害于人,故多怨。"⑥ 朱熹还说:"'放于利而行多怨',只是要便宜底人。凡事只认自家有便宜处做,便不恤他人,所以多怨。""若放于利,则悖理徇私,其取怨之多,必矣。"⑦ 当然,无论是反对"计利",反对唯利是求,还是反对自私自利,反对损人利己,都不是要反对利。尤其是,朱熹《论语或问》更多地讨论利由何而来,以为"惟合于义,则利自至;若多言利,则人不知义,而反害于利",明显不是要排斥利,而是强调义与利的相互联系。朱熹曾解《易传》所谓君子"利物足以和义",说:"使物各得其宜,何利如之!如此,便足

---

① (宋)朱熹:《四书或问》,朱杰人等编:《朱子全书》,第6册,第768页。
② (宋)朱熹:《晦庵先生朱文公文集》卷39《答范伯崇》(5),朱杰人等编:《朱子全书》,第22册,第1777页。
③ (宋)朱熹:《四书或问》,朱杰人等编:《朱子全书》,第6册,第686页。
④ (宋)黎靖德编:《朱子语类》卷36,第3册,第950页。
⑤ 据《朱子语类》载,或问义利之别。曰:"只是为己为人之分。才为己,这许多便自做一边去。义也是为己,天理也是为己。若为人,那许多便自做一边去。"[(宋)黎靖德编:《朱子语类》卷13,第1册,第227页]这里的"为人"、"为己",可对应于《论语·宪问》子曰"古之学者为己,今之学者为人"之所谓"为人"、"为己",还是对应于"利物"、"自利"?恐需作进一步讨论。
⑥ (宋)朱熹:《四书章句集注》,第72页。
⑦ (宋)黎靖德编:《朱子语类》卷26,第2册,第665—666页。

以和义。这'利'字是好底。"① 明确认为"利者义之和""利物足以和义"之"利"是好的。而且，朱熹《论语或问》又以《易传》"利者义之和"解《论语》"子罕言利"，讲"惟合于义，则利自至"；其中的"利"，如果是好的，为什么朱熹《论语集注》解"子罕言利"不在文本上对此做出直接而明确的肯定，却只是讲"计利则害义"，讲"计利"不好？如果"子罕言利"中的"利"，确如朱熹所言，即"利者义之和""利物足以和义"之"利"，是好的，那么，为什么孔子还要罕言呢？

（三）"不是不言，又不可多言"

对于孔子为什么罕言利，以上所述朱熹《论语或问》已作了说明，认为"若多言利，则人不知义，而反害于利"，而且还认为"利"与"命"、"仁"一样，"三者皆理之正，圣人所不能不言，而其忧深虑远，则又不可以多言也，故罕言而已"，所以不能不言，又不可以多言。对此，《朱子语类》中有更多的讨论。

据《朱子语类》吴必大"戊申（1188年）、己酉（1189年）所闻"：

> 问："或曰：'罕言利，是何等利？'杨氏曰'一般'云云。窃谓夫子罕言者，乃'放于利而行'之'利'。若'利用出入'，乃义之所安处，却不可以为一般。"曰："'利用出入'之'利'，亦不可去寻讨。寻讨着，便是'放于利'之'利'。如言'利物足以和义'，只去利物，不言自利。"又曰："只'元亨利贞'之'利'，亦不可计较，计较着即害义。为义之人，只知有义而已，不知利之为利。"②

在朱熹看来，无论是"利物"还是"自利"，都不可去寻讨，不可计较，计较就是"放于利而行"之"利"，就是利于己而害于人。换言之，利有好的或不好的，但计较利不好，这就是所谓"计利则害义"。③

又据《朱子语类》叶贺孙"辛亥（1191年）以后所闻"：

---

① （宋）黎靖德编：《朱子语类》卷68，第5册，第1707页。
② （宋）黎靖德编：《朱子语类》卷36，第3册，第950页。
③ 韩国朝鲜朝时期的李惟泰撰《论语答问》，说："人之为害不在于利，而在于计利也。《集注》曰：'计利则害义。'计字极有力。"[（韩）李惟泰：《论语答问》，《国际儒藏（韩国编四书部论语卷）》(1)，华夏出版社、中国人民大学出版社2010年版，第211页]

二十 "子罕言利与命与仁"

> 问:"'子罕言利',孔子自不曾说及利,岂但罕言而已?"曰:"大《易》一书所言多矣。利,只是这个利。若只管说与人,未必晓得'以义为利'之意,却一向只管营营贪得计较。"①

在这里,朱熹解"子罕言利",与《易传》"利者义之和""利物足以和义"相联系,强调《大学》"以义为利",反对"贪得计较",显然是对朱熹《论语集注》解"子罕言利"只是讲程颐的"计利则害义"的进一步发挥。

据《朱子语类》林恪"癸丑(1193年)所闻":

> 行夫问"子罕言利,与命,与仁"。曰:"罕言者,不是不言,又不可多言,特罕言之耳。罕言利者,盖凡做事只循这道理做去,利自在其中矣。如'利涉大川','利用行师',圣人岂不言利。但所以罕言者,正恐人求之则害义矣。……然圣人若不言,则人又理会不得如何是利,如何是命,如何是仁,故不可不言。但虽不言利,而所言者无非利;虽不言命,而所言者无非命;虽不言仁,而所言者无非仁。"②

在朱熹看来,孔子罕言利,并不是不言,"圣人岂不言利",但是不可多言;之所以不可多言,是因为担心人们趋利而害义,而不是要排斥利,"虽不言利,而所言者无非利"。

据《朱子语类》潘时举"癸丑(1193年)以后所闻":

> 问"子罕言利"。曰:"利最难言。利不是不好。但圣人方要言,恐人一向去趋利;方不言,不应是教人去就害,故但罕言之耳。盖'利者义之和',义之和处便利。"③

在这里,朱熹以"利者义之和"解"子罕言利",既讲"利不是不好",圣人不能不言,又讲圣人担心多言利而导致人们趋利害义,因而罕言利。

据《朱子语类》汤泳"乙卯(1195年)所闻",朱熹说:"'子罕言利,与命,与仁。'非不言,罕言之尔。利,谁不要。才专说,便一向向

---

① (宋)黎靖德编:《朱子语类》卷36,第3册,第949页。
② (宋)黎靖德编:《朱子语类》卷36,第3册,第948页。
③ (宋)黎靖德编:《朱子语类》卷36,第3册,第949页。

利上去。"① "利亦不是不好底物事,才专说利,便废义。"② 也就是说,人人都想要利,利并非不好,但不能专讲利,否则就会"一向向利上去",就会只讲利而去义。

据《朱子语类》沈僴"戊午(1198年)以后所闻":

> 问"子罕言利,与命,与仁"。曰:"这'利'字是个监界鏖糟的物事。若说全不要利,又不成特地去利而就害。若才说着利,少间便使人生计较,又不成模样。所以孔子于《易》,只说'利者义之和',又曰'利物足以和义',只说到这里住。"③

在朱熹看来,既不能说利是不好的而排斥利,又不能笼统而简单地说利是好的,否则,"便使人生计较",所以孔子罕言利,而只能说"利者义之和"、"利物足以和义",只讲由义而利,反对为了利而求利。

显然,在朱熹看来,"利不是不好","利亦不是不好底物事",因此,孔子罕言利,并不是因为利不好,而是担心多言利可能会使人们"贪得计较"而趋利害义,因而也就不难理解朱熹《论语集注》解"子罕言利"为什么在文本上只是讲"计利则害义";换言之,朱熹《论语集注》解"子罕言利"只是讲"计利则害义",而没有直接讲"利者义之和",讲义与利的相互联系,也是担心多言利可能会使人们"贪得计较"而趋利害义,并不是要把义与利对立起来。

司马迁、郑玄解"子罕言利",讲其中的"利"是不好的。与此不同,何晏、皇侃、邢昺以《易传》"利者义之和"解"子罕言利",肯定"子罕言利"之"利"是"天道之利"或"君子之利",是好的,但又讲与之相对立的"人世之利"或"常人之利"是不好的。朱熹以《易传》"利者义之和"解"子罕言利",肯定其中的"利"是好的,不是不好,这与何晏、皇侃、邢昺有一致之处。然而,对于孔子为什么罕言利,何晏、皇侃、邢昺认为是由于百姓日用而不知,强调的是"天道之利"或"君子之利"与"人世之利"或"常人之利"的对立;而朱熹则认为是圣人担心多言利可能会使人们趋于"计利",唯利是求,因而讲"计利则害义",更多地强调义与利的相互联系。

---

① (宋)黎靖德编:《朱子语类》卷36,第3册,第949页。
② (宋)黎靖德编:《朱子语类》卷36,第3册,第950页。
③ (宋)黎靖德编:《朱子语类》卷36,第3册,第948页。

（四）后世的解读

从以上分析可以看出，朱熹解《论语》"子罕言利"，虽然在《论语集注》中只是讲"计利则害义"，但在《论语或问》以及《朱子语类》中则以"利者义之和"进行解读，讲"惟合于义，则利自至"，强调"自义为之"，反对"自利为之"，认为对于利，"圣人所不能不言"，但又不可以多言，若多言利，则不知义，甚至反害于利。尤其是朱熹讲"利不是不好"，"利亦不是不好底物事"，强调"利物"，对利的正面价值多有肯定。因此，朱熹解"子罕言利"而讲"计利则害义"，并非不言利，并非排斥利。

然而，朱熹这样的解读，很容易被望文生义地理解为是将义与利对立起来而排斥利，并由此忽略朱熹对于利的正面价值的肯定，因而在后世的流传中多有变化。朱熹门人辅广说："利者，民生所不可无者也。"① 肯定利对于百姓之重要。但是他解"子罕言利"，则说："义者，天理之公也。利者，人欲之私也。天理人欲不两立，计于彼则害于此矣。"② 其中"义者，天理之公也。利者，人欲之私也"一句，来自胡安国所言："利者，人欲之私，放于利必至夺攘而后厌；义者，天理之公，正其义则推之天下国家而可行。"③ 显然，胡安国根据孔子所言"放于利而行，多怨"，而把其中的"利"等同于"人欲之私"，以天理与人欲的对立关系讲义利对立。辅广则进一步把"子罕言利"之"利"等同于"人欲之私"，并由此认为朱熹解"子罕言利"而言"计利则害义"意即"计于彼则害于此"，明显只是从字面上理解朱熹《论语集注》的解读，忽视了朱熹《论语或问》以及《朱子语类》所做的进一步说明，因而与朱熹解"子罕言利"而讲"惟合于义，则利自至"，讲义与利的相互联系，讲"利不是不好"，只是不可"计利"，有着明显差异。④ 然而，辅广的解读，不仅为宋赵顺孙《四书纂疏》所收录，而且为后来明代胡广《四书大全》解《论语》"子

---

① （宋）赵顺孙：《四书纂疏》，《儒藏（精华编113）》，第713页。
② （宋）赵顺孙：《四书纂疏》，《儒藏（精华编112）》，第488页。
③ （宋）胡安国：《春秋胡氏传》卷4，浙江古籍出版社2010年版，第43页。
④ 韩国李惟泰说："辅氏说与朱子说不同，盖罕言者不是不言，特罕言之耳。若是人欲之私，则圣人当痛绝之，不但罕言而已。"[（韩）李惟泰：《论语答问》，《国际儒藏（韩国编四书部论语卷）》（1），第211页]

罕言利"所引述，①甚至为清初朱子学者陆陇其《三鱼堂四书集注大全》所引述，② 其对后世的影响，要比朱熹讲"利不是不好"大得多。

朱熹之后的魏了翁，推崇朱子学，但是其门人史绳祖解《论语》"子罕言利与命与仁"，却不赞同何晏、皇侃、邢昺以及朱熹的解读，说："《论语》谓'子罕言利，与命与仁'，古注及诸家皆以为三者子所希言，余独疑之。利者，固圣人深耻而不言也。虽孟子犹言'何必曰利'，况孔圣乎？故《鲁论》中止言'放于利而行，多怨'，及'小人喻于利'之外，深斥之而无言焉。"③ 在史绳祖看来，"子罕言利"之"利"，与孔子所言"放于利而行，多怨"以及"君子喻于义，小人喻于利"中的"利"都是孔子"深耻而不言""深斥之而无言"的。史绳祖接着说："盖'子罕言'者，独利而已，当以此句作一义。曰命曰仁，皆平日所深与，此句别作一义。与者，许也。《论语》中'与'字自作两义，如'吾与点也'……'吾不与也'等字，皆其比也，当以理推之。"④ 在史绳祖看来，"子罕言利与命与仁"断句为"子罕言利，与命与仁"，而"与命与仁"中的"与"解为"许"，意即赞成，⑤ 意思是：孔子很少谈到利，却赞成命，赞成仁。⑥ 史绳祖还说："或者又曰：子既言孔子不言利而言仁，举《易》四德、《文言》为证，何故亦言'利者义之和'？余应之曰：此正深斥'利'字也。圣贤言利，必兼义而言之，故《文言》谓利者，必得义而后和；舍义则四德之'利'字无所主。"⑦ 应当说，史绳祖对于《易传》

---

① （明）胡广：《四书大全·论语集注大全》卷9，《景印文渊阁四库全书》，第205册，第296页。
② （清）陆陇其：《三鱼堂四书集注大全·论语集注大全》，《四库全书存目丛书》，齐鲁书社1997年版，经部第171册，第408页。
③ （宋）史绳祖：《学斋占毕》，上海商务印书馆1939年版，第13页。
④ （宋）史绳祖：《学斋占毕》，第13页。
⑤ 如上所述，皇侃《论语义疏》解"子罕言利与命与仁"，讲"与者，言语许与之也"，并且还说："命是人禀天而生，其道难测，又好恶不同，若逆向人说，则伤动人情，故孔子希说与人也。仁是行盛，非中人所能，故亦希说许与人也。"［（梁）皇侃：《论语义疏》，第205页］"与命"之"与"是"说与人"，"与仁"之"与"是"许与人"。史绳祖解"子罕言利与命与仁"，讲"与者，许也"，不同于皇侃讲"与者，言语许与之"。
⑥ 在史绳祖之前，王若虚《论语解惑》说："'子罕言利'一章，说者虽多，皆牵强不通。予谓利者，圣人之所不言；仁者，圣人之所常言。所罕言者，唯命耳。"［（金）王若虚：《论语辨惑》，《滹南遗老集》卷5，上海商务印书馆1935年版，第34页］陈天祥《四书辨疑》说："圣人于三者之中所罕言者，惟利耳；命与仁乃其所常言。……说者当以'子罕言利'为句。与，从也。盖言夫子罕曾言利，从命、从仁而已。"［（元）陈天祥：《四书辨疑》卷5，《景印文渊阁四库全书》，第202册，第404页］已经将"子罕言利与命与仁"中的"利"，与"命"和"仁"区别开来进行解读。
⑦ （宋）史绳祖：《学斋占毕》，第14页。

"利者义之和"的解读，讲"圣贤言利，必兼义而言之"，反对唯利是求，与朱熹的解读并无差别。但是，史绳祖由此而认为《易传》讲"利者义之和"正是对利的"深斥"，并且认为"子罕言利"是对利的"深耻"和"深斥"，实际上是把儒家反对唯利是求看作对利的否定，与朱熹肯定"利不是不好"，而只是反对"计利"，有很大的不同。

朱熹后学黄震，"渊源出于辅氏"①。他解《论语》"子罕言利"章，说："《集注》惟载程氏之言曰：'计利则害义，命之理微，仁之道大，故皆罕言。'愚按：自孟子不言利，世以利为不美字。而此章以利与命、仁并言，故世疑之。"因而强调朱熹《论语或问》所言"利者，义之和，全于义则利自至，若多言利，则人不知义而反害于利矣"，以及朱熹将"利"与"命"、"仁"并在一起而言"三者皆理之正，不可以不言，而忧深虑远，又不可以多言也"，而且还说："此言似合入《集注》，可免世俗分轻重美恶之疑。"② 在黄震看来，朱熹《论语集注》讲"计利则害义"，应当与《论语或问》讲"利者义之和"结合起来，并没有否定利。显然，黄震的解读要比辅广更为接近朱熹的解读。

明代湛若水解《论语》"子罕言利与命与仁"，说："'罕言'云者，尝言之而罕也。利者，'利贞'之利，非利欲之利也。若利欲，即不言矣，何罕之云'不习无不利''安行'之事？命者，理之原；仁者，德之成，皆非可以轻语人者，故罕言。"③ 在湛若水看来，"子罕言利"之利，是《易》乾卦"元亨利贞"之利，而不是"利欲"之利，也就是说，"子罕言利"之利，并非不好。这与朱熹所谓"利物，谓使物各得其所，非自利之私也"，颇为相似。需要指出的是，湛若水还认为，利、命、仁三者，"皆非可以轻语人者，故罕言"，也就是说，孔子不会轻易向他人说起自己的利、命、仁。④

---

① （清）黄宗羲原著，（清）全祖望补修：《宋元学案》卷86《东发学案》，第4册，第2884页。
② （宋）黄震：《黄氏日抄》卷2《读论语》，《黄震全集》，浙江大学出版社2013年版，第1册，第18页。
③ （明）湛若水：《湛甘泉先生文集》卷4《知新后语》，《四库全书存目丛书》，集部第56册，第540页。
④ 后来，清代阮元《〈论语〉论仁论》说："孔子言仁者详矣，曷为曰'罕言'也？所谓罕言者，孔子每谦不敢自居于仁，亦不轻以仁许人也。"［（清）阮元：《论语论仁论》，《揅经室集》（1集卷8），第194页］民国时期唐文治《论语大义》解"子罕言利与命与仁"，说："罕，少也。自言曰言。……利、命、仁为夫子所罕言，三者皆《易》之精蕴也。"（唐文治：《论语大义》，第126页）程树德《论语集释》解"子罕言利与命与仁"，也说："盖言者，自言也。记者旁窥已久，知夫子于此三者皆罕自言，非谓以此立教也。"（程树德：《论语集释》，第2册，第733页）

清康熙时期，李沛霖、李祯撰《四书朱子异同条辨》，其中解"子罕言利与命与仁"，说："朱子谓'利'是监界鏖糟底事物。'若说全不要利，不成特地去利而就害。若才说着利，少间便使人生计较'。又曰：'只认义和处便是利。'观此，则利只在义之中。故圣人言义处自有利在，不消更计到利上去，非谓全不要利也。"① 又说："程注：'计利则害义。'要看'计'字。圣人罕言，只是恐计较到利耳，非谓要就不利处也。……朱子明云：'元亨利贞之利，亦不可计较，计较着即害义。'"② 应当说，既讲"利只在义之中""圣人言义处自有利在"，又讲"计利则害义"，与朱熹的解读是一致的。

需要指出的是，日本江户时代的荻生徂徕《论语征》注"子罕言利"，并不采纳朱熹的解读，而是说："子罕言利，绝句，与命与仁。盖孔子言利，则必与命俱，必与仁俱，其单言利者，几希也。旧注利命仁皆孔子所罕言，是八字一句，中间不绝，失于辞矣。"③ 也就是说，孔子很少讲"利"，若是讲"利"，必定与"命"或"仁"一起说。显然，这样的解读，在句式上与朱熹大不相同。但是，徂徕在解释孔子为什么罕言利时，却与朱熹的解读多有一致，既讲"圣人安民之道，天下莫利焉；舜三事'利用厚生'居其二，《易大传》曰'以美利利天下'"，因而不排斥利，又认为孔子之所以罕言利是因为"圣人智大思深，能知真利之所在，于是为天下后世建之道"，"后王、后贤遵道而行，不必求利而利在其中"，"若或以求利为心，凡人心躁智短，所见皆小利耳，其心以为利而不知害从之矣"，因而反对"以求利为心"。当然，徂徕又较朱熹有新的发展。朱熹虽然讲"利不是不好"，但又明确讲"计利则害义"，反对计较功利之心；而徂徕虽然反对"以求利为心"，但又不完全反对讲"利"，而只是认为讲"利"一定要与"命"或"仁"联系在一起。可见，徂徕的解读，既有不同朱熹之处，又有一致之处，且对于利有更多的肯定，更为强调利的正面。

荻生徂徕对于《论语》"子罕言利与命与仁"的解读，对日本《论语》学影响很大。后来的山本目下《论语私考》解"子罕言利与命与仁"，引述徂徕的解读，又引述太宰纯曰："利者，人情所同欲，而得之与不得，有命焉。苟知有命，则利在所不求，故夫子言利，则并与命言之。

---

① （清）李沛霖、李祯：《四书朱子异同条辨》，《四库禁毁书丛刊》，北京出版社1998年版，经部第3册，第3页。
② （清）李沛霖、李祯：《四书朱子异同条辨》，《四库禁毁书丛刊》，经部第3册，第4页。
③ ［日］荻生徂徕：《论语征》，［日］松平赖宽：《论语征集览》，第678页。

'仁者，己欲立而立人，己欲达而达人。'立人达人，是利人也。君子若能舍己利人，则可以为仁，是利亦有时乎为之，故夫子言利，则并与仁言之。夫子非并与是二者，未尝言利。"① 三野象麓《论语象义》说："'子罕言利'为一句，'与命与仁'为一句。言子言利，则必与'命'，必与'仁'，其单言利者，几希也。……不知'命'与'仁'，唯利是视，所以陷于祸也，故夫子'罕言利，与命与仁'者，所以豫立之防，使常人不陷于祸也。"② 田中履堂《论语讲义并辨正》也说："夫子平常不言利，虽罕言利，亦必与之于命若仁而言之，曾无言孤利也。与命者，自天佑之吉，无不利之类也；与仁者，智者利仁之类也。"③ 这些解读都是沿着徂徕而来。直到现代，日本学者宫崎市定依然采纳徂徕的解读："孔子很少以利益为话题。即便有这样的时候，也一定仅限于和天命有关，或是与仁义之道有关的时候。"④ 由此可以看出徂徕解"子罕言利与命与仁"对于日本现代思想发展以及社会生活的意义与价值。

其实，清代焦循《论语补疏》解"子罕言利与命与仁"，与荻生徂徕的解读多有一致。他说："古所谓利，皆以及物言。至春秋时，人第知利己，其能及物，遂别为之义。故孔子赞《易》，以义释利，谓古所谓利，今所谓义也。孔子言义，不多言利，故云'子罕言利'，若言利，则必与命并言之，与仁并言之。利与命并言，与仁并言，则利即是义。"⑤ 也就是说，孔子言义，不多言利，是"以义释利"，如果言利，则必定与命、仁一起言之，这样所言利，即是义。这一解读与以上荻生徂徕讲"盖孔子言利，则必与命俱，必与仁俱"完全相同。此外，焦循还对史绳祖的解读提出批评，认为"子罕言利与命与仁"的"与"不可解释为"许"。应当说，焦循对"子罕言利与命与仁"的解读，对利有较多的肯定。

刘宝楠《论语正义》解"子罕言利"，沿着焦循《论语补疏》的思路，与《易传》"利者义之和"结合在一起，先讲《春秋左氏传》载穆姜以及《易·文言》所言"利者义之和"、"利物足以和义"，并且说："利所以为义之和者，和犹言调适也。义以方外，若但言义不言利，则方外而不能和，故利为义之和。《周语》曰：'言义必及利。'韦昭曰：'能利人物，然后为义。'此即'利物足以和义'之谊，此即'利'字最初之谊。

---

① ［日］山本目下：《论语私考》，上海古籍出版社2017年版，第207—208页。
② ［日］三野象麓：《论语象义》，上海古籍出版社2017年版，第277页。
③ ［日］田中履堂：《论语讲义并辨正》，上海古籍出版社2017年版，第125页。
④ ［日］宫崎市定：《宫崎市定读〈论语〉》，广西师范大学出版社2019年版，第167页。
⑤ （清）焦循：《论语补疏》，《雕菰楼经学九种》（上），第640—641页。

君子明于义利，当趋而趋，当避而避。其趋者，利也，即义也；其避者，不利也，即不义也。……君子知利不外义，故喻于义；小人知利不知义，故喻于利。时至春秋，君子道微，故夫子罕言利，则以其理精微，人或误习其说，而惟知有利，不复知有义矣。"① 也就是说，古人最初言利，"利也，即义也"，"不利也，即不义也"，至孔子时代，"知利不外义"即义与利统为一体的君子之道微，人们"惟知有利，不复知有义"，把义与利对立起来，所以"夫子罕言利"。也就是说，孔子之所以罕言利，为的是避免将义与利对立起来而引起误解。应当说，刘宝楠依据《易传》"利者义之和"解"子罕言利"，从义与利的相互联系，对于利的肯定，以及强调"君子知利不外义"，反对"小人知利不知义"，担心多言利可能会使人们产生误解而趋利害义，与朱熹的解读，多有相似之处。

黄式三《论语后案》解"子罕言利"，说："《说文》罕训纲，《汉书》注罕训毕者，本义也。经、传中罕训少者，借字也。'罕言'之'罕'，借为'轩豁'之'轩'，古'罕'、'旰（轩）'二字通用。左氏《春秋经·昭公元年》'郑罕虎'，《定公十五年》'郑罕达'，《公羊经》作'轩'。轩有显豁之义，亦曰轩豁，……罕、轩、宪、显同桓部，音且同母，此音义所以相通。则罕言者，表显言之也。利必表显言之者，义中之利，圣人有劝言。《易》有'利见'、'利涉'、'利往'、'利物和义'之训，利而无害，万事之所宜也，故劝言之，劝则使人乐为善。义外之利，圣人有箴言。《经》中有'放利多怨'、'小人喻利'之戒，利彼则害此，非《易》所谓'义之和'也，故箴言之，箴则使人恶夫贪。"② 这里把"子罕言利"中的"罕"解为"轩"，认为"罕言者，表显言之也"。在黄式三看来，"子罕言利"之利，是"义中之利"，利而无害；与此相反，"放于利而行，多怨"所言利，是"义外之利"，利彼则害此。应当说，这样的解读，与皇侃、邢昺讲"天道之利"、"君子之利"，利而无害；"人世之利"、"常人之利"，利彼则害此，是一致的，只是对"罕言"作了不同的解读。然而，把"子罕言利"中的"罕"解为"轩"，是要说明孔子对于利的肯定，强调"义中之利"，反对"义外之利"，与朱熹的解读也多有相似之处。

---

① （清）刘宝楠：《论语正义》，第 320 页。
② （清）黄式三：《论语后案》，《续修四库全书》，第 155 册，第 503 页。

（五）余论

中国古代对于《论语》"子罕言利与命与仁"的解读，经历了复杂的过程，尤其是对于其中"子罕言利"的解读，更是观点各异，莫衷一是，大致可分为两类：

其一是将"子罕言利"与"放于利而行，多怨"相联系，认为"子罕言利"之"利"是不好的，以司马迁由"子罕言利"而讲"利诚乱之始"、郑玄解"子罕言利"为"孔子希言利者，为其伤行也"为代表；后来朱熹后学辅广解"子罕言利"而讲"义者，天理之公也。利者，人欲之私也"，把"子罕言利"之"利"解为"人欲之私"，为明代胡广《四书大全》所引述，又有推崇朱子学的史绳祖把"子罕言利"之"利"解为"圣人深耻而不言"，"深斥之而无言"，并将"利"与"命""仁"对立起来，与朱熹的解读有很大的差异。

其二是以《易传》"利者义之和"解"子罕言利"，认为"子罕言利"之"利"并非不好，以何晏、皇侃、邢昺以及程颐、朱熹为代表。皇侃、邢昺肯定"子罕言利"之"利"是就"天道之利"或"君子之利"而言，但却由此反对"人世之利"或"常人之利"，并且反对"放于利而行"，反对财利，他们对于"子罕言利"解读，很容易被理解为是对利的鄙视和排斥。朱熹解"子罕言利"，较多讨论利由何而来，以为"惟合于义，则利自至，若多言利，则人不知义，而反害于利"，明确讲"利不是不好"，"利亦不是不好底物事"，对利有更多地肯定，但又讲"计利则害义"，反对"计利"，反对唯利是求，并因而反对"放于利而行"，反对自私自利、损人利己。明清儒者解"子罕言利"，虽然与前人的解读不尽相同，但大都与《易传》"利者义之和"结合起来，对"子罕言利"之"利"予以肯定，而与何晏、皇侃以及邢昺、朱熹的解读多有相似之处。

民国时期学者对于《论语》"子罕言利与命与仁"的解读，大都没有与《易传》"利者义之和"结合起来，而是较多地认为"子罕言利"之"利"是与"义"对立的，是不好的。如前所述，胡适《中国哲学史大纲》（卷上）认为《论语》讲"子罕言利"，是"把义利分作两个绝对相反的物事"；杨树达《论语疏证》解"子罕言利"，则直接引述司马迁所言"利诚乱之始"。

需要指出的是，朱熹之后的史绳祖解《论语》"子罕言利与命与仁"，把"利"解为"圣人深耻而不言",把"与"解为赞成,而把"利"与"命""仁"对立起来,受到现代不少学者的重视。程树德《论语集释》解"子罕言利与命与仁",除了引述何晏、皇侃以及朱熹的解读,又列出"别解"有三,对史绳祖的解读予以较多的肯定。① 钱穆《论语新解》解"子罕言利与命与仁"则说:"利者,人所欲,启争端,群道之坏每由此,故孔子罕言之。罕,稀少义。盖群道终不可不言利,而言利之风不可长,故少言之。与,赞与义。孔子所赞与者,命与仁。……或说:利与命与仁,皆孔子所少言,此决不然。"② 钱穆以为利是群道之坏的根源,较多讲利的负面价值,因而赞同史绳祖把"与"解为赞成,反对何晏、皇侃、邢昺以及朱熹的解读。李泽厚《论语今读》采纳史绳祖的解读,说:"就《论语》言,确极少讲'利'。但屡次讲'命',讲'仁'最多。"又说:"'利'可泛作'功利'、'利益'、'利害'解,孔子虽未直言,却间接讲得并不少。"③ 显然,李泽厚虽然采纳史绳祖的解读,但又肯定利的正面价值,与史绳祖认为"子罕言利"是对利的"深耻"和"深斥",较多讲利不好,完全相反。

然而事实上,历代儒者对于《论语》"子罕言利与命与仁"的解读,大都与《易传》"利者义之和"结合起来,讲义与利的相互联系;尤其是朱熹的解读,明确讲"利不是不好""利亦不是不好底物事",对于利有较多的肯定,并且较多讨论利由何而来,讲"惟合于义,则利自至;若多言利,则人不知义,而反害于利",强调利由义来,因此,他讲"计利则害义",反对"计利",是对利由何而来的讨论,是要反对唯利是求、自私自利,并非是要排斥利,而将义与利对立起来。

与此不同,今人的解读大都不言《易传》"利者义之和",甚至有不少认为,在孔子那里,义与利是相互对立的,因而与历代儒者的解读之间存在着很大的差异。这应当成为当今《论语》解读中需要引起注意的问题。或许可以通过对朱熹解"子罕言利与命与仁"的研究,明白其讲"计利则害义"的真正含义,从而弄清楚在孔子那里,义与利是相互对立的,还是相互联系的。

重要的是,随着现代社会的发展,人们越来越注重对于合法利益的追求,利益问题成为社会关注的重要问题,同时又常常面临因过度贪利而遭

---

① 程树德:《论语集释》,第 2 册,第 733 页。
② 钱穆:《论语新解》,第 220 页。
③ 李泽厚:《论语今读》,第 163 页。

遇危害，所以又必须反对唯利是求，伸张社会正义。对于合法利益的追求与反对唯利是求的相互关系，或许可以从朱熹解《论语》"子罕言利与命与仁"中既讲"惟合于义，则利自至"，又讲"计利则害义"中获得启示。

结　　语

朱熹《论语》学是中国古代《论语》诠释最为重要的成果之一。钱穆曾说过："朱子注《论语》有三大长处：一、简明。古今注说《论语》之书多矣，独朱注最为简单明白。其次，朱注能深入浅出。初学可以浅读，成学可以深读，朱注可以使人终身诵读不厌。三、朱注于义理、考据、辞章三方面皆优。宋人长于义理，固矣，然朱注于考据训诂亦极精善，且又长于文理，能于《论语》之章法、句法、字法体会深微，故《论语》以朱注为最胜。"[1] 他强调了朱熹对《论语》的诠释在义理、考据、辞章的优势。按照这样的思路，现代不少学者对朱熹《论语》学的特点作了阐述。有学者认为，朱熹《论语》诠释"兼采众善，而以程氏之学为主"，并且"兼用多种诠释方法"，包括"训诂与义理结合法""跨文本诠释法""融贯性诠释法"，从而"达到了当时《论语》学发展的高峰"。[2] 这些从宏观的层面阐述朱熹《论语》学的特点，无疑有许多合理之处。然而，只有将朱熹对《论语》诸多概念、命题的思考和解读，放在中国古代《论语》学的发展之中来考察，才能真正看出朱熹的《论语》解读是如何在以往的解读中提出问题，阐发新意，并且影响后世的，从而体现其在《论语》学史中的重要价值。

中国古代《论语》学是一个不断发展的过程，《论语》的解读要面对前人的各种解读而展开。从以上对于朱熹《论语》学的阐释可以看出，朱熹对于以往的《论语》解读，既有继承也多有质疑。这除了他既讲究训诂考据又注重义理，更蕴含了他在学术上的怀疑创新精神。需要指出的是，朱熹特别强调读书要有"疑"。他与吕祖谦所编《近思录》载程颐言"学者先要会疑"，后来叶采《近思录集解》注引朱熹说："书始读未知有疑，其次渐有疑，又其次节节有疑。过了此一番后，疑渐渐释，以至融会贯

---

[1] 钱穆：《孔子与〈论语〉》，第14页。
[2] 唐明贵：《宋代〈论语〉诠释研究》，中国社会科学出版社2018年版，第340—372页。

通，都无可疑，方始是学。"① 在朱熹看来，读书有"疑"才是学的开始。朱熹还说："今世上有一般议论，成就后生懒惰。如云不敢轻议前辈、不敢妄立论之类，皆中怠惰者之意。前辈固不敢妄议，然论其行事之是非，何害？固不可凿空立论，然读书有疑，有所见，自不容不立论。其不立论者，只是读书不到疑处耳。"② 又说："诸公所以读书无长进，缘不会疑。某虽看至没紧要底物事，亦须致疑。才疑，便须理会得彻头。"③ 为此，朱熹说："学者不可只管守从前所见，须除了，方见新意。""读书无疑者，须教有疑；有疑者，却要无疑，到这里方是长进。"④ 正是秉持这种怀疑创新精神，朱熹才能从历代的各种《论语》解读中提出问题，开出新意。

朱熹认为《论语》的"仁"，既不是汉唐诸儒"以爱为仁"，又不是二程门人"离爱而言仁"，而是"爱之理，心之德"；他解"夫子之言性与天道，不可得而闻也"，不同于汉儒认为孔子不言性与天道，而是强调性与天道"夫子罕言之"，"学者有不得闻"，并不是孔子不言，而是由于性与天道"乃是此理之精微"，同时还在于"圣门教不躐等"；他解"孝弟也者，其为仁之本与"，不同于汉唐时期大都将其解读为"孝是仁之本"，而是继承二程的解读，明确讲"仁是体，孝弟是用"，把仁与孝弟的关系看作体用关系，并由此将该句解读为"所谓孝弟，乃是为仁之本"；他解"己欲立而立人，己欲达而达人"，不同于汉唐诸儒讲"仁""恕"无别，而是讲"仁""恕"有别，将"己立立人，己达达人"解为"仁"，而与"己所不欲，勿施于人"之"恕"区别开来；他解"孔颜之乐"，不同于汉唐诸儒多将其中的"乐"解读为"乐道"，而是继承二程讲"自乐"，并且认为颜回之乐是心中有"道"，心中有"仁"，自然而乐，既是"自乐"又包含了"乐道"，是"乐道"与"自乐"的统一；他解"唯上知与下愚不移"，不同于汉唐诸儒解"不移"为"不可移"，而是明确讲"曰不移而已，不曰不可移也"，"以其不肯移，而后不可移"。如此等等，很可以从中看出朱熹不满于汉唐诸儒仅限训诂、考据的《论语》学。为此，钱穆《朱子学提纲》说："朱子为《四书集注章句》，虽常戒人要一依本文正义，勿下己意，而朱子本人亦明明多自下己意处。……故朱子之四书学，一面极富传统精神，另一面则又极富创造精神。"⑤

---

① （宋）叶采集解：《近思录集解》，中华书局2017年版，第104页。
② （宋）黎靖德编：《朱子语类》卷11，第1册，第190页。
③ （宋）黎靖德编：《朱子语类》卷121，第8册，第2931页。
④ （宋）黎靖德编：《朱子语类》卷11，第1册，第186页。
⑤ 钱穆：《朱子学提纲》，《朱子新学案》，第1册，第212—213页。

与此同时，对于北宋以来的各种《论语》解读，朱熹虽然是"兼采众善，而以程氏之学为主"，但同时又有所批评。从朱熹《论语集注》看，其中精选了不少二程及其门人的论述，但从《论语或问》以及《朱子语类》则可以看出，朱熹对于各种《论语》解读既有所肯定，但更多的是批评，即使对于二程的解读也并非完全采纳，甚至有直接的批评。对于《论语》"学而时习之"，朱熹不满于程颐的解读，说："'学而时习之'，若伊川之说，则专在思索而无力行之功；如上蔡之说，则专于力行而废讲究之义，似皆偏了。"① 朱熹《论语集注》解"弟子入则孝"章，引程颐曰："为弟子之职，力有余则学文，不修其职而先文，非为己之学也。"② 但在《论语或问》中则对程颢解"弟子入则孝"章而言"有本则文自至"，提出批评，说："程子本立而文自至者，失之太快耳。"③ 对于《论语》"射不主皮，为力不同科，古之道也"，朱熹不满于二程的解读。据《朱子语类》载，问："明道说：'此与为力而射者不同科。'伊川曰：'功力非一端，苟有可取，不必同科。'此二说，都就本文上添了字多，方解得，恐未稳。"曰："便是如此，这处自是甚分明。"④ 朱熹《论语集注》解"居敬而行简，以临其民，不亦不可乎"，说："自处以敬，则中有主而自治严，如是而行简以临民，则事不烦而民不扰，所以为可。"⑤ 而据《朱子语类》载，问："《注》言'自处以敬，则中有所主而自治严。'程子曰：'居敬则心中无物，故所行自简。'二说不相碍否？"先生问："如何？"曰："看《集注》是就本文说，伊川就居简处发意。"曰："伊川说有未尽。"⑥ 显然，对于二程的《论语》解读，朱熹虽多有汲取，但不乏有批评。因此，朱熹认为，读诸家解《论语》，不可"只将程子之说为主"，而应当"以理为主"。⑦

尤为需要指出的是，朱熹《论语集注》在引述二程所言的同时，有时还作过文句上的修改。据《朱子语类》载，问："《集注》引前辈之说，而增损改易本文，其意如何？"曰："其说有病，不欲更就下面安注脚。"⑧ 这样的"增损改易本文"，实际上包括了对于二程所言的"增损改易"，

---

① （宋）黎靖德编：《朱子语类》卷20，第2册，第449页。
② （宋）朱熹：《四书章句集注》，第49页。
③ （宋）朱熹：《四书或问》，朱杰人等编：《朱子全书》，第6册，第621页。
④ （宋）黎靖德编：《朱子语类》卷25，第2册，第624页。
⑤ （宋）朱熹：《四书章句集注》，第84页。
⑥ （宋）黎靖德编：《朱子语类》卷30，第3册，第763页。
⑦ （宋）黎靖德编：《朱子语类》卷19，第2册，第441页。
⑧ （宋）黎靖德编：《朱子语类》卷19，第2册，第438页。

而且不只是对个别字词的增删,也不只是为了概括而言,实际上也包含了对于其表述的不满。比如,朱熹《论语集注》解"兴于《诗》,立于礼,成于乐",引程子曰:"天下之英才不为少矣,特以道学不明,故不得有所成就。……"① 此引文与程颐所言"天下有多少才,只为道不明于天下,故不得有所成就。……"② 多有出入。又比如,朱熹《论语集注》解"先进于礼乐,野人也;后进于礼乐,君子也",引程子曰:"先进于礼乐,文质得宜,今反谓之质朴,而以为野人。后进之于礼乐,文过其质,今反谓之彬彬,而以为君子。盖周末文胜,故时人之言如此,不自知其过于文也。"③ 此引文实际上是根据程颐所言改写的,其原文是:"'先进'、'后进',如今人说前辈后辈。'先进于礼乐',谓旧时前辈之人于礼乐,在今观之以为朴野。'后进于礼乐',谓今晚进之人于礼乐,在今观之以为君子。君子者,文质彬彬之名。盖周末文盛,故以前人为野,而自以当时为君子,不知其过于文也。"④ 再比如,朱熹《论语集注》解"回也其庶乎,屡空。赐不受命,而货殖焉,亿则屡中",引程子曰:"子贡之货殖,非若后人之丰财,但此心未忘耳,然此亦子贡少时事,至闻性与天道,则不为此矣。"⑤ 此引文是根据程颐、程颢所言改写的。程颐说:"子贡之货殖,非若后世之丰财,但此心未去耳。"⑥ 程颢说:"颜子屡空,空中受道。子贡不受天命而货殖,亿则屡中。役聪明亿度而知,此子贡始时事。至于言'夫子之言性与天道不可得而闻',乃后来事。其言如此,则必不至于不受命而货殖也。"⑦ 朱熹《论语集注》对于二程解《论语》的批评以及对其所言的修改,显示了朱熹在《论语》学上与二程的差异以及蕴含的继承与创新精神。

朱熹对于《论语》的解读,不仅是对于历代《论语》学的怀疑和创新,同时也在后世的传播中受到各方尤其是来自清代考据学的质疑,直至今日。钱穆曾撰《从朱子〈论语〉注论程朱、孔孟思想岐点》⑧,认为"朱注亦有违失孔孟原旨者,并所违失,尽在大处",其中对朱熹注《论语》"性相近也,习相远也","唯上知与下愚不移","孝弟也者,其为仁

---

① (宋)朱熹:《四书章句集注》,第105页。
② (宋)程颢、程颐:《河南程氏遗书》卷18,《二程集》,第200页。
③ (宋)朱熹:《四书章句集注》,第124页。
④ (宋)程颢、程颐:《河南程氏遗书》卷19,《二程集》,第254页。
⑤ (宋)朱熹:《四书章句集注》,第128页。
⑥ (宋)程颢、程颐:《河南程氏遗书》卷22上,《二程集》,第277页。
⑦ (宋)程颢、程颐:《河南程氏遗书》卷11,《二程集》,第132页。
⑧ 钱穆:《孔子与〈论语〉》,第129—164页。

之本与","获罪于天，无所祷也","夫子之言性与天道，不可得而闻也"等九条提出质疑，还说："以上仅就《论语》朱注，择取其有关性与天道之认识，及有关日常人生之体会者，就此两大纲，各举数条，粗加陈说，而程朱、孔孟思想岐异处，亦已约略可见。若欲再作深究，此当更端别撰，非本文所能尽也。"需要指出的是，继这篇于1964年完成的论文之后，钱穆发意撰写《朱子新学案》。①

  作为儒家经典，《论语》在不断的经典诠释中而被赋予新的生命，并影响着学术思想和社会生活的发展而被赋予新的意义与价值；在这个过程中，朱熹对于《论语》的诠释，提出问题，开出新意，将中国古代《论语》学推向了新的境界。同样，从朱熹《论语》学出发，深入研究由此发展出来的各种诠释，并进一步提出问题，开出新意，这既是朱熹《论语》学的根本精神，也是《论语》学之所以世代不竭的学术动力，同样也是当今倡导中华优秀传统文化创造性转化和创新性发展的思想源泉。

---

① 钱穆《朱子新学案·例言》说："此书撰述发意，在一九六四年夏新亚谢事之后。是年七月始，迄翌年五月，先读《朱子文集》百二十一卷。……至一九六九年十一月，全稿完。"[钱穆：《朱子新学案》，第1册]

主要参考文献

(仅列所征引书目)

一 典籍

（汉）韩婴撰，许维遹校释：《韩诗外传集释》，中华书局 1980 年版。
（汉）董仲舒著，（清）苏舆撰：《春秋繁露义证》，中华书局 2015 年版。
（汉）司马迁：《史记》，中华书局 1982 年版。
（汉）刘向撰，赵善诒疏证：《说苑疏证》，华东师范大学出版社 1985 年版。
（汉）刘向撰，赵善诒疏证：《新序疏证》，华东师范大学出版社 1989 年版。
（汉）桓宽撰，王利器校注：《盐铁论校注》，中华书局 1992 年版。
（汉）扬雄：《法言》，中华书局 1985 年版。
（汉）扬雄：《太玄经》，上海古籍出版社 1990 年版。
（汉）王充著，黄晖撰：《论衡校释》，中华书局 2018 年版。
（汉）班固：《汉书》，中华书局 1962 年版。
（汉）荀悦：《申鉴》，辽宁教育出版社 2001 年版。
（汉）荀悦：《汉纪》，《两汉纪》，中华书局 2002 年版。
（汉）徐幹撰，林家骊校注：《徐幹集校注》，河北教育出版社 2013 年版。

（魏）王肃注：《孔子家语》，上海新文化书社 1934 年版。
（晋）傅玄：《傅子》，中华书局 1985 年版。
（晋）陈寿：《三国志》，中华书局 1959 年版。
（南朝宋）范晔：《后汉书》，中华书局 1965 年版。
（梁）皇侃：《论语义疏》，中华书局 2013 年版。
（梁）萧统编，（唐）李善等注：《六臣注文选》，中华书局 1987 年版。

（唐）陆德明：《经典释文》，《景印文渊阁四库全书》，台湾商务印书馆 1986 年版，第 182 册。
（唐）魏征：《群书治要》，中华书局 1985 年版。
（唐）释道世著，周叔迦、苏晋仁校注：《法苑珠林校注》，中华书局 2003 年版。
（唐）武则天：《臣轨》，中华书局 1985 年版。
（唐）刘知几：《史通》，辽宁教育出版社 1997 年版。
（唐）韩愈：《韩愈集》，岳麓书社 2000 年版。
（唐）韩愈、李翱：《论语笔解》，中华书局 1991 年版。
（唐）白居易：《白氏六帖事类集》，文物出版社 1987 年版。

（宋）李昉：《太平御览》，中华书局 1960 年版。
（宋）王钦若：《册府元龟》，中华书局 1960 年版。
（宋）文莹：《湘山野录 续录 玉壶清话》，中华书局 1984 年版。
（宋）周敦颐：《周敦颐集》，岳麓书社 2007 年版。
（宋）张载：《张载集》，中华书局 1978 年版。
（宋）王安石：《王文公文集》，上海人民出版社 1974 年版。
（宋）程颢、程颐：《二程集》，中华书局 2004 年版。
（宋）苏辙：《论语拾遗》，中华书局 1991 年版。
（宋）吕大临等著，陈俊民辑校：《蓝田吕氏遗著辑校》，中华书局 1993 年版。
（宋）陈祥道：《论语全解》，《儒藏（精华编 105）》，北京大学出版社 2008 年版。
（宋）杨时：《杨时集》，中华书局 2018 年版。
（宋）晁说之：《晁氏儒言》，中华书局 1985 年版。
（宋）宗泽：《宗忠简公集》，中华书局 1985 年版。
（宋）胡安国：《春秋胡氏传》，浙江古籍出版社 2010 年版。
（宋）张九成：《张九成集》，浙江古籍出版社 2013 年版。
（宋）范浚：《范浚集》，浙江古籍出版社 2015 年版。
（宋）胡宏：《胡子知言》，中华书局 1991 年版。
（宋）林之奇：《尚书全解》，《景印文渊阁四库全书》，台湾商务印书馆 1986 年版，第 55 册。
（宋）陈善著，孙钒婧、孙友新校注：《扪虱新话评注》，福建人民出版社 2014 年版。

（宋）朱熹：《四书章句集注》，中华书局2012年版。
（宋）吕祖谦：《吕祖谦全集》，浙江古籍出版社2008年版。
（宋）张栻：《张栻集》，中华书局2015年版。
（宋）陆九渊：《陆九渊集》，中华书局1980年版。
（宋）戴溪：《石鼓论语答问》，《景印文渊阁四库全书》，台湾商务印书馆1986年版，第199册。
（宋）杨简：《杨简全集》，浙江大学出版社2015年版。
（宋）黄榦：《勉斋集》，《景印文渊阁四库全书》，台湾商务印书馆1986年版，第1168册。
（宋）陈淳：《北溪字义》，中华书局1983年版。
（宋）陈淳：《北溪大全集》，《景印文渊阁四库全书》，台湾商务印书馆1986年版，第1168册。
（宋）黄士毅编，杨时仪、杨艳汇校：《朱子语类汇校》，上海古籍出版社2014年版。
（宋）黎靖德编：《朱子语类》，中华书局1986年版。
（宋）钱时：《融堂四书管见》，《景印文渊阁四库全书》，台湾商务印书馆1986年版，第183册。
（宋）真德秀：《四书集编》，《景印文渊阁四库全书》，台湾商务印书馆1986年版，第200册。
（宋）蔡节：《论语集说》，《景印文渊阁四库全书》，台湾商务印书馆1986年版，第200册。
（宋）杨伯嵒：《泳斋近思录衍注》，《续修四库全书》，上海古籍出版社2002年版，第934册。
（宋）叶采集解：《近思录集解》，中华书局2017年版。
（宋）饶鲁撰，（清）王朝榘辑：《饶双峰讲义》，《四库未收书辑刊》（第2辑），北京出版社2000年版，第15册。
（宋）罗大经：《鹤林玉露》，中华书局1983年版。
（宋）戴侗：《六书故》，中华书局2012年版。
（宋）赵顺孙：《四书纂疏》，《儒藏（精华编112）》，《儒藏（精华编113）》，北京大学出版社2014年版。
（宋）张洪、齐熙：《朱子读书法》，《景印文渊阁四库全书》，台湾商务印书馆1986年版，第709册。
（宋）黄震：《黄震全集》，浙江大学出版社2013年版。
（宋）史绳祖：《学斋占毕》，上海商务印书馆1939年版。

（金）王若虚：《滹南遗老集》，上海商务印书馆 1935 年版。
（元）陈天祥：《四书辨疑》，《景印文渊阁四库全书》，台湾商务印书馆 1986 年版，第 202 册。
（元）袁俊翁：《四书疑节》，《景印文渊阁四库全书》，台湾商务印书馆 1986 年版，第 203 册。
（元）王充耘：《四书经疑贯通》，《景印文渊阁四库全书》，台湾商务印书馆 1986 年版，第 203 册。
（元）倪士毅：《四书辑释大成》，天津古籍出版社 2018 年版。
（明）胡广：《四书大全》，《景印文渊阁四库全书》，台湾商务印书馆 1986 年版，第 205 册。
（明）王恕：《石渠意见》，《续修四库全书》，上海古籍出版社 2002 年版，第 171 册。
（明）程敏政：《篁墩文集》，《景印文渊阁四库全书》，台湾商务印书馆 1986 年版，第 1252 册。
（明）蔡清：《四书蒙引》，《景印文渊阁四库全书》，台湾商务印书馆 1986 年版，第 206 册。
（明）湛若水：《格物通》，《景印文渊阁四库全书》，台湾商务印书馆 1986 年版，第 716 册。
（明）湛若水：《湛甘泉先生文集》，《四库全书存目丛书》，齐鲁书社 1997 年版，集部第 56 册。
（明）王守仁：《王阳明全集》，上海古籍出版社 2011 年版。
（明）罗洪先：《念庵罗先生文集》，《儒藏（精华编 206）》，北京大学出版社 2014 年版。
（明）高拱：《高拱论著四种》，中华书局 1993 年版。
（明）罗汝芳：《罗汝芳集》，凤凰出版社 2007 年版。
（明）冯柯：《求是编》，严佐之等编：《历代"朱陆异同"典籍萃编》，上海古籍出版社 2018 年版，第 2 册。
（明）孙应鳌：《孙应鳌文集》，贵州教育出版社 1996 年版。
（明）李贽：《焚书·续焚书》，岳麓书社 1990 年版。
（明）焦竑：《焦氏笔乘》，上海古籍出版社 1986 年版。
（明）焦竑：《焦氏四书讲录》，《续修四库全书》，上海古籍出版社 2002 年版，第 162 册。

（明）冯从吾：《少墟集》，《景印文渊阁四库全书》，台湾商务印书馆 1986 年版，第 1293 册。

（明）袁宗道：《白苏斋类集》，上海古籍出版社 1989 年版。

（明）刘宗周：《刘宗周全集》，浙江古籍出版社 2007 年版。

（清）孙奇逢：《孙奇逢集》，中州古籍出版社 2003 年版。

（清）孙奇逢：《四书近指》，《儒藏（精华编 117）》，北京大学出版社 2014 年版。

（清）陈确：《陈确集》，中华书局 1979 年版。

［韩］李惟泰：《论语答问》，《国际儒藏（韩国编四书部论语卷）》（1），华夏出版社、中国人民大学出版社 2010 年版。

（清）黄宗羲原著，（清）全祖望补修：《宋元学案》，中华书局 1986 年版。

（清）黄宗羲：《明儒学案》，中华书局 1985 年版。

（清）顾炎武著，（清）黄汝成集释：《日知录集释》，上海古籍出版社 2006 年版。

（清）王夫之：《船山全书》，岳麓书社 1988－1991 年版，第 1－8 册。

（清）毛奇龄：《四书改错》，华东师范大学出版社 2015 年版。

（清）毛奇龄：《四书剩言》，《儒藏（精华编 120）》，北京大学出版社 2013 年版。

（清）吕留良：《吕晚村先生四书讲义》，《续修四库全书》，上海古籍出版社 2002 年版，第 165 册。

（清）陆陇其：《三鱼堂四书集注大全》，《四库全书存目丛书》，齐鲁书社 1997 年版，经部第 171 册。

（清）陆陇其：《四书讲义困勉录》，《景印文渊阁四库全书》，台湾商务印书馆 1986 年版，第 209 册。

（清）颜元：《颜元集》，中华书局 1987 年版。

（清）李光地：《榕村语录·榕村续语录》，中华书局 1995 年版。

（清）臧琳：《经义杂记》，《续修四库全书》，上海古籍出版社 2002 年版，第 172 册。

（清）何焯：《义门读书记》，中华书局 1987 年版。

（清）王懋竑：《朱熹年谱》，中华书局 1998 年版。

（清）程廷祚：《论语说》，《续修四库全书》，上海古籍出版社 2002 年版，第 153 册。

（清）李沛霖、李祯：《四书朱子异同条辨》，《四库禁毁书丛刊》，北京出版社 1998 年版，经部第 3 册。
（清）雷鋐：《读书偶记》，《景印文渊阁四库全书》，台湾商务印书馆 1986 年版，第 725 册。
（清）惠栋：《后汉书补注》，中华书局 1985 年版。
［日］荻生徂徕：《荻生徂徕全集》，东京河出书房新社 1973 年版。
［日］松平赖宽：《论语征集览》，上海古籍出版社 2017 年版。
（清）爱新觉罗玄烨：《御制文（第 2 集）》，《清代诗文集汇编》，上海古籍出版社 2010 年版，第 192 册。
（清）爱新觉罗弘历：《乐善堂全集》，《清代诗文集汇编》，上海古籍出版社 2010 年版，第 331 册。
（清）翟灏：《翟灏全集》，浙江古籍出版社 2015 年版。
（清）袁枚：《袁枚全集》，江苏古籍出版社 1993 年版。
（清）江声：《论语竢质》，中华书局 1985 年版。
（清）王鸣盛：《蛾术编》，商务印书馆 1958 年版。
（清）戴震：《孟子字义疏证》，中华书局 1982 年版。
［日］山本目下：《论语私考》，上海古籍出版社 2017 年版。
（清）钱大昕：《潜研堂文集》，上海商务印书馆 1935 年版。
（清）段玉裁：《说文解字注》，中华书局 2013 年版。
（清）章学诚：《文史通义》，上海书店 1988 年版。
（清）武亿：《金石三跋》，《续修四库全书》，上海古籍出版社 2002 年版，第 892 册。
（清）陈鳣：《论语古训》，《续修四库全书》，上海古籍出版社 2002 年版，第 154 册。
（清）方观旭：《论语偶记》，《续修四库全书》，上海古籍出版社 2002 年版，第 155 册。
［日］三野象麓：《论语象义》，上海古籍出版社 2017 年版。
［日］田中履堂：《论语讲义并辨正》，上海古籍出版社 2017 年版。
（清）焦循：《论语通释》，《续修四库全书》，上海古籍出版社 2002 年版，第 155 册。
（清）焦循：《论语补疏》，《雕菰楼经学九种》（上），凤凰出版社 2015 年版。
（清）焦循：《孟子正义》，中华书局 2015 年版。
（清）阮元校刻：《十三经注疏》，中华书局 2009 年版。
（清）阮元：《揅经室集》，中华书局 1993 年版。

（清）阮元：《四库未收书目提要》，上海商务印书馆 1955 年版。

（清）方东树：《汉学商兑》，上海商务印书馆 1937 年版。

（清）梁章钜：《论语旁证》，《续修四库全书》，上海古籍出版社 2002 年版，第 155 册。

（清）宋翔凤：《论语说义》，华夏出版社 2018 年版。

（清）戴大昌：《驳四书改错》，《续修四库全书》，上海古籍出版社 2002 年版，第 169 册。

（清）孙经世：《惕斋经说》，《续修四库全书》，上海古籍出版社 2002 年版，第 176 册。

（清）冯登府：《论语异文考证》，《续修四库全书》，上海古籍出版社 2002 年版，第 155 册。

（清）黄式三：《论语后案》，《续修四库全书》，上海古籍出版社 2002 年版，第 155 册。

（清）夏炘：《述朱质疑》，《续修四库全书》，上海古籍出版社 2002 年版，第 952 册。

（清）刘宝楠：《论语正义》，中华书局 1990 年版。

（清）王朝琪：《饶双峰讲义》，《四库未收书辑刊》（第 2 辑），北京出版社 2000 年版，第 15 册。

（清）马国翰辑：《玉函山房辑佚书》，《续修四库全书》，上海古籍出版社 2002 年版，第 1202 册。

（清）陈澧：《东塾读书记》，生活·读书·新知三联书店 1998 年版。

（清）曾国藩：《曾国藩全集》，岳麓书社 2011 年版。

（清）俞樾：《俞樾全集》，浙江古籍出版社 2017 年版。

（清）戴望：《戴氏注论语》，《续修四库全书》，上海古籍出版社 2002 年版，第 157 册。

（清）吴汝纶：《吴汝纶全集》，黄山书社 2002 年版。

（清）宦懋庸：《论语稽》，《续修四库全书》，上海古籍出版社 2002 年版，第 157 册。

（清）朱一新：《无邪堂答问》，中华书局 2000 年版。

（清）简朝亮：《论语集注补正述疏》，北京图书馆出版社 2007 年版。

（清）严复：《严复集》，中华书局 1986 年版。

（清）文廷式：《纯常子枝语》，江苏广陵古籍刻印社 1990 年版。

（清）康有为：《论语注》，中华书局 1984 年版。

（清）康有为：《孟子微 礼运注 中庸注》，中华书局 1987 年版。

二 今人著作

蔡仁厚：《孔子的生命境界》，吉林出版集团 2010 年版。

蔡元培：《中国伦理学史》，东方出版社 1996 年版。

陈来：《朱子书信编年考证》（增订本），生活·读书·新知三联书店 2007 年版。

陈荣捷：《朱子新探索》，华东师范大学出版社 2007 年版。

陈寅恪：《金明馆丛稿二编》，生活·读书·新知三联书店 2001 年版。

程石泉：《论语读训》，上海古籍出版社 2005 年版。

程树德：《论语集释》，中华书局 2014 年版。

邓广铭：《邓广铭全集》，河北教育出版社 2005 年版。

杜维明：《杜维明文集》，武汉出版社 2002 年版。

冯契：《中国古代哲学的逻辑发展》，上海人民出版社 1983 年版。

冯友兰：《三松堂全集》，河南人民出版社 2001 年版。

傅云龙、吴可主编：《唐宋明清文集（第 1 辑）》，天津古籍出版社 2000 年版。

[日] 宫崎市定：《宫崎市定读〈论语〉》，广西师范大学出版社 2019 年版。

郭沫若：《甲骨文字研究》，人民出版社 1952 年版。

郭沫若：《十批判书》，人民出版社 1954 年版。

河北省文物研究所定州汉墓竹简整理小组编：《定州汉墓竹简〈论语〉》，文物出版社 1997 年版。

侯外庐等：《中国思想通史》，人民出版社 1957 年版。

胡适：《中国哲学史大纲》（卷上），东方出版社 1996 年版。

胡适：《胡适留学日记》，安徽教育出版社 2006 年版。

胡颂平：《胡适之先生晚年谈话录》，中国友谊出版公司 1993 年版。

蒋伯潜：《四书读本》，吉林出版集团股份有限公司 2017 年版。

金景芳：《周易讲座》，吉林大学出版社 1987 年版。

荆门市博物馆编：《郭店楚墓竹简》，文物出版社 1998 年版。

劳思光：《中国哲学史》，台北三民书局 1981 年版。

乐爱国：《20 世纪朱子学研究精华集成——从学术思想史的视角》，北京经济科学出版社 2017 年版。

乐爱国：《朱熹〈中庸〉学阐释》，北京师范大学出版社 2016 年版。

李方：《敦煌〈论语集解〉校证》，江苏古籍出版社 1998 年版。

李相显：《朱子哲学》，北平世界科学社出版部 1947 年版。
李泽厚：《伦理学纲要》，人民日报出版社 2010 年版。
李泽厚：《论语今读》，中华书局 2015 年版。
李之亮：《司马温公集编年笺注》，巴蜀书社 2009 年版。
梁漱溟：《梁漱溟全集》，山东人民出版社 2005 年版。
廖名春：《孔子真精神：〈论语〉疑难问题解读》，贵阳孔学堂书局 2014 年版。
吕思勉：《论学集林》，上海教育出版社 1987 年版。
马承源主编：《上海博物馆藏战国楚竹书》（1），上海古籍出版社 2001 年版。
马一浮：《马一浮集》，浙江古籍出版社、浙江教育出版 1996 年版。
毛子水：《论语今注今译》，台湾商务印书馆 1975 年版。
牟宗三：《心体与性体》，吉林出版集团 2013 年版。
牟宗三：《中国哲学的特质》，上海古籍出版社 1997 年版。
钱基博：《钱基博集·子部论稿》，华中师范大学出版社 2014 年版。
钱穆：《孔子与〈论语〉》，台北联经出版事业公司 1974 年版。
钱穆：《论语新解》，生活·读书·新知三联书店 2002 年版。
钱穆：《朱子新学案》，北京九州出版社 2011 年版。
[日] 宇野哲人：《孔子》，上海商务印书馆 1926 年版。
上海古籍出版社、法国国家图书馆编：《法藏敦煌西域文献》，上海古籍出版社 2001 年版。
束景南：《朱熹年谱长编》，华东师范大学出版社 2001 年版。
孙宝瑄：《忘山庐日记》，上海人民出版社 2015 年版。
唐君毅：《唐君毅全集》，北京九州出版社 2016 年版。
唐明贵：《论语学史》，中国社会科学出版社 2009 年版。
唐明贵：《宋代〈论语〉诠释研究》，中国社会科学出版社 2018 年版。
唐文治：《论语大义》，上海人民出版社 2018 年版。
王素：《唐写本论语郑氏注及其研究》，文物出版社 1991 年版。
王缁尘：《广解论语》，生活·读书·新知三联书店 2019 年版。
王缁尘：《广解孟子》，生活·读书·新知三联书店 2019 年版。
吴则虞：《晏子春秋集释》，中华书局 1962 年版。
熊十力：《熊十力全集》，湖北教育出版社 2001 年版。
徐元诰：《国语集解》，中华书局 2002 年版。
杨伯峻译注：《论语译注》，中华书局 2015 年版。
杨逢彬：《论语新注新译》，北京大学出版社 2016 年版。

杨树达：《论语疏证》，上海古籍出版社 2013 年版。
姚永朴：《论语解注合编》，黄山书社 2014 年版。
余嘉锡：《世说新语笺疏》，中华书局 1983 年版。
张岱年：《中国哲学大纲》，中国社会科学出版社 1982 年版。
曾枣庄等编：《三苏全书》，语文出版社 2001 年版。
中国文物研究所等编：《吐鲁番出土文书》，文物出版社 1996 年版。
中华书局编辑部编：《景刊唐开成石经》，中华书局 1997 年版。
钟泰：《中国哲学史》，上海商务印书馆 1929 年版。
朱杰人等编：《朱子全书》，上海古籍出版社、安徽教育出版社 2010 年版。
朱杰人等编：《朱子全书外编》，华东师范大学出版社 2010 年版。

附录　作者已发表相关学术论文

《〈论语〉"吾与女弗如也"歧解辨——兼及安大简〈仲尼曰〉》，《江淮论坛》2022 年第 5 期。

《历代对〈论语〉"唯上知与下愚不移"的解读——以朱熹的诠释为中心》，《南京社会科学》2022 年第 8 期。

《历代对〈论语〉"君子和而不同，小人同而不和"的解读——以朱熹的诠释为中心》，《社会科学研究》2021 年第 6 期。

《孔颜之乐：是"乐道"，还是"自乐"——以朱熹的解读为中心》，《武汉科技大学学报》2021 年第 5 期。

《朱陆对〈论语〉"女为君子儒，无为小人儒"的不同解读》，《中共宁波市委党校学报》2021 年第 4 期。

《焦循解〈论语〉"君子喻于义，小人喻于利"》，《中国哲学史》2021 年第 3 期。

《朱熹解"君子喻于义，小人喻于利"及其启示》，《中华孔学》2021 年第 1 期。（香港学术文化出版社）

《日本荻生徂徕解〈论语〉"君子喻于义，小人喻于利"及其对清儒的影响》，《南京社会科学》2020 年第 12 期。

《历代对〈论语〉"礼之用，和为贵"的解读——以朱熹的诠释为中心》，《东南学术》2020 年第 6 期。

《朱熹解〈论语〉"子罕言利"：不是不言，又不可多言》，《晋阳学刊》2020 年第 5 期。

《论朱熹"利者，人情之所欲"的内涵——兼与胡安国"利者，人欲之私"之比较》，《西南民族大学学报》2020 年第 9 期。

《朱熹解〈论语〉中的"君子"、"小人"》,《江南大学学报》2020 年第 3 期。

《朱熹解〈论语〉"吾道一以贯之"与〈中庸〉"忠恕违道不远"》,《湖南大学学报》2020 年第 2 期。

《王阳明对〈论语〉"克己复礼为仁"的解读及其后学的变异——兼与朱熹的解读比较》,《贵州社会科学》2020 年第 2 期。

《关于〈论语〉"民可使由之,不可使知之"的诠释——以何晏、朱熹、刘宝楠的解读为中心》,《南京社会科学》2019 年第 10 期。

《朱熹对"唯女子与小人为难养也"的诠释及其意蕴》,《江淮论坛》2019 年第 4 期。

《〈论语〉"未知,焉得仁":朱熹的解读与现代的转向》,《社会科学研究》2019 年第 3 期。

《朱熹解〈论语〉"无为而治"》,《中州学刊》2019 年第 3 期。

《"孝弟":"仁之本"还是"为仁之本"——以朱熹对〈论语〉"孝弟也者,其为仁之本与"的诠释为中心》,《安徽大学学报》2019 年第 1 期。

《朱熹对"夫子之言性与天道"的诠释及其现代价值》,《学术界》2018 年第 12 期。

《朱熹对〈论语〉"自行束脩以上"的诠释及其意义》,《南京社会科学》2018 年第 9 期。

《朱熹对〈论语〉"父子相隐"的解读——兼论"父为子隐,子为父隐"并非要隐瞒》,《湖北大学学报》2018 年第 5 期。

《"己立立人,己达达人":是"仁"还是"恕"——以朱熹的解读为中心》,《安徽师范大学学报》2018 年第 5 期。

《从孔孟"仁者爱人"到朱熹"仁者,爱之理,心之德"》,《南昌大学学报》2018 年第 4 期。

《"博文约礼":朱熹的解读与王阳明的〈博约说〉》,《贵阳学院学报》2018 年第 3 期。

《朱熹〈论语集注〉中的科技思想》,《中共宁波市委党校学报》2018 年第 3 期。

《朱熹解〈论语〉"克己复礼"与"身能反礼"——兼论朱熹晚年对克己与复礼关系的阐释》,《江苏行政学院学报》2018 年第 2 期。

《朱熹论"四十而不惑,五十而知天命"——由知"当然之理"而知其"所以然之理"》,《福建行政学院学报》2017 年第 5 期。

《朱熹〈论语集注〉中的"道"论——兼论"道"与"理"的异同关系》,《哲学动态》2017 年第 2 期。